W0324526

Qui veut jouer avec moi ?

Titre de l'édition originale
PLAYFUL PARENTING, publiée par Ballantine Books,
une division de Random House Publishing Company

La majorité des situations évoquées dans ce livre s'inspirent de plusieurs cas particuliers, dont l'auteur n'a conservé que certains éléments ; ont par ailleurs été modifiées ou supprimées les caractéristiques permettant d'identifier les individus concernés, par respect pour leur vie privée. Toute ressemblance avec des personnes réelles serait donc fortuite et en aucun cas intentionnelle.

© 2001 by Lawrence J. Cohen, Ph.D.
© 2013, éditions Jean-Claude Lattes pour la traduction française.

Cette traduction a été publiée avec l'accord de Ballantine Books, un département de The Random House Publishing Group, une division de Random House, Inc.

Lawrence Cohen

Qui veut jouer avec moi ?

Jouer pour communiquer avec nos enfants

Traduit de l'anglais par Marie Boudewyn

MARABOUT

Sommaire

Préface d'Isabelle Filliozat 7

Avant-propos 9

1. L'intérêt d'une approche ludique de l'éducation 13
2. Rencontrer les enfants dans leur monde 37
3. Établir le contact 69
4. Donner à l'enfant de l'assurance 95
5. Embrayer sur le rire 119
6. Apprendre à jouer à la bagarre 143
7. La réalité en suspens : inverser les rôles 169
8. Développer le pouvoir personnel des filles et renforcer l'attachement pour les garçons 195
9. Emboîter le pas à l'enfant 223
10. Prendre les choses en main (si nécessaire) 249
11. Apprendre à aimer les jeux que vous détestez 275
12. Accepter les émotions fortes (les leurs comme les vôtres) 301
13. Repenser la discipline 335

14. Dénouer par le jeu les conflits au sein de la fratrie ... 365
15. Recharger vos batteries ... 395

Remerciements ... 425

Préface d'Isabelle Filliozat

Le parentage ludique de Lawrence Cohen en trois mots ? Jouer, jouer et jouer. Jouer pour nourrir le réservoir d'attachement de l'enfant, jouer pour l'aider à construire sa confiance en sa personne propre, jouer pour lui donner de la liberté, jouer pour l'écouter, jouer pour l'aider à dépasser les moments difficiles de sa vie, jouer pour partager du plaisir et du bonheur.

Ce livre démontre magnifiquement mon leitmotiv : l'amour n'est pas une récompense, c'est du carburant. Quand les enfants en manquent, ils développent toutes sortes de comportements visant à tenter d'en obtenir.

Si je regrette une chose avec mes enfants, c'est d'avoir été trop sérieuse. J'ai joué des milliers d'heures aux perles, aux puzzles, aux constructions, aux peluches et aux barbies, au Monopoly et au Tiermondopoly, j'ai hélas été trop tentée par les jeux « éducatifs » et nous n'avons pas fait assez de jeu libre. J'aurais aimé découvrir le livre de Lawrence Cohen quand mes enfants étaient petits. Cela nous aurait évité bien des tensions. Il connaît si bien les enfants, il décode si merveilleusement leurs messages, que cela nous aide à dépasser nos inhibitions d'adultes. Lire son livre m'a rempli le cœur, je suis heureuse de vous le présenter.

Bonne lecture !

Avant-propos

Au début de ma carrière de thérapeute, j'avais surtout pour clients des adultes. Nous passions une séance après l'autre à parler de leur enfance. J'ai alors mesuré à quel point compte pour un enfant de se sentir proche de ses parents ou d'une grande personne, quelle qu'elle soit. Bien entendu, quand ma fille est venue au monde, j'étais décidé à nouer avec elle un lien émotionnel fort. Je me suis toutefois vite rendu compte que ce ne serait pas simple. L'attachement entre parents et nouveau-nés relève pour ainsi dire de l'instinct, mais les choses se compliquent dès que l'enfant devient plus remuant et commence à s'exprimer verbalement.

Ma fille, Emma, voulait jouer, que j'aie passé ou non une bonne journée, quelle que soit mon humeur. Elle réclamait ma compagnie quand je n'avais envie de voir personne, sollicitait mon entière attention alors que j'avais du pain sur la planche, et tenait à ma présence, même lorsqu'elle s'amusait seule. La force des émotions pour le moins mêlées qu'a éveillée en moi son attitude m'a moi-même surpris. Il m'en coûte de l'admettre mais, bien souvent, j'aurais tout fait plutôt que de me mettre à quatre pattes pour satisfaire le besoin d'attention apparemment infini de ma fille. Il m'arrivait de m'asseoir par terre à côté d'elle pour m'endormir aussitôt – et pas seulement par manque de sommeil.

J'avais déjà tant donné de moi, et maintenant, elle voulait en plus que je joue avec elle !

Au fil du temps, ma pratique a évolué vers la thérapie par le jeu pour enfants et le soutien aux parents. Les thérapies destinées aux adultes attribuent parfois aux parents un rôle néfaste. Ils sont pourtant en mesure d'incarner dans la vie de leurs enfants une composante positive d'une force extraordinaire.

À mon sens, s'il y a bien une chose que les parents ont intérêt à apprendre, c'est à jouer. Par chance, l'aptitude au jeu s'acquiert plus facilement que beaucoup d'autres.

Nous sommes tous conscients qu'il vaudrait mieux éteindre la télé et passer plus de temps en famille. Mais pour faire quoi ? Le livre que voici vous indiquera comment vous amuser avec des enfants de tous âges, confrontés à l'acquisition de nouvelles compétences, en train de se remettre d'une blessure ou qui débordent tout simplement de vie. En assumant sur le mode ludique votre rôle de parent – en allant à la rencontre de votre enfant dans son monde, en l'aidant à gagner en assurance, en inversant les rôles et en lui laissant prendre les devants – vous l'aiderez à dépasser ses blocages affectifs et à gérer ses émotions (et les vôtres, par la même occasion).

Vous apprendrez en outre à faire face aux rivalités entre frères et sœurs, entre autres problèmes épineux, et enfin, à repenser la discipline et les punitions.

Enfin, si nous voulons transmettre espoir et enthousiasme à nos enfants, nous devons trouver à nous ressourcer. Le parentage ludique fourmille de conseils pratiques pour exercer au mieux (et avec humour) notre métier de parent ; jouer à des jeux idiots peut ainsi permettre de contrebalancer le sérieux des liens profonds qui nous unissent à nos enfants. Le parentage ludique vous aidera à résoudre bien des difficultés au sein de votre foyer. Cela dit, je m'adresse aussi aux familles où tout va bien.

Mon livre devrait permettre aux enfants de plus s'amuser et il ne devrait pas déplaire non plus aux adultes. Après tout, pour nous aussi, le jeu reste un besoin.

1.
L'intérêt d'une approche ludique de l'éducation

Le jeu est l'essence de la vie[1].

1. Cosby Rogers et Janet Sawyers, *Play in the Lives of Children* (Washington, D. C., NAEYC, 1988).

Songez au regard empreint d'amour d'un nouveau-né, à l'étreinte sans retenue d'un tout-petit, au plaisir partagé d'une histoire à l'heure du coucher, ou à une promenade en silence, main dans la main. Ces moments d'intimité nous récompensent de notre dur labeur de parent. Il arrive hélas trop souvent que le courant passe mal. L'affrontement prend le pas sur la tendresse avec les inéluctables conséquences que l'on connaît : le nouveau-né n'arrête plus de pleurer, le bambin pique une crise de rage, l'enfant de huit ans refuse d'aller se coucher, le préadolescent boude dans sa chambre.

La pétulance des enfants et leur curiosité naturelle les amènent souvent à « sortir les griffes ». À moins qu'ils ne se cachent derrière une console de jeux ou une porte fermée à double tour. Notre ressentiment ou notre colère éclipse alors notre affection. Nous les houspillons, nous les punissons ou nous baissons les bras : « Très bien ! » concluons-nous. « Reste dans ta chambre. » À bout de patience, ou par habitude, nous élevons la voix en nous sentant démunis ou rejetés. Nous aimerions rétablir la communication et nos enfants aussi, mais comment ? Nous les aimons toujours, pourtant c'est à peine si nous nous rappelons nos regards attendris lors de leur prime enfance. Et quand c'est le cas, nous en gardons un souvenir teinté d'amertume, convaincus que jamais plus, nous ne connaîtrons une telle proximité.

Le jeu et l'humour permettent de rétablir un lien affectif fort entre parents et enfants. Dans la mesure où le jeu fournit une occasion de s'extérioriser et de passer de bons moments en famille, il libère aussi de la tension liée à l'éducation. Assumer son rôle de parent sur un mode ludique permet d'entrer dans le monde de l'enfant, sans le brusquer, en développant sa confiance en lui et en nous. Un enfant qui va bien donne libre cours à sa joie et à sa créativité par le biais du jeu – un moyen pour lui de s'approprier le monde, de l'explorer, de l'investir d'un sens et de se remettre de ses contrariétés. Jouer n'est pas toujours évident pour un adulte : cela nous paraît bien loin ! Les enfants et les grandes personnes semblent souvent évoluer dans des mondes à part – y compris quand ils vivent sous le même toit. Ils jugent ennuyeuses ou dépourvues de sens les activités favorites les uns des autres : *Ne se lasse-t-elle donc jamais d'habiller sa Barbie ? Comment supportent-ils de rester une soirée entière à discuter à table ?*

Exercer son métier de parent en jouant peut sembler paradoxal. Pourtant, il ne faut parfois qu'un petit effort pour s'amuser en famille. À un concert en plein air, je dansais auprès de ma fille de neuf ans, quand une mère et son fils s'approchèrent. La mère se mit à se trémousser tandis que le garçon restait planté là, les bras croisés, trop timide pour se lancer sur la piste. Je lui donnais six ou sept ans. Sa mère se fâcha : « Tu m'as traînée ici et tu ne veux pas danser ? » Le garçon enfonça ses talons dans le sol. Je voyais d'ici – et vous aussi, sans doute – comment cela allait se terminer. Je m'interposai : « Il a inventé une nouvelle danse », expliquai-je en croisant les bras comme lui et en lui adressant un franc sourire. Il me sourit à son tour et plaça les mains autrement. Je l'imitai. Sa mère saisit : elle aussi décida de mimer son attitude. Fou rire général ! Le garçon remua enfin les épaules au rythme de la musique et sa mère s'écria : « Voilà que tu danses, maintenant ! » Il passa dès lors un excellent moment. Moi aussi (de même que ma fille, qui attendit patiemment la fin de mon intervention « ludique » avant de réclamer à nouveau toute mon attention). En résumé : un peu d'humour suffit à renverser la vapeur.

Mon exemple prouve qu'on peut assumer son rôle de parent avec humour n'importe où, n'importe quand ; à l'heure de jouer mais aussi de consoler un nouveau-né, de faire des emplettes, de se lancer dans une bataille de polochons, d'ôter les stabilisateurs d'un vélo, d'imposer des règles, de gérer les émotions déclenchées par une chute au jardin d'enfants, de se préparer à l'école ou encore de prêter l'oreille aux craintes qui surgissent à l'heure du coucher. Le hic, c'est que beaucoup de situations nous dépassent, en particulier quand du ressentiment s'y mêle.

Il faut reconnaître que la vie des adultes ne laisse pas beaucoup de place au jeu. Des quantités de contraintes et d'obligations régissent notre quotidien. Quand nous faisons l'effort de jouer avec nos enfants, la lassitude nous envahit souvent – surtout après une dure journée de travail ou des corvées ménagères. Nous voulons bien accéder à leurs désirs – comme la mère, au concert en plein air – mais, quand ils ne réagissent pas comme nous l'escomptions ou qu'ils attendent trop de nous, cela nous contrarie.

Certains d'entre nous ne parviennent pas à passer outre leur besoin d'avoir le dessus, de rester maîtres de la situation. Les rares fois où ils jouent, ils trouvent le temps long, prennent la mouche, tournent en rond. Nous n'aimons pas perdre : nous insistons pour enseigner à nos enfants à lancer correctement la balle, alors qu'ils ont juste envie de la rattraper. Nous nous plaignons de leur manque de concentration, mais combien de temps nous faut-il pour que notre attention se disperse quand nous jouons aux billes, à la poupée ou au Monopoly, parce qu'il nous semble que nous ferions mieux de préparer à dîner ou d'avancer dans notre travail ?

Du temps où elle allait à la maternelle, ma fille eut l'idée d'un jeu qui m'a aidé à garder mon sens de l'humour au lieu de lui crier dessus. Un matin, elle dévala l'escalier et se cacha derrière la porte en chuchotant : « On dirait que je suis encore en haut, qu'on va être en retard et que tu piquerais une colère. » Je criai, en me tournant vers la cage d'escalier : « L'heure tourne ! Je suis en colère ! » Là-dessus, je tempêtai en tapant du pied. Pendant ce temps-là, ma fille, derrière la porte, gloussait, en se couvrant la bouche d'une main. Je poursuivis : « Tu as intérêt à descendre tout de suite ; sinon, je m'en vais sans toi. Je partirai tout seul à la maternelle, tant pis pour toi ! » Elle se mit à rire si fort que je dus faire semblant de ne pas l'entendre. Tout en la laissant sortir avant moi, je prétendis m'en aller sans elle. Elle monta en voiture où je fis mine de me parler à moi-même : « Je suis fou de rage ! "Où est Emma ?" va demander la maîtresse. Je lui répondrai : "Elle n'était pas prête, alors je suis parti tout seul." » Ma fille riait aux éclats. Elle s'était arrangée pour que les préparatifs du matin m'amusent, moi ! Feindre la colère m'a évité de me mettre en colère pour de bon. La laisser s'amuser plutôt que de lui crier dessus l'a poussée, en fin de compte, à se dépêcher.

Pourquoi les enfants jouent

Certains enfants aiment mener la danse, d'autres se contentent de suivre le mouvement. Il y en a qui prennent plaisir à se déguiser ; d'autres qui préfèrent les jeux de ballon. Malgré tout, chaque enfant manifeste dès la naissance une propension à jouer qui se développe pleinement vers l'âge de deux ou trois ans. Un enfant peut jouer n'importe où, n'importe quand, en se réfugiant dès qu'il le souhaite dans un univers parallèle où l'imagination est reine. Un adulte considère le jeu comme un loisir alors que, pour l'enfant, il équivaut plutôt à un travail. Contrairement à la plupart d'entre nous, les enfants raffolent de leur « travail » et ne réclament que rarement un congé. Sans compter que le jeu constitue une manière pour eux de communiquer, d'apprendre.

Un enfant qui ne veut pas ou ne sait pas jouer est manifestement en grande souffrance, à l'instar d'un adulte incapable de travailler ou de parler. Il faut souvent enseigner à jouer aux enfants maltraités avant qu'ils ne tirent profit d'une thérapie par le jeu. Pourquoi le travail des enfants nous paraît-il aussi cruel ? Parce qu'il les prive de leur enfance, en les empêchant de jouer. Le pire reste quand leur exploitation a pour but d'offrir aux adultes plus de loisirs, comme l'exprime ce poème de Sarah Norcliffe Cleghorn, écrit au XIXe siècle :

Le terrain de golf est si près de l'usine
Que, presque tous les jours,
Les enfants qui travaillent, en jetant un coup d'œil dehors,
Voient les hommes jouer.

De nombreux spécialistes décrivent le jeu comme un lieu – le royaume de la magie et de l'imaginaire – où l'enfant se sent libre d'être pleinement lui-même. Comme l'a écrit la psychologue Virginia Axline à propos d'écoliers, à la maternelle : « Ils n'hésitent pas à édifier un tas de sable qu'ils escaladent en criant à tue-tête : "Je suis capable de faire un tas de sable ou de le démolir, si je veux. Je suis grand et fort[2] !" » La nature spontanée du jeu m'a été rappelée lors de la fête organisée pour les trois ans de ma fille. Ayant songé à quantités de jeux à pratiquer au square, je me fis bien sûr un devoir, en tant que psychologue, d'en expliquer les principes, complexes, aux enfants qui me regardèrent comme un martien. Je me demandai quelle contenance adopter. Mes petits invités semblaient trop énervés pour rentrer. D'un autre côté, ce que je leur proposais ne leur disait visiblement rien. Mon épouse intervint : « Écoutez-moi ! leur dit-elle. Vous allez courir jusqu'à l'autre bout du parc et revenir aussitôt ! » Les camarades de ma fille partirent comme des flèches, en riant et criant de bon cœur, avant de s'effondrer dans l'herbe, à bout de souffle. Ils se tournèrent alors vers moi et un garçon me demanda : « C'était chouette. On peut recommencer ? » J'ai compris la leçon.

Pour autant, je ne compte pas renoncer à disserter sur les aspects sérieux du jeu – une activité amusante mais surtout

---

2. Virginia Axline, *Play Therapy* (New York : Ballantine, 1969).

complexe car riche de sens. Plus un animal est intelligent, plus il joue. À la différence des limaces ou des arbres, les êtres humains découvrent le monde et apprennent beaucoup en se livrant à des expériences dans le cadre, entre autres, du jeu. L'enfance se prolonge de plus en plus longtemps, chez les êtres humains, ce qui suppose qu'ils passent de plus en plus de temps à jouer. L'importance du jeu ne découle pas uniquement de l'énergie qu'y investissent les enfants mais des nombreux niveaux de sens qu'il comporte.

Prenez un jeu aussi simple en apparence que de lancer une balle. Il suffit de s'y intéresser de près pour s'apercevoir qu'il implique plus qu'il n'y paraît à première vue. En jouant à la balle, l'enfant apprend à coordonner ses gestes, il passe un bon moment avec son père ou sa mère, s'entraîne à maîtriser une nouvelle compétence, qu'il pourra bientôt s'enorgueillir d'avoir acquise. La balle qui va et vient du parent à l'enfant fait office de pont entre eux, elle rétablit un lien. Des commentaires tels que « bravo ! bien joué » consolident enfin la confiance de l'enfant en ses aptitudes.

En dépit de sa simplicité apparente, ce jeu véhicule par ailleurs des émotions prégnantes. Un père de famille me raconta en consultation que son fils s'obstinait à lui lancer son ballon de toutes ses forces, en laissant ainsi transparaître sa rage et sa frustration. Lui et moi en sommes venus à la conclusion que son fils lui demandait en réalité : « Tu es capable d'encaisser ce que je te balance à la figure ? Ne te sens-tu pas dépassé par ce que je ressens ? Suis-je à l'abri de mes impulsions, de ma rage, auprès de toi ? » Le fils d'un autre de mes patients adorait jouer au ballon mais, quand il ne le rattrapait pas à temps, il fondait en larmes, piquait une crise et se plaignait : « Je t'avais demandé de le lancer moins haut – tu ne m'écoutes jamais ! » L'enfant prenait le prétexte du jeu pour exprimer un ressentiment a priori étranger à celui-ci.

Bien que plus riche de sens qu'on ne l'imagine en général, le jeu ne comporte pas toujours autant d'implications. Il fournit avant tout à l'enfant l'occasion de s'essayer à un rôle d'adulte, comme les lionceaux qui se mesurent l'un à l'autre. Les petits d'homme se bagarrent ou jouent au papa et à la maman. Ils gagnent en assurance à mesure qu'ils découvrent le monde et de quoi ils sont capables.

Le jeu offre une occasion de se rapprocher ou de resserrer des liens distendus par une altercation. Les chimpanzés aiment se chatouiller le creux de la main, surtout après une dispute. L'intérêt du jeu est donc en second lieu de satisfaire notre besoin presque intarissable d'affection.

Le jeu remplit une troisième fonction, propre aux humains : il aide à récupérer à la suite d'un stress émotionnel. Prenez l'exemple d'enfants à l'issue d'une rude journée d'école. De retour à la maison, ils vous font comprendre qu'ils souffrent. Soit qu'ils le disent franchement, soit qu'ils se montrent soupe au lait. Ils s'enferment dans leur chambre ou réclament un supplément d'attention. La plupart du temps, ils recourent spontanément au jeu afin de se sentir mieux. Ils jouent par exemple à l'école, seulement, cette fois, ils assument le rôle du maître. Ou alors, ils s'installent face à leur console et dégomment des extraterrestres. À moins qu'ils ne téléphonent à un ami pour lui raconter leurs déboires, selon l'habitude des adultes. En imaginant une réalité autre ou en racontant leurs malheurs à leur manière, ils reprennent à leur compte ce qui leur est arrivé. Rejouer la scène les aide à panser leurs plaies. Se réfugier dans un livre ou dans un match de tennis peut aussi réconforter un écolier après une journée pénible.

Une petite fille de ma connaissance, éprouvant des difficultés à lire, se consacrait, de retour de l'école, à une activité à laquelle elle excellait : le dessin. Avant le dîner, elle montrait à ses parents ses réalisations, le temps de se rapprocher d'eux, de retrouver confiance en son talent et de surmonter l'humiliation de son échec scolaire.

Avant d'examiner en détail la signification profonde du jeu, permettez-moi de répéter qu'il est amusant de jouer. Passer du temps avec ses enfants apporte beaucoup de joie. L'institutrice de ma fille m'a confié que les écoliers en maternelle rient en moyenne trois cents fois par jour. Et si nous en prenions de la graine ? Pourquoi ne pas nous amuser plus souvent ? En fredonnant une chanson idiote, en entamant une bataille de polochons ou en racontant des blagues. Si cela vous agace de demander pour la énième fois à votre fille de sortir la poubelle, il pourrait être bon de le lui chanter comme à l'opéra au lieu de rouspéter. Au moins, vous capterez son attention !

Nous verrons par ailleurs qu'il n'y a pas qu'en jouant qu'on peut remplir avec humour son rôle d'éducateur. Il est possible d'entrer en communication avec l'enfant sur un mode ludique en accomplissant ensemble des tâches ménagères, en pratiquant un sport, en surveillant les devoirs, en regardant la télé, en faisant un câlin ou même en imposant une stricte discipline.

Favoriser le rapprochement et non l'isolement

Dès qu'un père ou une mère échange avec son nouveau-né un regard empreint d'amour, l'un comme l'autre recourt naturellement à la voie du jeu pour tisser le contact. Tout jeu auquel les deux partenaires prennent plaisir les rapproche. Et il y en a dont c'est précisément la fonction. Coucou, cache-cache, ou chat tournent autour des notions de distance et de proximité. J'ai reçu en consultation une famille dont le fils avait inventé un jeu formidable de ce point de vue. Il asseyait ses parents sur le canapé. Puis il s'éloignait, courait et sautait pile entre eux.

Chaque parent tentait alors de se l'accaparer. En général, il en résultait empoignades et fous rires. Jusqu'ici, on n'a pas inventé mieux que le jeu pour se rapprocher. Voilà sans doute pourquoi des enfants d'âge scolaire auxquels on demande de définir le jeu mettent cet aspect-là en avant : jouer, disent-ils, c'est ce qu'on fait avec ses amis[3].

Ma fille, à cinq ans, adorait « faire semblant ». Quand elle sentait qu'elle m'agaçait, elle me proposait : « On dirait que tu es le papa et moi la petite fille et que tu es en colère. » Je n'aurai pas besoin de me forcer ! pensais-je. Malgré tout, très vite, nous éclations de rire au lieu de nous disputer. Je trouvais astucieux de sa part de rétablir l'entente entre nous au moyen du jeu. Je découvris ensuite que certains singes jouent eux aussi à faire semblant[4].

Les chimpanzés, en particulier les mâles adultes, se battent beaucoup. Ils sont par ailleurs experts en réconciliation. Quand deux chimpanzés peinent à se rabibocher, il arrive que l'un d'eux fasse semblant de s'intéresser à quelque chose dans l'herbe. Il crie alors jusqu'à ce que ses camarades viennent examiner sa trouvaille. Comme il n'y a là rien qui mérite de retenir leur attention, ils s'éloignent l'un après l'autre, à l'exception du singe ayant pris part à la dispute, qui continue à sauter fébrilement sur place auprès de son rival. Au bout d'un moment, les anciens antagonistes se calment et finissent par s'épouiller ; preuve qu'ils sont redevenus amis.

Si les chimpanzés et les petits de cinq ans recourent au jeu pour restaurer l'harmonie, je pense qu'on peut en conclure que c'est un principe fondamental. Pourtant, les enfants ont parfois

3. Greta Fein et Nancy Wiltz, « Play as Children See It », in *Play from Birth to Twelve and Beyond*, ed. Doris P. Fromberg et Doris Bergen (New York, Garland Publishing, 1998), p. 43.

4. Frans de Waal, *De la Réconciliation chez les primates* (Paris, Flammarion, 1992).

du mal à se reconnecter si facilement. Ils peuvent se sentir si rejetés qu'ils se retranchent dans leur coin ou qu'ils adoptent une attitude agressive. Ils deviennent casse-pieds, de plus en plus odieux et désagréables dans leurs tentatives désespérées de nous signaler leur besoin de proximité affective. Ces situations où nos enfants nous exaspèrent appellent à plus de jeu encore, et non pas à sévir ou à laisser l'enfant seul avec sa détresse.

Quand un enfant se sent isolé, il peut rester en retrait, visage triste et sans ressort. Ou, au contraire, se montrer hyperactif, n'arrivant ni à fixer son attention ni à se tenir tranquille. Dans un cas comme dans l'autre, le monde lui paraît hostile. Il ne s'y sent pas comme un poisson dans l'eau à l'instar des enfants capables de retrouver le lien.

- Un enfant seul se plaint : « Je m'ennuie. »
- Un gamin de douze ans geint : « Personne ne m'aime. »
- Un parent confie : « Je ne sais pas ce qui passe par la tête de ma fille de trois ans ; elle a l'air tellement triste, par moments ! Elle ne veut pourtant pas me dire ce qui la chiffonne. »
- Vous incitez votre fille à téléphoner à une amie et elle hurle : « Pas question ! Et si elle n'est pas là ? »
- Un petit de huit ans se tient toujours en marge du terrain de foot, alors qu'il connaît bien les autres joueurs. Il prétend : « Je n'aime pas les jeux de ballon. »

La réponse parentale la plus fréquente à l'isolement de l'enfant est une réaction aggravant la situation ou l'inquiétude. Nous avons tendance à nous focaliser sur le comportement qui nous agace, sans deviner la souffrance qui le motive ; à moins que nous ne la voyions que trop, mais nous sentions incapables de la soulager. Ce sont des moments difficiles pour tous les parents. Il nous faudrait la clé pour ouvrir la forteresse où se retranche l'enfant, et l'aider à retourner sur le terrain du jeu. Cette clé, le parentage ludique peut la fournir.

Pendant la rédaction de ce chapitre, une mère de famille qui m'avait consulté m'a confié par téléphone que les principes du parentage ludique lui avaient permis de rétablir le contact avec son fils de trois ans. Ils avaient pris un long week-end en amoureux sans lui, et depuis leur retour, il n'était pas dans son assiette.

« Il n'arrêtait pas de geindre et me collait tout le temps. Dès que je m'éloignais, même d'un pas, il s'accrochait à moi comme si sa vie en dépendait. Hier, j'avais ma partie de tennis hebdomadaire. C'est le seul sport que je pratique et l'unique moment de la semaine où je me consacre à moi plutôt qu'à ma famille. David ne m'a pas plus tôt vue m'emparer de ma raquette, qu'il m'a saisi la jambe en pleurant pour que je ne parte pas. J'ai tenté de lui expliquer que l'heure était venue pour maman de jouer au tennis ; en vain. Je sentais que cela tournait au rapport de force or je n'avais pas le cœur de le détacher de moi pour le remettre à sa baby-sitter.

« J'ai repensé à ce que vous m'aviez dit. Au lieu de rembarrer David, je l'ai porté dans mes bras jusqu'au canapé. Je lui ai annoncé, d'un ton enjoué : "D'accord. Je n'irai pas jouer au tennis. Je reste avec toi et je fais la sieste. Je tombe de fatigue. Quel oreiller confortable !" J'ai bâillé en posant la tête sur son ventre et fait semblant de ronfler. Il s'est mis à rire et a plaqué sa main sur ma bouche pour me faire taire. J'ai fait mine de me réveiller et de le chercher du regard en m'écriant : "Où est David ? Il n'arrête pas de gigoter, cet oreiller !" Je me suis alors rendormie, en ronflant de plus belle.

« Au bout de quelques minutes de fou rire, David m'a repoussée et m'a dit : "Vas-y, tu vas être en retard." Il m'a serrée contre lui, au moment de me dire au revoir, et s'est bien amusé en mon absence. À mon retour, il m'a offert un dessin de moi, une énorme raquette de tennis à la main. »

Développer l'assurance de l'enfant plutôt que de le laisser démuni

Si je vous parle de «jouer au docteur», à quoi pensez-vous ? Aux premiers tâtonnements des enfants curieux de la sexualité ? «Montre-moi ton zizi et je te montrerai le mien.» Voilà un bel exemple de la capacité des enfants à explorer leur anatomie par le biais du jeu ! Bien que les adultes ne sachent pas comment réagir quand ils surprennent des petits en train de jouer au docteur, ceux-ci se livrent, en somme, à une simple variante du thème «jouer au papa et à la maman». Après tout, il y a de multiples pièces dans la maison, ils prêtent intérêt à ce qui se passe dans chacune d'elles. Ils font bien semblant de cuisiner, faire le ménage, travailler, se disputer, s'occuper d'un bébé – autrement dit : toutes les activités dont ils sont témoins. À force de s'y livrer «pour rire», ils gagnent en assurance.

Les plus jeunes jouent afin d'acquérir des connaissances sur le monde qui les entoure. Pourquoi un bambin ne nous amuse-t-il pas quand il jette pour la énième fois de la nourriture du haut de sa chaise ? Parce qu'il y a belle lurette que nous avons compris le principe de la gravité (et que nous allons devoir nettoyer). Lui, en revanche, s'amuse parce que tout lui paraît nouveau et digne d'intérêt ; y compris la tête que nous faisons en lui ordonnant de cesser.

J'ai dit plus haut que les enfants définissent le jeu comme l'activité qu'ils pratiquent avec leurs amis. Plus jeunes, ils estiment cependant que jouer consiste à faire ce qu'on veut[5]. La possibilité de décider soi-même explique le sentiment de puissance que donne le jeu. Vers six mois, ma nièce aimait agiter un hochet en forme de grappe de raisin. Ses parents la surnommaient «la

5. Greta Fein et Nancy Wiltz, «Play as Children See It».

chef des raisins ». On s'investit toujours plus volontiers dans une activité que l'on a soi-même choisie.

À l'âge de la maternelle, ma fille passa par une phase où elle refusait de s'habiller seule. Elle me trouvait méchant de refuser de m'en charger à sa place ou au moins de lui tenir compagnie comme je le faisais avant qu'elle n'aille à l'école. De mon côté, je la trouvais pénible et d'autant plus contrariante que je la savais tout à fait capable de se passer de moi. Au lieu de me dire que ma présence lui manquait, elle prétendait ne pas arriver à s'habiller sans mon aide. Son attitude m'agaçait. J'avais autre chose à faire le matin !

Il m'a fallu bien trop de temps pour comprendre que la houspiller ne mènerait à rien. Un jour, par désespoir plus que par ruse, je m'emparai de deux poupées et fis dire à l'une sur un ton méprisant : « Elle ne peut pas s'habiller toute seule. Elle ne sait pas s'habiller ! Tu te rends compte ? » Puis, je fis répondre l'autre sur un ton encourageant : « Mais si, elle en est capable. » La première rétorquant : « Ne sois pas ridicule ! Elle n'a que cinq ans. » La méchante poupée se débrouillait pour ne jamais voir Emma s'habiller seule. Elle affirmait à l'autre : « Tu vois ? Elle n'a pas su se débrouiller seule. » Et l'autre se fâchait : « Mais si ! Seulement, tu regardais ailleurs ! » Pendant ce temps, ma fille enfilait ses vêtements sans mon aide et en riant au lieu de geindre. Moi-même, je m'amusais plutôt que de rouspéter ou la presser de se dépêcher.

Je n'eus à me livrer à ce petit jeu que deux ou trois fois avant qu'Emma prenne l'habitude de s'habiller seule. À la suite de quoi, quand elle en avait besoin, au lieu de minauder et de me rendre fou, elle a su me demander quelques fois : « Viens faire la voix de la poupée qui prétend que je ne sais pas m'habiller ! » En somme, il a suffi d'un peu d'humour pour transformer un moment pénible et frustrant pour tous les deux en quelque chose de drôle, joyeux, et construisant de la confiance. Emma a pu sortir de son rejet, et se familiariser avec de nouvelles habitudes. Bien sûr, avant d'en arriver là, j'ai dû lui consacrer un minimum de temps or – les parents le savent bien – le temps est précieux et fait trop souvent défaut. Celui que j'ai investi dans notre petit jeu s'avéra en tout cas bien plus rentable que si j'avais grondé ma fille jusqu'à ce qu'elle m'obéisse.

Les enfants en proie à la frustration ou incapables de recourir au jeu pour maîtriser leur environnement se réfugient dans ce que j'appelle la forteresse de l'impuissance. Ils aimeraient batifoler dans les prairies de l'insouciance, sauf qu'il leur manque de l'assurance. Prisonniers de leur tour, ils nous semblent fragiles, vulnérables, démunis. À moins qu'ils ne se jettent sauvagement hors des murs de leur forteresse, avec une agressivité masquant leur sentiment d'impuissance. Un enfant craignant d'être blessé, qui s'attend à être rejeté, ou qui ne peut croire que le monde est là pour qu'il l'explore, va se replier : « Je n'ai pas envie », « je n'y arrive pas », « Timmy m'a fait mal ! »

Il arrive que le sentiment d'impuissance s'exprime d'une manière qui prête à confusion. Comme me le disait une mère inquiète : « À vous entendre, mon fils se sent démuni. Comment se fait-il qu'on le renvoie de son école parce qu'il frappe ses camarades ? Comment expliquez-vous que ses professeurs le craignent ? » L'impuissance est une forteresse bien défendue, parfaite pour se dissimuler, mais la meilleure défense, c'est parfois l'attaque. « Je te déteste. Prends ça ! » (suivi d'un coup de pied, de poing, ou d'une morsure) « Tu es bête. » « Je ne joue que si c'est moi le capitaine. »

De même que le parentage ludique donne la clé qui permet aux enfants de sortir de leur tour solitaire, communiquer avec humour les aide à acquérir l'assurance nécessaire pour surmonter leur sentiment d'impuissance.

Aider l'enfant à récupérer plutôt que de le laisser à sa détresse

Les enfants ne jouent pas seulement au docteur pour donner un air de respectabilité à leur exploration de la sexualité. Il leur arrive aussi de faire semblant d'être malade ou blessé. C'est ainsi que les enfants surmontent un incident traumatique, petit ou grand, par le biais du jeu[6]. Le médecin a fait une piqûre à une fillette de trois ans. De retour à la maison, à quoi a-t-elle envie de jouer ? Au docteur, pardi ! Et de qui veut-elle tenir le rôle ? Du médecin ou de l'infirmière : de celle qui fait la piqûre – certainement pas du patient qui la subit. Et à qui veut-elle donner l'injection ? De préférence à ses parents ou à un autre adulte. À défaut, à une peluche ou à une poupée. Et comment doit réagir le patient, selon elle ? Terrifié, il doit gémir comme s'il mourait de peur en protestant : « Non ! Non ! Je ne veux pas de piqûre ! J'ai horreur de ça ! Non, non ! »

Une telle réaction permet à l'enfant de se sentir en position de force. Le jeu consiste ici à inverser les rôles ; simpliste en apparence, il n'en apporte pas moins une intense satisfaction. La fillette s'est sentie à la merci du médecin. La piqûre lui a rappelé quantité de frustrations – les innombrables fois où elle n'a pas pu choisir quelle activité pratiquer, quoi manger, comment s'habiller. Vous savez, ces millions de choses que les enfants ne peuvent décider dans leur vie. Ce n'était certainement pas son idée à elle d'aller se faire faire une piqûre chez le médecin ce jour-là. Jouer au docteur l'aide à s'en remettre, parce qu'elle peut vous voir vous

6. De nombreux hôpitaux organisent des jeux pour aider les enfants à faire face à des maladies chroniques ou mortelles, ou les préparer à des interventions qui les effraient. Cf., par exemple, Elizabeth Kampe, « Children in Health Care : When the Prescription Is Play », in *Children's Play and Learning*, ed. Edgar Klugman et Sara Smilansky (New York, Teachers Collège Press, 1990).

ou un autre adulte tout aussi vulnérable, impuissant et humilié qu'elle vient de l'être, tandis qu'elle dispose du pouvoir.

Bien qu'elle n'utilise pas une vraie seringue, son besoin de récupérer est tout ce qu'il y a de plus réel. La fillette choisit ce jeu d'imagination parce qu'elle a besoin d'aide pour gérer ses émotions face à la vraie piqûre. La fillette ne joue pas pour s'amuser (ce qui n'empêche pas qu'elle s'amuse) mais dans un but précis : revivre l'épisode pénible en laissant cette fois libre cours aux émotions de peur – probablement par le rire. Voilà pourquoi les enfants jouent à ce type de jeux encore et encore sans jamais se lasser.

Nous avons tous en tête la série de vignettes qui montre un patron criant sur son employé ; un père de famille qui, de retour chez lui, crie sur sa femme, laquelle crie sur son fils, qui crie à son tour sur son petit frère, qui donne un coup de pied au chien, lequel fait pipi sur le tapis. (Je parle à ce propos de « se refiler une patate chaude émotionnelle ».) L'intervention de l'adulte est nécessaire pour aider l'enfant à récupérer suite à ses émotions et ainsi sortir du cercle infernal. À la différence d'un petit frère, nous accepterons de recevoir une piqûre « pour rire » sans protester : « Pourquoi c'est toujours toi le docteur ? » ou « Maman ! Ronnie me fait mal ! ». Encore que nous risquions aussi de répondre : « Va-t'en, je suis occupé », ou « Lâche-moi, j'ai horreur des piqûres » au lieu de prendre part au jeu. Parfois, l'enfant n'a pas besoin de jouer mais de bras dans lesquels se blottir pour pleurer tout son saoul et « raconter » ainsi combien il a eu mal.

Quand les enfants sont punis ou découragés de quelque manière que ce soit de se remettre ainsi par le jeu d'une contrariété, ils se replieront sur eux-mêmes et chercheront leur consolation de manière nettement moins ludique : ils peuvent, par exemple, trouver une seringue qu'ils planteront dans le bras du petit frère ou la patte du chat. À moins qu'ils n'enfouissent provisoirement leurs émotions jusqu'au prochain passage chez le médecin, où ils piqueront une crise. Quand nous voyons un enfant apeuré, violent ou impossible à contrôler, nous n'essayons pas toujours de comprendre la raison de son attitude. Nous ne nous demandons pas s'il a eu l'occasion d'évacuer sa souffrance par le jeu ou la parole. Nous nous focalisons sur son comportement, qui nous inquiète ou nous contrarie au point que nous ne pensons plus à recourir au jeu pour solutionner le problème.

Laure, une de mes amies, discutait sur une aire de jeux avec une dame dont elle venait de faire la connaissance, mère d'une petite fille de trois ans et d'un garçon de dix-huit mois. Laure tolère volontiers les cris et l'énergie des jeux déchaînés. Les deux enfants ne tardèrent pas à lui grimper dessus. Leur mère estima qu'ils devaient se calmer. Sans laisser à Laure le temps de réaliser ou d'intervenir, elle gifla l'aînée, fort. Mon amie en eut le cœur brisé – elle a horreur qu'on lève la main sur un enfant et brûlait d'envie d'expliquer à la mère qu'elle avait tort –, d'un autre côté, elle se doutait bien que celle-ci n'était pas en état de l'écouter. Laure décida de garder un œil sur la petite fille. Cette dernière ramassa un bâton et courut après son frère. Laure l'arrêta juste à temps, lui confisqua son bâton et lui dit d'un ton facétieux : « Oooooooh non ! Pas question ! » La fillette éclata de rire et voulut rejouer ce jeu encore et encore. Elle ne songeait plus à s'en prendre pour de bon à son frère (du moins dans l'immédiat). La mère, consciente que mon amie venait de désamorcer une situation périlleuse sans élever la voix ni lever la main sur personne, observa la scène avec grand intérêt.

On imagine sans peine la punition de la fillette si elle avait attaqué son frère. Sa mère se serait estimée en droit de la gronder, en oubliant qu'elle l'avait inutilement giflée pour commencer. Heureusement, le conflit se résolut sur le mode du jeu. La tentative infructueuse de la fillette de se consoler de la gifle en frappant un être plus faible qu'elle déboucha sur un soulagement réel, sans que nul n'ait reçu de coup. Mon amie n'avait pas eu grand-chose à faire : elle s'était contentée de rester à proximité de l'enfant, en s'assurant qu'elle ne blesserait personne, et s'était adressée à elle sur un ton chaleureux et empreint d'humour. La fillette s'est chargée du reste en décidant de jouer à frapper son frère plutôt que de le frapper pour de vrai.

Une piqûre chez le médecin ou une gifle ne constituent que deux exemples des milliers de blessures et de plaies à panser de l'enfance. Aucun de nous ne peut espérer voir satisfaits tous ses besoins ; aucun de nous ne sort de son enfance sans jamais recevoir insulte ou blessure. Par ailleurs, en sus de ces grands traumas et petites frustrations, un enfant doit chaque jour emmagasiner des quantités d'informations nouvelles. Songez à ces billions de données qu'il a à traiter ! Il y a tant à découvrir et tout cela doit être trié, classé, mémorisé. Le jeu reste, pour les petits, le meilleur moyen – celui qu'ils préfèrent, aussi – de relever le défi, tant pour guérir des blessures que pour traiter ces nouvelles informations.

Un père de famille qui fit appel à mes services me raconta que des camarades de classe de sa fille prenaient depuis peu des leçons d'anglais ; ce qui la fascinait. Pendant plusieurs semaines, à son retour de l'école, elle décrétait : « On dirait qu'on parlerait une autre langue. » Son père et elle baragouinaient alors comme s'il s'agissait du langage d'un lointain pays. Le père craignait que quelqu'un, en les entendant, ne s'imagine qu'ils se moquaient des enfants originaires de Russie ou du Japon. Je le rassurai : en imitant ses camarades, sa fille exerçait son empathie. Elle se confrontait à la nouveauté de la seule manière à sa portée : par le jeu.

Jouer permet de se remettre spontanément de petites contrariétés, mais un enfant pris au piège de sa souffrance peut avoir du mal à s'amuser. Il s'isole dans un donjon d'impuissance et de solitude. Ce n'est pas évident de déterminer ce qui se trame dans la tête d'un enfant. Votre fille vous dit : « Je ne veux pas jouer au foot : je suis nulle » et vous ne savez pas si cela l'humilie de marquer moins de buts que les autres ou si elle peine à se faire des amies au sein de son équipe. Un garçon agressif frappe ses camarades dès que l'instituteur a le dos tourné. Se sent-il exclu ? Ne se rend-il pas compte que son comportement n'arrangera rien ? Ou veut-il plutôt évaluer sa force, soucieux de voir jusqu'où il peut aller et comment les autres réagiront ?

Certains enfants – ceux qui souffrent le plus – passent la majeure partie de leur temps isolés, démunis, jouant très peu librement voire pas du tout. Mais même les enfants les mieux choyés, les plus épanouis, s'enferment dans leur donjon quand ils ont peur, se sentent dépassés ou abandonnés. Prenez un enfant qui vient de passer une sale journée. Vous paraît-il incapable de s'amuser de bon cœur ? Se cache-t-il ? S'en prend-il à vous ? S'acquitte-t-il de ses obligations sans joie, sans élan ? Peut-être se sent-il coincé : il répète les mêmes paroles, les mêmes jeux à n'en plus finir, sans vraiment en retirer de plaisir. Peut-être se montre-t-il plus déchaîné que d'habitude ? Autant de signes de sa solitude, de son impuissance.

Quand ils ne parviennent pas à surmonter leurs traumatismes à l'aide du jeu, les enfants, débordés par leurs émotions, peuvent finir par les décharger par une crise. Ils insultent leur entourage ou éclatent en sanglots à la moindre frustration. D'autres se réfugient dans leur chambre ou se blindent en fixant l'écran de la télé, tandis qu'ils zappent d'une chaîne à l'autre. Ils paraissent abattus, apathiques. Les adultes ne remarquent pas qu'ils ont un problème. Parce qu'ils sont tranquilles, les enfants réprimant leurs émotions passent pour sages. Aux yeux des parents, tout va bien. Ce n'est pourtant pas le cas.

Quand un enfant se replie dans son donjon et remonte le pont-levis derrière lui, les parents se demandent comment lui venir en aide. Eux-mêmes peuvent se vivre comme à bout de ressources ou peinés par ce qu'ils interprètent comme un rejet, et se retrancher dans leur propre forteresse. Un isolement qui est évidemment loin d'améliorer les choses avec l'enfant.

- « Il est trop gâté. »
- « Je ne sais plus quoi faire avec elle. »
- « Je m'en veux quand je leur crie dessus, pourtant, je recommence. »
- « Voilà qu'elle a tout à coup peur de l'eau, alors que je lui ai payé des leçons de natation. Il va falloir qu'elle apprenne à nager, sinon… »
- « Va-t'en, je suis occupé. »

Le jeu reste l'un des meilleurs moyens d'entrer en contact avec un enfant, de le sortir de son isolement ou de l'amener à modifier son comportement, jusqu'à ce que le lien et la confiance soient restaurés.

Devenir un parent joueur

Quand je parle de jeu à des parents, il y en a toujours qui me disent : « Je ne joue pas beaucoup avec mes enfants ; c'est plutôt le rôle de ma femme » ou : « Mes enfants savent s'amuser tout seuls. Ils n'ont pas besoin de moi. » J'apprécie leur réaction : elle me met au défi de prouver l'importance du jeu pour les enfants et l'intérêt pour les adultes d'y prendre part, en les convainquant que n'importe qui est capable de jouer, pour peu qu'il le veuille.

J'espère que les chapitres suivants fourniront des conseils pratiques et clairs sur l'art et la manière de franchir les murs et de se rencontrer cœur à cœur. Le parentage ludique se montre très bénéfique dans les situations les plus difficiles, crises de rage des deux ans, morsures à la crèche, anxiété de l'élève de primaire ou débordements d'un préadolescent. Un peu d'humour aide à surmonter les conflits lors de l'habillage le matin, apaise les nerfs mis à mal par une rude journée et rétablit l'harmonie au sein de la famille. Le parentage ludique vient à notre secours, même quand l'idée de jouer ne nous apparaît plus que comme un rêve inaccessible ou une plaisanterie de mauvais goût. Nous craignons souvent que jouer ne consume le peu d'énergie qu'il nous reste. Interagir avec nos enfants sur un mode ludique nous apportera au contraire un regain d'énergie, nous déridera et même souvent nous fournira une solution innovante à d'épineux problèmes.

Beaucoup de parents me disent : «Je ne saurais pas faire l'idiot, comme vous.» Je ne suis pas certain qu'il s'agisse là d'un compliment. Quoi qu'il en soit, il suffit pourtant d'un peu d'entraînement. Contrairement à ce qu'en pense ma fille, faire l'idiot m'a coûté bien des efforts : il m'a fallu surmonter ma timidité, ma gêne à l'idée de la rejoindre dans une aire de jeux comme elle me le demandait, au lieu de rester assis sur un banc auprès des autres parents. Nos enfants, tant que nous restons assez adultes pour les protéger du danger et leur préparer à dîner, ont envie et surtout besoin de nous voir nous détendre. Selon moi, ça n'a pas de sens de laisser le jeu aux autres, parce qu'ils sont prétendument «plus à l'aise». Pourquoi seraient-ils les seuls à s'amuser ?

D'autant que refuser de jouer ne nous privera pas seulement d'une occasion de prendre du plaisir. Par le jeu, les enfants expriment ce qu'ils ont besoin de dire mais ne se sentent pas capables de parler. C'est notre rôle de les écouter. Voilà pourquoi il est bon d'aller à la rencontre des enfants jusque dans leur monde, en suivant leur rythme. Au lieu de se plaindre : «J'ai passé une sale journée à l'école ; ça t'ennuierait que je t'en parle ?», ils demandent : «Tu veux bien jouer avec moi ?» Pour peu que nous acceptions, ils rejoueront à leur manière ce qui leur est arrivé. Il se peut aussi qu'ils ne disent rien ; c'est alors à nous de prendre l'initiative. En jouant avec eux, nous les aidons à gagner en sécurité intérieure et à se sentir aimés – or c'est précisément ce dont ils ont besoin pour affronter eux-mêmes leurs problèmes. S'ils imaginent que nous les enverrons promener, ils ne nous proposeront même pas de nous mêler à leurs jeux. Ils vaqueront à leurs occupations, comme nous aux nôtres, et nous perdrons ainsi de belles occasions de rapprochement.

Dans mon travail, je passe beaucoup de temps à réintroduire le jeu et l'envie de jouer au sein de familles sans problèmes particuliers, mais qui n'en ont pas moins perdu une petite part de leur joie de vivre. L'autre jour, par exemple, je suis arrivé avec quelques minutes de retard chez mon amie Catherine, pour jouer avec elle et son fils, Brian. Ils passaient alors par une phase difficile – rien de bien méchant : les frictions habituelles entre un garçon de neuf ans et sa mère, refusant qu'elle l'embrasse, se montrant sarcastique, lui tenant tête, ne s'intéressant plus qu'au sport, la rejetant, elle et tout ce qui avait trait aux femmes. Brian et moi avions déjà joué ensemble. Cette fois-là, Catherine et moi avions échangé les enfants. J'avais joué à la bagarre avec Brian, pendant que sa mère Catherine avait joué à la Barbie avec ma fille. À notre immense soulagement et pour notre plus grande joie à tous les quatre. *Enfin, un adulte qui sait jouer à ce que j'aime ! Enfin, un enfant qui s'intéresse à un jeu pour lequel je suis doué !*

En frappant à leur porte, ce jour-là, je ne savais pas à quoi m'attendre. Au moment où Catherine me cria « entre ! », Brian s'emporta : « Tu es en retard, imbécile ! » C'était parti ! Je répliqual, d'un ton espiègle : « De quoi tu m'as traité ? » et me lançai à sa poursuite. Il se laissa tomber sur le canapé où je le bombardai de coussins. Il se redressa et la bataille de coussins fit rage. Catherine s'esclaffait, ravie que, pour une fois, son fils ne l'ait pas prise pour cible. Brian se réjouissait de pouvoir s'exprimer à plein sans que je le punisse ou lui inflige un sermon. Moi-même, j'étais content que Brian nous montre ce qu'il ressentait au fond de lui. Pas directement, mais en me traitant d'imbécile et en me lançant des coussins, il dévoilait ce que je nomme ses zones douloureuses. Des zones de lui-même où il s'était lui aussi senti stupide.

Je lançai un coussin sur Catherine pour l'inciter à se mêler à notre jeu. Ce qui comptait le plus, c'était sa relation avec Brian, pas la mienne. « Tu veux que je me mette de la partie ? » me demanda-t-elle. « Oui ! » répondit Brian avant que nous ne disputions une bataille de polochons à trois. Quelques semaines plus tard, j'en reparlai à Catherine. À l'entendre, depuis ce jeu, cela se passait mieux avec son fils : elle avait compris qu'il souhaitait encore s'amuser avec elle, demeurer proche d'elle, même s'il donnait par ailleurs souvent l'impression de la repousser. Elle s'était en outre rendu compte qu'épuisée par les tâches, cuisiner, conduire, surveiller les devoirs, faire le chauffeur pour le sport, elle manquait d'énergie à consacrer au jeu. S'amuser avec son fils lui permit de mesurer à quel point il en avait besoin et surtout le bénéfice qu'elle-même pouvait en retirer. Depuis, ils jouent plus souvent ensemble et, à en juger par ce que m'a dit Catherine, je ne suis pas certain que ce soit Brian qui s'en félicite le plus.

2.
Rencontrer les enfants dans leur monde

Quand vous avez affaire à un enfant,
gardez la tête froide et asseyez-vous par terre.
Austin O'Malley, 1915

Jimmy, mon voisin de huit ans, m'a fait découvrir un jeu formidable. Quand sa petite cousine lui rend visite, il l'emmène de l'autre côté de la rue faire de la balançoire. Il se place en vis-à-vis et la pousse en s'arrangeant pour que, de retour vers lui, ses pieds lui frôlent le torse. Il tombe alors à la renverse et fait semblant de lui en vouloir à mort : il se relève et la menace pour rire : « Tu n'as pas intérêt à recommencer ! » Elle rit de bon cœur tandis qu'il répète patiemment la même comédie.

Pourquoi ce jeu est-il si extra ? Le scénario inventé par Jimmy atteint tous les objectifs sans négliger l'aspect plaisir. D'abord, touché / raté est une excellente façon de jouer avec le contact. Ensuite, le plus jeune se retrouve en position de force, ce qui lui donne de l'assurance. Les petits qui savent à peine marcher tombent beaucoup. En voyant quelqu'un d'autre perdre l'équilibre pour rire, l'enfant relâche ses frustrations en s'esclaffant ; ce qui vaut mieux que de pousser un autre petit de son âge ou de pleurnicher jusqu'à ce qu'un adulte le prenne dans ses bras, parce que marcher est si difficile.

Je m'inspire souvent de l'exemple de Jimmy quand je réfléchis aux moyens d'aider les enfants à se libérer de leurs tours jumelles d'isolement et d'impuissance pour s'ébattre joyeusement sur le terrain. Tout d'abord, à la balançoire, Jimmy a rejoint la petite fille dans son monde à elle. Il s'est mis à son niveau et a été attentif à ce que ce soit drôle pour elle. Le parentage ludique commence par la volonté d'établir un contact avec l'enfant comme l'a établi Jimmy, et un désir de remplir l'enfant d'un amour infini, d'encouragements et d'enthousiasme. Un peu de détente, de décontraction – physique et mentale – seront les bienvenues. La plupart d'entre nous, adultes, sommes plutôt raides au moment de nous asseoir sur le sol pour jouer. Comme le rire est la monnaie d'échange des enfants, nous avons tout intérêt à nous dérider. Quand les liens se distendent – ce qui se produit sans arrêt – le jeu reste la ressource la plus efficace pour les resserrer. À nous de nous tenir prêt.

Réintégrer un monde oublié

De nombreux parents se sentent étrangers à cet univers du jeu dans lequel habitent les enfants, ce monde qu'ils ont exploré jadis mais dont ils ne semblent pas avoir gardé de souvenir. Nous le considérons avec envie et nostalgie, nous aimerions être capables de jouer comme avant. Ou bien, à l'inverse, nous nous félicitons d'être enfin adultes, préférant nos enfants dans la pièce à côté ou dehors. Un de mes amis a l'habitude de dire à ses fils, en ne plaisantant qu'à moitié : « Ne m'appelez que s'il y a du sang qui coule. » De nombreux parents, très occupés, rechignent à s'aventurer dans le monde des enfants. Ils me disent : « Les gamins aiment traîner par terre ; pas moi. Si c'était vraiment ma place, mes genoux ne craqueraient pas et ça ne me gênerait pas de me salir. Ils ne peuvent pas jouer seuls ou dehors, avec les voisins ? » Bien sûr, il est possible et même recommandable que les enfants jouent à l'occasion seuls ou avec leurs amis. Ils développeront ainsi leur indépendance en laissant un peu de répit à leurs parents, libres alors de se reposer, terminer leur travail ou préparer à dîner. Les enfants sont capables de débrouiller bien des situations seuls, en jouant comme bon leur chante, sans l'intervention d'un adulte. Passer du temps à l'écart des grandes personnes leur est nécessaire et bénéfique. Nous n'avons pas à envahir leur monde.

Malgré tout, le jeu ne remplit ses promesses qu'à condition qu'un adulte joue de temps à autre. Au début, ce n'est pas toujours évident de jouer, même si n'importe quel adulte peut y arriver avec un peu d'entraînement et de volonté. Et c'est vraiment amusant, au bout du compte ! Pas mal d'encre a coulé, ces dix ou vingt dernières années, sur le pouvoir de nuire des parents et des adultes en général. Nous aurions tort d'oublier qu'il est aussi en notre pouvoir de leur venir en aide. Pas seulement en les maintenant à l'abri du danger mais en contribuant à leur développement, en veillant à ce qu'ils guérissent de leurs blessures et en maintenant un solide attachement humain. Vu que les enfants recourent au jeu pour nouer des contacts, se rétablir et gagner en assurance, il est logique que les adultes jouent avec eux afin de leur tendre la main secourable dont ils ont besoin.

Tendre la main

Le jeu reste le moyen de communication privilégié de n'importe quel enfant. Empêcher un enfant de jouer équivaut à empêcher un adulte de parler ou de réfléchir. Contrôler les jeux d'un enfant revient à contrôler tout ce que dit un adulte. Enfin, laisser un enfant jouer seul, c'est comme passer une journée en compagnie d'un adulte sans lui adresser la parole.

Un adulte n'a pas nécessairement besoin de beaucoup intervenir dans les jeux d'un enfant – il lui suffit parfois de s'assurer de sa sécurité ; de rester présent, au cas où. Nous accomplissons une part essentielle de notre métier de parent pendant que nos enfants s'amusent dans la pièce d'à côté, en nous sachant prêts à accourir au cas où ils nous appelleraient. Ils ne souhaitent parfois rien de plus qu'un public quand ils s'essayent à des tours de magie ou quelqu'un qui remplisse la baignoire ou les conduise chez un ami. À ces moments-là, nous pouvons nous sentir dans la peau d'un domestique, plus que d'un père ou d'une mère. *N'importe qui pourrait le faire à ma place. Pourquoi moi ?* Il n'est cependant pas anodin que ce soit vous qui vous en occupiez – les enfants ont besoin de la proximité des adultes auxquels ils se sentent le plus étroitement liés, même quand ils n'attendent rien de spécial de leur part.

Brian et Shirley Sutton-Smith ont publié dans les années 1970 un formidable livre à propos du jeu et des enfants. Ils y donnent un excellent exemple de ce que j'appelle une « subtile intervention » dans un jeu et qu'ils qualifient quant à eux d'interlude ludique.

Vous passez l'aspirateur quand apparaît votre enfant, une valise à la main. Il se dirige vers la porte, en vous adressant un signe d'adieu. « Je vais à l'hôpital. Au revoir ! » vous annonce-t-il. Vingt fois de suite, il fait semblant de partir. Votre rôle consiste à entrer dans son jeu mais pas trop. Vous agitez la main à votre tour, sans lâcher l'aspirateur. Vous prenez un air triste, faites mine de pleurer et continuez à faire le ménage. À la fin, vous lui demandez : « Tu es rentré, maintenant ? » « Oui », répond-il. Vous le serrez très fort contre vous en exprimant votre joie de le voir de retour[7].

Bien sûr, un interlude ne suffit pas toujours. Les aspects les plus lourds de sens du jeu se manifestent parfois si spontanément que nul n'en a conscience (si ce n'est les psychologues comme moi, qui fourrent leur nez partout). Parents et enfants recourent au jeu pour exprimer leurs émotions sans même y penser, aussi naturellement qu'ils respirent. Un jeu riche de signification réclame toutefois un peu d'effort et de réflexion de la part des adultes. Les enfants ont surtout besoin que les adultes prennent part à leurs jeux :

7. Brian Sutton-Smith et Shirley Sutton-Smith, *How to Play with Your Child* (New York, Hawthorne Press, 1974).

- quand ils ont du mal à établir des liens avec leurs camarades ou des grandes personnes ;
- quand ils semblent incapables de jouer librement ou spontanément ;
- lors d'un bouleversement dans leur vie (leur entrée à la maternelle, la naissance d'un frère ou d'une sœur, un décès ou un divorce) ;
- quand ils sont en danger.

Voyons à présent en quoi le jeu peut dénouer chacune de ces situations.

Quand un enfant peine à entrer en contact avec ses camarades ou des adultes

Austin, un garçon de dix ans qui manquait de joie et de spontanéité dans ses jeux, éprouvait des difficultés à se faire des amis. Forcément : le seul jeu qu'il appréciait s'apparentait à une variante assez brutale du football, où il n'hésitait pas à malmener ses adversaires. Personne ne voulait plus s'y amuser avec lui, or quand on lui proposait une autre activité, il boudait. Ses parents m'ont consulté. Nous avons décidé de réserver à Austin des moments de détente avec chacun d'eux, impliquant des contacts physiques intenses. Son père et sa mère disputeraient avec lui des batailles de polochons et se promèneraient à quatre pattes en le portant sur leur dos. Surtout, ils lui feraient plus de câlins mais, au moindre signe d'agressivité, leurs jeux s'interrompraient, juste le temps qu'Austin se calme puis reprendraient. Aussi anodins que paraissent ces changements, ils développèrent la capacité d'Austin à s'amuser avec d'autres enfants de son âge.

Rester assis tristement dans son coin est un signe de difficulté à nouer des contacts avec les autres. Ces enfants ont besoin qu'un adulte s'attelle plus encore à jouer avec eux pour les stimuler à oser sortir d'eux-mêmes et de leur isolement. Ils peuvent avoir besoin de s'entraîner avec nous d'abord pour savoir comment faire et interagir avec leurs pairs. L'amour, l'affection, l'attention qu'ils recevront de nous les aidera à aborder les enfants de leur âge avec confiance. Il se peut aussi que leur suffise un parent leur fournissant toute l'attention dont ils ont besoin, tandis qu'il sort progressivement de sa caverne sombre et trouve quelque chose de sympa à faire. Hélas ! bien souvent, les enfants en proie à la solitude écopent d'une punition ou alors nul ne s'occupe d'eux. Rester isolé dans sa chambre n'est pourtant pas le meilleur moyen d'apprendre à se faire des amis.

Quand un enfant paraît incapable de s'amuser librement et spontanément

Dans le cadre d'une formation destinée aux animateurs d'activités extrascolaires, mon collègue Sam Roth et moi avons essayé d'établir la distinction entre deux types de jeu nécessitant plus ou moins d'implication de la part d'un adulte. Nous avons proposé aux participants de décrire un « bon » jeu. Ils ont listé les adjectifs suivants : fluide, créatif, amusant, évolutif, inclusif de tous, et coopératif. Nous leur avons alors demandé ce qu'un adulte était en charge d'apporter à un tel jeu. Ils ont évoqué la sécurité, un environnement chaleureux, un endroit où il puisse se réfugier, se sentir chez lui, des jouets et du matériel d'arts plastiques, et la garantie d'une intervention, en cas de conflit dépassant leurs capacités. Nous leur avons ensuite demandé de décrire les jeux qu'ils estimaient problématiques. Voici leurs mots : répétitif, bloqué, agressif, destructeur, ennuyeux, créant de l'exclusion. Dans ces cas-là, il était évident pour les animateurs que les adultes devaient fournir aux enfants davantage d'aide, de structure, d'information, leur accorder plus d'attention, leur souffler de nouvelles idées, leur insuffler tout à la fois calme et enthousiasme, leur montrer des lignes de conduite et des limites, et les aider à verbaliser leurs émotions (« Tu peux le dire avec des mots »).

Autrement dit : certains enfants savent tout ce qu'il faut savoir à propos du jeu tandis que d'autres ont besoin qu'on leur inculque un minimum de principes, de fair-play ou de compétences – une mission qui incombe comme de juste aux adultes. Je n'en reviens pas du nombre d'enfants désireux de jouer qui ne connaissent pas les règles, ne se sont jamais exercés aux compétences nécessaires et ne supportent pas de perdre. Dans ces conditions, il est difficile pour eux de s'amuser librement et spontanément. L'enfant qui se retrouve toujours à l'arrière parce qu'il ne rattrape pas la balle aussi bien que les autres a besoin qu'un adulte l'y entraîne. Celui qui tape sur les nerfs de ses camarades parce qu'il discute leurs moindres décisions a quant à lui besoin de davantage de temps de jeux spécifiquement orientés par le parent sur l'esprit sportif.

Quand un changement survient dans la vie d'un enfant

L'exemple de mon amie Linda démontre la nécessité pour les parents de prendre part aux jeux de leurs enfants lors d'un changement à la maison. Depuis la naissance de son troisième enfant, ses deux aînés réclamaient son attention et la collaient sans arrêt, convaincus que le nouveau-né les privait d'une partie du temps qu'elle leur consacrait jusque-là. Linda eut l'idée d'un jeu : installer ses aînés sur ses genoux et leur annoncer qu'elle allait les remplir d'Amour de Maman. Elle commençait par les orteils, grimpait tout le long du corps et concluait par un baiser sur le sommet du crâne. Une fois arrivée là, elle ajoutait un petit plus, « l'œuf d'amour ». Vous savez, quand vous faites semblant de casser un œuf sur la tête de quelqu'un en tapotant d'abord avec vos doigts rassemblés sur le sommet du crâne puis en les faisant glisser sur les cheveux. Elle cassait ainsi des œufs sur la tête de ses enfants et répandait encore plus d'amour. Les enfants de Linda raffolaient de ce jeu et en redemandaient chaque jour. Il ne durait que cinq minutes mais leur permettait ensuite de s'amuser seuls ou à deux pendant que leur mère s'occupait du nouveau-né. Cela les a aussi aidés à témoigner de l'affection à leur petit frère plutôt que du ressentiment ou de l'hostilité.

Quand un enfant court un danger

Lorsqu'un enfant est menacé, en particulier par un camarade, il est évident qu'un adulte doit intervenir. Il est parfois dangereux de laisser les enfants démêler entre eux leurs problèmes. Je me suis beaucoup occupé d'adultes victimes d'abus sexuels dans leur enfance. De ce point de vue, le cas de Jack a valeur d'exemple. Deux voisins plus âgés que lui s'en prirent à lui, alors qu'il avait cinq ans. Ils se livraient à un « jeu » qu'ils trouvaient sans doute amusant. Je vous ferai grâce des détails. Jack en est resté traumatisé. Avec le recul, il a toutefois compris que ses agresseurs cherchaient à évacuer leur souffrance en la lui transmettant. Peut-être quelqu'un se montrait-il brutal envers eux ou ne tenait aucun compte de ce qu'ils ressentaient, alors qu'il leur fallait de l'aide. Le ressentiment et les émotions pénibles s'accumulaient à coup sûr en eux sans qu'ils puissent y remédier – hormis en leur laissant libre cours aux dépens de quelqu'un de plus jeune.

Le problème, c'est que Jack, à cinq ans, n'était pas en mesure de les aider à gérer leur colère. À l'évidence, les voisins ne voulaient pas se pencher sur les problèmes de leurs enfants, qu'ils envoyaient au diable. Or ceux-ci, pris au piège de leurs impulsions ainsi diabolisées, ne réussissaient à s'en débarrasser qu'en y cédant au détriment de Jack. Incapables, ou peu désireux, de mettre bon ordre à ce qui se tramait entre les enfants du quartier, les adultes ne se mêlèrent pas de leurs « jeux ».

Il aurait fallu aux bourreaux de Jack des expériences ludiques en mesure de stopper et canaliser leur agressivité. Jack aussi aurait bénéficié d'une aide extérieure par le jeu, encore que d'une autre nature, vu que lui réagissait à la violence en se montrant timide et craintif. Il lui aurait fallu une forme de jeu qui lui donne de l'assurance et assez de confiance en son entourage pour sortir de ses tours fortifiées d'isolement et d'impuissance. Jack dut attendre l'âge adulte pour guérir au moyen d'une thérapie et non du jeu.

Heureusement, la plupart des exemples d'enfants ayant besoin qu'un adulte leur vienne en aide par le biais du jeu n'ont rien d'aussi dramatique, même s'ils illustrent le même principe fondamental : les problèmes des enfants ne se résolvent pas toujours spontanément quand on les laisse se débrouiller seuls, contrairement à ce que bien des enseignants ou des parents débordés aimeraient croire.

De l'importance de se mettre à quatre pattes

L'expression peut ici s'entendre dans un sens littéral aussi bien que métaphorique : il s'agit autant de se mettre à la hauteur physique des enfants, que de se mettre à leur niveau en prenant part aux activités qui leur plaisent. Cela signifie se placer à la hauteur d'un petit pour le regarder droit dans les yeux, et pour un plus grand s'aventurer avec lui sur son territoire, que ce soit au centre commercial, sur le terrain de foot ou affalé devant la télé ou l'ordinateur.

Se mettre au niveau de l'enfant implique par ailleurs de se livrer avec lui à des jeux qui, a priori, nous indiffèrent voire nous déplaisent. Lors d'une intervention dans une école maternelle, j'ai choqué une mère de famille me demandant conseil à propos de son fils. Au lieu de lui indiquer des pistes pour mettre un terme à ses horribles offensives motivées par la testostérone (il prenait plaisir à arracher la tête de personnages en plastique, avant de les lancer au bas de l'escalier), je lui conseillai d'y jouer avec lui. Et de bon cœur ! Un enfant ne renoncera pas à un jeu répétitif, tant qu'il s'y livrera seul. La désapprobation de sa mère renforçait encore l'isolement du garçon. Les enfants ont besoin d'approbation et d'enthousiasme partagé avant de trouver le moyen de sortir d'une impasse. Il n'y a qu'une façon de mettre un terme à un jeu violent : s'y livrer, un temps, avec l'enfant, pour lui ouvrir un nouveau champ de possibles, lui permettre d'expérimenter d'autres moyens de gérer ses impulsions agressives.

Quand il avait à faire face aux fugues nocturnes d'un élève, A.S. Neill, le directeur de l'école expérimentale de Summerhill, en Angleterre, réveillait le garçon en pleine nuit, accoutré en bandit, et demandait à l'accompagner dans sa prochaine sortie. L'enfant refusait systématiquement et faisait la leçon au directeur avant de rentrer de lui-même dans le droit chemin.

Selon moi, Neill proposait à ses élèves hésitant entre une attitude responsable et s'attirer des ennuis une forme spécifique de jeu. Son apparition dans un déguisement ridicule au beau milieu de la nuit les incitait à examiner d'un œil critique la situation. Constamment répéter aux enfants ce qu'ils doivent faire ou pas ne les encourage pas à penser par eux-mêmes mais les oblige à choisir entre une obéissance humiliante ou une révolte stérile.

En revanche, un peu d'humour les invitera à se pencher sur leurs problèmes, aussi sérieux soient-ils.

En se mettant au niveau de l'enfant, les parents lui fournissent nombre de ressources. Matérielles : des jouets, un espace de jeu confortable ou un goûter. Et immatérielles, comme lui souffler de nouvelles idées. Quand deux gamins se tapent dessus, j'aime intervenir en m'écriant : « Prenez-vous-en plutôt à quelqu'un de votre taille ! » Je serre alors les poings en affichant mon air le plus bête. Dès qu'ils se tournent vers moi, je m'enfuis en feignant la panique, ce qui suffit à orienter la bagarre dans un sens tout à fait différent.

Leston Havens, psychiatre au Cambridge Hospital, dans le Massachusetts, m'a aiguillé sur l'une de mes pistes de réflexion favorites à propos de l'art et la manière de rejoindre les enfants sur leur terrain de jeu. Il écrit sur la thérapie d'adultes, et l'un de ses concepts les plus utiles et drôles concerne la façon dont chacun s'assoit lors d'une session de thérapie. Il utilise ces informations pour déceler les principes qui guident les différents types de thérapie[8]. À l'origine, les psychiatres s'asseyaient derrière leur bureau face à leurs patients, établissant donc une certaine distance. Sigmund Freud eut l'idée de prendre place sur une chaise hors de la vue de son patient, de manière à ce que ce dernier en soit réduit à s'imaginer ce que pensait ou ressentait le thérapeute. Carl Rogers s'installait quant à lui face à son client, si près qu'il frôlait ses genoux ; ce qui cadre tout à fait avec son objectif d'établir une communication sincère, chaleureuse. Harry Stack Sullivan s'asseyait souvent à côté de ses patients, épaule contre épaule, afin qu'ils affrontent ensemble le monde extérieur menaçant.

8. Leston Havens, *Approaches to the Mind* (Boston, Little, Brown, 1973).

Leston Havens pousse plus loin encore le raisonnement en préconisant de réfléchir au placement le mieux adapté à chaque client. S'il tient à se maintenir à distance des plus agressifs, il souhaite en revanche avec d'autres être suffisamment proche pour pouvoir leur poser sa main sur le bras ou le genou. Je pense souvent à ces questions de placement quand je m'interroge sur le meilleur moyen d'entrer dans le monde d'un enfant par le biais du jeu. Le parentage ludique implique parfois des contacts rapprochés comme lorsque l'on joue à la bagarre ou que l'on fait un câlin. Parfois, l'intensité de contact varie selon les phases de la partie, comme lorsqu'on joue à chat. Il arrive aussi que l'adulte et l'enfant se placent l'un en face de l'autre pour jouer à un jeu de société. La meilleure illustration d'un placement côte à côte, à la Sullivan ? Il est bien connu que les garçons d'ordinaire peu bavards se livrent plus volontiers en voiture, en regardant droit devant eux, pendant que leur père ou leur mère conduit et les écoute.

Se lancer une balle suppose en général une certaine distance, encore que la balle matérialise une sorte de pont entre les joueurs. Comme le montre l'histoire du garçon derrière la porte fermée à clé dans le chapitre suivant, il est parfois nécessaire d'envisager un positionnement dans l'espace inédit. L'essentiel, c'est de déterminer l'approche à laquelle répondra le mieux l'enfant – or vous n'y parviendrez qu'en essayant d'interagir avec lui à son niveau.

Un enfant aura toujours le loisir de jouer seul ou avec ses camarades. Il s'amusera d'ailleurs d'autant mieux tout seul qu'un adulte aura auparavant pris une part fructueuse à ses jeux. Mais pour être là quand ils ont davantage besoin de nous que de juste leur servir du jus de fruit ou veiller à ce qu'ils ne mettent pas le feu à la maison, nous devrons nous interroger sur l'origine de nos résistances à jouer.

Pourquoi les adultes ont du mal à jouer

La génération actuelle des parents n'a pas beaucoup joué, enfant, avec des adultes. Nos premières années, nous les avons passées dans nos parcs ; les suivantes, devant la télé et notre adolescence, à traîner dehors. Les générations antérieures n'avaient pas eu davantage l'occasion de s'amuser avec leurs aînés – ni même de s'amuser tout court d'ailleurs. Les enfants n'ont que depuis peu la chance de pouvoir jouer. Les spécialistes de la petite enfance s'accordent à estimer que ce temps accru de jeu bénéficie grandement aux enfants. Pourtant, à l'adolescence ou à l'orée de l'âge adulte, nous cessons toutefois de jouer, au point de ne bientôt plus en être capable, pour nous intéresser à des sports de compétition ou d'autres passe-temps, jamais aussi spontanés ou imaginatifs que les jeux des enfants. Trop préoccupés par nos soucis, et par manque de pratique, nous perdons une grande part de nos aptitudes au jeu, au détriment de notre manière d'être avec les enfants.

En tant que parents, nous n'en souffrons jamais autant que lorsque nous peinons à rétablir le contact avec nos enfants par le biais du jeu. Trop souvent, nous nous heurtons à un mur, de l'autre côté duquel nos chères têtes blondes attendent que nous nous rapprochions d'eux, sur leur terrain, à leur portée. C'est à nous de prendre l'initiative, plutôt que d'espérer un geste de leur part ou de baisser les bras. Puisque nous ne jouons pas autant ni aussi spontanément que les enfants, il nous revient de prendre la décision de jouer. Et tant pis si l'envie n'est pas vraiment au rendez-vous !

Malheureusement, les enfants ont davantage besoin de l'intervention d'un adulte dans leurs jeux, justement dans les moments où cela nous coûte le plus :

- Quand un enfant ne se sent pas en lien avec nous ou ses camarades, nous éprouvons souvent aussi de la distance à son égard (ce qui peut nous ennuyer, nous chagriner, nous irriter ou nous exaspérer et ne nous dispose guère au jeu).
- Quand un enfant se livre à un jeu répétitif, agressif ou entravé, l'envie nous vient facilement de le punir, de l'isoler ou de ne plus nous occuper de lui – tout plutôt que d'aller vers lui.
- Les phases de transition mettent à l'épreuve les adultes aussi. Quand un grand changement dans nos vies nous préoccupe, nous avons moins de temps et d'attention à consacrer à nos enfants.
- Le danger que courent nos enfants nous inquiète parfois trop pour que nous soyons d'humeur à jouer (il se peut d'ailleurs qu'une menace pèse sur eux parce que nous ne leur accordons pas assez d'attention).

Peut-être nous sommes-nous juré de ne pas nous montrer aussi durs envers nos enfants que nos propres parents vis-à-vis de nous ? Or, quand ils ont le plus besoin de nous – lorsqu'ils font de travers, nous traitent de tous les noms, j'en passe et des meilleures – la moutarde nous monte au nez et nous les punissons ; à moins que, blessés, nous ne les repoussions. Sur le moment, nous ne songeons plus à quel point ils sont vulnérables. Pour leur part, nos enfants perdent de vue la coopération, le partage, leur capacité à se calmer ou le respect des règles. Dans une situation émotionnellement éprouvante, comme la naissance d'un petit frère, un déménagement ou un divorce, trop obnubilés par notre ressenti ou pris par nos obligations, nous tendons à prêter moins d'attention à nos enfants, alors même qu'il leur en faudrait davantage. Ils nous contrarient ; ce qui diminue encore l'attention que nous leur portons. Le fossé qui nous sépare d'eux se creuse et un cercle vicieux s'installe. Il ne faut pas s'étonner que le métier de parent soit aussi ardu !

Pour ne rien arranger, nous gardons de nos jeunes années des blessures pas encore cicatrisées, qui s'interposent quand nos enfants requièrent notre soutien. Nos propres affects nous empêchent de remplir avec humour notre fonction d'éducateurs ; d'où nos difficultés à gérer les émotions de nos enfants. Une mère venue me consulter évoquait lucidement les problèmes de sa fille (qui, à cinq ans, lui paraissait déprimée, repliée sur elle-même) sans pour autant comprendre leur origine. Jouer avec la fillette me fit mesurer l'ampleur des difficultés que cette dernière rencontrait pour maintenir la relation. En jouant avec elle à la poursuivre dans les coins où elle se réfugiait, je l'incitai à sortir de sa coquille, à renoncer à son attitude de chaton apeuré.

Une fois un contact satisfaisant établi entre nous, j'invitai sa mère à se mêler à notre jeu. Elle était mal à l'aise et très raide au début, mais toutes deux ont clairement pris beaucoup de plaisir à cet apprentissage.

Malgré tout, dès que je sortais du jeu, la mère se figeait. Elle s'asseyait sur une chaise, presque paralysée, ne parvenant plus à jouer. Confrontée à ce blocage émotionnel manifeste, elle finit par se rendre compte que ses problèmes relationnels déteignaient sur sa fille. Jusque-là, elle réussissait à les évacuer en se prétendant trop occupée ou pas assez en forme pour jouer. Un nouvel équilibre ne s'instaura au sein de la famille qu'à partir du moment où la mère résolut de surmonter ses propres obstacles à l'intimité et à l'attachement.

En évitant de jouer, cette mère avait réussi à tenir sa souffrance à distance, mais au prix de bien des tensions pour l'ensemble de la famille. Il n'y a toutefois rien d'étonnant à ce que nous cherchions à fuir des émotions pénibles. Qu'est-ce qui, sinon, pourrait bien nous retenir de jouer avec nos enfants chéris ? Parfois, certains parents ont besoin de passer davantage de temps à vraiment jouer avec leurs enfants aux jeux auxquels ces derniers veulent jouer pour ne serait-ce que reconnaître les émotions profondes à l'intérieur qui font blocage. Un père de famille m'a confié un jour : « Ça ne m'amuse pas toujours de jouer avec mes enfants mais je m'y force parce que je sais qu'au bout du compte, cela nous rendra tous plus heureux. Et puis, plus je fais l'effort de jouer à leur manière, plus volontiers ils acceptent de faire ce que je leur demande. »

Quand nous jouons avec nos enfants, souvent, nous ressentons plus qu'une simple lassitude ou de la fatigue. Certains d'entre nous se mettent en colère : ils réagissent par des règles strictes ou une discipline implacable, quand ils n'explosent pas carrément. D'autres passent un bon moment jusqu'à ce qu'un petit fonde en larmes ou sème la zizanie – ce qui finit par arriver tôt ou tard. Ils perdent alors patience. Il y en a qui se font rattraper par l'esprit de compétition, ne pouvant s'empêcher de construire une tour plus haute ou une structure Lego plus complexe que celle de leur enfant. D'autres se sentent impuissants ; ils redoutent de jouer à la bagarre par crainte de se faire mal, comme si leurs muscles du jeu s'étaient atrophiés à force d'inaction. Les enfants ont malgré tout besoin que nous surmontions nos résistances et que nous jouions aux jeux qu'ils aiment, et comme ils aiment y jouer. S'il existe un adulte capable de s'amuser une journée entière avec des enfants sans éprouver aucun de ces sentiments ou tomber dans ces écueils, je ne l'ai pas encore rencontré.

J'expliquerai en detail au chapitre 15 comment se libérer de ces tensions et d'autres chapitres vous indiqueront comment jouer tout de même en attendant. Mais la solution rapide que je peux déjà vous donner est d'en parler avec honnêteté à d'autres parents, évoquant votre enfance, ce que vous ressentiez à l'âge de votre fils ou de votre fille. Il est important de vous accorder ce temps de recharger vos batteries afin que vous ayez l'énergie de jouer sans que vos émotions s'interposent. La plus grande indulgence envers vous-mêmes est de mise : le métier de parent n'est pas facile or il nous arrive à tous de trouver le temps long, de nous exaspérer ou de nous mettre en colère.

Avant de conclure à propos des adultes et du jeu, j'aimerais me pencher avec vous sur deux catégories de personnes trop souvent tenues à l'écart du développement des enfants : les pères et les adultes qui ne sont pas les parents.

J'appelle ça paterner

Pour citer John Updike, qui a beaucoup écrit sur l'aliénation des maris et des pères de famille : « À partir du moment où les hommes ne parlent plus aux enfants, ils cessent d'être des hommes pour se réduire à des machines à manger et gagner de l'argent. » Updike ne fait là qu'effleurer le problème : le métier de père ne consiste pas qu'à « parler ». D'un autre côté, il a bien saisi la tendance pernicieuse de notre société à détourner les pères de leur famille. Et pour quoi ? Pour les transformer en simples rouages de la machine économique. On reconnaît rarement les compétences des pères pour s'occuper de leurs proches et on les y encourage encore moins.

Les pères se sentent souvent marginalisés, exclus de la vie de famille. Ils se cantonnent – de leur propre initiative ou non – à une palette de rôles limitée, incluant ou non le jeu. Le titre de ce sous-chapitre m'a été inspiré par une conversation avec ma mère, peu après la naissance de ma fille. Un jour que je me trouvais seul avec Emma, ma mère me passa un coup de fil. « Tu fais du baby-sitting ? » me demanda-t-elle. Le plus poliment du monde, je la détrompai : « Disons plutôt que je paterne. » Elle se rendit compte aussitôt de sa maladresse et me présenta ses excuses. Je pris pour ma part conscience que, quand elle était petite, et même lorsque mère elle-même d'un jeune enfant, les pères s'impliquaient si peu auprès de leur progéniture que l'on pouvait en toute justice les assimiler à une baby-sitter occasionnelle. Il n'y a donc rien d'étonnant à ce que de nombreux pères aient pour ainsi dire l'impression d'assister au match depuis le banc de touche. Beaucoup de guides pratiques enfoncent le clou en affirmant par exemple que le rôle d'un père consiste à aimer la mère de son enfant et la soutenir.

Les pères sont à la fois des hommes et des parents. On prépare hélas plus les garçons à devenir des hommes que des parents. Une part de l'éducation donnée aux garçons fait d'ailleurs obstacle à leur aptitude à nouer un contact ludique avec un enfant ou à lui communiquer des émotions. Beaucoup d'hommes mal préparés à s'occuper d'un petit se sentent démunis ; ce dont ils ont horreur.

Un jour que mes parents me rendaient visite, ma fille se mit à pleurer dans les bras de mon père. Elle venait de manger et n'avait pas eu le temps de salir sa couche, donc lorsque mon père fit mine de me la tendre, je lui dis : « Il n'y a rien de plus que je puisse faire que tu ne fasses déjà. » Il n'en revenait pas. Il pensait qu'un nouveau-né qui pleure ne se calme que si l'on recourt à une astuce, un « truc » qu'il ignorait. Mon père n'est pas le seul à auréoler de mystère les soins que réclame un enfant. Leur rôle de père plonge dans la confusion bien des hommes de ma génération. Heureusement, depuis une dizaine d'années, les pères s'impliquent davantage dans les soins quotidiens aux enfants. Quand ma fille allait à la maternelle, deux élèves de sa classe avaient elles aussi un père au foyer[9]. Beaucoup d'autres prenaient part à l'éducation de leur enfant, aussi bien à l'école qu'à la maison. Malgré tout, les parents qui travaillent, et en particulier les pères, ont du mal à réintégrer le cocon familial en rentrant le soir chez eux. Les féministes se plaignent que trop de

9. Le réseau des pères au foyer peut leur être d'un grand secours. www.athomedad.com

mères exerçant une activité professionnelle doivent assumer ce qu'elles appellent une « deuxième journée », se chargeant à elles seules du ménage et des enfants[10]. Elles n'ont pas tort : il est anormal que les femmes assument seules une telle charge de travail. Et c'est aussi une catastrophe pour les hommes que de rester à l'écart des soins quotidiens aux enfants.

Mon ami Michael et moi avons commencé à organiser des réunions régulières entre pères quand nos enfants n'avaient encore que quelques mois. Au début, nous nous retrouvions avec nos fils et filles, le temps de discuter. Plus tard, nous leur courions après alors qu'ils faisaient leurs premiers pas. Une fois en âge scolaire, ils ont joué sous notre œil attentif, tandis que nous discutions de plus belle. Je recommande à tous les pères de tels groupes. Dans les premiers temps, quand un nouveau-né se mettait à pleurer, la plupart des pères bondissaient pour rentrer chez eux, convaincus que le petit avait besoin de sa mère pour la tétée. J'ai dû les « sevrer » (si vous me passez le jeu de mot !) de ce réflexe en leur expliquant qu'un bébé ne pleure pas seulement parce qu'il a faim (d'autant que la plupart venaient d'être nourris avant la réunion). En faisant appel à la mère en cas de crise de larmes, les pères se privent d'une grande joie : serrer contre eux un petit qui exprime ce qu'il ressent de la seule manière à sa portée, par les pleurs, jusqu'à ce qu'il s'apaise. Mes amis avaient passé plus de temps à serrer contre eux leur enfant au cours des premiers mois de sa vie que leurs propres pères pendant toute la leur. Pourtant, ils ne supportaient pas les cris d'un nourrisson dans leurs bras.

À l'autre extrémité du spectre, certains pères se détachent complètement de leur famille, par exemple en rompant le contact sans même s'apercevoir du vide qu'ils laissent derrière eux. Bien que présents physiquement, ils demeurent distants

10. Arlie Hochschild, *The Second Shift* (New York, Avon Books, 1997).

émotionnellement, ne jouent que si l'envie leur en prend, sans chercher à se rapprocher de leur enfant. Assumer pleinement son rôle de père nécessite un investissement quotidien. Ironie du sort : certains hommes ne se lancent pour de bon dans l'aventure de la paternité qu'à la suite d'un divorce. Ils sont pères à temps partiel, mais doivent, pour la première fois de leur vie, assumer toutes les tâches parentales les jours où ils ont la garde de leurs enfants. Les hommes ont tendance à ne pas croire à l'amour qu'on leur porte ou à la valeur qu'on leur accorde ; nous sommes enclins à nous sentir remplaçables, interchangeables. J'ai entendu avec tristesse tant d'hommes s'étonner de découvrir des années plus tard combien leur famille aurait eu besoin d'eux et aurait souhaité leur présence. Beaucoup d'enfants parvenus à l'âge adulte n'en reviennent pas non plus d'apprendre que leur père aurait bien aimé se rapprocher d'eux mais ne savait tout simplement pas comment s'y prendre ou estimait n'avoir ni le temps ni l'énergie.

D'un autre côté, les pères ont toujours été les meilleurs partenaires de mêlées. Il a été démontré que ces bagarres pour rire étaient bonnes pour les enfants, tant que le jeu n'est pas trop brutal. Par exemple, les garçons qui se mesurent ainsi à leur père s'entendent mieux avec leurs camarades. Les papas sont en outre bien connus pour mettre de l'animation en lançant un nourrisson en l'air ou en organisant un jeu dans les grandes occasions. On ne peut que s'en réjouir. Malgre tout, les enfants ont aussi besoin d'interactions ordinaires avec leur père dans la vie de tous les jours.

Les pères, et les hommes en général, ont la possibilité d'apporter un énorme plus à la vie de leurs enfants. Ces derniers ont besoin de pouvoir se mesurer à la force masculine pour les jeux très physiques. Mais les hommes auraient tout aussi intérêt à élargir leur répertoire à câliner, consoler ou se déguiser. Pourquoi se lancer un ballon reste-t-il l'archétype du jeu père-fils ? À mon avis, parce que c'est se relier en restant à distance. Cette distance avec laquelle bataillent tant les petits garçons que les hommes adultes. Plus les hommes choisiront la proximité, moins il y aura de raisons de leur consacrer une section à part dans les manuels d'éducation.

Quelques mots sur les adultes sans enfants

Si les pères se retrouvent mis à l'écart des jeux de leurs enfants et de leur développement, que dire alors des adultes sans enfants ! Les mères sont censées tout faire et tout être pour l'enfant, seules avec peu ou pas d'aide. D'autres adultes ont pourtant un rôle spécifique à jouer. N'aviez-vous pas un oncle ou un ami de la famille qui s'installait sur le tapis et disputait avec vous des parties de Monopoly ? Ou qui vous montrait des tours de magie ? Une tante qui vous emmenait prendre le thé à l'âge où vous aspiriez à être traité en adulte ?

Je donne souvent des exemples d'interactions entre parents et enfants mais les principes que je tente d'illustrer s'appliquent aussi bien à des baby-sitters, des grands-parents, des enseignants, des animateurs ou que sais-je encore. À vrai dire, la plupart des activités ou des jeux que je propose conviennent en particulier aux adultes qui ne sont pas les parents. Parents et enfants se retrouvent souvent dans des impasses relationnelles, comment alors prendre plaisir à jouer ensemble ? Très vite, l'un ou l'autre, ou même les deux, évitent alors tout jeu. D'autres adultes peuvent débloquer la situation. Fréquemment, dans le cadre de mon travail, j'entre en relation avec un enfant par le biais d'un jeu, auquel j'invite ensuite ses parents à participer, en leur enseignant la manière de renouer le contact et de tirer un maximum de bénéfices de ce temps partagé.

À mon sens, mon succès ne s'explique pas tant par mes talents de psychologue que par la possibilité que m'offre le jeu, à moi qui n'appartiens pas à la famille, d'établir un pont entre les parents et leurs enfants.

Quand ma fille était petite, ma femme et moi supportions mal le désordre. Nous n'en avons pris conscience qu'après que notre amie Tina eut passé un peu de temps seule avec Emma. De retour à la maison, nous avons trouvé notre fille en train de s'amuser de bon cœur avec de la soupe, un bol sur la tête. Il en dégoulinait de toute la longueur du plan de travail. Il fallait quelqu'un de moins à cheval que nous sur la propreté pour donner à Emma une telle occasion de s'amuser.

Malgré tout, jouer n'est pas toujours facile pour les adultes n'ayant pas d'enfants, et pour des raisons similaires à celles des parents. S'ils ont plus d'énergie ou de patience dans les situations sur lesquelles parents et enfants se cognent la tête, ils sont en revanche moins habitués à passer quotidiennement du temps avec des petits et se demandent parfois quel rôle assumer. Les parents peuvent leur rappeler à quel point ils comptent aux yeux des enfants.

Le jeu n'étant pas pris au sérieux par la société actuelle, ceux qui en font leur métier sont en général mal rémunérés. Les animateurs de crèches, d'ateliers de travaux manuels, les moniteurs de colonie de vacances et autres reçoivent un salaire ridiculement bas, compte tenu de l'importance du travail qu'ils accomplissent et de leurs compétences. On les considère plus comme des baby-sitters que comme des spécialistes de l'enfance et du jeu. Dans certains pays, des adultes spécialement formés s'occupent d'aires de jeux inspirées d'un exemple danois des années 1940 – une sorte de décharge où des enfants construisaient des forts et des cabanes dans les arbres, allumaient des feux de camp et s'amusaient tout leur soûl. « Le responsable d'une aire de jeux doit justifier d'une bonne expertise technique, se montrer créatif et débrouillard, bien connaître les enfants, et être doué d'un solide sens de l'humour ; sans compter des capacités de meneur et d'implication de tous dans la vie et les jeux communautaires… Ils doivent connaître les principes de base des jeux constructifs[11].» Malheureusement, les aires de ce type ne sont pas appréciées aux États-Unis, sans doute parce qu'elles ne sont pas belles à voir ou qu'elles suscitent des craintes quant à la sécurité des enfants.

Voici pour finir une dernière anecdote : j'ai connu un couple sans enfant qui habitait une rue où vivaient de nombreuses familles. Leur jardin servait de point de ralliement aux gamins du quartier. Il faut dire que le mari adorait jouer. Un jour, son épouse demanda aux petits s'ils voulaient de la citronnade. Pendant qu'elle leur en préparait dans la cuisine, un enfant dit au mari : « Elle est vraiment sympa, ta maman.» Il est possible aux personnes extérieures à la famille, même quand les enfants reconnaissent en elles des adultes, de se faire accepter dans leur cercle, mieux qu'un parent n'y parviendra jamais. Sans compter qu'un adulte sensé, respectueux des enfants, en qui ils voient un allié plus qu'un ennemi, a beaucoup à leur apporter.

À l'écoute de l'enfant

En 1952, des chercheurs étudièrent le comportement d'une colonie de macaques japonais, auxquels ils lancèrent des patates douces pour enrichir leur ordinaire. J. Gary Bernhard le relate dans son livre *Primates in the Classroom*[12]. Les singes, qui

---

11. Joe Frost et Irma Woods, « Perspective on Play in Play-grounds », in *Play from Birth to Twelve and Beyond*, ed. Doris P. Fromberg et Doris Bergen (New York, Garland Publishing, 1998), p. 237.

12. J. G. Bernhard, *Primates in the Classroom* (Amherst, University of Massachusetts Press, 1988).

vivaient sur une plage, raffolaient des patates douces mais ils n'aimaient pas que du sable y adhère. Une jeune femelle eut un beau jour l'idée de laver les tubercules dans la mer. Les chercheurs se demandèrent comment son innovation se transmettrait à la colonie, étant donné que les singes ne vont pas à l'école. La première à en prendre note ne fut autre que la mère de la femelle. « C'est normal » commenta l'un des scientifiques. « Le seul animal adulte à s'intéresser à ce que fait une femelle de dix-huit mois, c'est sa mère. »

Cette évolution se transmit de la mère au reste de sa progéniture, c'est-à-dire aux frères et sœurs de la jeune femelle, parce que tous ces petits singes étaient très attentifs à leur mère. À leur tour, ils l'enseignèrent à leurs camarades. Les jeunes macaques passent le plus clair de leur temps à jouer en groupe, et une bonne partie du jeu est consacrée à s'observer les uns les autres. Les mères des camarades remarquèrent que leurs petits lavaient désormais les patates douces et enseignèrent l'astuce à leurs autres enfants. Sur l'ensemble de la colonie, seuls treize singes (des mâles adultes, comme par hasard) n'adoptèrent pas l'innovation. « Ils ne s'y opposaient pas par principe ; seulement, ils ne remarquaient pas ce que faisaient les autres, ou trop distraitement pour modifier leur comportement. » Ayant « plus important » à faire, ils continuèrent à manger des patates douces pleines de sable.

Les chercheurs crièrent au « génie » quand la femelle à l'origine du rinçage des tubercules eut l'idée de séparer les grains de céréales de leur enveloppe en les jetant dans l'eau où ils étaient les seuls à flotter. Sa découverte se transmit à la colonie de la même manière.

L'anecdote illustre la nécessité pour les adultes de rester à l'écoute des enfants. Nous cessons trop souvent de leur prêter attention à partir du moment où il n'est plus indispensable de veiller sur eux en permanence. À l'instar des singes mâles adultes, nous avons plus important à penser. Les enfants ont besoin de passer du temps seuls afin d'acquérir un minimum d'indépendance, mais ils ont aussi besoin que nous restions à l'écoute de ce qu'ils ressentent et de ce qu'ils découvrent. Comme il est peu probable qu'ils inventent un nouveau moyen de laver la nourriture, sur quoi allons-nous pencher notre attention ?

Je répondrais en premier lieu : leurs besoins. Leur faut-il de l'aide pour saisir une notion complexe ? La fatigue ou la faim ne les empêche-t-elle pas de se concentrer ? Ne vaudrait-il pas mieux séparer provisoirement deux enfants ? Ne s'amuseraient-ils pas plus dehors, libres de s'ébattre et de crier autant qu'ils veulent ? Peut-être aussi, leur faudrait-il plus d'attention. Cela me sidère d'entendre un adulte se plaindre qu'un enfant « n'a fait ceci ou cela que pour attirer l'attention ». Il me semble naturel qu'un enfant qui en manque fasse des pieds et des mains pour en obtenir ! Pourquoi ne pas lui en accorder ?

Négliger un petit d'homme a des conséquences plus graves pour lui que de manger des patates douces pleines de sable. Dans le meilleur des cas, un enfant dont personne ne tient compte souffrira de solitude. Au pire, cela peut le mener vers de graves troubles mentaux. Un étrange et fabuleux livre intitulé *La Rivière au bord de l'eau : journal d'une enfant d'ailleurs* en fournit une parfaite illustration[13]. Opal Whiteley, une enfant précoce, se mit à neuf ans à tenir un journal où elle exprimait son amour de la nature. Elle passa toutefois les quarante dernières années de sa vie dans un hôpital psychiatrique en Angleterre. Nul ne reconnut son intelligence exceptionnelle. Ses parents ne s'occupaient d'elle que pour la réprimander. Elle a livré un récit à briser le cœur de l'incompréhension, de l'indifférence et des coups dont

---

13. Whiteley, Opal, *La Rivière au bord de l'eau : journal d'une enfant d'ailleurs* (La Cause des Livres, 2006).

elle a été victime, tout ça parce que personne ne s'intéressait à ce qu'elle pensait, et qui était tout bonnement extraordinaire.

Mes amis Laurie et David, une mère célibataire et son fils de dix ans, jouent depuis des années à ce qu'ils ont baptisé le « jeu de la lave ». Ils se réfugient sur un lit en faisant semblant que le sol est couvert de lave en fusion. Le but du jeu est de rester en sécurité sur le lit sans tomber dedans. Le jour où Laurie m'en a parlé, un détail qu'elle mentionna m'a frappé : « Parfois, nous venons au secours l'un de l'autre ; à d'autres moments, il cherche à me faire tomber, ou c'est moi qui le pousse. » Je la pressai de m'en dire un peu plus et compris que ce jeu leur fournissait l'occasion d'aborder les thèmes qui préoccupaient David, comme la perte, le danger, le sauvetage ou l'agression. Sans se concerter, ils adaptaient le jeu à l'humeur du moment. Voilà ce que j'appelle rester à l'écoute de son enfant.

Vous rappelez-vous les films de science-fiction où un gadget traduit instantanément n'importe quelle langue du monde (voire de l'univers) ? Voilà une belle métaphore de ce que cela suppose de rester à l'écoute d'un enfant ! Il suffit de prendre n'importe quel message perturbant, contrariant ou horripilant que vous adresse votre enfant, verbalement ou par son attitude et de le traduire mentalement de manière à pouvoir lui fournir une réponse adaptée. Il me semble particulièrement utile, compte tenu des objectifs que propose le parentage ludique, de traduire tout ce que vous entendez ou observez en termes de proximité ou d'isolement, de confiance ou d'impuissance. Voici quelques exemples :

La Version originale : Chaque fois qu'il doit participer à un atelier de travaux manuels, un garçon de six ans frappe son enseignant, qu'il aime pourtant beaucoup, avant de se réfugier sous la table.

La Traduction : « J'ai envie de me rapprocher de toi mais ça me fait peur. En plus, je suis en colère, or je suppose que tu as horreur des gamins en colère, alors autant que je te repousse le premier. »

La Réponse intelligente : « Je me demande si tu ne me frappes pas avant de te cacher sous la table parce que tu as un peu envie de te rapprocher de moi mais que tu ne sais pas trop. Et si on se serrait la main à chaque fois que tu entres dans la pièce ? »

Version originale : « Ils sont débiles, ces devoirs. »

Traduction : « Ça me vexe de ne pas avoir compris le principe des fractions. Tu peux m'aider ? »

Réponse intelligente : « Je ne demande pas mieux que de t'expliquer. »

Version originale : « Je te déteste ! »

Traduction : « Ça me perturbe d'en vouloir à quelqu'un que j'aime. Je suis plein de confusion. »

Réponse intelligente : « Je t'aime et, moi non plus, je ne sais plus où j'en suis, quand j'en veux à quelqu'un que j'aime. »

Cette façon de traduire est aussi utile quand leur attitude nous paraît dénuée de sens. Pour comprendre ce qui se passe, il est nécessaire de « se brancher » attentivement sur eux. Lors d'une formation destinée aux responsables d'ateliers de travaux manuels, un dénommé Frank me fit part d'un problème auquel il se heurtait de manière récurrente. Beaucoup d'enfants l'interrogeaient sur son œil de verre. Cela ne le gênait pas : ses réponses attestaient son aptitude à se mettre à la portée de chacun, en fonction de son âge. Mais sa difficulté résidait dans l'insistance de certains enfants à lui reposer la même question encore et encore. Frank commençait par leur répéter ses explications, supposant qu'ils avaient oublié un détail, mais leur obstination finissait par l'irriter, d'autant qu'il n'en comprenait pas la raison ; ce qui, en tant qu'enseignant à la retraite, le chiffonnait. Il résistait à l'idée que certains ne cherchaient au fond qu'à lui casser les pieds mais je sentais qu'il commençait à être tenté d'aller dans cette direction. Je pressentis que lorsqu'il leur confiait son histoire, ses élèves se sentaient très proches de lui, expérimentant une chaleur et un lien fort. Plus tard, désireux de partager de nouveau un bon moment d'intimité, ils lui réclamaient cette même histoire. Un enfant s'écriera rarement : « C'était super ! Si on faisait autre chose ? » Presque toujours, il souhaitera renouveler l'expérience. Frank et moi avons réfléchi à ce que signifiait l'attitude des petits dont il s'occupait. Voici quelques-unes des idées que nous avons trouvées :

Version originale : « Qu'est-ce qui est arrivé à ton œil ? » (Question posée pour la quatrième fois.)

Traduction : « Hé, Frank ! Tu te rappelles le merveilleux moment qu'on a passé, tous les deux, le mois dernier, quand tu m'as parlé de ton œil ? Je me suis senti tellement bien que tu me répondes si tranquillement, si honnêtement, sans t'énerver ni me rembarrer en me disant que ce ne sont pas mes affaires. Je me suis senti si proche de toi. On pourrait recommencer ? »

Réponse intelligente : « Je t'ai déjà raconté mon histoire alors amusons-nous ensemble à autre chose de super sympa. »

Autre traduction : « J'ai beaucoup de peurs en moi et de soucis dans ma tête à propos des maladies ou des blessures, de moi ou des gens que j'aime. C'est difficile d'en parler. Je n'aime pas montrer que j'ai la trouille et je ne voudrais pas qu'on me trouve idiot de me biler à cause de ça. Alors au lieu de te parler directement de mes inquiétudes, je préfère te poser encore des questions sur ton œil. Quand tu racontes tu en parles si posément, ça me rassure. »

La Réponse appropriée : « Je constate que mon œil t'intéresse vraiment. Vu que tu n'arrêtes pas de me demander de t'en parler, je parierais qu'il y a d'autres questions qui te travaillent, dont nous n'avons pas encore eu l'occasion de discuter. »

Écouter un enfant et se centrer sur lui ne signifie pas l'interroger sur les moindres détails de son quotidien. Vous pouvez très bien lui parler de quelque chose d'intéressant qui vous est arrivé dans la journée ; qui sait si cela n'incitera pas votre jeune auditeur à prendre la parole à son tour ? Une autre erreur que nous commettons souvent (moi le premier) consiste à interrompre un enfant quand il parle de choses « sans importance » ou bavarde en se répétant. Et nous espérons ensuite qu'il nous dira ce que nous souhaitons entendre ! Nous ne sommes pas logiques : si nous voulons qu'un enfant nous fasse part de ce qui compte vraiment pour lui, mieux vaut l'écouter patiemment nous dire les choses à sa façon, même si cela nous apparaît comme terriblement ennuyeux et redondant. Avant de nous confier le plus important, et cela se comprend, il tient à s'assurer que nous lui prêtons une oreille attentive et que nous n'allons ni le réprimander ni le couper.

La connexion profonde à laquelle nous aspirons tous est intriquée à la routine du quotidien que nous soyons parents, enseignants ou amis. Mais les relations humaines sont sans cesse en mouvement. Contact, retrait, contact, retrait… Le parentage ludique peut être très utile pour gérer ces changements rapides. En allant à la rencontre des enfants dans leur monde de jeux, nous déverrouillons la porte qui nous donne accès à leur vie intérieure pour communiquer avec eux à cœur ouvert.

3.
Établir le contact

«Maintenant, ça suffit!» décréta Max, qui envoya les maximonstres au lit sans manger. Max le roi des maximonstres se sentit alors seul et voulut retourner là où il y avait quelqu'un qui l'aimait plus que tout au monde.

MAURICE SENDAK, *Max et les maximonstres*

Dans l'album de Maurice Sendak, *Max et les maximonstres*, la mère du jeune Max l'envoie se coucher en le privant de dîner, parce qu'il « fait tout de travers » et s'est conduit comme un « monstre ». Max se figure sa chambre comme un pays imaginaire peuplé de monstres qui le couronnent roi. Au bout d'un moment, il se sent malgré tout seul et souhaite retourner « là où quelqu'un l'aime plus que tout au monde ». Il se retrouve chez lui, où un repas chaud l'attend – la preuve que sa mère lui a pardonné ses bêtises et que le courant passe de nouveau entre eux.

L'histoire de Max a enchanté deux générations de lecteurs. Parents et enfants se sentent également émus par le cycle des liens humains : l'enfant enfreint les règles que lui imposent les parents, ce qui lui vaut une punition. Il laisse éclater son ressentiment dans son imaginaire – certain qu'il pourra retourner chez lui, retrouver l'amour maternel. Maurice Sendak ne raconte pas les retrouvailles de Max et de sa mère : il ne nous parle que du repas chaud et c'est à nous de nous figurer la suite. Cela suffit peut-être dans un livre pour enfants, mais il me semble que les adultes ont besoin de précisions plus concrètes sur la manière épineuse de rétablir le contact.

Contact, séparation et réattachement

L'aventure du contact, de la rupture et du réattachement se répète tout au long de l'enfance. Pendant les neuf premiers mois de notre existence, un lien physique nous unit à notre mère dont le sang irrigue nos veines. Il nous faut ensuite renoncer au confort du ventre maternel pour mener notre propre vie. Sitôt exposés à l'air frais et à la vive lumière du dehors, nous tentons de retrouver notre mère en quête de chaleur, de contact physique et de nourriture. Ainsi sécurisé, nous nous remettons à regarder autour de nous, attentifs à ce que ce monde peut nous offrir d'autre.

Le contact intime entre deux personnes est facile à reconnaître, mais pas à définir, tant sa forme varie aux différentes étapes de notre vie. Les nourrissons et leurs figures d'attachement construisent un véritable pont de regards. Yeux dans les yeux, l'échange est profond, les émotions libres et chacun est pénétré de ce profond sentiment d'appartenance, appartenance à ce monde et appartenance mutuelle, presque jusqu'à se fondre en un seul être[14]. Enfant, puis adolescent et enfin adulte, nous nouons, brisons et reformons sans cesse les liens avec nos parents, nos frères et sœurs, nos amis, nos conjoints – et, plus tard, bien sûr, avec nos propres enfants. Entre-temps, nous passons par l'étape bien connue du « fiche-moi la paix mais conduis-moi d'abord chez mes copains ».

Quand tout va bien, le regard empreint d'amour entre parent et nouveau-né cède la place à un attachement moins idyllique, mais tout aussi solide. Vous pouvez discuter, jouer ou sortir avec votre enfant, prenant plaisir à simplement être ensemble, vous êtes sur la même longueur d'onde. Ce peuvent être des temps calmes, au moment du coucher, ou plus animés quand on joue. Il y a aussi ce niveau plus ordinaire, ce lien implicite dont nous ne prenons conscience qu'en cas de conflit, quand la distance s'instaure.

Aux extrêmes, les séparations les plus morbides. La rupture de lien peut vous plonger dans un cauchemar douloureux d'isolement, de repli sur soi et d'accès de violence. J'ai beaucoup appris sur la carence de contact dans le cadre de mon travail avec des hommes qui entraient et sortaient de prison pour crimes violents. Mais même un enfant normal en bonne santé a parfois le sentiment que le courant ne passe plus avec ses parents. Quand l'accablent des sentiments de rejet, de crainte ou de découragement, il se retranche dans sa tour d'ivoire. Il arrive

---

14. Brian Sutton-Smith et Shirley Sutton-Smith, *How to Play with Your Child* (New Yrok, Hawthorne Press, 1974).

que nous n'en ayons même pas conscience, tant il n'est pas dans les habitudes d'un enfant de venir nous annoncer : « Je me sens rejeté, à l'écart. » Lorsque nous lui demandons pourquoi il est si excité et saute partout, il est rare qu'il réponde : « Parce que je souffre de ma solitude. »

Quand tout marche comme sur des roulettes, le parentage ludique revient à s'amuser en famille. Le reste du temps, il vise à rompre l'isolement de l'enfant. Le jeu reste la façon la plus naturelle pour les petits de se remettre de leurs contrariétés. Plus nous parlerons couramment le langage de leurs jeux, mieux nous pourrons les aider à accomplir le cercle de la reconnexion. Le retour du lien peut être aussi simple qu'un regard tendre échangé entre une mère et son bébé après une crise de larmes, un câlin à l'issue d'une longue journée d'école ou encore une poignée de mains scellant un accord sur une nouvelle heure limite de coucher. Restaurer le lien peut nécessiter une bonne bagarre sur le lit, ou de nous mettre à son niveau, par terre à quatre pattes, ou de lui consacrer du temps à faire son activité favorite. Dans certains cas, lorsque les obstacles à la réconciliation paraissent insurmontables, une thérapie familiale ou une thérapie par le jeu est tout indiquée.

Remplir le réservoir : l'attachement et l'incitation au rapprochement

Les psychologues pour enfants évoquent la théorie de l'attachement. Mais cette approche n'est pas encore bien comprise par les parents[15]. Pour expliquer l'attachement à mes clients, je

---

15. Si vous voulez en savoir plus, consultez John Bowlby, *Le Lien, la psychanalyse et l'art d'être parent* (Paris, A. Michel, 2011) ou Alicia Lieberman, *La Vie émotionnelle du tout-petit* (Paris, O. Jacob, 1997).

recours à la métaphore du réservoir à remplir chaque fois qu'il se vide. La figure primaire d'attachement est la station d'essence de l'enfant. C'est auprès d'elle qu'il retourne entre deux incursions dans le monde extérieur. On peut illustrer le besoin d'attachement par un réservoir vidé par la faim, la fatigue, l'isolement ou une blessure. Comment le remplir ? En aimant l'enfant, en lui donnant du contact physique, de la tendresse, en le consolant ou le nourrissant. En le calmant quand il est énervé et en jouant ou discutant avec lui quand il est de bonne humeur. Le réservoir d'un nourrisson se remplit par ce jeu si simple d'imitation en miroir de ses mimiques, de ses sourires, petits bruits et sentiments. Grandissant, les explorations du bébé le mèneront de plus en plus loin, mais ceux dont les réservoirs auront été régulièrement remplis portent en eux un solide sentiment de sécurité. On dit qu'ils manifestent un attachement sécure.

À l'inverse, les enfants qui n'ont pas cet attachement sécure ont tendance à se montrer collants et anxieux, à moins qu'ils ne se replient sur eux-mêmes ou se ferment comme des huîtres. Ils ne se sentent pas en sécurité, même avec leurs proches ou n'osent pas affronter le monde extérieur avec confiance. Ils peuvent parfois paraître aventuriers, mais leur insouciance est plus probablement de l'inconscience. Leur réservoir est vide ou presque.

Entre deux remplissages de son réservoir, un enfant qui dispose d'une figure d'attachement saine se montrera capable de se consoler seul, gérer ses émotions, se concentrer, entrer facilement en relation avec ses camarades et se sentir bien tant avec lui-même qu'avec le monde. Les parents sont souvent déroutés de voir leur petit fondre en larmes quand ils viennent le chercher à la crèche, d'autant que l'assistante maternelle leur dit : « Elle a passé une super journée ; je ne comprends pas pourquoi elle pleure. » L'attitude de cette enfant prouve en réalité qu'elle bénéficie d'un attachement sécure. En présence d'un tiers, l'enfant sécure emmagasinera ses contrariétés, et ne les exprimera qu'à sa figure d'attachement lorsqu'il la retrouvera. (Merci bien !)

L'enfant dont le réservoir déborde d'affection, de sécurité, et d'attention a bien de la chance. Bien que de petits soucis ou une longue journée pénible vident son réservoir, sa figure d'attachement est toujours là pour le remplir. En grandissant, il y parvient seul, rien qu'en pensant à elle. Les enfants à l'attachement sécure remplissent leur réservoir à travers leurs amitiés, en s'amusant, ou en apprenant quelque chose de nouveau et d'intéressant à l'école.

Bien sûr, personne ne traverse l'enfance sans dommages. Nous sommes tous passés par des moments, plus ou moins longs, de frustration, où nos besoins sont restés insatisfaits. Il nous est arrivé de nous demander quand et par quel moyen notre réservoir se remplirait de nouveau. Notre réservoir a pu demeurer vide trop longtemps ou presque vide, sans que nous sachions comment le remplir.

Je trouve très utile d'observer le comportement des enfants et de voir comment ils gèrent leur réservoir, surtout quand ce dernier est presque vide. Quand les enfants dépassent les bornes, je les vois comme tourner en rond, cherchant désespérément à refaire leur plein. Au lieu de quoi, s'agitant, ils renversent le peu qu'il leur restait au fond. D'autres enfants réclament un réservoir tout le temps plein : ils se tournent vers les adultes pour un oui ou un non – en rapportant ou dénonçant leurs camarades, par exemple. Quand leur réservoir n'est pas plein à ras bord, ils paniquent. Occasionnellement, les enfants ont clairement besoin de refaire le plein, mais ne peuvent l'accepter. Ils ferment le clapet de leur réservoir de manière à ne pas risquer de perdre le peu qui s'y trouve encore ; mais alors personne ne peut non plus y verser quoi que ce soit. Ayant peu confiance dans le processus de remplissage, ils peuvent refuser un câlin, d'aller au lit ou de s'asseoir à table pour le dîner. D'autres ne parviennent pas à rester tranquilles devant la source : voir leur réservoir se vider les rend nerveux or leur incapacité à tenir en place diminue la probabilité qu'on le remette à niveau.

S'il y a une chose que ne supportent pas les adultes, c'est qu'un enfant puise dans le réservoir d'un autre (par la force ou la ruse) ; en volant par exemple les affaires d'un camarade, en frappant, en régentant ses copines ou en roulant dans la farine un plus petit pour qu'il le laisse jouer le premier avec le plus beau jouet. Récemment, j'ai vu des garçons plus costauds forcer de plus faibles à des échanges injustes de cartes Pokémon. Ils procédaient ainsi à une sorte d'accumulation primaire de richesses. Faire des siennes jusqu'à ce qu'on écope d'une punition peut apparaître comme un moyen de remplir son réservoir, lorsqu'il semble impossible d'y parvenir autrement. Ne dit-on pas qu'il vaut mieux attirer une attention négative que pas d'attention du tout ? Un plein de coups est mieux que rester vide. Malheureusement, la réaction la plus courante aux débordements de l'enfant indocile – l'ignorer – ne peut qu'accentuer sa détresse et donc ses comportements parasites motivés par l'impératif de refaire le plein.

Les enfants dont le réservoir semble fissuré tapent sur les nerfs des adultes et en particulier des enseignants en charge de vingt ou trente autres petits. Plus vous les câlinez, plus ils vous collent ; plus vous leur donnez, plus ils réclament. Ils n'atteignent jamais le plein puisque leur réservoir, étant percé, ne peut conserver ce qu'ils reçoivent pour s'en servir plus tard. Ils ne peuvent faire de provisions. L'image du réservoir qui fuit explique en outre pourquoi certains enfants tentent de vous frapper quand vous les serrez dans vos bras. Tel un homme à la mer qui repousse son sauveteur à force de se débattre pour ne pas se noyer, ils sont si perturbés d'avoir été laissés vides qu'ils réagissent agressivement lorsque vous tentez de vous approcher d'eux.

À l'inverse, les enfants bénéficiant d'un attachement solide semblent toujours en possession d'un réservoir bien rempli. Ils savent comment obtenir une remise à niveau, parfois juste en demandant « Je peux avoir une pomme ? » ou « Je peux avoir un câlin ? ». Plutôt que de lutter contre les autres pour la moindre goutte, ils n'hésitent pas à partager le contenu de leur réservoir. Ils s'occupent des plus jeunes et donnent volontiers un coup de main à leurs amis.

Entre les nourrissons et la personne qui s'occupe d'eux de manière privilégiée, l'attachement – le remplissage originel du réservoir – se noue dans l'espace intime créé par l'échange les yeux dans les yeux, par le portage, par le bercement jusqu'à l'endormissement et en faisant sauter le bébé sur les genoux. L'attachement rend en outre possible l'exploration du monde, par la vue d'abord, puis à quatre pattes, puis à pied, à vélo, en voiture. La plupart de ces explorations se font par le biais du jeu. Une écorchure au genou ou une dispute avec un camarade peut inciter un petit à chercher refuge auprès de ses parents ou d'un enseignant mais, sitôt le plein fait, il retournera s'amuser avec un regain d'énergie et d'enthousiasme. Si leur figure d'attachement n'est pas disponible, que leur réservoir est vide (ou qu'ils en défendent l'approche), les enfants n'obtiendront pas la remise à niveau dont ils ont tant besoin. Ils peuvent alors ne plus se sentir suffisamment en confiance pour continuer à jouer. À moins qu'enfouissant en eux leurs craintes et leur insécurité, ils ne déploient de l'agressivité, en devenant la terreur de la cour de récré.

Les petites misères du quotidien, au même titre que les maladies graves, les traumatismes et les pertes, vident le réservoir des enfants. Et ce, d'autant plus rapidement qu'on leur crie dessus, les frappe, les néglige ou les châtie. Les enfants comptent sur nous pour remplir leur réservoir et se sentent blessés et trahis quand nous le renversons. Cette trahison est plus grave encore quand un adulte brise leur réservoir à force de mauvais traitements ou d'indifférence. Un réservoir fissuré devient à jamais difficile à remplir. Cet enfant aura besoin d'une réparation profonde nécessitant un effort concerté des parents et/ou une bonne thérapie. Les enfants dont le réservoir ne peut conserver un plein sont si accoutumés à être sur le réservoir vide qu'ils affichent un regard vide, froid et dur, « il n'y a personne à l'intérieur », révélateur de leur état soit profondément dépressif soit dangereusement violent.

Même l'enfant le mieux soigné et le plus entouré, sans perte majeure ni traumatisme, avec un réservoir impeccable, éprouve un besoin infini d'amour. Son réservoir a beau être intact, il faut sans cesse le remplir. Par conséquent, le plus important que nous puissions offrir à nos enfants reste notre compétence à faire en sorte qu'ils se sentent aimés, respectés, désirés et bienvenus.

Remplir sans cesse le réservoir de l'enfant est le fondement des relations cœur à cœur parent/enfant. Il ne s'agit pas de le remplir une fois pour toujours mais d'y revenir au fil d'innombrables micro-interactions sur une durée qui se compte en années. Je pense, comme Stanley Greenspan, que l'attachement ne se réduit pas à la certitude d'une relation établie : il suppose la joie de vivre et d'interagir avec son entourage[16]. Seul un être humain est en mesure de remplir le réservoir d'un enfant – télévision ou ordinateur en sont incapables, aussi « interactifs » soient-ils. Des années de recherches ont mis en évidence à quel point compte la réaction de la figure primaire d'attachement aux besoins d'un enfant. Un écran d'ordinateur peut divertir, informer et même aider à relâcher la pression mais il n'est pas capable de faire la grimace, ou un câlin ni conférer un profond sentiment de sécurité tant physique qu'affective.

---

16. Stanley Greenspan, *L'Esprit qui apprend : affectivité et intelligence* (Paris, O. Jacob, 1998).

Jouer en vue d'un rapprochement

L'étude des primates a montré que nos plus proches parents du règne animal jouent pour les mêmes raisons que nous. Non contents de se chatouiller, se pourchasser ou se taquiner, les bonobos se livrent parfois à un jeu ressemblant à s'y méprendre à colin-maillard. Plus significatif encore : à l'instar des hommes, ils jouent afin de renouer le contact quand le lien a été menacé. Certains psychologues pensent que nombre d'expressions d'affections ont évolué à partir du message : « Je pourrais te faire mal, mais je ne le fais pas. » Embrasser signifiant : « Je pourrais te mordre, mais je ne le fais pas. Caresser veut dire : « Je pourrais te frapper, mais je ne le fais pas. » Faire un signe de la main ou se les serrer dit : « Hé, regarde, je ne suis pas armé. » En d'autres termes : jouer à faire semblant d'agresser constitue un moyen tout à fait sincère de se rapprocher ou de prouver son affection.

Mimer l'attitude d'un tout-petit fournit une excellente occasion d'établir un contact avec lui : il suffit de reproduire ses gestes à l'identique. Quand je veux arracher un sourire à un nourrisson à l'air préoccupé, je n'aime rien tant que de prendre à mon tour une mine absorbée. Le petit frère d'une camarade de classe de ma fille agitait parfois la jambe, en attendant la sortie de l'école dans sa poussette. Un jour, j'en fis autant : il s'esclaffa. Il accéléra le rythme, moi de même. Il rit de plus belle ! À compter de ce jour, il recommença son manège chaque fois qu'il me croisait. Sa mère commentait : « Tu as vu, Larry ? Il fait le truc avec sa jambe. » Il l'agitait en effet dans l'espoir d'attirer mon attention. Les enfants même plus âgés raffolent des imitations – avec des jeux style « Jacques a dit » – du moins, tant qu'on ne leur donne pas l'impression de se moquer d'eux. Imiter en miroir peut générer un moment plaisant de proximité ou un profond sentiment de connexion.

Et ce n'est pas parce qu'ils grandissent que nous devons y renoncer ! Je m'efforce souvent d'imiter la démarche d'un plus grand, à la fois pour entrer en contact avec lui et pour me mettre « dans ses baskets », surtout quand il n'est pas bavard. Il est toutefois essentiel de s'assurer qu'il ne se sente pas ridiculisé. Mais, en général, il s'en amuse voire en tire une certaine fierté, tel le garçon du premier chapitre, au concert. Au début, il était trop timide pour danser, mais après un peu de synchronisation, il a mené la danse.

Le jeu et les relations intimes permettent aux nourrissons d'assimiler des concepts abstraits tels que la cause et l'effet. Vous connaissez ce jeu, le bébé glousse, le parent répète le son, et le bébé sourit ! À un stade avancé de ce jeu, le bébé gazouille, le parent gazouille, le bébé gazouille… tout le monde sourit. Avant d'être capable de tirer les ficelles du mobile au-dessus de son berceau, le nouveau-né touche la corde sensible de ses parents[17]. Ce sont les premières pierres du jeu.

Pour entrer en contact avec un nourrisson, je ne connais rien de mieux que coucou. Non seulement, c'est un jeu qui rapproche mais il met en scène la notion même de proximité : *tu me vois, tu ne me vois plus, me voilà de retour.* Coucou reflète le délicat équilibre entre le contact et la perte de contact, la présence et l'absence. Les numéros de cirque où un jongleur fait tourner sur elles-mêmes des quantités d'assiettes illustrent le potentiel comique d'un équilibre instable. Coucou ne nous amuse plus autant qu'un nourrisson, vu que nous savons pertinemment que nous n'avons pas disparu, même quand une couverture nous dissimule. L'enfant, lui, est précisément en train de le comprendre. Nous savons que le bébé est là, même quand nous demandons : « Où est bébé ? Où est-il passé ? » Et nous ne sommes pas vrai-

17. Stanley Greenspan et Robin Simons, *The Child with Special Needs* (Reading, Mass., Perseus Books, 1998).

ment surpris quand nous nous exclamons : « Le voilà ! Il est là mon bébé ! » En revanche, bébé, lui, est déconcerté, au moins un peu, chaque fois. La surprise cède ensuite la place à une délicieuse connivence, comme l'enfant de six ans qui aime croire à l'histoire de la petite souris, alors qu'il sait fort bien que ce sont ses parents qui glisseront une pièce de monnaie sous son oreiller à la place de la dent de lait.

Dans un jeu de coucou, le petit peut perdre symboliquement le contact avant de le renouer bien vite. À force de tâtonnements, en attendant plus ou moins longtemps avant de vous écrier « coucou ! » (entre une demi-seconde et deux ou trois secondes), vous déterminerez la durée qui provoquera les éclats de rire les plus vifs. Vous montrer trop vite détruirait le mystère. À l'inverse, rester caché trop longtemps effraye un tout-petit. Un lien qui s'établit, se perd et se reforme : vous avez là toute l'histoire des relations entre êtres humains.

La fin de l'idylle

Imiter les mimiques d'un bébé, le câliner, lui parler, chantonner, lui montrer le monde en le découpant en petits morceaux qu'il puisse digérer, sont des prototypes de jeu, des avant-goûts de ces moments où parents et enfants s'amuseront ensemble, à cache-cache, en discutant jusque tard le soir ou en se promenant dans les bois. C'est une chance, la simple vue d'un nouveau-né suscite un sourire sur nos lèvres. Le psychologue John Briere a écrit : « Les bébés sont à croquer de sorte que les adultes n'ont qu'une envie : les bisouiller. » On identifie très vite l'incapacité d'un nourrisson à établir un contact par le regard. Le diagnostic d'autisme ou de trouble apparenté peut alors éventuellement être posé.

Malheureusement, les difficultés au contact des plus âgés passent souvent inaperçues. Pour quelque raison que ce soit, après la phase d'attachement initial, distance et gêne s'instaurent. Les adultes jouent rarement avec des enfants plus âgés aussi librement et d'aussi bon cœur qu'à coucou. Peu nombreux sont les parents qui connaissent la joie d'échanger un regard aimant avec leur enfant après son deuxième anniversaire. Encore plus rares sont ceux qui croient possible de renouer l'idylle des premiers mois. Comme s'il était admis qu'un lien solide ne peut de toute façon pas durer. Les parents que j'encourage à regarder droit dans les yeux leur enfant de trois, six ans ou plus, se montrent d'abord sceptiques mais, s'ils persistent au-delà de la phase de rejet initiale, ils estiment leurs efforts largement récompensés.

Par chance, quand la rupture du lien n'est pas trop grave, l'enfant nous laisse bien des occasions de le renouer. Le hic, c'est que nous ne les interprétons pas toujours comme il faut. Je rougis quand je songe à toutes les fois où j'ai repoussé ma fille qui me réclamait un câlin, parce que j'étais occupé, qu'à cette heure-là, elle aurait selon moi dû faire ses devoirs ou qu'elle m'agaçait à force de réclamer mon attention. Ensuite, je lui demandais comment ça se passait à l'école et c'était dur de lui arracher un mot entre les dents. Il me faut parfois du temps avant de percuter : si je ne vais pas à sa rencontre sur son terrain, pourquoi se rapprocherait-elle de moi sur le mien ?

Il arrive que l'adulte et l'enfant débrouillent la situation ensemble à force de tâtonnements. Mon neveu de neuf ans ne parle pas beaucoup et encore moins de ce qu'il a en tête ou de ce qui le préoccupe. J'ai longtemps essayé de l'amener à se confier en le suppliant ou en blaguant avec lui. Nous nous amusions bien, mais il ne se livrait pas beaucoup. Un jour, en vacances en famille, je pris place auprès de lui. C'était tôt le matin, nous étions les seuls debout. Je lui tendis les bras, il s'installa sur mes genoux. Aucun de nous ne prononça un mot pendant une demi-heure. D'ordinaire, j'ai horreur des silences qui s'éternisent et de rester assis à ne rien faire. Malgré tout, je n'ai pas trouvé le temps long. Nous étions vraiment proches l'un de l'autre. Quand les autres sont descendus déjeuner, je lui ai confié : « J'ai bien aimé notre petite conversation. » Nous avons ri mais j'étais sincère. Il avait suffi que je cesse de le pousser à communiquer à ma façon – à l'aide de mots – pour qu'il entre en contact avec moi.

Toutes les occasions sont bonnes pour nouer un contact : le pistolet d'amour

Une fois convaincu de l'importance des contacts humains, des occasions d'en établir me sont apparues partout et à tout moment – y compris face à la menace d'un pistolet à eau. Un ami de ma fille, âgé de six ans, vint un beau jour nous rendre visite. Il ne tarda pas à dénicher la seule arme de la maison : un pistolet à eau, qu'il braqua sur moi en affichant une mine patibulaire digne d'un bandit de cinéma, d'un air de dire : « J'ai un revolver mais pas toi. »

Sachant le réservoir vide, je pris le temps de réfléchir, tandis qu'il guettait ma réaction. Mes discussions avec des parents au sujet du goût prononcé de leurs fils pour les armes en plastique et la manière dont il convient d'y réagir (en admettant que ce soit nécessaire) me sont revenues en mémoire. J'étais sûr au moins d'une chose : de la nécessité d'intégrer du contact au jeu, aussi agressif ou solitaire soit-il ; d'autant que les garçons ont une fâcheuse tendance à se replier sur eux-mêmes et que leur agressivité renforce encore leur isolement.

Prenant tous ces paramètres en compte (en à peu près deux secondes), je m'écriai : « Tiens ! Tu as trouvé le pistolet d'amour. » Ma repartie dérouta mon jeune invité qui hésita. Il jeta un coup d'œil perplexe au jouet, stupéfait qu'une arme de destruction entretienne quelque rapport que ce soit avec l'amour. « Eh oui, je ne peux pas m'empêcher d'aimer celui qui me tire dessus avec », poursuivis-je en ouvrant grand les bras et en m'avançant vers lui, un grand sourire niais sur le visage.

Le garçon pressa la détente, poussa un petit cri de plaisir et jeta l'arme par terre avant de s'enfuir en gloussant. Je le poursuivis et le pris dans mes bras, en insistant tellement sur la force de mon amour pour lui, qu'il riait à n'en plus finir. Ma fille ramassa le pistolet avant de le pointer sur moi et de tirer. Je me lançai à ses trousses, une main sur le cœur, en déclamant des vers de mirliton sur la dévotion qu'elle m'inspirait. Pendant une demi-heure, ma fille et son ami m'ont tiré dessus, chacun leur tour, avant de prendre la fuite en protestant entre deux fous rires : « Beurk ! Va-t'en ! Arrête de m'aimer. »

Quand il revint, quelques semaines plus tard, le garçon courut tout de suite au pistolet à eau pour le braquer sur moi. L'incident m'était cependant sorti de l'esprit. Je le réprimandai de ce ton agacé dont les enfants n'ont que trop l'habitude. Il me rétorqua, avec l'infinie patience d'un petit face à une grande personne qui n'a rien compris au film : « Mais c'est le pistolet d'amour ! » La mémoire me revint aussitôt. Nous avons recommencé à jouer, pour notre plus grand plaisir à tous les deux.

Depuis, j'ai souvent recours à la même astuce en présence de garçons prompts à dégainer ou d'enfants qui s'amusent à frapper, mordre ou cracher. « Tu m'as donné un coup de pied d'amour ! Maintenant, il va falloir que je te fasse un câlin. » Il arrive qu'un gamin me réplique : « Non ! Je t'ai tiré dessus avec le pistolet qui rend méchant. » Je lui réponds que son arme a dû s'enrayer, vu que je me sens à présent obligé de l'aimer.

Bien sûr, une telle approche ne fonctionne que dans le cadre d'un jeu ; pas quand un enfant veut exprimer franchement sa colère ou sa frustration. Dans ce cas-là, il est essentiel de lui prêter une oreille attentive, de l'autoriser à dévoiler ce qu'il ressent, plutôt que de chercher à lui remonter le moral ou de le cajoler jusqu'à ce que son humeur change. Ma remarque vaut surtout pour les filles, qui reçoivent de toutes parts le message qu'elles ne doivent pas se fâcher. Je m'assure toujours que ma réaction n'humiliera pas l'enfant et qu'il ne risque pas de me blesser – de préférence en le serrant contre moi plutôt qu'en l'envoyant paître. Qu'on joue avec lui, qu'on l'écoute ou le câline, l'essentiel reste en tout cas de nouer avec l'enfant un contact intime qui ait pour lui du sens.

Le jeu du pistolet d'amour se prête à une infinité de variantes : quand un enfant s'enferme dans sa chambre, je glisse de petits mots sous la porte, en le priant et en le suppliant de me laisser entrer. S'il éclate de rire et me renvoie un message, alors je suis sur la bonne voie. Lorsqu'un enfant s'approche de moi, les bras ballants, je lui demande : « Oh, tu as envie de danser, moi aussi j'adore ça ! » Je lui saisis alors les deux mains en me trémoussant et en chantant. On dira que j'enfonce une porte ouverte en soulignant que bon nombre d'attitudes perçues comme agaçantes ou menaçantes par les adultes masquent en réalité une recherche de contact, une tentative de rapprochement. Ce jeu prouve à quel point c'est vrai.

Ce serait une gageure de dresser la liste des jeux centrés sur le contact – la course-poursuite, chat, Jacques a dit ou cache-cache pour ne citer que les plus évidents. En y jouant avec votre enfant, non seulement vous passerez un bon moment mais vous constaterez que vos rapports s'améliorent. J'ai intitulé l'un de mes jeux favoris : « Tu ne m'échapperas pas. » C'est ce que j'affirme en ajoutant « même en un million d'années… ». À ces mots, l'enfant s'approche en général de moi pour me mettre à l'épreuve. Je le serre alors contre moi ; il se débat jusqu'à ce que je le laisse fuir. Il n'y a pas plus simple ! Je corse le jeu en faisant semblant de ne pas m'apercevoir tout de suite qu'il m'a filé entre les pattes. « Tu vois ? Je t'avais dit que tu m'échapperais pas… Hé ! Comment as-tu réussi à t'enfuir ? » Si l'enfant mord à l'hameçon (et j'ai eu du succès avec des petits de deux ans aussi bien que des préadolescents), je renchéris : « Tu te crois fort mais, cette fois, je vais recourir à la fameuse manœuvre de Franklinheimer ; personne n'y résiste » ou n'importe quoi d'aussi stupide et je le laisse une fois de plus m'échapper. Il m'arrive d'opposer une résistance croissante à un enfant stimulé par les défis, pour qu'il augmente ses efforts en vue de se libérer. Face à un petit qui n'apprécie pas les contacts physiques, je recours à ce que j'appelle mes superpouvoirs pour le maintenir près de moi sans le toucher.

Un jour, une mère de famille me rapporta un échange avec son fils, à la suite d'une conférence sur le contact intime par le jeu :

– Nous avons besoin d'un peu de contact. Comment verrais-tu ça ?

– Qu'est-ce que tu veux dire ?

– J'ai l'impression que tu t'éloignes de moi. Tu as envie de faire le fou quand je souhaite me reposer. Tu réclames mon attention quand vient l'heure de préparer à dîner. Lorsque je suis prête à te consacrer du temps, tu demandes à regarder la télé. Des trucs comme ça.

– Qu'est-ce qu'on est censés faire ?

– Un câlin ou un jeu, je ne sais pas… une bagarre, ou autre chose…

– Je peux sauter sur ton lit ?

– D'accord ! Faisons-en un jeu.

– On dit que je saute sur ton lit et que tu dois m'attraper.

Ils s'amusèrent énormément et se câlinèrent, alors que le garçon fuyait d'ordinaire sa mère comme la peste quand elle essayait de l'attirer contre elle. Cet exemple illustre l'un des principes fondamentaux du parentage ludique : l'adulte obtient les meilleurs résultats en insistant sur la nécessité de rétablir le lien mais en laissant l'enfant décider lui-même de la manière de procéder. La mère souligna son besoin de se rapprocher de son fils sans pour autant lui imposer la marche à suivre. Elle se contenta de lui indiquer quelques pistes à titre d'exemple, juste pour lui expliquer le concept, en attendant qu'il trouve une idée.

Trouver la clé qui ouvre la tour d'ivoire

Je m'apprêtais à quitter la maison d'un garçon après une très bonne première séance de thérapie par le jeu, quand il me cria : « T'es qu'un nase ! » Je revins sur mes pas. Il recula, par crainte d'une réprimande. Je murmurai : « Chut ! Ne répète à personne mon surnom secret. Seuls mes meilleurs amis m'appellent "le nase". » Comme je m'y attendais, il n'eut rien de plus pressé que de s'écrier : « Maman ! Larry a un surnom secret : le nase. » Je dis : « Quoi ! Tu l'as répété tout haut ? Ouiin ! » Il s'esclaffa avant de reprendre tout à coup son sérieux. « T'es nase et je te déteste. »

Je compris alors qu'il voulait tout simplement que je m'attarde encore un peu. Pour une raison qui m'échappe, la plupart des gens n'interprètent pas « T'es qu'un nase » comme une invite au rapprochement, bien que l'insulte signifie en somme : « Je t'aime bien. » Je parierais d'ailleurs que les collégiens emploient le même langage pour indiquer à une camarade qu'elle leur plaît. « Moi aussi, j'ai passé un chouette moment, répliquai-je. Je t'aime bien et ça me coûte de te dire au revoir. » Le garçon réfléchit un instant avant de me proposer d'un ton détendu : « Tu veux bien jouer une dernière fois au mouchoir ? » Et comment ! Après une ultime partie, il me raccompagna fièrement jusqu'à ma voiture. Tout en m'adressant de grands signes, tandis que je m'éloignais, il affirma à sa mère : « Il reviendra, la semaine prochaine. » Cette fois-là, il m'a suffi de décoder son insulte, de la traduire en invite au rapprochement, pour trouver la clé de son donjon.

Il est arrivé qu'une porte verrouillée me sépare concrètement d'un enfant ; ce qui n'a pas empêché le courant de passer, au final. Je venais à peine d'entamer une thérapie par le jeu avec Gerry, quand il s'enfuit dans sa chambre, en tournant la clé dans la serrure. Beaucoup, à ma place, auraient conclu que la séance touchait à son terme. Comment poursuivre ? En obligeant Gerry à m'ouvrir ou en tournant les talons ? Le parentage ludique préconise une troisième approche : inciter l'enfant à renouer le contact à sa manière. Après quelques minutes de perplexité, à toquer à la porte sans résultat, j'adressai à Gerry des petits mots gentils, que je plaçai sous le seuil. Comme il ne savait pas encore lire, je m'en chargeai à sa place. « Je t'aime. S'il te plaît, viens jouer », lui annonçai-je avant de glisser mon bout de papier sous la porte. Il le déchira avant de me le renvoyer. Il n'était capable d'écrire qu'un seul mot : « Bouh ! » Il le nota sur une feuille, qu'il me transmit. Saisi, je poussai un « Aaah ! » effrayé. Je lui communiquai un autre message, que je lus en le coinçant sous la porte. « J'ai eu peur mais rien ne parviendra à m'éloigner de toi. » Notre petit jeu l'amusa beaucoup. Il touchait pourtant à des enjeux émotionnels profonds.

Les parents de Gerry avaient fait appel à moi parce qu'il refusait d'aller chez sa grand-mère. Ils avaient planifié de l'y laisser quelques jours pour préparer tranquillement leur déménagement à venir. Sa petite sœur resterait auprès d'eux car sa mère l'allaitait encore. Une tempête d'émotions agitait Gerry : jalousie, amertume face à une injustice, appréhension quant au changement de domicile, rejet, etc. Permettez-moi de préciser que Gerry était un enfant heureux et bien aimé. Il raffolait de sa grand-mère et n'aspirait d'ordinaire qu'à lui rendre visite. Ce qu'il ressentait me parut tout à fait normal.

Au moment de s'enfermer dans sa chambre, Gerry déclara qu'il n'irait pas chez sa grand-mère, quoi que je lui dise, et qu'il me détestait. Il me traita en outre d'imbécile. À l'issue d'une demi-heure d'échange de messages, Gerry céda : « Je veux bien sortir mais pas de câlin. » Comme il n'en était jusque-là pas question, je saisis la balle au bond et suppliai : « S'il te plaît ! Juste un petit câlin de rien du tout ! » Il rit et passa le dernier quart d'heure de la séance blotti sur mes genoux.

Quand arriva l'heure de m'en aller, je lui promis de revenir après son séjour chez sa grand-mère. « Je n'irai pas la voir ! » hurla-t-il. « Ah non ! » m'interposai-je. « Ne me dis pas que je vais devoir recommencer à te glisser des petits mots sous la porte ! » Il rit de bon cœur. Moi aussi. De retour chez moi, je trouvai un message de sa mère sur mon répondeur : à peine la porte s'était-elle fermée derrière moi, Gerry avait commencé à planifier sa visite chez sa grand-mère, fait sa valise et dressé toute une liste des jouets qu'il emmènerait.

Son réservoir d'attachement avait été vidé par la crainte que ses parents ne l'abandonnent derrière eux. Une séance de jeu sur ce thème avait rempli le réservoir et eu raison de son angoisse.

Rétablir le contact réclame de la persévérance. Un petit rituel s'est établi entre moi et ma nièce. Quand je lui dis bonjour, elle commence par m'ignorer. Je persiste sur un ton enjoué, détendu, jusqu'à ce qu'elle me salue à son tour. Nous rions alors en comptant le nombre de « bonjour » que j'ai dû lui adresser avant qu'elle consente à me parler. Il m'arrive de déguiser ma voix mais je souligne bien ma volonté d'entrer en contact, mais gentiment, sans aucune dureté ni menace de punition. Ce jeu me plaît d'autant plus que j'apprécie qu'elle ne s'en laisse pas conter (l'an dernier, elle lançait à tout bout de champ : « Je n'ai pas envie : rien ne m'y oblige après tout ! »). Il me tient cependant à cœur d'établir un lien avec elle ; ce qui finit d'ailleurs toujours par se produire. Nous passons alors un excellent moment.

En général, au bout du quarante-septième « bonjour », ses frères, sœurs et cousins se groupent autour de nous en pouffant et en se demandant combien de temps ça va prendre. Bien sûr, il est impossible de déployer un tel trésor de patience en toutes circonstances : face à certains enfants, on y passerait ses journées ! Mais de temps à autre, c'est important.

N'importe quel jeu peut offrir une opportunité de contact. Quand un enfant fait semblant de vous tirer dessus et prétend : « Tu es mort », pourquoi ne pas vous écrouler sur lui le plus théâtralement possible ? Il ne vous restera plus qu'à l'attraper par la jambe et le supplier d'appeler un médecin. S'il vous échappe, vous n'aurez qu'à vous tordre de plus belle, à l'agonie, jusqu'à le coincer de nouveau (à condition que le jeu l'amuse, évidemment). La prochaine fois que votre fille vous traitera d'abruti, vous pourrez faire semblant de ne pas être assez malin pour la distinguer d'un oreiller et piquer un somme, la tête calée contre elle. Il m'arrive de résumer cet aspect du parentage ludique en transformant le fameux adage : « Il faut un idiot du village pour élever un enfant. »

À un préadolescent qui se la joue cool et vous ignore, je suggère par exemple de demander qu'il vous prête son chewing-gum afin de vous rapprocher de lui par tous les moyens possibles. Il y a fort à parier que votre proposition lui répugnera. (Au cas où il accepterait, inutile de porter le chewing-gum à votre bouche, à moins que vous ne soyez un puriste de l'authenticité.) À défaut, vous l'entraînerez dans une bataille de polochon ou vous mesurerez avec lui à la lutte. Même l'attitude la plus détachée n'exclut pas la possibilité d'entrer en relation.

Pourquoi cela coûte-t-il tant de renouer un contact, puisque c'est si chouette ? Quand deux personnes s'éloignent l'une de l'autre, elles ont souvent à se débattre avec toutes sortes d'émotions et de sentiments pénibles – la terreur, l'abandon, la perte – avant de pouvoir reprendre contact. Rétablir le contact peut donc s'avérer émotionnellement très douloureux, une douleur que les enfants préfèrent éviter. Les adultes fuient les réconciliations pour les mêmes raisons. L'intensité de ce qu'un enfant éprouve, dans ces cas-là, peut le dépasser au point qu'il se retranche encore davantage dans son donjon. Sa solitude lui paraît préférable au risque d'affronter la tendresse et ce qui va avec.

J'ai souligné dans le précédent chapitre l'intérêt de se mettre sur la même longueur d'onde que l'enfant. En termes d'attachement, se synchroniser avec lui remplit son réservoir. Se désynchroniser, se désaccorder, le vide. Donc même si nous n'aimons pas ce que nous découvrons quand nous nous centrons sur lui, nous avons d'abord à nous synchroniser avec lui. Un enfant doit se sentir en relation et en confiance avant d'être capable de changer quoi que ce soit à son comportement. Encore une fois, s'asseoir sur le sol et jouer à ce dont il a envie est la clé. Pour se brancher sur la longueur d'onde d'un ado on peut s'installer auprès de lui pour écouter la musique qu'il aime ou visionner à ses côtés un film qu'il a loué. Horrible… mais faisons-le !

« Tu es sur les genoux de qui ? » Passer d'un lien superficiel à un lien solide

En dehors du jeu, être proche suppose de nombreuses interactions non ludiques, comme le réconforter et le consoler quand il fond en larmes. Le titre de ce sous-chapitre se rapporte à une scène récurrente entre mon épouse, ma fille et moi. Quand Emma avait deux ans, Anne, interne en médecine, devait passer une nuit sur quatre à l'hôpital. Cela a duré quelques années. Elle revenait exténuée par ses trente-six heures de garde. M'occuper seul de notre fille pendant ce temps m'épuisait. Emma, pour sa part, faisait comme si de rien n'était. Elle saluait sa mère avant de retourner à ses occupations.

Au début, rien ne semblait clocher. Pourtant… Les jours où Anne, plus en forme que d'habitude, essayait d'attirer l'attention d'Emma dans l'intention de jouer avec elle, notre fille mettait un point d'honneur à l'ignorer ou l'éviter. Quand Anne prenait Emma dans ses bras, celle-ci posait les yeux n'importe où sauf sur sa mère. C'était à la fois comique et navrant de la voir gigoter tandis qu'Anne cherchait à capter son regard. À la même époque, nous nous sommes aperçus qu'Emma réclamait toujours que ce soit moi qui la couche, la baigne, lui raconte une histoire et ainsi de suite. Souvent, compte tenu de la fatigue d'Anne après sa garde, nous laissions courir, mais il arrivait qu'Emma ne veuille que de moi, même les autres soirs. Petit à petit, nous avons emboîté les pièces du puzzle et compris qu'elles avaient besoin de se concentrer sur le rétablissement du contact. Mon rôle, en tant que parent le plus en forme, dont le lien avec Emma ne s'était pas rompu, consistait à les y aider.

Nous avions là une connexion parent/enfant ordinaire plutôt qu'une connexion intime[18]. Les enfants qui ne subissent pas de traumatisme trop grave peuvent très bien suivre leur petit bonhomme de chemin avec une connexion superficielle un bout de temps. Les difficultés qui découlent d'une absence de lien profond ne se manifestent pas tout de suite. Emma pouvait donc saluer sa mère et continuer à jouer gaiement, bien que détachée de sa maman. Sa souffrance enfouie n'éclata au grand jour que lorsque mon épouse insista pour recréer le lien.

La solution du problème passa d'abord par des câlins en famille : j'incitais Emma à regarder Anne, à remarquer qu'elle

---

18. Ceux qui tiennent à comprendre la différence entre un lien superficiel et un autre plus profond consulteront : Martha Welch, *Holding Time* (New York, Simon and Schuster, 1998).

était de retour. Souvent, Emma pleurait un petit moment, puis elle semblait nettement plus heureuse et relaxée. Nous nous sommes tout d'abord crus tirés d'affaire. Pour réaliser graduellement que le contact n'était pas tout à fait rétabli. Pas encore. Elle retournait jouer avec entrain après les câlins, mais persistait à ignorer sa mère. Elle avait exprimé un peu du chagrin que lui causait l'absence de sa mère, suffisamment pour s'amuser, mais pas assez pour autoriser mon épouse à rétablir un lien d'intimité entre elles.

Un jour, Anne serrait contre elle Emma, lorsque celle-ci réclama que je la baigne et la mette au lit. Emma snobait si outrageusement sa mère que je lui demandai : « Tu es sur les genoux de qui ? » Elle répondit « papa ». « Quoi ! » nous sommes-nous écriés, mon épouse et moi. Emma – toujours dans le giron d'Anne – se tourna vers moi en persistant : « C'est papa qui me tient sur ses genoux. » Là-dessus, elle sourit de toutes ses dents. Anne et moi avons échangé un coup d'œil hésitant entre stupeur et indignation, alors qu'Emma riait de bon cœur. À la fin, elle admit : « C'est maman » en posant sa tête sur l'épaule d'Anne. Ouf ! Les mois suivants, la question « Tu es sur les genoux de qui ? » servit de fil conducteur à nos tentatives de restauration de l'attachement. La réponse d'Emma nous renseignait sur nos progrès. Il suffisait parfois de la lui poser pour qu'elle se blottisse contre sa mère en pleurant parce que celle-ci lui avait manqué. À d'autres moments, elle répondait « papa » ou « personne » en guettant du coin de l'œil la réaction de sa mère : allait-elle baisser les bras ou persister à rétablir le contact ? Quand elle s'exclamait : « Je suis sur les genoux de Bisou-bisou », il fallait s'attendre à une séance de fou rire. Quoi qu'il en soit, il suffisait d'insister (ce qui était dur, vu notre fatigue), pour qu'Emma conclue : « Je suis sur les genoux de maman » en la regardant droit dans les yeux. Mission accomplie, contact rétabli !

À mon avis, l'inversion des rôles traditionnels dans notre famille nous a facilité la tâche. En tant que mère, Anne n'allait renoncer pour rien au monde à un lien privilégié avec sa fille. En tant que père, je ne voulais pas avoir « l'honneur » d'être toujours celui qui allait la coucher, lui lire l'histoire, lui changer ses couches, etc. Je me suis tout de même demandé combien de pères, épuisés après leur journée de travail, se disent « Bah ! Qu'elle aille au diable ! » quand leurs enfants les repoussent et résistent à leurs tentatives de contact. Rien de plus facile que de se méprendre sur le désir de contact d'un enfant qui semble désirer qu'on le laisse tranquille. *Papa se soucie plus de son travail que de moi, songe-t-il. En plus, il me manque tellement que j'en souffre. Je vais faire semblant de rien en attendant qu'il vienne vers moi.* Le père, lui, conclut : *Je ne sers qu'à ramener de l'argent. Qu'il aille au diable ! S'il a envie de jouer avec moi, il sait où me trouver.*

Grâce au jeu, les interactions quotidiennes les plus banales deviennent autant d'occasions d'exprimer affection et tendresse, ainsi que de panser gentiment les plaies dues aux contrariétés ou aux conflits antérieurs. Une mère de famille de ma clientèle et sa fille prirent l'habitude, chaque soir, de mettre les peluches au lit. Les jours où elles s'étaient houspillées en se plaignant l'une de l'autre, leur rituel prenait une dimension d'autant plus touchante qu'il contribuait à relâcher la tension. La mère tenait aux jouets des propos qu'elle n'aurait pas pu adresser directement à sa fille. Du genre : « On a eu une rude journée. J'espère que tu feras tout de même de beaux rêves. » La fille, elle, réprimandait un animal : « Tu as été vilain ; tu dormiras par terre » ; donnant ainsi à sa mère l'opportunité d'intervenir : « Je crois qu'il regrette sincèrement ; il mérite de dormir dans son lit comme les autres, tu ne crois pas ? » Il n'y a pas de limites aux moyens que nous fournit le jeu de consolider une relation qui compte pour nous.

4.

Donner à l'enfant de l'assurance

Je ne renoncerai jamais !

Emma Cohen, à l'âge de quatre ans

Un jour, je me mesurais à la lutte avec ma fille. Elle avait à peu près quatre ans. Nous jouions à un jeu auquel nous avions déjà joué plusieurs fois : elle essayait d'atteindre le canapé alors que je tentais de l'en empêcher. Je l'incitais à me passer sur le corps, en entrant en contact avec moi et en usant de sa force, plutôt que de me contourner ou de me filer sous le nez en recourant à la ruse. Tandis que nous luttions, je lui résistai de plus en plus, pour qu'il soit de plus en plus difficile de me repousser et de parvenir au canapé. Elle devait déployer de plus en plus de force et se battait vraiment bien.

Je l'encourageais tout en l'obligeant à exercer son pouvoir et ainsi construire sa confiance en ses aptitudes physiques. Quand on se mesure à une jeune personne, il est important d'assumer ces deux rôles, tout en restant attentif à ne pas se laisser prendre au jeu au point d'oublier de quel côté on est (le leur !). Je me rendis compte que la frustration la gagnait et que l'idée de renoncer pointait son nez. Je l'encourageai de plus belle, sans succès. Je pensai alors à lui donner du pouvoir sur moi en l'irritant juste assez pour attiser sa volonté de m'en remontrer, sans perdre de vue que nous jouions dans son intérêt et que je souhaitais sa victoire. D'un ton faussement outré, comme si je lui en voulais, je lui dis : « Pourquoi tu ne renonces pas ? Tu n'arriveras jamais au canapé. »

À ces mots, elle abandonna la lutte pour s'en aller en coup de vent. J'en conclus que je venais de gâcher la partie en poussant le bouchon trop loin. Peut-être ne lui avais-je pas clairement laissé entendre que je ne la taquinais que pour rire, pas pour de vrai ? Je me demandais encore si je devais la rattraper pour lui présenter mes excuses ou lui laisser le temps de se calmer quand elle reparut en brandissant les poings d'un air triomphal, un large sourire aux lèvres. « Je ne renoncerai JAMAIS », s'écria-t-elle en essayant de me renverser avec deux fois plus de force qu'auparavant.

Elle n'eut aucun mal à surmonter l'obstacle que je lui opposais, tant son regain d'assurance m'avait désarçonné. Je lui demandai ce qui lui était arrivé. « Je suis allée me recharger dans la pièce qui donne des forces », me répondit-elle. Elle m'expliqua par la suite qu'elle avait fait semblant de s'enduire d'une lotion multipliant sa puissance. À l'instar de Dumbo l'éléphant, qui finit par comprendre qu'il volerait même sans sa plume magique, elle avait puisé en elle-même son assurance et découvert la source de son pouvoir personnel.

Nous avons ri ensuite pendant des mois, quand je prétendais ne plus me rappeler sa repartie au moment de me rejoindre. « Qu'est-ce que tu as dit, déjà ? Je renoncerai… parfois ? Je renoncerai… seulement si c'est trop dur ? » À ces mots, ma fille brandissait le poing et répétait en rayonnant d'assurance : « Je ne renoncerai jamais. » Bien que les années aient passé, il arrive à Emma de retourner dans la pièce qui donne des forces lorsqu'elle doit relever un défi, en particulier physique ; par exemple pendant une longue balade fatigante quand il reste encore du chemin à parcourir. Les jours où il m'en coûte de jouer – parce que cela m'ennuie ou me fatigue ou m'agace – je passe à mon tour par la pièce qui donne des forces en me promettant de ne jamais renoncer. Je retourne alors m'amuser de bon cœur.

Pouvoir personnel et sentiment d'impuissance

L'exemple de la pièce qui donne des forces démontre la possibilité de recourir au jeu – à la lutte, en l'occurrence – pour acquérir de l'assurance. Hélas ! Je vois autour de moi peu d'enfants confiants en leur personne mais beaucoup de timides qui s'effarouchent d'un rien. Ils craignent de dire ce qu'ils pensent, voire de penser par eux-mêmes. Je vois aussi beaucoup de casse-cou, de vantards, agressifs, dominateurs, qui mènent leur entourage à la baguette. Pour autant, je ne dirais pas qu'ils ont confiance en leur pouvoir personnel. Où celui-ci trouve-t-il sa source, alors ? Pourquoi est-il si rare ?

Notre société a une attitude ambivalente par rapport au pouvoir. Nous le recherchons et l'admirons tout en nous en méfiant. Surtout chez les enfants. Nous applaudissons celui qui en use à « bon » escient en protégeant un ami, mais nous n'aimons pas qu'il se défende face à nous. Nous attendons d'un enfant qu'il se montre assertif, sûr de lui. Pour autant, il ne faudrait pas qu'il se prenne pour un petit chef. Nous admirons la force physique et la grâce, le courage et l'assurance, et punissons l'agressivité et le harcèlement. Pour compliquer encore les choses, on accuse souvent les mères de laisser trop de pouvoir à leurs enfants – en les gâtant, et en n'étant pas assez fermes sur la discipline. D'un autre côté, les psychologues insistent sur la responsabilisation et tous les efforts doivent être faits pour aider l'enfant à développer son autonomie et donc son propre pouvoir.

Nous utilisons le même mot, pouvoir, pour décrire des dimensions fort différentes. Par souci d'éviter toute confusion, sauf quand le sens est évident, j'utilise en général le terme de confiance pour en décrire les aspects les plus positifs : le pouvoir de se dresser pour défendre ce qu'on estime juste, le pouvoir de s'aventurer (sans pour autant se mettre en danger), le pouvoir de connaître sa force intérieure, le pouvoir d'atteindre un but ou encore celui de jouer de bon cœur. S'y oppose l'impuissance d'un enfant passif, timide, craintif, geignard, inhibé. Un autre type d'impuissance, que je qualifie de pseudo pouvoir, est une piètre imitation du véritable pouvoir. Entrent dans cette catégorie : les morsures, les coups, les menaces, les accès d'autoritarisme, les chapardages, l'intimidation et le mépris de la sécurité. Le parentage ludique aide les enfants à ne pas tomber dans les pièges de l'impuissance et du semblant de pouvoir en faisant pencher la balance du côté d'un authentique pouvoir personnel, de la confiance et de la compétence.

Heureusement, leur développement est notre allié. La plupart des enfants expérimentent naturellement par vagues ces aspects sains du pouvoir personnel en découvrant le monde, et en se l'appropriant. Le premier mouvement de confiance, la sécurité intérieure, vient du pouvoir d'un nourrisson de voir ses besoins satisfaits. Tout mignon, il expose sa vulnérabilité et son amour ; celui qui veille à son bien-être lui fournit de la nourriture, un abri, de la chaleur et de l'amour. Dans ses premiers mois, un enfant se sent tout-puissant : *Je pleure et hop ! On me donne du lait à boire. Je souris à quelqu'un, et voilà qu'il me sourit à son tour.*

Frustrations et déceptions surgissent cependant tôt ou tard. *Je pleure or il ne se passe rien. Je pleure de plus belle. En vain. Je souris, et il ne se passe rien. Je veux quelque chose mais ne l'obtiens pas. Maman ne veut pas ce que je veux, moi.* Un petit peu de frustration est nécessaire au développement de l'enfant mais trop mène à l'impuissance. Les tout-petits font face à un nombre astronomique de choses qu'ils ne peuvent contrôler : quand et comment il verra ses besoins satisfaits, l'humeur triste ou joyeuse de ses parents, les endroits où ils le conduisent et ce qu'il y verra. Bien sûr, un enfant a un certain pouvoir – celui de pleurer ou dormir, fermer les yeux ou récompenser un bon comportement parental par un sourire – mais ce n'est clairement pas lui qui est aux commandes.

Les tout-petits acquièrent à peu près toutes leurs connaissances en interagissant avec leur entourage. C'est aujourd'hui un lieu commun de présenter les parents comme les premiers et les plus chouettes jouets de l'enfant. Il me semble pourtant que c'est une réalité. La proximité physique, avec de nombreux contacts oculaires et une intonation enjouée renseignent le jeune enfant sur l'élément le plus important de son monde : les autres humains. Ces moments de jeu quotidiens lui permettent en outre de trier le flux continu d'informations qui parvient à ses sens. Il découvre le principe de la gravité ou du mouvement par les oscillations de son berceau ou lors de promenades en poussette. Agiter un hochet et le cacher un instant avant de le brandir sous le nez d'un nourrisson constituent autant de tours de magie qui lui enseignent les lois de l'univers – des principes qui nous semblent aller de soi.

Le mouvement suivant de l'élaboration de la confiance est lié à son pouvoir de dire non, c'est-à-dire de manifester sa volonté propre. Si les parents respectent ce pouvoir (dans le cadre de limites posées fermement et avec amour), l'enfant qui grandit se sentira libre de s'affirmer sans nuire à personne, et surtout pas à lui-même. Le bambin poursuit le rythme incroyable de découverte du bébé, et d'appropriation du monde. Observez un petit, à peine capable de marcher, face à un tableau d'éveil, une structure d'escalade ou une aire de jeux vous verrez que, d'une minute à l'autre, il gagne en assurance en acquérant de nouvelles aptitudes.

Il arrive aux parents qui redoutent ou s'agacent de l'indépendance croissante de leur enfant de se montrer tellement sévères qu'ils répriment en lui le moindre élan. Les études sur les enfants maltraités mettent toutes en évidence une augmentation en flèche des abus à partir de dix-huit mois ou deux ans : quand l'enfant commence à manifester sa volonté propre. Au lieu d'y voir une aspiration normale à l'indépendance, certains parents l'interprètent comme un manque de respect, un défi à leur autorité, ou une désobéissance caractérisée. Leur réaction peut être une punition disproportionnée ou une explosion de rage. À l'inverse, s'ils ne fournissent pas de limites, l'enfant fait la loi ; il risque alors de se sentir incontrôlable et de souffrir d'une autre forme d'impuissance. Le juste milieu consiste à encourager la volonté d'indépendance tout en assurant sa sécurité et le structurant à l'aide de limites claires.

Le troisième mouvement de confiance est le pouvoir de se ménager une place dans le monde, notamment auprès de ses semblables. Dès la maternelle, un enfant apprend à jouer, grimper aux barres suspendues, se faire des amis, lire et écrire. Son monde riche en nouveautés lui offre sans cesse des occasions de s'affirmer ou, à l'inverse, de souffrir de son impuissance. Gagner ou perdre revêt des enjeux émotionnels considérables chez certains enfants. Tous expérimentent à un moment ou un autre la frustration à l'école – parce qu'ils ont du mal à comprendre les fractions ou à s'intégrer au reste de la classe. Un peu plus tard, les jeunes sont aspirés par la culture adolescente qui leur offre un mélange complexe de perspectives d'autonomie, et de sentiments d'impuissance. Ils optent pour des habits et un genre de musique qui horrifie leurs parents. Par volonté propre ? Ne suivent-ils pas plutôt comme des moutons les diktats de l'industrie de la mode et du divertissement ?

Le sentiment d'impuissance s'insinue peu à peu en résultat des revers vécus par les enfants alors qu'ils se démènent pour faire grandir leur confiance et leur assurance. Ils sont frustrés de ne pas réussir aussi bien que leurs aînés ou leurs camarades. Les adultes les critiquent, les punissent et les notent : ils se sentent jugés. Ils sont bombardés de messages au sujet de leur apparence ou des goûts qu'ils sont censés adopter, au point qu'ils finissent par se sentir inadéquats. Ils se réfugient alors dans la forteresse de l'impuissance, en bas, dans le cachot (passivité) ou en haut en montant au créneau (pseudo-pouvoir agressif).

L'approche du parentage ludique aide enfants et parents à éviter les écueils de l'impuissance à chaque étape de ces séquences développementales. Le jeu permet de développer le pouvoir de l'enfant sous tous ces aspects sains, de lui donner des occasions d'accroître son assurance. Nul n'échappe à un minimum de frustrations dans ses jeunes années. Quand l'horrible spectre de l'impuissance ressurgit – ce qui finit tôt ou tard par arriver – le parentage ludique aide au moins à renouer avec l'assurance et la confiance en son pouvoir personnel.

Expérimenter son pouvoir : jouer à face de prout

Si seulement j'avais reçu un dollar chaque fois qu'on m'a traité de face de prout ! On m'a donné bien des noms d'oiseaux mais celui-là combine ce qui plaît tant aux enfants : l'humour pipi caca et les insultes. L'un comme l'autre est lié au pouvoir ; celui de contrôler ses fonctions corporelles et celui de blesser autrui. J'ai mis au point deux petits jeux très simples sur ces thèmes. Quand un enfant me traite de face de prout, je lui dis : « Chut ! Ne répète à personne mon surnom secret ! » Aussitôt, il crie à qui veut bien l'entendre : « Larry a un surnom secret : face de prout ! » Je rétorque alors : « Ah ! Tu m'as cru ? En réalité, mon surnom secret, c'est tête de corn flakes. » (Plus cela paraît idiot, mieux cela vaut, puisque l'objectif consiste à soulager par le rire la tension liée aux insultes.) Bien entendu, l'enfant le clame aussitôt à la ronde. Je le détrompe une fois de plus et ainsi de suite. Il m'est arrivé de jouer ainsi des heures avec certains petits.

Le second jeu est tout aussi simple : l'enfant dit un mot que papa ou maman ne veut pas entendre – en général une obscénité, un terme pipi-caca ou qui désigne une partie du corps. « Tu peux le répéter autant que tu veux tant que tu ne dis pas "Bobledidou" ; sinon gare à toi ! » le préviens-je. « Bobledidou ! » s'écrie-t-il. Je lui rétorque alors : « Oh ho ! méfie-toi ! » d'un ton pas menaçant pour deux sous en me lançant à sa poursuite. Parfois, un enfant inhibé a besoin que je lui chuchote qu'il a le droit de dire Bobledidou ; qu'il ne s'attirera pas d'ennuis pour de vrai. Ça paraît simple, non ? Ça marche à tous les coups. Non seulement, les enfants rient comme des petits fous et raffolent de ce jeu mais dire des gros mots cesse pour eux de tourner à l'obsession.

Les jeux que je viens de décrire ne visent pas à manipuler l'insubordination des enfants pour les soumettre à notre volonté mais leur donner l'occasion de se livrer à des expériences sur le pouvoir – celui des mots et celui d'enfreindre les règles. Au lieu qu'ils prennent pour cibles leurs camarades, au risque de les blesser, autant leur permettre d'expérimenter sur nous leur humour de cabinet de toilette et noms d'oiseaux. Cela nous aide à faire basculer un rapport de force émergent en jeu.

À propos de rapport de force : un père de ma connaissance m'a parlé d'un jeu qu'il avait inventé pour sa fille, quand elle était petite et ne voulait pas qu'il lui coupe les ongles. Mon ami s'aperçut que recourir à la force ne le menait à rien : sa fille luttait et se débattait. Elle se serait blessée ou il aurait eu trop peur de lui faire mal en s'approchant avec les ciseaux. Le nouveau jeu s'appelait : « stop ou encore » et voici comment il se déroulait. Le père se plaçait à quelques pas de sa fille, les ciseaux en main. Il lui annonça que dès qu'elle crierait « stop », il se figerait et ne se remettrait en mouvement que lorsqu'elle lui dirait « encore ». Si elle gardait le silence trop longtemps, il avait le droit de dire lui-même « encore », mais il devait s'arrêter quand elle s'écriait « stop ». Elle n'avait pas le droit de dire « stop, stop, stop » à toute vitesse (d'après une règle ajoutée par la suite, alors qu'elle testait les limites du jeu). Quand elle disait « stop », il se pétrifiait, ce qu'elle trouvait hilarant (et déjà là, ils avaient fait de gros progrès, vu que, jusque-là, elle n'associait pas la corvée de se couper les ongles à une partie de fou rire). Quand elle disait « encore », il s'approchait d'elle.

Bilan : les ongles étaient coupés, et surtout : ils s'amusaient beaucoup tous les deux. Le voir s'immobiliser dès qu'elle criait « stop » donnait à la petite l'assurance qu'il ne la blesserait pas et n'userait pas de sa force pour la contraindre. En la laissant maître de la situation, le père dénouait la tension. Il décidait quand couper les ongles mais sa fille imposait le rythme. Beaucoup de parents bougonnent quand je leur relate l'anecdote : « Où vais-je trouver le temps d'inventer un jeu, chaque fois qu'il faut couper les ongles, changer une couche ou donner un bain ? » Ils oublient le temps qu'ils gaspillent à lutter, supplier ou s'énerver. À mon sens, cela vaut toujours la peine d'investir du temps, même si l'objectif, au bout du compte, reste d'en gagner. Et puis, quand tout le monde s'amuse, les corvées n'en sont plus !

Préparer l'enfant à affronter le monde

Bill Harley, un chanteur pour enfants, raconte, à propos de son institutrice :

Mme Nottingham était de la vieille école. Très stricte [...] Elle nous enseignait des tas de choses, les mathématiques, l'orthographe, la lecture, mais surtout, elle nous a appris que le monde est froid et cruel[19].

De nombreux parents souscrivent d'une manière ou d'une autre à ce genre de philosophie d'un monde froid et cruel, convaincus de devoir préparer leur enfant aux difficultés de la vie en l'y habituant. Seulement, si tant de difficultés l'attendent, à quoi bon lui infliger plus encore de déconvenues et d'humiliations que ce qu'il rencontrera de toutes façons ? Ce dont un enfant a besoin, c'est de sécurité intérieure et de confiance en ses capacités ; or il ne les acquerra qu'en étant bien entouré et comblé d'amour. S'il n'est pas bon de lui épargner la moindre

19. Bill Harley, *Lunchroom* Tales (Round River Records, 1996).

contrariété, il est inutile, à l'inverse, de l'endurcir : la méthode n'a pas fourni ses preuves, à en juger par l'agressivité des jeunes gens auxquels on a seriné qu'il ne fallait rien attendre de bon de ce monde cruel. Ceux qui ont intégré le message se montrent justement les plus enclins à la violence. Je me rappelle encore la première fois que j'ai lu, sur un casque militaire, pendant la guerre du Vietnam : « Tuez-les tous, Dieu reconnaîtra les siens. » Voilà, selon moi, l'aboutissement logique d'une éducation à la dure : *Préparez-vous à ne vous fier à personne et à ne compter que sur vous-même pour parer aux dangers qui vous guettent derrière le moindre buisson.*

Certains parents pèchent par excès inverse en protégeant leur petit ange à outrance, en lui évitant le moindre revers. Loin de le préparer à la vie, ils font de lui un adulte craintif et timoré. Le mieux consiste à la fois à entourer l'enfant et à lui soumettre des défis à relever. J'aime employer à ce propos l'image des briques et du mortier : on ne peut édifier de mur solide sans l'un ou l'autre. La satisfaction de ses besoins fournit à l'enfant assuré d'un amour indéfectible une force intérieure – le mortier. Il acquiert assurance et confiance en ses compétences – les briques – en donnant le meilleur de lui-même et en se dépassant petit à petit. Traiter avec respect et tendresse un enfant qui se lance dans des entreprises de plus en plus hardies ; voilà ce qui le prépare réellement à la vie. Je pourrais encourager un enfant à s'essayer à quelque chose de nouveau, par exemple le patin à roulette, mais je lui proposerais de le tenir par la main tant qu'il le souhaitera.

Les enfants de quatre ans à qui l'on demande s'ils aiment mieux jouer avec leurs parents ou leurs camarades donnent en majorité la préférence à leurs parents. Cela vous étonne ? Ils expliquent que leurs parents les laissent gagner ou, du moins, organiser le jeu à leur mode, tandis que leurs camarades ne font pas l'effort de se mettre à leur portée pour rendre la partie plus égale[20]. Imposer des règles à l'un de ses parents ou l'écraser à plates coutures au basket comble le besoin d'attachement d'un petit ; ce qui lui donne le courage de se mesurer par la suite à ses pairs, que la partie soit égale ou non.

L'idée de préparer les enfants à faire face à la cruauté du monde est un élément signifiant des jeux compétitifs. L'effet est le plus marqué dans les sports, mais il est aussi présent dans des jeux comme les échecs ou les dames. Les pères ont davantage tendance que les mères à utiliser cette approche d'un monde froid et cruel, en particulier vis-à-vis de leur fils. De nombreux pères se vantent ainsi auprès de moi de ne jamais laisser leurs fils gagner, parce qu'il faut les préparer à lutter contre leurs camarades, qui eux ne leur laisseront pas volontiers l'avantage. Mais une compétition entre un adulte résolu à l'emporter à tout prix et un enfant n'est pas tout à fait juste non plus. À quoi prépare-t-elle en réalité ? Ah oui ! Ce monde froid et cruel…

Des parents me demandent sans cesse : « Quand dois-je cesser de laisser mon enfant me battre aux dames ? » Il s'agit là d'une des questions que je préfère, bien que la réponse ne soit pas simple. Les parents attendent tellement de ce qui n'est finalement qu'un jeu : que leur enfant s'amuse, qu'il affûte son intelligence, qu'il acquière l'esprit de compétition mais à juste dose, qu'il apprenne à perdre avec élégance ou gagner avec modestie, et qu'il prenne conscience que ses camarades, eux, ne le laisseront pas gagner.

En général, l'adulte commence par laisser l'avantage à l'enfant, avant de lui opposer une stratégie de plus en plus difficile à contrer. Mais quelques retours arrière sont fréquents. Même une fois capable de vous battre en suivant les règles, il peut manifester le désir de revenir aux « règles spéciales » de temps à autre.

---

20. Cosby Rogers et Janet Sawyers, *Play in the Lives of Children* (Washington, D. C., NAEYC, 1988), p. 81.

Certains jours, il a envie de gagner ; d'autres, de relever un défi. À mon sens, le mieux consiste encore à suivre ses indications. Vous pouvez être passé à un jeu égalitaire ou à jouer « à niveau moyen » puis vous entamez une nouvelle partie et votre enfant vous fait comprendre qu'il a envie de gagner. Ou à l'inverse : un jour qu'on lui laisse l'avantage, il indique qu'il souhaiterait un adversaire plus coriace. Évidemment, il est peu probable qu'il exprime son désir franchement, il s'agit donc de rester attentif aux signaux subtils qu'il envoie – « C'est pas marrant, ce jeu, je m'ennuie », se plaindra-t-il. S'il vous demande « Tu m'as laissé gagner ? » autant lui répondre : « J'aurais pu jouer plus dur ; c'est ce que tu voudrais ? » Il n'est pas exclu que l'enfant se réjouisse de sa victoire, même si vous la lui avez laissée. Pourquoi ne pas lui proposer : « Tu aimerais que je joue à mon meilleur niveau pour que tu ne gagnes pas tout le temps ? » Sa réaction vous renseignera. Si tout va bien, au fil du temps, l'enfant trouvera son équilibre entre le plaisir de l'emporter – même s'il ne l'a pas mérité – et la joie de donner le meilleur de lui-même – même s'il perd.

Il se peut aussi qu'il soit nécessaire de consacrer un peu de temps aux sentiments qu'éveille la compétition. Votre enfant se montre particulièrement mauvais perdant ou tout à fait insupportable à force de vantardise en cas de victoire ? Il a besoin d'une attention spécifique à l'apprentissage des émotions propres aux jeux. Dans ce cas, plutôt que de disputer une énième partie, orientons notre façon de jouer vers ces thèmes de gagner, perdre, se mesurer… Par exemple un jeu où l'enfant aura le dessus à tous les coups, tandis que vous ferez exagérément figure de mauvais perdant. Vous pouvez aussi prétendre que rien ne vous résiste avant de vous ridiculiser en accumulant loupé sur loupé – peu importe, tant que le rire permet d'évacuer la tension liée à l'issue du jeu et que l'enfant cesse d'y voir une question de vie ou de mort. Pourquoi ne pas imposer une règle absurde, du genre « interdiction de me frapper avec ton oreiller » ? Vous prendrez un air ahuri quand – surprise ! – il la transgressera. « Tu as triché ! Ouin ! » vous plaindrez-vous alors.

À cinq ans, Kevin commençait tout juste à jouer au foot ; ce qui l'enthousiasmait énormément. Le premier jour de sa thérapie par le jeu, il m'accueillit chez lui, ses chaussures à crampons aux pieds, un ballon sous le bras, n'attendant qu'une chose : jouer au foot avec moi. Je le suivis au jardin, où il délimita des buts. Avant de commencer, il m'avertit : « Vas-y doucement ! Je suis encore petit. » « D'accord », lui répondis-je et je me basai là-dessus pour déterminer mon niveau de jeu. Désireux de gagner en confiance, il ne voulait pas d'un adversaire trop coriace, tout au moins au début. Je ne jouais donc pas trop fort, le laissant marquer des buts sans en placer moi-même.

Lorsque je commençai à lui opposer plus de résistance, il devint nerveux. « Pouce ! Tu ne bouges plus ! » s'écria-t-il. Je me figeai tandis qu'il me contournait avec la balle et l'envoyait dans le but. Je protestai d'un ton faussement outragé : « Comment veux-tu que je garde le but si tu m'interdis de bouger ? » Il me répondit : « C'est la règle : tu t'arrêtes quand je dis pouce. » D'un coup de pied, il ramena la balle sur le terrain et ajouta « Je marque un point de plus en renvoyant la balle depuis le but. » « Moi aussi ? » « Non ! Seulement moi. » Je fis semblant de piquer une énorme crise de rage. « Nooon ! C'est pas juste ! » Il éclata de rire. Au bout d'un moment, il finit par me laisser la balle mais je suis resté attentif au début à redoubler de maladresse. Je dribblais jusqu'au but qu'il gardait. Puis je prenais un temps infini à trouver le bon angle de tir, me vantant de ce fantastique but que j'allais lui mettre. Je m'éternisais tellement, avant de tirer, qu'il avait tout le loisir de s'emparer du ballon. Je me prétendais alors dérouté mais surtout fâché. Il riait de plus belle. À la fin, il s'approcha de moi sans crier « pouce » ; ce qui le contraignit à se mesurer à moi pour de bon avant de marquer un but.

Après cela, il fit preuve de plus d'assurance : plutôt que de s'inquiéter de l'issue du match, il entreprit de se moquer de moi. « Hou, la nounou, hou, la nounou ! » s'exclamait-il quand je lui chipais le ballon, ou « Ha-ha-ha-ha » lorsqu'il marquait un but. Les enfants réagissent tout le temps ainsi, les uns vis-à-vis des autres – tentant de projeter sur autrui leurs sentiments d'humiliation et d'incompétence. Évidemment, cela ne fait que miner davantage le moral de chacun et augmenter les projections. C'est le cercle vicieux. Malheureusement, certains entraîneurs ou parents jettent de l'huile sur le feu en criant ou en humiliant les enfants. Kevin n'était pas un bon joueur. Il avait dû subir un tel traitement ou le redoutait. Quand un enfant me ridiculise, je fais semblant d'éclater en sanglots. « Ouin ! » Kevin s'amusa beaucoup de mes larmes de crocodile. À la fin du match, il m'annonça le score : dix-sept à trois.

« Attends ! m'exclamai-je en prenant mon air le plus bête. Qui a dix-sept ?

– Moi !

– Et trois ?

– Toi !

– Ah. C'est ce que je craignais. »

À la dixième séance, Kevin réclama une pause, cria « câlin ! » et courut vers moi. C'était la première fois qu'il me serrait contre lui. Je pense qu'il a pu le faire parce qu'il s'est senti en sécurité et confiant dans notre jeu.

Jusque-là, il m'avait témoigné son affection plus subtilement ; en piétinant mes chaussures (pour m'empêcher de partir) ou en me chipant ma montre (pour que je ne sache pas quand viendrait l'heure de m'en aller).

À mon sens, l'intérêt de cette histoire, c'est que nous jouions à deux jeux à la fois : au foot et à construire l'assurance de Kevin. Le second tournait autour de ses préoccupations du moment : compétence et incompétence, humiliation et estime de soi.

Notre jeu « deux en un » lui offrit une occasion de se sentir fort et puissant. Par le rire, Kevin s'est libéré de sa crainte de ne pas être à la hauteur. Un autre garçon aurait pu vouloir que je joue à mon meilleur niveau pour s'entraîner sérieusement à maîtriser telle ou telle passe ou habileté de jeu. Pourquoi pas ? Le mieux est de suivre les indications de l'enfant. Comme je l'expliquai à la mère de Kevin à l'issue de la partie : ses règles qui faisaient pencher la balance tellement en sa faveur lui ont permis d'explorer par le jeu les sentiments qu'il éprouvait car il n'était pas le meilleur au foot. Comme il était le moins athlétique de tous à la récréation, il lui semblait que tout était contre lui. Avec moi, il s'était arrangé pour vivre l'inverse.

À neuf ans, Rob est très différent de Kevin. Grand sportif, il a développé l'esprit de compétition au point qu'il est anéanti lorsqu'il perd. Il ne sait absolument pas gérer la défaite. Au foot, il demande en général à garder le but, mais seulement pendant la première mi-temps, parce qu'il ne veut pas assumer la responsabilité d'une éventuelle déconfiture de son équipe. En termes de réservoir à remplir, Rob est dans une situation difficile. Il adore le sport, mais comble son réservoir en gagnant et le vide en perdant. Le simple fait de jouer ne le remplit pas. Il lui manque un couvercle qui l'empêcherait de se renverser en cas de défaite. Il a besoin de jeux avec ses parents pour refaire le plein de son réservoir – un plein de confiance et de sentiments positifs envers lui-même, un plein aussi de sentiments d'appartenance, il fait partie d'une équipe, partie du monde. Il mérite qu'on l'aime et qu'on l'admire juste parce qu'il est lui, capable de donner le meilleur de lui-même sans que le moindre revers l'anéantisse.

Je suggérai au père de Rob de s'amuser avec lui, non pas au foot ou au basket ou à quelque sport que ce soit, mais à « gagner et perdre » – c'est-à-dire à n'importe quel jeu explorant avec humour les émotions liées à la compétition. Peu importent les règles, tant que les notions de victoire et de défaite sont abordées sur un mode ludique.

Il suffit par exemple de lancer une pièce de monnaie en pariant : pile ou face ? Vous perdez ? Voilà l'occasion de basculer dans la tragédie. « Las ! C'en est fini de moi ! » etc., direz-vous sans craindre d'en faire des tonnes. Si vous gagnez, vous clamerez à la ronde que vous êtes le meilleur lanceur de pièces de l'univers, avant d'entamer une danse de la victoire. Bien sûr, vous prendrez un air ahuri quand vous perdrez ensuite. Au cas où il ne vous viendrait aucune idée, vous pourrez vous contenter d'annoncer : « Nous allons jouer à gagner et perdre pour t'aider à gérer ce que tu ressens dans ces cas-là. » « Comment fait-on ? » « Je ne sais pas. Tu as une idée ? » « Comment veux-tu que j'aie une idée ? Je ne sais même pas de quoi tu parles. » « Peu importe ! Ce qui compte, c'est de s'amuser quand je perds ou que tu perds ou que l'un de nous affirme que l'essentiel, c'est de gagner. » Faites confiance à l'enfant : il finira par trouver quelque chose. Au pire, s'il ne propose rien, vous admettrez : « J'ai perdu : aucune idée ne m'est venue. Tu as gagné un câlin. » Vous le serrerez alors contre vous (ou le pourchasserez en essayant).

Réduire au silence la voix du dénigrement

Malheureusement, les enjeux de gagner, perdre, victoire ou défaite ont perverti l'enfance et ses jeux. Le jeu libre est une activité en voie de disparition à l'ère des cours particuliers, des sports d'équipe, de la télévision et des ordinateurs. Le jeu n'a pas plus tôt été reconnu en tant qu'outil d'apprentissage que notre société l'a transformé en entreprise didactique, compétitive et productive.

Les parents de Nickolder lui firent suivre des leçons de natation à l'âge de deux, trois ans. Elle opposait pourtant une résistance à chaque cours. À quatre ans, elle ne savait toujours pas nager mais aimait barboter dans le petit bassin. Ses parents lui payèrent des cours particuliers avec un instituteur qu'elle aimait beaucoup. Résultat : à chaque leçon, Nickolder appréhendait de plus en plus de retourner à la piscine. Plus la pression extérieure à ce qu'elle apprenne était forte, plus elle y opposait de résistance. L'été de ses cinq ans, les parents de Nickolder renoncèrent ; ils la laissèrent s'amuser avec ses amis, là où elle avait pied. Très vite, elle prit plaisir à batifoler dans l'eau, puis elle imita les autres, qui savaient nager. Au bout de quelques jours, elle nageait à son tour sans problème sur quelques mètres[21].

Les adultes sont connus pour priver de tout ce qu'a d'amusant l'apprentissage de la natation ou des maths. Le pire étant notre propension à critiquer les enfants. Nous le faisons si souvent que nous ne nous en rendons même plus compte ! Le dénigrement est une mauvaise habitude, dont il est difficile de se débarrasser. Nous croyons aider l'enfant alors que non : pas du tout. Nous ne réussissons qu'à éveiller en lui une petite voix – parfois si forte qu'il n'entend plus qu'elle – qui le critiquera sans pitié le restant de ses jours. Il se peut qu'une voix de ce genre vous harcèle vous-même. Dans le cadre d'un atelier d'écriture qu'elle animait, Kathryn Deputat nous lut des extraits d'une magnifique lettre, dénichée dans le grenier d'une ancienne ferme où nous étions réunis. La lettre était belle, et elle sonnait encore juste près d'un siècle plus tard. Au bout de trois pages, l'auteur pourtant s'excusait : « Ce n'est qu'un petit mot inutile et stupide. » Kathryn souhaitait attirer notre attention sur l'horripilante ténacité de la voix du dénigrement interne.

Les enfants font cela tout le temps. Ils déprécient sans arrêt leurs talents et ce qu'ils accomplissent. Ils se critiquent aussi

---

21. *Ibid.*, pp. 4-5.

impitoyablement les uns les autres. (Forcément ! c'est nous qui le leur avons appris.) Parfois, avec un peu de chance, un encouragement, un sourire ou un hochement de tête suffit à leur permettre de laisser libre cours à leur créativité ou de poursuivre leur apprentissage en étouffant la petite voix pernicieuse qui les critique. Mais si celle-ci les dissuade même d'essayer, si elle les convainc de renoncer au dessin, au foot, aux maths, à l'équitation ou à l'écriture de poésie, alors nous avons à faire davantage. Il nous faut insister pour qu'ils se tiennent à faire ce dont ils avaient envie. La petite voix critique ne détient pas la vérité ! Elle ne doit pas avoir le dernier mot. Attention, contredite, la voix du dénigrement se livre en général à une ultime tentative de reprendre le pouvoir. Un enfant qui s'entend dire : « Je sais que tu en es capable ; tu as une âme d'artiste » fond souvent en larmes ou proteste ou s'entête à se convaincre qu'il ne sait pas dessiner, qu'il déteste les maths et qu'il ne deviendra jamais fort en sport.

Tout ce que nous avons à faire, c'est écouter l'enfant pendant qu'il s'exprime et lui conserver notre confiance pendant qu'il libère ses émotions. Ça n'a pas l'air très amusant mais prêter une oreille patiente à ces crises fait partie – et comment ! – du parentage ludique. Grandir, apprendre des choses et acquérir de nouvelles compétences apporte son lot de frustrations, que l'enfant évacuera par le rire (dans le meilleur des cas) ou les larmes (quand les émotions sont trop grosses pour sortir par des rires).

Quel dommage que les enfants ne viennent pas nous avouer : « J'aimerais vraiment continuer la sculpture mais une petite voix me répète que je ne suis pas doué. Tu peux m'aider ? » En général, ils prétendent plutôt : « Ça ne m'intéresse plus. » Il nous revient de développer nos talents de limiers et de flairer la différence entre un authentique désintérêt ou un abandon dû à un sentiment d'échec. « Nous devons trouver des moyens pour les enfants de raconter leurs propres histoires, dessiner ce qu'ils s'imaginent, bâtir leur monde à eux, mettre en scène les scénarios qu'ils inventent et continuer à entretenir leurs propres rêves[22].»

Retrouver la confiance perdue

Les psychologues pour enfants ont depuis longtemps remarqué que le jeu remplissait une fonction essentielle chez les jeunes victimes d'un traumatisme. Un enfant témoin de violences à son domicile, rescapé d'un accident de voiture ou d'un tremblement de terre reproduira au travers du jeu les situations qui l'ont marqué. Barbara Brooks et Paula Siegel ont écrit un livre sur l'aide à ces enfants terrifiés :

Ils lancent leurs petites voitures les unes contre les autres ou provoquent l'effondrement de leurs constructions ou jouent à ce qu'une poupée lève la main sur une autre [...] Suite à l'ouragan Andrew, les très jeunes enfants jouèrent au Pont de Londres ... encore et encore... Le jeu est l'un des rares outils qui permettent aux petits d'exprimer ce qu'ils ressentent [...] Au lendemain du séisme de Northridge [...] des enfants à la maternelle [...] édifiaient de hautes tours sur la table, qu'ils secouaient ensuite pour les faire tomber[23].

À moindre échelle, partout dans le monde, les enfants se livrent à des jeux du même ordre. La plupart se sentent spontanément attirés par ceux qui les aident à passer outre leurs grandes et leurs petites contrariétés ; de la même manière qu'un adulte prend plaisir à confier à un ami ce qui ne va pas. Quand

---

22. Brian Sutton-Smith et Shirley Sutton-Smith, *How to Play with Your Child* (New York, Hawthorne Press, 1974).
23. Barbara Brooks et Paula Siegel, *The Scared Child : Helping Kids Overcome Traumatic Events* (New York, Wiley, 1996), pp. 28, 75.

un enfant se débat avec des choses difficiles, il est possible de lui redonner confiance en jouant avec lui.

Mettons que vous craigniez que les disputes à répétition au sein de votre couple ne perturbent votre enfant. Mais ce dernier n'a aucune envie d'en parler, et vous ne savez pas trop comment aborder le sujet. La prochaine fois que vous jouerez à la maison de poupées, vous pourrez vous arranger pour que le papa et la maman se lancent dans une querelle idiote. Vous donnerez ainsi à votre enfant l'occasion de rebondir sur le sujet ou de l'ignorer ; selon son désir. Elle peut se saisir d'une autre poupée qui dira aux parents de se calmer ou elle peut dire qu'elle s'enfuit de chez elle, ou faire autre chose qui évoque ce qu'elle ressent. À un enfant plus âgé, exclu par ses camarades, vous proposerez : « On dirait qu'on fonde un club et que les autres poupées veulent en faire partie. » Quoi que ce soit qui pose problème à l'enfant ; en faire le prétexte d'un jeu lui sera d'un grand secours.

Dans un excellent livre sur les tout-petits, Alicia Lieberman remarque que le jeu « offre à l'enfant un espace de sécurité où il peut se livrer à sa guise à des expériences en échappant pour un temps aux contraintes de la réalité physique et sociale ». L'enfant qui joue (secondé au besoin par ses parents) a l'opportunité de donner une fin heureuse à une histoire ou d'en devenir le héros. « Il s'en rend maître au lieu de se cantonner dans le rôle de simple sujet[24]. »

Lieberman donne l'exemple de Cecelie, quinze mois, contrariée par l'absence de ses parents, de sortie un soir, malgré la présence d'une baby-sitter qu'elle aimait bien. Cecelie lui demanda de jouer à cache-cache toute la soirée. S'amuser avec la notion de disparition et de retour lui permit de ne pas perdre de vue que ses parents reviendraient bientôt. Lieberman évoque par ailleurs le cas emblématique d'un garçon de vingt mois, troublé

24. Alicia Lieberman, *La Vie émotionnelle du tout-petit* (Paris, O. Jacob, 1997).

d'apprendre que les filles n'ont pas de pénis, au point de masquer le sien à l'aide d'une tasse, le temps de calmer son angoisse de le perdre.

Il y a des choses prévisibles et inévitables qui arrivent à tous les enfants. Si elles ne méritent pas qu'on les qualifie de traumatismes, elles n'en restent pas moins douloureuses et minent la confiance d'un petit. La perte d'un ami, la trahison d'un secret ou les taquineries n'en constituent que quelques exemples. En tant que parents, nous voudrions plus que tout épargner à nos enfants ces pénibles leçons – ou du moins les rendre aptes à les encaisser. Nous savons que les sermons ne servent pas à grand-chose, mais nous leur en infligeons quand même, au cas où, et parce que nous ne trouvons rien de mieux. Une approche ludique se révèle toutefois bien plus utile.

Prenons l'exemple d'un secret à garder – une mission délicate pour la plupart des enfants (et des adultes, d'ailleurs). Emma et Ted étaient sur la banquette arrière. Ils avaient neuf ans tous les deux et étaient amis depuis la petite section. Ted glissa à Emma : « Tu veux que je te raconte un secret ? C'est quelque chose qu'Eric m'a dit et il m'a fait promettre de ne pas le répéter.

– Hum… d'accord.

– Mais tu ne dois pas le répéter, sinon Eric va me tuer ! »

À ce stade de la conversation, je jugeai bon d'intervenir, pressentant, mieux que ma fille et son camarade la catastrophe qui se profilait. Résistant malgré tout à la tentation d'une dissertation sur les secrets, la confiance et l'amitié, je lançai d'un ton léger : « Bientôt, tout le monde connaîtra le secret, vu qu'on ne le répète qu'à ceux qui promettent de ne le dire à personne. » Emma et Ted éclatèrent de rire. Ils voyaient où je voulais en venir. Tenant malgré tout à poursuivre sur un mode ludique, je baissai ma vitre et montrai du doigt un passant en demandant aux petits : « Faut-il que je lui confie un secret, à celui-là ? » Ils gloussèrent en me répondant oui. Je criai en passant ma tête par la portière : « Hé ! Je vais vous confier un secret mais vous devez promettre de ne pas le répéter. » Emma et Ted se tordirent de rire : voilà que je m'adressais à un inconnu en pleine rue ! Bientôt, ils crièrent avec moi à tue-tête : « Vous voulez connaître un secret ? Ne le répétez à personne ! » Ne vous méprenez pas : Emma et Ted – et c'est normal à leur âge – n'en avaient pas fini pour autant avec les secrets : ils continueraient à en trahir, en dépit de leurs promesses. Au moins, ils eurent l'occasion de s'amuser du poids d'un secret à garder. Un fou rire partagé vaut mieux qu'un sermon qui tombe dans l'oreille d'un sourd… ce qui nous amène au principe suivant du parentage ludique : embrayer sur le rire.

5.
Embrayer sur le rire

Selon moi, il n'y a rien d'aussi vulgaire ni d'aussi mal élevé que de rire haut et fort (...) Je ne suis pas d'un naturel mélancolique ou cynique et apprécie et suis en mesure de m'égayer autant que n'importe qui ; pourtant je suis sûr que, depuis que je dispose du plein usage de ma raison, nul ne m'a entendu rire.

Lord Chesterfield, *Lettres à son fils* (1774)

Quoi qu'ait conseillé Lord Chesterfield à son fils, les fous rires partagés restent un pivot du parentage ludique. Un éclat de rire indique au parent désireux de recourir au jeu pour créer de l'attachement et de la confiance, qu'il est sur la bonne voie. Suivre les rires signifie simplement que si quelque chose fait rigoler votre enfant, vous le répétez. Encore, encore et encore. Toutes les formes de rire sont recommandables, mais un fou rire communicatif reste encore le meilleur signe que l'enfant passe un excellent moment.

Dérider un enfant n'est pas difficile. Il suffit de faire des grimaces devant un nourrisson, de poursuivre un petit de deux ans et de trébucher au dernier moment en le laissant filer, ou de prendre la fuite devant un enfant de six ans, en geignant quand il vous rattrape : « Oh non ! Je ne peux pas croire que tu m'aies eu ! » Vous pouvez aussi entamer une bataille de polochons en lançant un coussin sur votre fils de dix ans ou enfiler vêtements et bijoux de votre fille adolescente, en vous coiffant comme elle, et en revêtant l'ensemble qui vous énerve le plus. Vous verrez qu'elle ne tardera pas à détacher les yeux de la télé pour les fixer sur vous.

Un adulte qui exagère ou en rajoute fait rire un enfant à tous les coups ou presque. Faire l'idiot marche aussi très bien. Si vous voulez amuser un petit, ne parlez pas avec votre voix usuelle si vous pouvez faire une voix de clown, voire pas du tout si vous pouvez chanter. Ne restez pas debout quand vous pouvez tomber à la renverse. Grimaces et chutes sont des incontournables du déclenchement des fous rires, surtout chez les plus jeunes. Si cela vous gêne de vous donner en spectacle, prenez un animal en peluche ou une poupée et faites-lui dire des bêtises en prenant une voix loufoque.

Plus les enfants grandissent, plus ils donnent de fil à retordre au département des fous rires. Une grimace ou une chute ne suffisent pas toujours. Il serait malgré tout dommage de ne pas essayer. Le jeu en vaut la chandelle, même si l'enfant lève les yeux au ciel plutôt que d'éclater de rire. Vous pouvez aussi prendre des attitudes exagérées ou blaguer. Comme la plupart des enfants s'efforcent de ne plus pleurer au-delà d'un certain âge ou s'en veulent quand ils craquent, je les amuse souvent en feignant de sangloter – en particulier quand ils me frappent ou m'insultent. « Ouin ! Je dirai à ma maman que tu m'as traité de chauve ! »

Les réactions inattendues comptent au nombre des procédés comiques les plus élémentaires, au théâtre comme à la maison. Au lieu d'ordonner pour la dixième fois à votre fille de ranger sa chambre, je vous recommande d'entrer en coup de vent en lui criant « Le pouvoir aux filles ! » avant de lui chanter une chanson des Spice Girls (sans omettre la chorégraphie, bien entendu). Si elle ne rit pas de bon cœur, au moins, elle cédera : « C'est bon ! Je range ma chambre mais ne recommence plus jamais ça ! »

Les batailles de polochons aussi ont prouvé leur efficacité, encore qu'elles risquent de tourner à l'épreuve de force avec les plus âgés. À partir de quatre ou cinq ans, beaucoup d'enfants aiment le jeu des chaussettes : chacun tente d'ôter aux autres les leurs, tout en gardant les siennes. S'il est amusant d'y jouer à deux, plus on est de fous, plus on rit.

Cela vaut la peine de tâtonner un peu avant de découvrir ce qui amuse tel ou tel enfant. Tous les comiques affrontent un jour ou l'autre un public réticent ou font un flop. En cas de difficulté, il peut être utile de forcer son entrain, de se déchaîner plus que d'ordinaire. Rappelez-vous que l'humour trop subtil ou intello échappe aux jeunes enfants, plus susceptibles de se tordre de rire aux mots « prout » ou « caca boudin ». (Certains d'entre nous, les adultes, n'ont heureusement aucun mal à rester à leur niveau.)

Il y a des enfants qui, même très jeunes, apprécient un humour raffiné. L'essentiel, c'est de bien connaître le vôtre. Partager ses lectures vous permettra de découvrir ce qui le fait rire.

Si, comme beaucoup, il regarde la télé, vous n'aurez qu'à vous installer près de lui pour savoir quelles émissions il suit, quel impact elles exercent sur lui. Libre à vous ensuite de lancer des plaisanteries à partir de là. Un jour, je regardais des dessins animés chez des amis avec leur fille de quatre ans. À chaque pub, elle s'écriait : « J'en veux un ! » Je ne tardai pas à renchérir en m'exclamant : « J'en veux deux ! » Entre nous, c'était à qui revendiquerait le plus fort son désir de jouets. Je lui promis de lui acheter tout ce dont elle rêvait et réciproquement. Nous avons beaucoup ri – et plus pendant les pubs que les dessins animés.

Demander à un enfant de vous faire rire vous donnera une bonne idée de ce que lui trouve drôle. L'un de mes jeux favoris consiste à s'efforcer de ne pas rire. C'est quasiment impossible. Autant s'efforcer de ne pas penser à un éléphant ! Le plus simple reste de se dévisager mutuellement : le premier qui sourit ou rit – tout dépend des règles – a perdu. Un autre jeu intitulé « le jour solennel » suppose de déclarer, chacun son tour : « Aujourd'hui est un jour particulièrement solennel et sérieux » en gardant un visage impassible. Bonne chance !

Je parierais que mes conseils sur l'art et la manière de provoquer le rire ne vous ont pas appris grand-chose. Tout le monde sait comment dérider un enfant. Si je l'explique quand même, c'est parce que nous oublions souvent l'importance du rire. Nous la perdons de vue ou nous montrons d'un terrible sérieux, en particulier face à un enfant casse-pieds, agressif, peu coopératif ou têtu, qui use notre patience et sape notre bonne humeur. Le stress ne nous aide pas non plus. Pourtant, ce sont précisément dans ces conditions que le parentage ludique s'avère le plus utile.

A priori, associer le rire au jeu tombe sous le sens. Il est amusant de jouer or, quand on s'amuse, naturellement, on rit. Il existe toutefois un lien profond entre le rire et les fonctions les plus essentielles (et les moins évidentes) du jeu. Le rire peut indiquer que le courant passe entre deux personnes, qu'un défi a été relevé ou qu'un enfant cesse de se sentir malheureux ou blessé. C'est en riant franchement, avec des rires qui viennent du ventre, qu'enfants et adultes se libèrent de leurs peurs, de leur gêne et de leur angoisse. En embrayant sur le rire, bien des parents parviendront à dédramatiser un conflit ou relâcher la tension.

Avant de passer à la suite : un avertissement ! Bien que les chatouilles déclenchent les rires, si cela signifie de le retenir prisonnier pour le faire contre son gré, cela n'atteindra pas le but recherché. Il se peut qu'il rie mais ces rires-là ne comptent pas parce qu'ils sont associés au sentiment d'impuissance. Trop souvent, les chatouilles tournent au rapport de force où le plus costaud l'emporte. Rien à voir avec les guili-guili sous le menton d'un bébé ou le jeu où vous ou votre enfant vous efforcez de garder votre sérieux alors que l'autre le chatouille. Beaucoup d'hommes aiment chatouiller leur enfant en le bloquant contre eux, parce que lorsqu'ils étaient jeunes, c'étaient les seuls jeux qui autorisaient à un contact physique proche sans violence.

Rire ensemble

Partager un éclat de rire avec un enfant constitue un moyen simple d'entrer en contact avec lui. Le rire rapproche. Mon amie Margaret, originaire de Nouvelle-Zélande, éclate de rire en guise de bonjour – une manière pour elle de combler le fossé creusé par nos différences de culture et le temps écoulé depuis notre dernière rencontre. Rire aide le courant à passer or le courant qui passe favorise le rire. Autrement dit : le rire fournit la clé de la forteresse de l'isolement. L'incapacité d'un enfant à prendre la vie avec humour et s'en amuser trahit d'ailleurs un état dépressif.

J'ai déjà parlé du jeu qui consiste à se dévisager mutuellement en guettant un sourire : il associe au rire un contact visuel – deux de mes moyens favoris d'entrer en relation. Un autre jeu intitulé *la tragique scène d'agonie shakespearienne* associe rire et contact physique. Quand un enfant fait semblant de vous abattre avec son arme en plastique, vous frappe ou vous tire sa langue en criant : « Je te déteste ! Tu pues ! », il suffit de porter une main à votre cœur et de vous écrouler – sur l'enfant, tel un mauvais tragédien qui en fait des tonnes. Votre chute le déridera. Sans compter que tomber sur lui (sans lui faire mal, attention !) provoquera du contact physique et plus encore de rires.

Je connais un autre jeu inspiré de Shakespeare : Titania, la reine des fées du Songe d'une nuit d'été, reçoit un philtre d'amour qui la pousse à s'éprendre follement de la première créature qu'elle aperçoit, aussi monstrueuse soit-elle. C'est exactement ce dont les enfants ont besoin : ils se sentent monstrueux parfois, et ils ont besoin de se sentir aimés, quoi qu'ils disent ou fassent. Quand nous nous engageons dans le jeu selon leurs codes, ils peuvent ôter leur masque de monstre et retrouver le contact avec leur moi véritable, coopératif et joyeux. Leur chanter des chansons d'amour à la noix, les inonder de compliments niais sous forme de poésie, les amuse donc beaucoup. Surtout quand on s'agenouille à leurs pieds en prenant un air désespéré. Oui, je sais, ça semble terriblement embarrassant et indigne de vous, mais qui a dit qu'éduquer un enfant s'apparentait à prendre le thé à Buckingham Palace ? J'aime jouer au philtre d'amour avec un petit qui tente de se montrer grossier – comme lorsqu'il ouvre grand la bouche en mangeant ou répète des jurons. « Oh mon chéri ! Je n'avais encore rien vu d'aussi beau ! Tu permets que je sorte mon carnet de croquis pour immortaliser la scène ? » Parfois, simplement dire « merci » à un enfant qui vous insulte suffit à déclencher un rire. Je me souviens encore de ma nièce Sarah (sept ans) disant à sa mère : « J'ai traité Larry de zarbi et il m'a dit merci. C'est trop zarbi ! » Là-dessus, elle courut vers moi en riant et me répéta qu'elle me trouvait décidément zarbi.

Il est toujours amusant de faire semblant de se battre avec un autre adulte pour un enfant. « J'ai la tête ! » « Ha ! moi, j'ai les pieds : le meilleur morceau. » « Non, il est à moi tout entier. Je l'aime tant ! » Une empoignade de ce genre constitue un autre exemple de jeu alliant la proximité physique au rire – et démonstrations d'affection disproportionnées. Curieusement, quel que soit l'amour que nous leur portons, nos enfants se sentent souvent mal aimés voire indignes d'amour.

Peut-être pas en permanence ou au point que cela les anéantisse mais tous les enfants le ressentent à certains moments et à un certain degré. Des déclarations d'amour et d'affection comiquement exagérées donnent l'occasion à chaque membre de la famille d'exprimer les sentiments profonds qui les attachent les uns aux autres. C'est un bon moyen de remplir le réservoir, la niaiserie de notre attitude incitant à baisser la garde.

En groupe, les enfants vont souvent s'écrouler de rires par vagues, et voguer sur de véritables tempêtes de rires. Pour des raisons qui leur appartiennent, les adultes en parlent comme de rires contagieux ; comme s'ils craignaient de l'attraper. Ce sont pourtant des moments à chérir particulièrement : ils créent des liens forts entre les enfants – et avec nous, pour peu que nous partagions leur hilarité. Il y a loin entre cette magnifique joie communicative d'un groupe et les moqueries qui prennent pour cible un marginal ou un bouc émissaire.

Le premier est facteur d'inclusion, tout le monde se sent le bienvenu au sein de la bande. Dans le second, le rire devient une arme de rejet et d'exclusion. De la même manière, l'imitation marrante d'un enfant attire les rires, mais peut être d'un autre côté une taquinerie méchante et blessante dont la victime fait les frais. Nous avons tous vu des enfants reproduire les mimiques les uns des autres pour rire ou, à l'inverse, dans une intention moqueuse. Une imitation empreinte de tact peut être un merveilleux moyen de tisser du lien. Mais une singerie mesquine dressera des barrières. Vous pouvez deviner ce qui se passe en observant l'enfant – qui s'en amuse ou pas. Copier l'attitude d'un enfant pour l'énerver ou lui donner une leçon n'est pas une bonne idée. En revanche, vous pouvez le faire pour vous rapprocher, pour vous mettre sur la même longueur d'onde et suivre le chemin qu'il indique, pour exprimer votre profond désir d'être proche de lui et rire ensemble.

Déverrouiller la forteresse de l'impuissance

Il arrive aux enfants de rire parce qu'ils ont relevé un défi (gravir une montagne ou rouler à vélo sans stabilisateurs) ou qu'ils ont eu un peu peur mais pas trop. Ils s'amusent aussi de réactions qui leur semblent un peu rudes, quoique sans méchanceté. Comme nous, ils rient parfois à contretemps : à un enterrement, en voyant quelqu'un tomber dans la rue et se blesser ou au cours d'une conférence sur les crimes de guerre. Il s'agit là d'une réaction naturelle : un moyen de relâcher la tension liée à la peur ou l'embarras. S'il est impératif de veiller à ne heurter aucune sensibilité (nul n'apprécie que l'on se moque de lui ou de ce qu'il tient pour sacré), il est nécessaire de comprendre la nature des émotions chez l'homme. Le rire nous libère spontanément d'émotions fortes, même dans un contexte qui n'a rien de drôle. Quand Charlie Chaplin trébuche et atterrit sur les fesses, la mine chagrine, nous éclatons de rire. C'est humain. Un enfant que nous inviterons à rire de nous se montrera moins enclin à se moquer sans pitié d'autrui. Il n'est donc pas mauvais de perdre l'équilibre devant lui en geignant : « Ouin ! »

Le parentage ludique aide les enfants à exprimer leurs émotions de manière à ce que ce ne soit blessant pour personne. Il suffit pour cela de passer un peu de temps à partager leurs fous rires et d'appliquer certaines techniques spécifiques. Par exemple, pour soulager un enfant de ses peurs, vous pouvez jouer « comme si » vous étiez celui qui est terrifié, en exagérant vraiment. En restant très attentif bien sûr à ce qu'il ne se sente ni moqué ni humilié. Pour cela, mieux vaut ne pas se calquer exactement sur son attitude mais en exprimer l'idée générale en grossissant le trait.

En présence d'un enfant craintif d'une dizaine d'années, je fais d'ordinaire semblant de prendre peur d'un rien. Et quand je dis « un rien », ce ne sont pas des paroles en l'air : un crayon, la lettre Q, une ampoule électrique ; n'importe quoi que j'aperçois auprès de nous. S'il me demande l'heure, je lui réponds que je ne sais pas, parce que j'appréhende de consulter ma montre. Il trouve cela tout à fait hystérique. Un tel jeu lui permet de prendre du recul par rapport à sa peur, de s'en distancier au point de s'en libérer par le rire.

On peut aussi passer exprès pour un incapable en pourchassant un enfant qu'on laissera s'échapper au dernier moment. Le jeu le divertira encore plus à condition de feindre la stupéfaction ou l'ahurissement. « Comment as-tu réussi à m'échapper ? Je t'avais pourtant eu ! Tu ne t'en sortiras pas, cette fois. » Bien entendu, on le laissera filer de plus belle, à moins qu'il ne s'amuse encore plus quand on l'attrape pour le laisser aussitôt se libérer, comme par hasard.

Qu'y a-t-il de si drôle là-dedans ? Les prétentions injustifiées de l'adulte le font passer pour un imbécile, ce qui est déjà drôle en soi. L'enfant s'en amuse toutefois d'autant plus qu'il en tire un sentiment de puissance. Les enfants tentent souvent de s'humilier les uns les autres, de faire en sorte que ce soit l'autre et non eux qui se sente idiot, nul, démuni, impuissant. Ça se termine d'ordinaire en fureurs et disputes. Personne n'y gagne quand un enfant cherche à se mettre en valeur aux dépens d'un autre. C'est une raison supplémentaire pour que les adultes prennent part à ce type de jeux – pour éviter que les enfants ne s'y amusent au détriment les uns des autres.

Opposer une résistance croissante à l'enfant tout en le laissant s'échapper à la fin revient à jouer sur la limite que lui a permis d'atteindre son développement – limite qui est en général source d'amusement. Je m'explique : l'enfant s'amuse le plus quand on a trouvé le juste milieu entre un défi trop facile ou trop ardu. Un film sur les étapes du développement de l'enfant projeté pendant mes études illustre à merveille ce principe : un psychologue présentait une grande poupée aux yeux bandés à des enfants de différents âges. Puis il leur demandait : « L'enfant est-il facile ou dur à voir ? » Les plus jeunes répondaient d'un air on ne peut plus sérieux : « C'est dur de voir. » La stupidité de la question irritait les plus âgés qui affirmaient : « C'est facile. » À un certain âge, en revanche – celui où ils parvenaient tout juste à saisir l'ambiguïté de la formulation – les enfants riaient à n'en plus finir. De même, lorsqu'on montre à un nourrisson d'un certain âge une fourchette qu'on lui masque un instant avant de brandir une cuiller, il prend un air étonné mais ravi et réclame qu'on recommence. Trop jeune, il se contente de tendre la main vers le couvert en babillant. Trop âgé, il regarde de travers l'auteur de la farce, d'un air de dire : « Tu cherches à m'embobiner ou quoi ? »

Quelques années plus tard, un enfant s'aperçoit que certains mots ont le don de mettre dans tous leurs états les grandes personnes. Vous obtiendrez de grands éclats de rire juste en les prononçant ou en exagérant une mine horrifiée dès que vous les entendez. Inutile de préciser à quels termes je songe. Si les véritables jurons vous déplaisent, rien ne vous empêche d'inventer quelques mots que vous frapperez d'interdit et qui vous permettront de jouer à arborer un air consterné des plus comiques dès qu'ils sont prononcés.

Grandissons encore de quelques années. Je déclenche l'hilarité des élèves de maternelle ou qui viennent d'entrer en primaire en prétendant vouloir épouser Barbie ou Barney le dinosaure. Un jeu tournant autour des thèmes qui préoccupent le plus l'enfant, à telle ou telle étape de sa croissance, l'amusera toujours énormément. Nous-mêmes ne dépassons jamais tout à fait certains stades dans notre appréhension du monde. Prenez la magie : elle met en scène les notions psychologiques de base que sont la réversibilité, la permanence de l'objet et la consistance de l'objet. Il est possible de défaire un nœud mais pas de ressouder une ficelle coupée. Faire un nœud est une action réversible, couper une ficelle ne l'est pas. Voilà pourquoi les illusionnistes nous amusent en défiant les lois de la physique. En vertu du principe de permanence de l'objet, un foulard ne devrait pas se transformer en colombe. Pas plus qu'un objet masqué par un gobelet n'est censé disparaître. Nous l'avons appris dès notre enfance, pourtant les tours de passe-passe continuent de nous enchanter, car ils touchent aux limites de notre intelligence du monde.

Détendre l'atmosphère

Plutôt que de dire à un enfant qui me tape sur les nerfs : « Si tu continues, je t'envoie dans ta chambre ! » ou quelque chose comme ça, je lui adresse en général une menace risible, afin de dédramatiser la situation et d'en faire un jeu. En cas de succès, je me sens dans la peau d'un alchimiste qui vient de transmuer le plomb en or. Voici quelques exemples de menaces idiotes : « Si tu recommences, je me verse un verre d'eau sur la tête. » J'attrape un verre, le remplis et le brandis au-dessus de moi. Fou rire garanti ! Bien sûr : pas question de mettre ma menace à exécution, même si l'enfant m'y incite. « Vas-y ! allez ! » L'essentiel, c'est qu'un changement d'atmosphère survienne : l'enfant s'amuse désormais avec moi au lieu que la moutarde nous monte au nez à tous les deux et que nous engagions un bras de fer.

Attention ! La menace ne doit en aucun cas être sérieuse. Les menaces réelles et les discours dictés par la colère n'aboutissent qu'à une impasse : ils effrayent les enfants, qui se fermeront alors à coup sûr. À l'inverse, les pseudo-menaces comiques (en particulier qui se retournent contre vous) libèrent la tension. Il est dès lors plus probable que l'enfant coopère. Une authentique menace signifie : je t'en veux, c'est de ta faute et tu ferais mieux de revoir ta position. Il en résulte en général un conflit : l'enfant campe sur la défensive. Une menace pour rire laisse au contraire entendre : « Ce qui se passe entre nous tout de suite ne m'enchante pas et je tiens à dénouer ça. » La tension se relâche. L'enfant vous sent prêt à faire le premier pas : il ne manquera pas d'aller dans votre sens. Beaucoup de parents protestent : « Je ne me sens pas d'humeur joueuse quand je suis furieux/se. » Eh bien, si vous êtes trop furieux pour jouer ce petit jeu, vous êtes probablement aussi trop furieux pour proférer de réelles menaces. Ce n'est pas dans les moments de colère que nous remplissons au mieux notre rôle de parent. Autant se détendre un peu d'abord ! Pourquoi ne pas marquer une pause, le temps de vous calmer ? (Et qui sait si verser de l'eau sur votre tête ne vous aiderait pas, après tout ?)

Je ne connais rien de mieux pour transformer une situation tendue en jeu que d'adopter un ton faussement outragé. Personnellement, cela m'aide de faire semblant de crier quand l'envie me vient de hurler pour de bon. Il existe une nuance subtile mais essentielle entre un cri de rage authentique ou feint. Le premier effraye l'enfant et ne nous aide pas à nous sentir mieux, bien au contraire ! Alors que le second égaye l'enfant en le rapprochant de nous. Comme il m'est difficile d'expliquer sur le papier à quoi ressemble un tel cri, je vous invite à hurler pour rire en forçant le trait, sans pour autant essayer de faire peur.

Se rabibocher en jouant l'idiot

Au cas où vous n'auriez pas réussi à éviter un conflit, sachez que le rire facilite la réconciliation. Souvent, c'est l'adulte qui ne veut pas renoncer à la confrontation. Nous attendons de l'enfant des excuses et un repentir sincères, avant de consentir à lui tendre la main. Nous ne voulons surtout pas rire, de crainte qu'il n'y voie une récompense à sa désobéissance. Pourtant, rire, c'est guérir. Je vous rappelle que la plupart des difficultés entre parents et enfants viennent d'une carence d'attachement. La solution ne peut donc se trouver qu'en donnant davantage de contact, en renforçant le lien d'attachement. Punir, comme nous le verrons dans un chapitre ultérieur, entérine le ressentiment. À l'inverse, le rire est un formidable moyen de libérer les émotions pénibles et d'amener parents et enfants à se retrouver.

Faire l'idiot – plus facile pour certains que pour d'autres – contribue également à alléger une atmosphère tendue. Un jour, j'empruntai un escalier à la suite de deux élèves de primaire. Le plus grand appuyait sur le sac à dos de l'autre d'une manière particulièrement agaçante. Il avait beau juger cela drôle, son petit camarade s'énervait de plus en plus. Ce dernier se trouvait face à un cruel dilemme : ravaler sa contrariété ou se lancer dans un affrontement dont il ne sortirait pas vainqueur. Je dis au grand d'un ton plat et posé, très terre à terre : « J'ai l'impression que ton petit jeu ne l'amuse pas autant que toi. » Il s'arrêta. Je savais pertinemment qu'il n'avait pas l'intention d'amuser l'autre. Jouer l'imbécile plutôt que de le gronder l'incita à prendre du recul par rapport à son attitude en tenant compte de la réaction de son camarade. Quant à lui, j'avais pris sa défense sans fournir à son aîné de prétexte pour le traiter par la suite de rapporteur ; ce qui eût été le cas si j'avais conduit l'agresseur au bureau du directeur.

Quand je vois un enfant en houspiller un autre, je m'adresse à sa victime, en compatissant naïvement : « Ouh ! Ça doit faire mal. Comment tu te venges, dans ces cas-là ? » Elle ne sait pas toujours quoi répondre mais une lueur d'espoir s'allume chaque fois dans ses yeux. Il m'arrive aussi de lancer au tortionnaire, d'un ton enjoué : « Rudement méchant de ta part ! Et qu'est-ce qui va se passer maintenant ? » Inutile de se montrer pesant et de sermonner : ce que je dirais entrerait par une oreille et sortirait par l'autre. Jouer à l'idiot du village prend les enfants au dépourvu ; ils s'interrompent alors pour réfléchir. Et, en général, ils finissent par en rire plutôt que d'escalader dans la violence ou de s'enferrer dans ce conflit.

Perdre sa dignité pour trouver son enfant

Les enfants se sentent souvent stupides ; qu'ils l'admettent ou pas. Aussi aspirent-ils à ce que, pour une fois, ce soit quelqu'un d'autre qui ait l'air idiot. L'une de mes méthodes favorites pour atteindre un enfant consiste à me départir de ma dignité. Mon attitude le place en position de force et lui permet de panser ses plaies d'amour-propre. Rien n'amuse plus les enfants que de me voir jouer au demeuré. (Les adultes aussi rient de bon cœur.) Pour cela, je chante des chansons idiotes, tombe à la renverse, danse et, dans l'ensemble, me couvre de ridicule. Il m'a fallu beaucoup d'entraînement avant de devenir un expert en bafouement de ma propre dignité.

Mais voici plutôt un exemple : un jour, je jouais avec un garçon de six ans qui m'annonça qu'il serait Luke Skywalker et moi, Dark Vador. Pourquoi pas ! Avant d'entamer le jeu, il changea toutefois d'avis. « On dirait que je suis Peter Pan et toi, le capitaine Crochet. Ou plutôt non ! Attends ! Je serai Superman et toi, Lex Luthor. » Selon moi, il cherchait à se donner le bon rôle du « gentil » pour se sentir tout-puissant. Puis il m'ordonnait de camper un « méchant » mais, face à moi, il se sentait menacé. Il changeait donc de personnage. Évidemment, le même problème refaisait surface, retardant indéfiniment le début du jeu. Bien qu'il voulût surmonter ses peurs en jouant au super héros, il redoutait trop l'affrontement.

Autrement dit : si l'on se figure le jeu comme un véhicule capable de guérir des peurs, le nôtre s'embourbait dans une ornière. Dans ces cas-là, d'ordinaire, l'adulte perd patience et la partie finit en queue de poisson. Je tentai pour ma part de sauver la situation en combinant tous mes rôles en un seul, afin que le garçon cesse de passer de l'un à l'autre. Et pour répondre à son enjeu de puissance et d'impuissance, je redoublai en outre de maladresse et d'incompétence. Un enfant qui tient le rôle du gentil n'a pas envie que le méchant soit trop fort. Je me mis à chanter : « C'est moi le capitaine Lex Vador Crochet. Je suis le méchant le plus bête du monde… » Je laissais clairement entendre que, quels que soient mes pouvoirs, et peu importe le personnage, j'essayerais bien sûr d'avoir le dessus, mais ce serait toujours lui qui gagnerait. Je me vantais autant que les trois méchants réunis, sans pour autant leur arriver à la cheville. Le garçon prit tant de plaisir à notre jeu qu'il voulut le recommencer pendant des mois à chaque fois que nous étions ensemble. La deuxième ou troisième fois, il inventa pour moi une chanson qui me descendait encore d'un cran dans ma dignité : « C'est moi, le capitaine Lex Vador Crochet ! Pipi caca, j'aime ça ! » Je la chantais et nous éclations tous deux de rire. Je me prétendais horriblement humilié ; lui se sentait comme le roi de la terre.

J'ai bien conscience de demander beaucoup à mes lecteurs en les incitant à se départir de leur dignité. Nombre d'entre nous ont déjà du mal rien qu'à se détendre. On attend de nous du sérieux dans notre travail et dans à peu près n'importe quel autre domaine, mais nos enfants ne demandent qu'à nous voir nous dérider et s'amuser avec eux. À un adulte qui ne sait comment tirer du plaisir de son temps de jeu avec des enfants, je demande en général : « En termes de comportement loufoque, quel serait le pire à faire pour vous ? Le ciel vous tomberait-il alors sur la tête ? »

Harville Hendrix, le fameux spécialiste des relations amoureuses, recommande aux couples de se placer l'un en face de l'autre, de décoller les talons du sol et de se balancer délicatement d'avant en arrière sur la pointe des pieds, en poussant chacun son tour un « ha ! » d'une voix chaleureuse jusqu'à ce qu'un fou rire se déclenche. L'idée fondamentale d'Hendrix est que « le plaisir à haute énergie en face à face » est sans comparaison pour rétablir la connexion. À observer de nombreux adultes, il semblerait qu'il n'existe qu'une seule et unique manière de s'amuser face à face (je n'en dirai pas plus dans un livre qui s'adresse aux familles). Les enfants en connaissent pourtant bien d'autres. Ils ont beaucoup à nous apprendre. À nous de suivre leur exemple !

Cosby Rogers et Janet Sawyers affirment que « les jeux des adultes (tels que le bridge, le tennis ou la pêche) ont à juste titre été qualifiés de […] pas drôles, dépourvus de spontanéité ; d'un sérieux mortel – ils manquent de recul et il faut à tout prix en suivre les règles[25] ». Jouer comme un enfant revient à se prendre les pieds dans le tapis. À cafouiller, gaffer. À ne pas comprendre pourquoi le cube ne passe pas par le trou rond. Il serait dommage que la crainte du ridicule vous arrête. Je vous encourage à en faire des tonnes, chanter, vous vautrer, faire le foufou. L'idée est de se détendre et d'essayer de passer un bon moment.

Changer de vitesse à l'issue d'une journée de travail n'est pas évident pour la plupart d'entre nous qui exerçons notre profession hors de notre domicile. La plupart des métiers sont pauvres en section rigolade. Le même problème se pose après le ménage, les courses ou les soins aux enfants. Ce n'est pas évident de se

25. Cosby Rogers et Janet Sawyers, *Play in the Lives of Children* (Washington, D. C., NAEYC, 1988), p. 81

réserver du temps pour s'amuser. Les détentes favorites des adultes – regarder la télé, boire un verre ou piquer un somme – ne rentrent pas dans le cadre du parentage ludique et ne prennent pas en compte les besoins des enfants. Les parents ont certes leurs propres besoins à satisfaire mais il y a quelque chose qui cloche s'ils ne considèrent leurs enfants que comme un souci de plus après une journée de travail. Un temps de défoulement en famille où tout le monde attrapera le fou rire devrait contenter les besoins de tous. Le père ou la mère qui se tue à la tâche trouvera là l'occasion de souffler, et l'enfant un moment pour dire ses difficultés en jouant. Le sentiment d'attachement de chacun sera nourri et le courant passera dès lors d'autant mieux entre les générations.

Être parent est un métier difficile, et être malheureux le rend encore plus dur. Si de nombreux parents sont un peu rigides, quelques-uns souffrent réellement de dépression. Un parent dépressif a évidemment plus de mal encore qu'un autre à embrayer sur le rire ou à recourir à l'humour pour dédramatiser une situation. Il vous reste à peine assez d'énergie pour parer au nécessaire, plus du tout pour vous amuser et jouer. Peut-être que vous ne réalisez même pas que vous n'êtes pas heureux et n'en prendrez-vous conscience qu'en cherchant à partager les fous rires de vos enfants et en vous en découvrant tout à fait incapable. Si les propositions que je fais dans ce chapitre vous paraissent hors de votre portée, il est temps de vous confronter sans détour à vos sentiments profonds – en vous livrant à l'introspection, en discutant avec d'autres parents ou en vous tournant vers un professionnel. Vos enfants sauront se montrer compréhensifs et patients mais ils tiennent à tout prix à ce que vous retrouviez le sourire.

Du rire aux larmes : quand un jeu agréable déclenche des émotions pénibles

Ma fille, cinq ans, jouait un jour avec notre ami Tim. Ce dernier n'ayant pas d'enfant, Emma vit en lui de la viande fraîche, un adulte qui pourrait vouloir jouer vraiment. Elle dessinait des labyrinthes pour lui, et il devait essayer de trouver la sortie. Ils s'amusaient beaucoup. Mais quand Tim fit à son tour un labyrinthe pour elle, et que la solution lui résista, elle se sentit frustrée. Sentiment qui augmenta encore quand il proposa de l'aider. Elle dit « je te déteste » entre autres amabilités avant de s'enfuir. Elle reparut un peu plus tard, de bonne humeur et prête à reprendre le jeu, mais ce n'était pas le cas de Tim. Elle parut étonnée qu'il lui tienne rigueur de sa réaction de rejet pour le moins vive.

Les enfants surestiment parfois la capacité d'un adulte à encaisser leurs débordements, surtout s'il a pris le temps de jouer avec eux. Les brusques sautes d'humeur d'Emma, capable de passer sans transition du fou rire à une explosion de colère puis à un charmant sourire, décontenançaient Tim. Je leur suggérai de commencer par rétablir le contact en se serrant la main, en se racontant une plaisanterie ou en décidant de redevenir amis. Emma me tira la langue, affirma qu'elle me détestait, et se retrancha dans sa chambre.

Sa mère, Tim et moi discutions dans la cuisine quand elle nous rejoignit, tout sourire, pour nous proposer un jeu. Aucun d'entre nous n'était alors d'humeur à s'amuser : les adultes ont tendance à se sentir personnellement visés par des propos aussi agressifs que ceux de ma fille. Je lui proposai de rétablir le contact d'abord mais elle leva les yeux au ciel et retourna dans sa chambre où nous l'entendions jouer toute seule. « Elle a dépassé son moment de détestation pour nous mais pas nous», commentai-je, ce qui détendit l'atmosphère et nous fit rire. Deux ou trois fois, Emma vint nous proposer un jeu. Je lui suggérai de rétablir le contact au préalable. Elle ne voulut rien savoir et s'en fut. À un moment, je fis mine de la serrer contre moi mais elle hurla et se débattit.

La fois suivante, elle nous montra un bout de carton et une cuiller en plastique, qu'elle nous présenta comme son «carnet de rendez-vous double face» et son crayon. Elle prit place sur le canapé où nous la rejoignîmes. Elle fit semblant d'écrire sur le carton qu'elle me tendit en m'annonçant qu'il contenait un message pour moi. Elle le «lut» tout haut : «Je t'aime, papa, mais je n'ai pas envie d'un câlin.» Je lui demandai la permission de lui répondre. Elle déclara qu'elle rédigerait ma réponse elle-même : «J'ai envie de te câliner mais je t'aime quand même.» Je lui demandai si elle voulait s'adresser à Tim ; ce qu'elle fit. «Je prétends parfois que je te déteste et tu ne sais pas quoi en penser.» En effet, admit Tim. Elle s'empara de son «crayon» et «lut» à Tim : «Je prétends que je ne t'aime pas alors qu'en fait si.» «C'est un carnet de rendez-vous double face formidable que tu as là !» reconnut Tim.

Personne ne rit beaucoup ce jour-là, mais je relate ici l'épisode, car il illustre la rapidité à laquelle se succèdent les émotions au cours d'un jeu. Il arrive qu'au cours d'une partie de chatouilles un enfant se cogne un orteil et que cela déclenche un torrent de larmes. Ou qu'au bout d'une heure à le porter sur votre dos en jouant au cheval, vous n'en puissiez plus, et qu'au lieu de «Merci, papa, c'était génial», vous obteniez une furieuse protestation : «Tu ne joues jamais avec moi, tu as toujours mal au dos.»

Ces brusques passages du rire aux larmes ou aux crises de rage viennent de ce que l'enfant a en lui tout un paquet d'émotions refoulées. Il a maintenu le tout derrière une porte solidement verrouillée. Le jeu ouvre la porte émotionnelle pour laisser passer les rires, et un flot d'autres émotions en profitent pour se déverser. Il est possible qu'une fois qu'il commence à pleurer, il ne s'arrête plus de sitôt. Peu de parents se rendent compte à quel point il est salutaire que l'enfant ait l'occasion de verser une partie des larmes qu'il a refoulées. Nous commettons l'erreur de le réprimander, parce qu'il nous donne l'impression de sangloter pour rien. Mais les émotions anciennes refoulées attendent le moindre prétexte pour sortir de leur cachette, surtout après un long temps de jeu. Si nous parvenons à rester simplement présents auprès de nos enfants pendant qu'ils libèrent leurs tensions, ils émergeront plus heureux de ce moment.

Ce passage du rire aux larmes, à la rage ou à l'agression, bien qu'il déroute les adultes, est tout à fait normal. L'enfant a simplement besoin qu'on le câline (s'il pleure), qu'on l'écoute tranquillement (s'il pique une colère) ou qu'on le tienne doucement mais fermement (s'il se débat au point que quelqu'un risque d'être blessé). Préparé à de telles réactions, vous n'aurez plus qu'à vous détendre en écoutant l'enfant. Dans le cas contraire, le risque est grand qu'il vous rende fou de rage : « Comment oses-tu me parler sur ce ton ? Ça fait une heure que je joue avec toi. Arrête de pleurer. Et cesse de faire le bébé ! » L'enfant ne fond pourtant pas en larmes pour rien, mais à cause de ce qu'il ressent au plus profond de lui. Et l'un des bénéfices annexes les plus importants d'un temps de jeu dans la bonne humeur et les rires est qu'il se sent alors suffisamment en sécurité pour partager avec nous ses émotions jusqu'ici refoulées.

Comme l'enfant passe souvent du rire aux larmes à cause d'une blessure bénigne (ou même imaginaire), les parents se méprennent sur ce qui lui arrive. « Tu ne t'es pas vraiment fait mal », protestent-ils. Certes, leur petit réagit de manière outrée à une écorchure ou un choc anodin : mais c'est là tout l'intérêt ! Il y voit l'occasion d'exprimer des émotions refoulées, alors qu'il se sent proche de ses parents, en sécurité, grâce au fou rire partagé. Peut-être que ces larmes étaient enfermées depuis un moment où il s'était réellement fait mal mais que vous n'étiez pas là pour le serrer contre vous. À présent, il se rattrape en feignant de souffrir pour obtenir un câlin. Peut-être se croit-il tenu de se blesser pour qu'on le prenne dans les bras et le console. Quoi qu'il en soit, inutile de souligner qu'il ne souffre pas vraiment. Il vaut mieux juste lui donner de l'amour, de la tendresse et du réconfort et accueillir avec bienveillance cette décharge d'émotions qui ne se fait que parce qu'il se sent si en sécurité avec vous.

Dans la même situation, d'autres parents réagissent excessivement et mettent fin au jeu. « Ça suffit ! Je t'avais bien dit que tu finirais par te faire mal. » Mais si l'enfant prend le prétexte d'une blessure sans gravité pour libérer ses émotions, le jeu ne présente toutefois aucun danger ; il n'y a donc pas de raison d'y renoncer. Souvent, il suffit de marquer une pause, le temps d'écouter ce que l'enfant souhaite communiquer, avant de reprendre le jeu – d'autant plus amusant que l'enfant s'est enfin libéré du fardeau de ces douloureuses émotions.

L'importance du rire dans le parentage ludique ne signifie pas qu'il faille rire aux éclats pendant le moindre temps de jeu. Il y a des moments de tristesse, de peur ou de solitude, il arrive qu'un enfant soit content mais n'ait pas envie de rire. Embrayer sur le rire n'oblige pas à se mettre en quatre pour dérider l'enfant à tout prix ou l'arracher à son humeur du moment. Il se peut qu'il garde son sérieux alors que tout va bien ; il est inutile, dans ce cas, de le pousser à s'esclaffer. La différence entre un enfant absorbé mais content et un autre renfrogné qui souffre réside dans ce que j'appelle l'investissement. L'enfant s'investit-il dans ce qu'il fait ? Paraît-il concentré, détendu, intéressé ? Ou au contraire il s'ennuie, ne veut pas faire le moindre effort ou se montre excessivement excité ?

Selon Cosby Rogers et Janet Sawyers, quand on cherche à savoir comment se passent les jeux d'un enfant, la première question à se poser, c'est : « L'enfant est-il heureux ? Une étincelle brille-t-elle dans son regard[26] ? » Cette étincelle peut indiquer un éclat de rire sur le point de retentir ou le signe d'un contentement empreint de sérieux ou la satisfaction d'avoir relevé un défi, tel que construire un vaisseau spatial en Lego, coudre des habits pour ses poupées ou rouler à vélo sans stabilisateurs.

Un jeu plein d'entrain qui amène à rire peut mettre en place les conditions de la réussite dans les aspects plus sérieux de la vie, et inversement. À trois ans, Alexandra eut une petite sœur. Après l'idylle des premières semaines, elle prit l'habitude de demander sans arrêt à sa mère, Kristin : « Pourquoi tu la regardes tout le temps ? » d'un ton rancunier et jaloux. Kristin était frustrée qu'aucune de ses explications rationnelles ne semblait avoir d'impact sur sa fille. Agacée par ses questions à répétition, elle lui expliquait pourquoi elle passait tant de temps à surveiller le nouveau-né et demandait à Alexandra si elle se sentait jalouse. En vain. Kristin m'en parlait en prenant avec moi le thé, pendant que ma fille et la sienne couraient d'un bout à l'autre de la maison. À intervalles réguliers, elles déboulaient dans la cuisine en riant.

Dès qu'Alexandra reparut, je l'arrêtai en la prévenant : « Attends ! Je vais te regarder ! » Je me penchai sur son coude puis sa tête (« pour bien te voir de vraiment près ») en écarquillant et en clignant des yeux comme résultat de l'exercice de la regarder si fort. Nous avons beaucoup ri, tous les deux. Ma fille vint assister à la scène. Puis elles repartirent jouer. Alexandra revint peu après me prier de recommencer. Lorsque Kristin ou Emma voulaient me parler, je répondais : « Excusez-moi mais je suis occupé à regarder Alexandra. » Lors de notre visite suivante, Kristin me confia qu'Alexandra avait cessé de lui demander

26. *Ibid.*, p. 119..

pourquoi elle regardait sans arrêt sa sœur : à la place, elle venait lui dire « Regarde-moi » du ton le plus sérieux du monde. Kristin obtempérait. Alexandra se délectait alors de son attention, telle une plante déshydratée qui reçoit enfin à boire. Elle se figeait, la mine grave, jusqu'à ce qu'elle retourne jouer. À mon avis, notre petit jeu, où nous avions « embrayé sur le rire », lui avait donné la liberté d'exprimer franchement, hors du jeu, ce qu'elle attendait de sa mère. Kristin était perturbée par sa question indirecte – pourquoi elle regardait tant le bébé. Mais évidemment, elle avait plaisir à répondre à l'expression directe du besoin de sa fille. À la différence de nombreux aînés, Alexandra n'eut pas à escalader dans ses comportements jusqu'à menacer ou même blesser sa sœur pour que sa mère s'occupe d'elle.

Rit-on suffisamment chez vous ? Dans la cour de récré ? À l'école de votre enfant ? À mon sens, une bonne école est une école où des éclats de rire fusent des couloirs et des salles de classe. Nous oublions souvent que les enfants apprennent mieux quand ils sont heureux. Soucieux d'évaluer à tout prix les élèves, nous ne nous demandons pas s'ils s'épanouissent. De nombreux parents et spécialistes du développement de l'enfant regrettent la disparition du jeu libre et spontané au profit de cours particuliers, de sports de compétition et du temps passé devant la télé. À mon sens, il ne sert à rien de se lamenter : mieux vaut embrayer sur le rire.

6.

Apprendre à jouer à la bagarre

Paul devait faire preuve d'une extraordinaire retenue, quand il jouait avec son frère Patrick [...] Paul fondait sur lui en rugissant, il poussait ensuite un petit cri aigu, s'immobilisait et se contorsionnait, afin de se mettre au niveau de Patrick. Paul bridait sa force pendant près d'un quart d'heure, tandis qu'il luttait contre son cadet.

SHIRLEY STRUM,
à propos de babouins en train de jouer[27]

27. Shirley C. Strum, *Presque humain : voyage chez les babouins* (Paris, Eshel, 1990).

Il suffit que j'aborde les thèmes de ce chapitre – la lutte, la bagarre et les jeux de mains, qu'ils soient simplement l'occasion de se dépenser ou de libérer de l'agressivité – pour que quelqu'un m'interrompe aussitôt. Beaucoup de parents, et surtout de mères, ne veulent pas en démordre : jamais au grand jamais ils ne se lanceront dans une bagarre. Il m'a donc semblé bon de commencer par une invitation : Même si vous ne pensez pas que l'envie puisse vous venir un jour de jouer à la bagarre, ou si à l'inverse, vous estimez qu'il ne vous reste rien à apprendre à ce sujet, je vous invite tout de même à lire ce chapitre. Vous y trouverez des idées utiles que vous pourrez transposer à d'autres activités – et peut-être même changerez-vous d'avis ?

De nombreux animaux (y compris *homo sapiens*) se mesurent les uns aux autres, et ce, pour tout un éventail de raisons. Les enfants luttent et se bagarrent afin de tester leur force physique, de s'amuser mais aussi de contrôler leurs pulsions agressives.

Un jeu bien encadré avec un adulte, impliquant une activité physique, profitera aux garçons comme aux filles, qu'ils soient d'un naturel turbulent ou calme. Les plus actifs, qui se trouveront souvent au cœur de la mêlée à la récré, auront tout intérêt à le vivre d'abord avec quelqu'un qui leur accorde son entière attention et les aide à gérer leurs craintes, leurs hésitations, leurs impulsions, leur colère, etc. C'est à nous que revient un tel rôle : parce que nous saurons ne pas les insulter s'ils pleurent ou renoncent et nous leur accorderons une pause lorsque la nécessité s'en fera sentir. Leurs camarades, eux, moins enclins que nous à se contenir, ne les inciteront certainement pas à exprimer ce qu'ils ressentent. Les enfants moins actifs ont, eux, besoin de se bagarrer avec des adultes pour développer leur force physique, leur assurance et leur assertivité. J'opère donc une distinction entre la lutte avec parent dans le cadre du parentage ludique, la bagarre pour rire entre enfants, la vraie agression et les jeux physiques qui permettent de se dépenser. Je les évoquerai chacun à leur tour dans ce chapitre en commençant par poser quelques principes à même de transformer la bagarre en facteur de rapprochement, capable de donner de l'assurance à l'enfant et de le guérir de ses blessures émotionnelles. En d'autres termes : il ne sera pas question ici de lutte professionnelle.

Les règles de la lutte selon Larry

Vous rappelez-vous le pistolet d'amour (page 83), capable de transformer en jeu pulsions agressives et détachement ? Nous verrons dans ce chapitre comment la lutte et la bagarre ludique sont susceptibles de donner de l'assurance à un enfant qui se sent démuni et de favoriser le contact humain plutôt que l'isolement. Le problème de la plupart des jeux de mains, c'est qu'en général, le plus fort l'emporte, et que le plus faible renonce ou se fait mal. Il arrive que deux enfants évitent d'eux-mêmes cet écueil mais, le plus souvent, il est nécessaire qu'un adulte mette son grain de sel pour que tout se passe bien. Inutile de s'inquiéter : j'indiquerai ici quelques principes de base à respecter.

Dans la Bible, Jacob lutte contre un adversaire qui s'avère au bout du compte être un ange. Jacob tient bon, bien qu'il se blesse, jusqu'à ce que l'ange lui donne sa bénédiction. Les bouddhistes racontent une histoire assez semblable où un saint homme, Milarepa, ne s'effraye ni ne s'énerve de la présence de démons dans sa grotte ; il leur offre tranquillement le thé en attendant qu'ils s'en aillent. Quand un enfant nous montre une facette indomptée et inquiétante de sa personnalité, c'est à la fois la constance de Jacob et la sérénité de Milarepa que nous avons à lui opposer. En demeurant présent à ses côtés, physiquement autant qu'émotionnellement, nous finirons par découvrir l'être aimant, coopératif et joyeux qui a été enterré sous des sentiments de fureur, de terreur, de tristesse ou de solitude. Jouer à la bagarre avec lui peut l'aider à renouer avec sa véritable personnalité. Il existe une infinité de manières de faire la bagarre. Le premier qui plaque les épaules de l'autre au sol. L'un empêche l'autre de passer. Il tente de vous faire tomber. Vous le tenez serré et il tente de s'échapper. Il aura peut-être besoin de vous voir vous départir de votre dignité et faire preuve d'incompétence de manière à pouvoir se sentir fort. À moins que vous n'adaptiez votre force à la sienne, comme l'aîné des babouins par rapport à son frère.

Si l'enfant est plus grand ou plus costaud que vous, peut-être vous arrangerez-vous pour garder l'avantage, afin de l'inciter à donner le meilleur de lui-même, avant qu'il ne l'emporte. Par exemple, vous pouvez disputer un bras de fer en trichant un peu (vous pouvez surélever votre coude ou utiliser vos deux mains) alors qu'eux ne peuvent pas. Vous pouvez aussi lutter de votre mieux, histoire de montrer que le vieux a encore un peu d'énergie ; même si l'enfant à la fin prend le dessus.

Pour vous aider à vous lancer, voici dix règles :

Les règles de la lutte selon Larry

1. Veiller à la sécurité de tout le monde.
2. Saisir la moindre occasion de connexion.
3. Chercher la moindre occasion d'accroître confiance et sensation de pouvoir chez votre jeune adversaire.
4. Ne laisser passer aucune occasion de revenir par le biais du jeu sur des blessures anciennes.
5. Résister à l'enfant autant qu'il en a besoin, ni plus ni moins.
6. Rester très attentif.
7. Laisser l'enfant l'emporter (la plupart du temps).
8. Arrêter dès que quelqu'un se fait mal.
9. Pas de chatouilles.
10. Ne pas laisser nos propres émotions s'interposer.

---

1. Veiller à la sécurité de tout le monde. Il est impératif de s'assurer que nul ne se blesse. Pour cela, il est bon de poser les règles du jeu : interdiction de frapper, de mordre, de serrer le cou de l'adversaire au creux de son coude ou de donner des coups de pied, par exemple. Pousser ou tenir sont des actions non seulement plus sûres, mais aussi plus utiles dans la construction de la confiance et de l'attachement. Votre engagement à garantir la sécurité de chacun (la vôtre incluse) le sécurisera – condition indispensable à une lutte profitable. Les blessures émotionnelles comptent aussi, autant éviter de le taquiner ou de l'humilier. Puisqu'on crie souvent « Aïe ! » ou « Non ! Pas ça ! » en jouant à la bagarre, il est bon de convenir d'un signal auquel le jeu cessera aussitôt. (« Stop ! » par exemple, ou un mieux, un mot idiot comme « tarte à la banane » qui ne risque pas de venir spontanément aux lèvres dans le feu de la bataille.) Il signifiera l'arrêt immédiat de la lutte. De même que la moindre blessure, d'ailleurs.

Peut-être sera-t-il nécessaire de rappeler les règles du jeu à plusieurs reprises. Quand l'une d'elles vient d'être transgressée, si la sécurité le permet, mieux vaut continuer à rappeler la règle, ou l'immobiliser, doucement mais fermement de manière à ce qu'il ne puisse vous faire mal, que de mettre un terme à la partie. Il suffira de vous rendre compte s'il est possible ou non de continuer à vous consacrer au jeu, tout en assurant votre sécurité à tous les deux. Vous aiderez ainsi un enfant impulsif ou agressif à maîtriser petit à petit ce qu'il ressent. Les jeux de mains entre camarades deviennent souvent jeux de vilains, parce que nul ne veille à la sécurité des adversaires : il en résulte un affrontement bien réel ou de l'amertume et des vexations.

2. Saisir la moindre occasion de contact. Il peut être bon de marquer des pauses « câlin » afin d'établir autant de contact que possible, aussi souvent que cela se peut. Si l'enfant fuit votre regard, vous lui direz par exemple : « Respectons l'antique coutume des guerriers de se regarder droit dans les yeux avant de se battre à mort. » S'il aime s'écrier « Je t'ai eu ! », vous tomberez à la renverse, mais en prenant votre temps, à la manière d'un tragédien (pensez à Shakespeare) qui n'en finit pas de rendre l'âme. Vous l'entraînerez en outre dans votre chute en le serrant contre vous. La différence – de taille ! – entre jouer à la bagarre et taper dans un punching-ball tient en deux mots : contact humain.

Au besoin, vous ferez de la nécessité de poser des limites une occasion de vous rapprocher de l'enfant et de lui donner confiance en son pouvoir personnel. Les adultes mettent souvent un terme brutal au jeu, dès que l'enfant franchit leur seuil de tolérance : à raison (s'il mord ou gifle), ou tout simplement à cause des limites de ce qu'ils sont capables d'encaisser (ils se vexent ou redoutent le qu'en-dira-t-on, par exemple). Il n'est cependant pas obligatoire de renoncer au jeu parce que l'enfant a dépassé les bornes. Mieux vaut y voir une opportunité de connexion, une occasion de discuter de limites et d'émotions. Avec un peu d'entraînement, il est souvent possible de reposer calmement les règles avant de reprendre la partie.

Si un avertissement verbal ne suffit pas et que l'enfant persiste à se montrer agressif ou menaçant, voyez si vous pouvez continuer la lutte de manière à ne pas le blesser (ni vous non plus) tout en maintenant le contact. Il faut à certains enfants, victimes de violences, notamment, un contexte particulier pour qu'ils se démènent aussi rudement qu'ils le souhaitent sans se blesser, eux ou quelqu'un d'autre. Bien sûr, il est tout à fait raisonnable de cesser le jeu, s'il n'existe pas d'autre moyen d'assurer la sécurité, ou si la colère nous submerge malgré tout.

3. Chercher la moindre occasion d'accroître la confiance de votre jeune adversaire en son pouvoir personnel. Cela revient à résister à l'enfant autant que nécessaire, ni plus ni moins (cf. la règle n° 5), tout en l'encourageant. Il est délicat de jouer à la fois le rôle de l'entraîneur et de l'adversaire. L'objectif reste cependant d'inciter l'enfant à relever un défi. « Attention ! Pas de filouteries ! » dis-je souvent pour mettre en garde mes jeunes adversaires. Déployer sa force donne à l'enfant plus de confiance en son corps et en son pouvoir personnel que de gagner en recourant à la ruse. Toutefois, s'il éprouve le besoin de prouver plutôt sa supériorité intellectuelle, alors l'astuce sera évidemment de mise. De manière générale, le message fondamental à communiquer, associant la problématique de l'attachement et de la confiance, est : « Ta puissance est bienvenue, tu peux être fort et en contact, sans faire mal à qui que ce soit. »

4. Ne laisser passer aucune occasion de revenir par le biais du jeu sur des blessures anciennes. Un enfant confronté à un défi qu'il n'a pas su relever appréciera de revenir dessus en se mesurant à vous : vous incarnerez alors la difficulté, l'agresseur, l'obstacle à surmonter. Il n'est pas indispensable que, cette fois, il l'emporte, même si sa victoire peut l'aider. L'essentiel, c'est qu'il montre ce qu'il a dans le ventre, tandis que vous l'encouragerez, afin de se libérer de sa frustration ou de sa honte d'avoir baissé les bras auparavant, ou du sentiment d'impuissance dû à son échec. La réactivation d'une blessure profitera à l'enfant, à condition que ni la peur ni l'impression de se retrouver démuni ne le paralysent. Il peut avoir besoin que vous lui rappeliez que cette fois, il n'a rien à craindre, il est aux commandes, vous êtes de son côté, il peut se montrer fort, il est en sécurité.

5. Résister à l'enfant autant qu'il en a besoin, ni plus ni moins. L'idée centrale de la bagarre est de fournir de la résistance. Votre objectif ne consiste ni à l'emporter, ni à forcément laisser l'enfant gagner, mais à lui fournir l'occasion de donner sa pleine mesure sans blesser quiconque. L'idéal est de lui résister assez pour qu'il ait conscience de votre présence et se sente fort, sans pour autant l'écraser ni le pousser à renoncer. Certains enfants incapables d'affronter un tant soit peu de résistance – parce que très jeunes, traumatisés, exposés à beaucoup de violence ou extrêmement craintifs – apprécieront que, dès qu'ils vous touchent, vous tombiez en poussant les hauts cris, comme si vous souffriez mille morts. Ils ne sont pas forcément en mesure d'encaisser une plus forte résistance. Si votre réaction outrée les amuse, vous êtes sur la bonne voie.

En grandissant, ou une fois plus à l'aise quand il se mesure à vous, l'enfant souhaitera peut-être un adversaire plus coriace. À vous de riposter, de lui tenir tête de manière à ce que sa victoire lui coûte un réel effort. Les enfants qui essayent de vous faire mal ont besoin de beaucoup de résistance ; l'empoigner doucement mais fermement, de manière à ce qu'il ne blesse personne, jusqu'à ce qu'il se libère des sentiments pénibles responsables de son agressivité.

6. Rester très attentif. Comment déterminer s'il faut plutôt guetter une occasion d'entrer en contact avec l'enfant, lui donner confiance en son pouvoir personnel ou lui résister ? On ne peut éradiquer le risque de se tromper, mais on le minimise en prêtant une attention soutenue à l'enfant. Il hésite à entrer en contact avec vous ? Pourquoi ne pas lui demander de vous effleurer d'une pichenette et tomber aussitôt théâtralement à la renverse ? Voyez si cela déclenche un rire. Peut-être lui faut-il un surcroît d'assurance avant de parvenir à entrer en relation. S'il frappe et mord en évitant votre regard, vous essayerez d'attirer son attention ou de ralentir le mouvement pour entrer en contact avec lui avant de vous lancer dans la bagarre pour de bon.

Deux indices prouvent que le jeu va dans le bon sens : les éclats de rire, et transpiration, efforts et tension. Parfois, l'enfant passe de l'un à l'autre, il alterne pur plaisir et combat de son profond sentiment d'impuissance. En revanche, quelque chose cloche quand l'enfant détourne le regard, renonce à la lutte, explose d'une rage aveugle ou cherche à vous faire mal. Dans ce cas-là, vous mettrez l'accent sur le contact, la construction d'une plus grande confiance encore ou ajusterez votre niveau de résistance. Il ne faudrait pas que la colère vous submerge, vous ou l'enfant ! Marquer une pause permet de calmer le jeu.

Si votre jeune adversaire se met en tête de donner sa pleine mesure, vous n'aurez pas forcément trop de toute votre force pour vous assurer que nul ne se blesse. Il ne luttera dès lors plus contre vous mais se libérera d'une quantité de colères et de peurs. Il n'aura peut-être que vaguement conscience que vous êtes là, à le maintenir pour que nul ne soit blessé. Il s'agit de tenir bon en lui parlant gentiment ! Si cela arrive, c'est qu'il a été blessé, qu'il a souffert. Découvrir toutes ces émotions à l'intérieur de lui vous choquera peut-être. La bagarre a ouvert la porte à ces tensions refoulées. Une fois ces émotions pénibles évacuées – et il faut reconnaître que cela peut prendre du temps – la plupart des enfants changent du tout au tout : ils vous adresseront un regard franc, souriront et voudront tenter ce qu'ils jugeaient jusque-là trop ardu. On dirait qu'ils ont ôté de leurs épaules le fardeau de leur inquiétude ou de la tension qui les minait. Au début, ces débordements des enfants peuvent troubler et inquiéter les parents mais, quand ceux-ci les voient par la suite heureux et détendus, ils admettent que jouer à la bagarre en se libérant de ses émotions favorise la confiance et l'intimité.

7. Laisser l'enfant l'emporter (la plupart du temps). Les bagarres « pour de rire » se concluent idéalement par la victoire de l'enfant. Comme je l'ai expliqué à la règle n° 5, chaque enfant a besoin de se battre au niveau qui lui convient le mieux avant de l'emporter. Parfois, malgré tout, il est bon que l'enfant sache que vous vous êtes défendu de votre mieux, quitte à ce que la victoire vous revienne. La remarque s'applique aussi bien aux parties d'échecs ou de dames qu'à n'importe quel jeu de société – on commence d'ordinaire par laisser gagner l'enfant avant de lui opposer une résistance croissante. Il n'est pas inutile de lui demander s'il veut que vous utilisiez pleinement vos capacités. Bien sûr, son triomphe, lorsqu'il vous aura battu à plates coutures, devra vous réjouir. En général, néanmoins, nul ne gagne ni ne perd dans ces tohu-bohus chaleureux : on s'amuse et c'est tout.

8. Arrêter dès que quelqu'un se fait mal. Même si l'enfant blessé n'en manifeste pas le désir, je préconise d'arrêter la lutte – ou n'importe quelle autre activité. Mon conseil vaut surtout pour les garçons qu'on encourage d'ordinaire à encaisser stoïquement les coups. Continuer à jouer quand on a mal ne forge pas le caractère mais une cuirasse, une carapace. Et nous ne comprenons pas ensuite pourquoi les hommes ont du mal à partager leurs sentiments et leur intimité ! On peut être tenté de « blinder » les garçons, mais ils ne se sentiront pas plus en sécurité pour autant. Les filles, de plus en plus encouragées à être plus athlétiques, risquent malheureusement à leur tour de s'entendre inculquer le message qu'il faut ignorer la douleur.

Pour d'autres, aussi bien filles que garçons, le challenge n'est pas de cesser le jeu quand ils se font mal, mais bien de le reprendre après une pause. Une écorchure de rien du tout pousse certains enfants (ou adultes) à baisser les bras. Ils ont besoin d'encouragements respectueux et doux pour reprendre. Même si l'impression vous vient que l'enfant fait seulement semblant de souffrir, mieux vaut arrêter, cette fois afin d'opter pour un rythme plus paisible ou de lui offrir une résistance moindre. Plaintes et gémissements d'un enfant qui fait semblant d'avoir mal sont autant de signes qu'il se sent dépassé et qu'il est utile de calmer le jeu.

9. Pas de chatouilles. Interdiction formelle de chatouiller un enfant contre son gré ! Les chatouilles peuvent être amusantes mais il arrive qu'elles donnent à l'enfant l'impression de se retrouver à la merci d'un tiers. La réaction d'un enfant aux chatouilles peut prêter à confusion : parce qu'il rit, on s'imagine qu'il passe un bon moment. Pas forcément. Mieux vaut donc les éviter dans les jeux de bagarre. Si un enfant réclame des chatouilles, vous accéderez à son désir un bref instant avant de le laisser se calmer au lieu de chatouiller sans le laisser reprendre son souffle. Ou vous pouvez faire mine d'avancer pour le chatouiller avant de reculer au dernier moment. Vous obtiendrez le même rire, sans le sentiment de perte de contrôle. Ou encore : vous lui proposerez une autre forme de contact physique. Il convient de distinguer les « bonnes » chatouilles – du genre « guili-guili » sous le menton d'un nourrisson, qui déclenchent des éclats de rire à n'en plus finir – de celles d'un aîné costaud, immobilisant un petit jusqu'à ce qu'il l'implore de cesser. Un enfant qu'on a beaucoup chatouillé pourra souhaiter vous rendre la pareille. Vous accepterez ou non, selon ce qui vous paraîtra le plus adapté.

10. Ne pas laisser s'interposer nos états d'âme. Quand les adultes jouent à la bagarre, ils peuvent être envahis par des émotions anciennes liées aux traumatismes mal digérés de leur enfance. Ils peuvent éprouver une impulsion à humilier, chatouiller, taquiner ou dominer, reproduisant ainsi leur propre histoire. À moins qu'ils ne se sentent faibles et démunis. À vrai dire, les jeux de mains répugnent d'instinct à beaucoup d'adultes, parce qu'ils en gardent un mauvais souvenir de leur propre enfance ou parce qu'ils ont vu des grandes personnes se mesurer à un enfant sous l'emprise d'affects de rage, d'envie de lui en remontrer ou d'autres émotions enfouies depuis trop longtemps. Le genre de « bagarre » dont il est ici question vise à donner de l'assurance à l'enfant, à prendre conscience de son pouvoir personnel. Il ne faudrait donc pas que les émotions surgies de notre passé s'interposent. Se mesurer à un adulte beaucoup plus costaud et soucieux de l'emporter à tout prix ne l'aidera pas beaucoup. C'est pour lui que vous jouez ; pas pour vous. Le dernier chapitre vous expliquera comment gérer vos sentiments, au cas où ils referaient surface. En attendant, mieux vaut laisser de côté vos états d'âme pour vous concentrer sur les principes exposés plus haut.

Les adultes n'ayant pas eu l'opportunité d'exercer leur force physique, enfants, en particulier les filles dissuadées de se risquer à ce genre de jeux ou les garçons victimes de violences, hésiteront sans doute, au début, à esquisser le moindre geste susceptible de blesser ou redouteront de se faire mal. Il leur faut se forcer. S'entraîner avec un ami est aidant. Vous pouvez pousser de grands cris de karatekas face au miroir ou prendre des cours d'arts martiaux. Vous pouvez aussi passer par la pièce qui donne des forces (cf. chapitre 4).

D'autres, principalement des hommes, ont été incités dans leur enfance à développer agressivité et esprit de compétition. Lutter relevait pour eux d'une question de survie ; ce qui ne les a pas préparés à se bagarrer pour aider un enfant à prendre confiance en son pouvoir et tisser de l'intimité. Esprit de compétition et férocité sont à laisser à la porte. Il n'est pas bon de faire la bagarre sous l'emprise de la colère ou en proie à la frustration. Il s'agit de maintenir le contact par le biais du regard, de marquer des pauses câlins. Le but est les rires et non les prouesses physiques surhumaines. Beaucoup d'adultes ont été brutalisés dans leurs premières années : ils se lançaient dans la mêlée sans règles pour les protéger. Ils avaient besoin de se défouler or l'occasion ne leur en a pas été donnée ; d'où leur tendance à parfois réagir comme un soldat au front.

Quand on ne parvient pas à mettre entre parenthèses ce qu'on ressent, il est préférable de se montrer honnête (mais avec humour, sans brusquerie). Ou encore mieux, d'en rajouter afin de tourner la situation à la plaisanterie : « Je suis tellement à bout que je ne tiendrai pas une seconde de plus. Tu vas devoir me traîner jusqu'au canapé. » « Ouïe ! Ça fait mal ! Ouin ! Tu m'as marché sur l'orteil. Tu ne seras plus jamais mon ami. » « Si je n'ai pas le dessus, je bouderai toute la journée. »

Se lancer dans la mêlée

Comment entamer la lutte quand on ne l'a encore jamais fait ? Facile ! Il suffit de proposer à l'enfant : « Si on faisait la bagarre ? » « Hein ! ? » répondra-t-il probablement. « On n'a qu'à dire que tu dois essayer de toutes tes forces de me clouer au sol – en me plaquant les épaules sur le sol. » (Ou : de me passer dessus pour rejoindre le canapé, mais tu n'as pas le droit de me contourner, tu dois rassembler toutes tes forces pour franchir l'obstacle que je t'oppose.) Vous commencerez facile, ensuite, ce sera au premier qui immobilisera l'autre. Vous pouvez aussi vous agenouiller en suggérant : « Essaye de me faire tomber. » (Un tapis de sol sera le bienvenu !)

À la fête d'anniversaire d'un jeune ami, son père prétendit qu'il était un bœuf et que chaque enfant devait l'amener à franchir une ligne dans l'herbe. Il meuglait en opposant précisément la résistance qu'il fallait à chaque invité pour lui donner un sentiment d'accomplissement.

Voici un exemple d'occasion où il m'a paru bon de ne pas trop résister, et où une victoire facile semblait plus souhaitable qu'une lutte acharnée. Encore une fois, mon rôle était de me comporter comme un idiot. Ma fille et moi étions chez ses grands-parents. C'était la veille de son cinquième anniversaire et elle ne tenait pas en place. L'envie vint à Emma – pressée d'ouvrir ses cadeaux mais contrainte de prendre son mal en patience – de jouer à la bagarre. Compte tenu de sa frustration, je m'attendais à ce qu'elle lutte sans pitié – et donc à devoir user de toute ma force. Pas du tout ! Elle me proposa un jeu où elle essayait de me franchir, tel un obstacle, sans pour autant en venir aux mains. Il suffisait que je l'attrape pour qu'elle me demande : « Laisse-moi passer. » Autrement dit, je n'ai pas dû tâtonner avant de déterminer la résistance à lui opposer : elle m'a tout de suite annoncé la couleur.

Quelques séances de lutte suffisent en général à rendre un enfant expert en la matière : il n'hésite plus alors à exprimer ce qu'il veut. Un jour, je demandai à une fille de sept ans si elle souhaitait jouer à la bagarre. « Pourquoi pas mais : pas de coup de poing ni de coup de pied, tu ne me coinces pas la tête sous ton bras ; tu t'arrêtes quand je te le dis et tu te mets à quatre pattes au début. » « Tu as l'habitude, non ? » commentai-je. Elle m'expliqua qu'elle avait réfléchi avec son frère aîné à un moyen de se mesurer équitablement à lui, au lieu qu'il l'emporte à tous les coups : elle se défendait drôlement bien.

Mon rôle face à ma fille ne consistait pas à la pousser à utiliser sa force mais à lui laisser une victoire facile et qui pourtant l'amuserait. Elle ne savourerait pas son triomphe s'il lui suffisait de me filer sous le nez. Après quelques faux départs (j'en étais resté à l'idée de me battre) nous avons mis au point un jeu des plus divertissants. Je me plaçais le dos à un mur en prétendant que jamais au grand jamais elle ne l'atteindrait, tout en me vantant de ma force et de mon intelligence. Par une ruse quelconque, elle y parvenait cependant. Je prenais un air stupéfait et m'en allais à l'autre bout de la pièce recommencer mon manège. Au début, Emma recourut à des stratagèmes bien connus, genre « Hé ! Regarde ! Un éléphant ! » afin de détourner mon attention. Peu à peu, je résistais davantage, l'obligeant à inventer de nouveaux subterfuges ; dans la mesure où elle ne demandait pas mieux, bien sûr. Dans le cas où elle se serait sentie frustrée, je l'aurais laissée utiliser le même, aussi souvent qu'elle le voulait. Ses éclats de rire et sa mine concentrée m'avaient indiqué ce qu'elle attendait de moi : que je la pousse à réfléchir à de nouvelles ruses.

Elle fit preuve d'une grande créativité en prétendant par exemple m'hypnotiser. Quand elle séchait, je l'aiguillais sur une piste. Je décrétai par exemple : « Tu ne passeras jamais » en écartant les jambes. Et elle se faufilait entre mes genoux. Juste après, je m'accroupis en la prévenant : « Tu ne m'auras pas deux fois ! » Et là, elle sauta par-dessus mon épaule.

Vous remarquerez qu'il n'y eut pas de lutte à proprement parler. Je ne mentionne l'épisode ici que parce qu'il illustre le principe d'une résistance savamment dosée. Emma s'amusa d'autant plus que je continuais à me vanter, quelques secondes encore après qu'elle m'eut ridiculisé. Les enfants aiment que nous n'en revenions pas qu'ils nous aient dupés, surtout quand nous ne faisons mine de nous en apercevoir qu'après coup.

Lors d'une séance de jeu avec un garçon de huit ans – dont je savais qu'il aimait la lutte, à condition de l'emporter – je commençai par me plaindre d'un ton faussement terrorisé : « Oh non ! Je vais m'en prendre plein la tête ! » Il partit d'un rire diabolique et se mit en position d'attaque quelques secondes, mais il retourna vers ses jouets. J'en conclus qu'il ne fallait pas aller plus vite que la musique : lutter l'intéressait mais il ne se sentait pas encore prêt à m'affronter.

Je tenais à ce qu'il reste le maître du jeu, mais aussi à le faire revenir dans le lien. Je le vis lorgner sa boîte de Lego or pas question qu'il passe toute la séance à construire un bateau sans établir de contact avec moi ! Je lui dis, alors qu'il s'en emparait : « Oh non ! Maintenant que tu as touché le morceau de plastique bleu, la maison va s'écrouler ! » Une étincelle illumina son regard. Son sourire espiègle se forma de nouveau sur ses lèvres. Il se plaça de manière ce que je me dresse entre lui et la boîte, puis il tenta de s'approcher. (Soit dit en passant, je suis sûr que j'ai laissé passer d'innombrables signaux du même genre, mais heureusement, j'ai repéré celui-là. Ce garçon aurait très bien pu ne pas bouger et toucher de nouveau la boîte et pourtant, non : sans un mot, il m'a proposé un jeu où il devait se mesurer à moi pour l'atteindre.) Nous nous sommes lancés dans un jeu où, pour notre plus grand plaisir à tous les deux, il essayait d'atteindre sa boîte de Lego alors que je l'en empêchais de mon mieux. Nous avons fini par nous empoigner, mais à sa demande. Il s'est beaucoup amusé. Je ne sais pas pourquoi je lui ai dit que la maison s'écroulerait. C'est la première chose qui m'est venue à l'esprit pour l'inciter à réagir et l'intéresser à un jeu. Je pense toutefois avoir mis dans le mille : à mon avis, il évitait de jouer à la bagarre, tant il redoutait ses pulsions agressives. L'idée que la maison s'effondrerait, rien que parce qu'il avait touché une boîte de Lego, imprima un tour comique à ses craintes en les amplifiant ; ce qui lui permit de s'en libérer au travers d'un jeu. Les enfants qui n'ont pas l'occasion de jouer à la bagarre risquent de devoir étouffer leur agressivité jusqu'à ce qu'ils explosent.

Agression

Nous supposons que les lionceaux que nous voyons se battre dans les documentaires animaliers s'entraînent à chasser ou se défendre. Ce dont nous ne nous rendons pas forcément compte, c'est qu'ils apprennent en même temps à contrôler leur agressivité, à la moduler. Les mammifères mâles qui se mesurent dans l'intention de prendre la tête d'un troupeau ne se battent presque jamais à mort et ne se blessent pas grièvement, ce qui signifie qu'ils contiennent une partie de leur force. On pourrait croire qu'ils ont intérêt à donner le meilleur d'eux-mêmes, pourtant ils s'entraînent à se défendre avec l'équivalent d'un membre entravé.

Ils se lancent dans une sorte de ballet, afin de déterminer qui est le plus fort, sans vraiment se mettre à l'épreuve. Il en va de même quand les petits d'hommes, en particulier les garçons, jouent à se battre. Ils ne s'entraînent pas seulement à s'agresser mais aussi à se maîtriser, à mettre un frein à leur force. Mon exemple favori est celui des babouins qui, en tant qu'animaux sociaux, nous ressemblent étonnamment : en un sens, ils contiennent mieux leur agressivité que bien des hommes.

Un babouin adolescent « aimait se mêler à des joutes où trois ou quatre de ses congénères en affrontaient un autre. Dès que leur adversaire se trouvait en fâcheuse posture, ils changeaient de victime. De temps à autre, les jeunes, surexcités, se laissaient emporter à la violence mais, comme tous voulaient continuer le jeu, cela ne durait pas et ils ne dépassaient jamais certaines bornes ». Paul, le babouin mentionné en exergue de ce chapitre, bridait son agressivité, quand il jouait avec son frère cadet. En dépit de son poids, cinq fois plus élevé que celui de Patrick, il ne le blessa pas une seule fois, alors que d'aucuns qualifient les babouins de « machines de combat[28] ».

Quand nos jeunes jouent à la guerre, à l'instar des lionceaux qui s'amusent à se battre, ils testent leur force et sortent leurs griffes en explorant le monde complexe des conflits, des alliances et des stratégies.

Jouer à la guerre ne revêt pas le même sens pour tous les enfants. C'est d'autant plus vrai qu'il n'est pas nécessaire d'habiter un pays dévasté par un conflit pour être témoin de violences. Les films, dessins animés et ainsi de suite nous exposent quotidiennement à des exemples réels ou imaginaires. Des enfants meurent chaque jour, lors d'accidents ou de tueries. Certains parents estiment bon que leur enfant joue à la guerre ; ils y voient l'occasion pour lui d'extérioriser ce qu'il ressent. Après

---

28. *Ibid.*

tout, les jeunes – en particulier les garçons – se livrent à ce genre de jeux depuis des siècles. D'autres craignent que jouer avec une arme ne conduise à une violence réelle ou que les morts des dessins animés rendent insensibles à la douleur et la souffrance. Il y a du vrai dans chaque position.

[NB : Jouer à la guerre n'a pas le même sens pour les enfants qui vivent dans une zone de combats. Eux recourent au jeu pour passer outre le choc que leur cause ce qu'ils observent et expérimentent. Dans la mesure où les adultes de leur entourage sont le plus souvent indisponibles ou traumatisés, leurs jeux risquent facilement de déboucher sur une réelle violence qui ne les aidera en rien.]

Il existe une bonne manière de jouer à la guerre ; par exemple à l'aide d'armes « pour faire semblant », ou en mimant une interminable agonie. Un « pistolet » tel qu'un tube en carton, un bout de bois ou l'index et le majeur tendus, permet à l'enfant d'inventer des jeux dont il édicte les règles, tournant autour de ses sujets de préoccupation, dont la guerre, la violence et les armes. Les adultes ont leur rôle à tenir en ajoutant une note d'humour (ils interpréteront par exemple une mort extravagante quand l'enfant s'écrie « pan ! pan ! ») ou en introduisant des personnages soucieux d'autrui (le médecin militaire ou le soldat dévoué à son camarade).

Les pistolets en plastique, surtout les plus réalistes, tendent en revanche à limiter les possibilités de jeu. À quoi sert une étoile de la mort de la *Guerre des étoiles*, sinon à détruire une planète ? Une fois las d'utiliser son rouleau en carton comme un sabre laser, l'enfant pourra en faire une fusée ou la baguette d'un chef d'orchestre, alors que si son Uzi en plastique l'ennuie, il est peu probable qu'il joue au processus de paix au Moyen-Orient. Dans les cas les plus extrêmes, un jeu violent ne constitue qu'un prélude à une violence réelle, qu'une répétition de ce qu'on fera à l'aide d'une arme, quand on en voudra à quelqu'un.

Selon moi, il n'est ni recommandable ni même possible de bannir les jeux agressifs. Il est nécessaire qu'un enfant assume son agressivité – et celle d'autrui – or s'il n'y parvient pas par le jeu, il s'y confrontera dans le monde réel. Il est malgré tout possible de négocier un compromis, de manière à ce que l'enfant s'exprime sans piétiner nos valeurs. Certains parents permettent par exemple à leur enfant de s'amuser avec des armes magiques (bâtons de sorciers ou dents de dragon) mais pas avec des pistolets en plastique. Proscrire tout jeu un tant soit peu agressif produira l'effet inverse de celui que l'on souhaite. Faute d'occasion d'évacuer la violence qui couve en lui, l'enfant s'imaginera que quelque chose ne tourne pas rond avec lui, puisqu'il semble qu'il ne soit pas censé éprouver de la colère ou se montrer violent. Les armes et la guerre risquent dès lors de tourner pour lui à l'obsession, en raison de leur caractère tabou. À l'inverse, un jeu créatif, même empreint d'une forte agressivité, ne rendra pas votre enfant violent, surtout si vous descendez dans l'arène.

Quand il est question d'agression, il est aussi souvent question de garçons, mais les filles doivent également se colleter à cet aspect de la vie. Une amie m'adressa un jour un courriel : « Laurie est fascinée par la violence. J'aimerais que tu me donnes des idées pour l'aider à explorer sainement ce thème. Elle raconte que Lily, sa camarade de maternelle, et elle, aiment "se bousculer". Elle raffole des histoires de monstres et du conte des trois chèvres : elle prend un grand plaisir à le mettre en scène et à précipiter le méchant troll du haut du pont, au fond du ruisseau. Quand la conversation porte sur la faune marine, tout ce qui l'intéresse, c'est de savoir si tel poisson mord ou pas. Son attitude ne m'inquiète pas outre mesure mais tu pourrais peut-être me proposer des jeux l'incitant à explorer sa force ? »

Je félicitai mon amie de ne pas s'alarmer de la volonté de sa fille d'expérimenter son pouvoir personnel et sa capacité d'agression – chose tout à fait saine et normale à son âge. Laurie, à l'instar de nombreux élèves de maternelle, découvrait à ce moment-là de quoi elle était capable (provoquer la chute de quelqu'un), en se demandant dans quelle mesure elle contrôlait ses pulsions et à quel point les autres maîtrisaient les leurs. Voilà pourquoi Lily et elle s'amusaient à se bousculer à l'école et pourquoi elle voulait savoir si tel ou tel poisson mordait.

Des jeux tels que «Jacques a dit» ou «un, deux, trois… soleil !» ne se rapportent pas à la violence mais à la maîtrise des impulsions, ce qui en fait de grands favoris des enfants jusqu'à six ou sept ans. Je suggérai aussi un autre jeu à mon amie : inviter sa fille à mordre un chiffon ou une poupée en lui demandant de recommencer «plus fort, plus doucement, plus vite, plus longtemps» et ainsi de suite. De tels changements, rapides, apprennent à l'enfant à se contrôler tout en l'amusant. J'y reviendrai plus loin.

Je recommandai par ailleurs une inversion des rôles, attribuant à la mère ou au père de Laurie celui de s'interroger sur la réaction qui convient à une agression. La famille habite la rue du Renard. Je leur proposai donc de jouer au poisson-renard rusé de la rue du Renard, où l'un des parents se prétend un poisson à la poursuite de Laurie que, dans sa maladresse, il échoue à rattraper ; et il finit par se mordre lui-même à la place (à l'aide de bras en guise de mâchoires). À moins qu'il ne grignote une chaise en faisant semblant de recracher des éclats de bois. Le poisson-renard s'écriera par exemple : «Il faut que je morde ! Tiens ! Un vers ! Ouïe ! Je me suis mordu l'orteil.» Inutile de copier l'attitude agressive de l'enfant ; il suffit de s'en approcher assez pour déclencher un rire libérateur.

Les bienfaits des jeux qui obligent à se dépenser

Tous les jeux qui supposent un exercice physique n'impliquent pas la bagarre ou la lutte. Certains consistent simplement à se balancer sur une balançoire, grimper à un arbre ou courir en tous sens. Tous les enfants éprouvent le besoin de se dépenser or la plupart n'en ont pas suffisamment l'occasion. Rester assis pendant des heures devant un écran de télé, ce n'est pas ce qu'il faut, à l'issue d'une journée d'école assis à un pupitre. En de rares occasions, la télé peut être un temps de repos, avant de retourner à des jeux plus intéressants et créatifs. Mon ami Charlie m'a parlé de son fils Davy, un grand sportif. Davy s'interrompt parfois dans ses activités de plein air pour regarder un match à la télé. Au bout de quelques minutes, l'envie lui vient d'éteindre le poste et de retourner sur le terrain, où il met en pratique les tactiques qu'il vient de découvrir. Il est malheureusement rare que les enfants se servent ainsi de la télé. Trop souvent, elle les prive de leur entrain, au point qu'ils demeurent vautrés, apathiques, sur le canapé.

Un problème se pose aux parents : comment établir le juste milieu entre la sécurité de l'enfant et son besoin d'aventure ? La plupart d'entre nous ont tendance à s'inquiéter trop ou pas assez. En ce qui me concerne, je me bile pour un rien. Quand Emma, petite, grimpait sur une structure, dans une aire de jeux, je me campais au-dessous d'elle, les traits déformés par l'inquiétude. Sa mère, en revanche, la laissait monter aussi haut qu'elle le souhaitait, un sourire confiant aux lèvres : elle se fiait au jugement d'Emma. À l'époque, son attitude me semblait criminelle, mais je reconnais aujourd'hui qu'elle avait raison. Emma ne s'est rien cassé – et quand bien même : je sais, en tant que thérapeute, qu'un enfant se remet plus vite d'une chute que de ses craintes. Aujourd'hui, Emma est pleine de vie et d'agilité. La voir grimper à un arbre ne m'angoisse plus. Janusz Korczak – le Dr Spock polonais, avant d'être envoyé au ghetto de Varsovie – a écrit que, sur le plan psychologique, il valait bien mieux donner aux enfants des tas de sable, des bâtons, des marteaux, des clous et du bois que des jeux achetés dans le commerce (il aurait sûrement pesté contre la télé), en dépit du risque qu'ils se blessent[29].

Un enfant a besoin de se dépenser pour se développer. C'est vrai du nouveau-né qui gigote, autant que de l'adolescent qui pratique un sport d'équipe. Les enfants apprennent en se servant de leurs muscles. Comme certains adultes aiment mieux s'asseoir pour discuter ou réfléchir, ils commettent l'erreur de préférer parler de leurs problèmes de parentage alors que ces derniers se résoudraient bien plus aisément par le biais du jeu ou d'une activité physique. Voici quelques exemples (la liste n'est pas exhaustive) de comment une activité physique aide un enfant.

- Se calmer soi-même. Cela suppose la capacité à se consoler et s'apaiser, même sans personne auprès de soi, et c'est là l'une des grandes conquêtes de la prime enfance – même si beaucoup d'adultes n'y parviennent toujours pas sans difficulté. Contrairement à ce qu'on pourrait croire, un jeune enfant n'acquiert pas l'aptitude à se consoler lui-même en pleurant jusqu'à ce qu'il s'épuise ou en étant envoyé dans sa chambre. Il apprend en étant consolé par quelqu'un qui se préoccupe de lui. Au fil du temps, il intériorisera son comportement et s'apaisera sans intervention extérieure.

Un enfant qui peine à se remettre d'une contrariété ou à se calmer a besoin de câlins. Seulement, voyez ce qui se passe le plus souvent : s'il ne se tient pas tranquille, il n'en obtiendra pas. Les garçons, en particulier, risquent de ne pas obtenir les consolations et les câlins qu'ils méritent, parce qu'ils ne tiennent pas en place. Jouer à la bagarre leur profitera : les enfants actifs réagissent mieux aux contacts physiques animés qu'à une étreinte passive sur les genoux des parents.

---

29. *A Voice for the Child : The Inspirational Words of Janusz Korczak*, ed. Sandra Joseph (Londres, Harper Collins, 1999), p. 69.

À un enfant qui a du mal à se calmer, nous hésitons souvent à proposer une bataille sur le lit, de crainte qu'il ne s'excite plus encore et ne parvienne plus ensuite à se calmer. C'est pourtant précisément ce qu'il lui faut. Il est impossible de se tenir tranquille sans occasions de se défouler. Les enfants qui débordent d'une énergie qu'ils ne peuvent pas évacuer finissent par faire les fous au moindre prétexte, alors que la pratique régulière de bagarres pour rire leur permettrait, à eux comme à leurs parents, de relâcher la pression.

J'enseigne aux enfants comment prendre trois respirations profondes pour se relaxer. Toutes les manières de respirer ne se valent pas. Je leur recommande d'inspirer profondément par le nez avant d'expirer lentement. L'expiration étant deux fois plus longue que l'inhalation, afin d'emmagasiner plus encore d'air à l'inspiration suivante. Il suffit qu'ils répètent l'opération trois ou quatre fois pour qu'un changement notable se produise. Vérifiez qu'ils ne se contentent pas d'absorber de grandes goulées d'air quand vous leur demandez de prendre trois grandes respirations, ils risqueraient l'hyperventilation. Le faire avec eux est doublement aidant, ils respirent plus posément et l'adulte en profite pour se détendre aussi.

Les enfants ayant du mal à se réconforter seuls gagnent à jouer à la poupée. Ils peuvent ainsi s'exercer au réconfort en la câlinant ou en l'allongeant pour faire la sieste quand elle se met en colère. L'un des parents peut participer en jouant le rôle d'un nouveau-né grincheux ou en offrant le modèle de comment on s'occupe tendrement d'un enfant. Il va sans dire que la plupart des garçons manquent d'occasions de se livrer à ce genre de jeux. Il n'y a donc rien d'étonnant à ce qu'ils ne parviennent pas à ralentir le mouvement (ils s'énervent jusqu'à ce qu'ils n'en puissent plus mais sont incapables de mettre un frein à leur excitation).

- Prêter de l'attention à l'enfant. Parents et enseignants ont tendance à s'alarmer (ou se ruer sur l'armoire à pharmacie) dès qu'un enfant peine à se concentrer. Stanley Greenspan propose une merveilleuse alternative : il recommande de réserver chaque jour un laps de temps à des jeux qu'il qualifie d'autorégulateurs. L'idée de base est que l'enfant bondisse, saute, coure, danse ou tout autre mouvement rythmique ; tandis que l'adulte demande de fréquents changements de rythme : «Plus vite, plus lentement, plus vite, encore plus vite… à gauche, à droite, gauche, droite… saute sur le pied gauche, sur le droit, sur les deux à la fois.» Ce jeu amuse la plupart des enfants et donne d'excellents résultats avec des groupes. Et il n'y a pas mieux pour la régulation des impulsions, déficitaire chez nombre d'enfants, surtout les garçons. Il existe d'innombrables variantes de tels jeux. Tendre à un enfant une pile de blocs de jeu de construction et dire très vite : «Trie par formes. Par couleur. Maintenant tu te sers uniquement de la main gauche.» S'il aime chanter, lui demander : «Chante plus fort, maintenant tout doucement.» S'il crie, l'inciter à hurler à pleins poumons ; de plus en plus doucement ensuite, jusqu'à ce qu'il chuchote, etc.

La faculté de concentration est étroitement liée à l'aptitude à se réconforter. On risque ainsi de diagnostiquer comme hyperactif un enfant incapable de se tenir tranquille en classe, alors que son problème vient de ses difficultés à se consoler en cas de frustration ou d'anxiété. Il n'a pas intégré cette faculté de s'apaiser qui est l'une des acquisitions les plus précoces de la petite enfance, et cela ressort aujourd'hui, des années plus tard. Incapable de réduire son anxiété, il s'agite, donne des coups de pied à son voisin et s'attire des ennuis. Ce qu'il lui faut ? Des heures et des heures de jeux de contact et de reconnexion.

- Séquencement. Il y a des enfants qui peinent à accomplir certaines tâches dans un ordre donné : il leur est difficile de se préparer avant l'école le matin, de ne pas oublier leurs devoirs ou de mener un projet à terme. Pour les aider par l'activité physique ludique, vous pouvez leur proposer une course d'obstacles, d'abord très simple et dont vous augmenterez la difficulté à mesure qu'ils progressent. Une chasse au trésor, où un indice conduit à un autre, plaira davantage à un enfant plus âgé. Là encore, certaines activités qui sont surtout appréciées des filles comme réciter une comptine avec des suites complexes de tapes dans les mains ou jouer à l'élastique ou à la corde à sauter, facilitent le développement de compétences d'organisation en séquences.

- Le contrôle des impulsions. C'est par le biais du jeu que les enfants apprennent à contrôler leurs impulsions. De ce point de vue, l'efficacité des sermons, des punitions ou même des conversations amicales me paraît, au mieux, douteuse. Les psychologues Elena Bodrova et Deborah Leong citent l'exemple d'un garçon de cinq ans qui ne tenait pas assis pendant les temps de parole en cercle sans interrompre l'instituteur ; ce qui ne l'empêchait pas d'être un élève modèle quand il jouait à l'école avec ses amis. Le temps aidant, il parvint à transférer dans la classe ce contrôle acquis par le jeu.

Il est donc très utile de jouer les situations où l'enfant échoue à contenir ses impulsions. « Si on jouait à l'école ? » ou « Si on jouait à s'habiller et à se préparer ? » « On dirait que tu as super envie de ce jouet mais que je refuse de te le prêter. » « Si on jouait à traverser la rue ? Oh non ! Le petit lapin a failli se faire renverser par une voiture. » Il suffit d'identifier une situation qui pose problème, de l'appeler « jeu » et de laisser l'enfant s'entraîner à maîtriser ses impulsions dans un contexte qui ne lui vaudra ni punitions ni humiliations.

7.
La réalité en suspens : inverser les rôles

On dirait que tu es un papa et moi, ta fille,
et que tu es fâché contre moi.
Une petite de cinq ans à son père en colère.

Le jeu met entre parenthèses les principes qui régissent le monde réel ; c'est ce qui lui donne un tel pouvoir. Un temps de jeu donnera à un petit garçon l'occasion de se prendre pour un super héros et à sa sœur, d'empoigner son père en le clouant au sol, alors qu'ils luttent pour rire. Les enfants qui jouent à l'école distribuent les notes, les punitions et les devoirs. Le champ ludique est mis au niveau de l'enfant voire légèrement penché en sa faveur de manière à lui permettre de compenser sa frustration d'être plus petit, plus faible et moins compétent que les grands.

Même quand personne ne les houspille ni ne les manipule, les enfants se sentent parfois démunis. Il est fatal qu'ils ne soient pas toujours à la fête. Qui subit les piqûres chez le docteur ? Qui doit se tenir tranquille, à l'école ? Qui impose les règles à la maison ? Qui est supposé s'y plier ? Qui doit aller se coucher à telle heure et pas telle autre ? Qui doit dire « s'il te plaît » et « merci » ? Bien sûr, il est impératif qu'un enfant aille chez le médecin, apprenne ses maths et ne se mette pas au lit à une heure indue. Il a toutefois également besoin de beaucoup de temps de jeu qui renverse les rôles, suspende la réalité, et lui permette d'être au contrôle. Il a besoin d'endosser le rôle du puissant – le héros, la princesse, l'élève modèle.

La manière la plus courante pour un enfant de surmonter ses sentiments d'injustice et ses contrariétés consiste à imaginer une autre réalité, à créer un nouveau scénario, une réalité améliorée au sein de laquelle les rôles sont souvent inversés. Il joue le médecin, le maître d'école, le père, le *Tyrannosaurus rex* ou le Power Ranger. Les préados, eux, se prennent pour des ados qui, pour leur part, s'imaginent déjà dans la peau d'un adulte.

Inverser les rôles

Au beau milieu d'un match de foot, Daniel, sept ans, m'annonça qu'il devait aller aux toilettes. « Ne touche pas le ballon », m'ordonna-t-il avant de le ranger dans un coffre. Je lui promis de ne pas m'en approcher. Il réfléchit une minute et lâcha : « Je ne te fais pas confiance, suis-moi à l'intérieur. » Il venait d'introduire dans le jeu un nouvel élément que je n'avais jamais rencontré, mais ô combien pertinent : Daniel a tendance à rêvasser en classe, ce qui lui vaut des remontrances. Voilà pourquoi il me reprochait de ne pas pouvoir se fier à moi : il inversait les rôles en se réservant celui de veiller au respect des règles.

Inverser les rôles aide les enfants à gagner en assurance – en s'échappant de la forteresse de l'impuissance – et à surmonter les craintes qui les inhibent. De temps en temps, les enfants jouent seuls à ces rôles, tout ce dont ils ont besoin étant que nous soyons la production ou l'assistant logistique, responsables de l'espace de jeu, des jouets et des rafraîchissements. À d'autres moments, ils souhaitent un public réceptif. Il se peut aussi qu'ils aient besoin de notre participation pour leur donner la réplique, ou même parfois comme metteur en scène. On entend souvent dire que, plus on laisse un enfant seul, mieux c'est. Le négliger un peu l'aiderait même à s'épanouir et à se développer. Il n'y aurait rien à redire à ce principe si notre société de consommation et les média n'exerçaient une telle influence sur nos chères têtes blondes. Les pressions exercées sur les enfants réprimant leur créativité et leur imagination rendent paradoxalement nécessaire l'intervention d'adultes pour les aider à élaborer leurs propres scénarios et à jouer les héros de leurs propres films. Un enfant négligé, livré à lui-même, n'apprend pas à se débrouiller : il se retrouve à la merci du marketing, des spécialistes de la manipulation, qui, non contents de lui dicter quels jouets acheter, lui expliquent en plus comment s'en servir.

De la tragédie à la comédie

Dans une comédie, un renversement de situation crée l'effet humoristique. Dans une tragédie, la situation de départ est à l'envers (« Il y a quelque chose de pourri au royaume du Danemark ») et la pièce vise à remettre les choses à leur place.

Ces deux dynamiques s'appliquent aux jeux des enfants et aux rôles qu'ils endossent. Qu'est-ce qui les fait rire ? C'est souvent quand la réalité est comme en suspens, et les rôles inversés. Ce sont des rires de libération au fur et à mesure qu'ils évacuent leurs soucis, leurs craintes et leurs sentiments d'impuissance. Ils éclatent de rire et voilà que tout rentre dans l'ordre.

Le parentage ludique facilite le processus en faisant en sorte que, pour une fois, l'adulte se retrouve en position d'infériorité vis-à-vis de l'enfant. Daniel, le garçon de sept ans qui se méfiait de ma promesse de ne pas toucher à son ballon de foot, rencontrait des problèmes à l'école principalement parce qu'il n'écoutait pas et défiait l'autorité. Lors de nos séances de thérapie par le jeu, il aimait endosser le rôle d'un gamin qui s'attire des ennuis parce qu'il désobéit, alors que j'incarnais l'autorité et qu'à ce titre, je lui courais après pour le punir.

Ce jeu ne le faisait cependant pas rire. Souvent, même, il s'énervait en y jouant : rien n'allait jamais comme il voulait. Après tout, la situation qu'il imaginait ressemblait à s'y méprendre à sa journée d'école, et j'avais beau y mettre du mien en faisant l'imbécile et en multipliant les gaffes, nous arrivions à une impasse. Un jour, je résolus de donner un coup de pouce à Daniel en lui proposant d'inverser les rôles. Je commençai par lui demander ce qui se passait quand un élève s'attirait des ennuis à son école. Réponse : il allait au coin. Et s'il faisait une très grosse bêtise ? Il devait se présenter au bureau de la directrice.

– *Comment réagit-elle ?*

– *Elle te parle.*

– Ouh ! Effectivement, ça fiche la trouille, dis donc.

Daniel se pencha vers moi et me chuchota :

– Tu sais comment s'appelle la directrice ? Mme Sévère.

– Ah oui ? On peut dire qu'elle porte bien son nom pour une directrice.

– Je rigole. En fait, c'est Mme Atkins.

– Et si tu faisais la directrice ? Je serai l'élève que l'instituteur envoie dans son bureau.

– Je serai plutôt M. Sévère !

– D'accord.

Je pris alors une petite voix d'enfant :

– Excusez-moi, monsieur Sévère, mais la maîtresse m'a dit de venir vous voir. Je ne sais pas pourquoi ; peut-être parce que j'ai tout retourné dans la classe, y compris la maîtresse, les pupitres et l'aquarium.

– Et les élèves ?

– Oui, les élèves aussi. J'ai tout retourné, parce que je n'ai pas eu le droit de me servir des craies bleues comme je le voulais. C'est quoi, ma punition ?

– Si tu recommences, tu seras renvoyé de l'école pour toujours.

– Oh non ! Ce serait terrible !

– Tu vas devoir tout remettre en ordre avec ton argent. Retourne dans ta classe et répare ce que tu as fait.

À l'inverse des jeux où il faisait le pitre, ce simple échange où il tint le rôle du directeur s'accompagna d'éclats de rire et de grimaces clownesques.

Bien que les enfants apprennent incroyablement vite, ils s'estiment souvent incompétents, surtout en présence de quelqu'un qui se débrouille sans peine dans les domaines où ils pataugent encore. Inverser les rôles s'avère là aussi très utile. La première fois que ma fille monta sur des skis de fond, elle se plaignit amèrement. Comme il me semblait, à moi, qu'elle ne s'en sortait pas si mal et passerait un bon moment pour peu qu'elle le veuille, je tentai de la tirer de son marasme par un petit discours. Devinez quoi ? Ça n'a pas marché. L'entendre geindre m'a tellement horripilé qu'il m'a fallu un temps fou pour me rendre compte qu'elle s'estimait nulle et s'agaçait de tomber ; d'autant plus qu'elle peinait à se relever. Je trouvais qu'il n'y avait pas de quoi rougir, pour un début. Elle, en revanche, avait l'impression d'enchaîner les gadins, alors qu'elle ne me voyait jamais trébucher. Je fis semblant de chuter pour me retrouver les quatre fers en l'air en hurlant que de la neige me rentrait dans les sous-vêtements. Ma fille rit à n'en plus finir et s'amusa beaucoup le reste de la balade. Elle demanda même à recommencer le lendemain. Autrement dit : en inversant les rôles pour assumer celui du skieur le moins doué, je lui laissai celui du skieur qui se débrouille bien ; elle en retira un regain de confiance en ses compétences, qui lui permit de prendre plaisir à cette nouvelle activité. Au grand dam de mon amour-propre, mes encouragements et mes tentatives de la raisonner n'avaient produit aucun résultat. Il lui fallait une attitude plus ludique pour qu'elle surmonte sa frustration.

Inverser les rôles implique d'ordinaire que l'enfant se retrouve en position de force mais pas toujours. Il arrive qu'il faille autre chose aux aînés d'une fratrie. Accoutumés à dominer leurs cadets, ils ont parfois besoin d'un renversement de rôle qui leur donne la position basse. Mais attention : avec humour ! Les parents exaspérés tentent souvent de les amener à en rabattre en leur montrant qui est en réalité le plus fort. Ils ne réussissent ainsi qu'à multiplier les conflits au sein de la famille. D'ordinaire, je m'adresse aux aînés ou aux enfants costauds qui s'en prennent à des plus faibles d'un ton faussement menaçant : « Hé ! Attaque plutôt quelqu'un de ta taille. » Je me mets alors en position de combat en attendant qu'ils se mesurent à moi plutôt qu'à leur victime habituelle. Pas question, évidemment, de leur mettre la pâtée ! En général, je cours me cacher sous un coussin, les laisse me retourner comme une crêpe ou n'importe quoi qui les fasse rire. Parfois aussi, je leur tiens tête pour qu'ils en aient davantage pour leur argent qu'avec leur petit frère qui ne pouvait rendre la partie plus égale qu'en appelant à l'aide ou en hurlant. Les enfants costauds se sentent souvent démunis, en dépit de leur agressivité. Dans ce cas, mieux vaut inverser une fois de plus les rôles : à eux de l'emporter (dans le cadre d'un jeu) au lieu de profiter de leur supériorité physique au détriment du petit frère (dans la réalité). Surtout, que les choses soient claires : il ne s'agit que d'un jeu. Vous n'allez pas leur flanquer une dérouillée (même s'ils viennent d'en flanquer une à un petit). Il suffit de leur faire comprendre avec humour qu'ils ne sont pas les maîtres du monde, qu'il leur est possible d'éprouver leur puissance et leur force sans nuire. Vous vous présentez comme une personne à laquelle ils peuvent se mesurer, face à qui ils vont donner le meilleur d'eux-mêmes, sans que personne ne se blesse.

Raconter des histoires pour guérir des peurs

Les enfants qui ont eu très peur doivent trouver le moyen de guérir de leurs craintes. Raconter ce qui leur est arrivé, soit en le verbalisant, soit en en faisant le scénario d'un jeu, les aidera. Souvent, ils rejouent à n'en plus finir les mêmes scènes, plus ou moins inspirées de leur vécu. Malheureusement, les enfants oublient parfois les détails d'un événement effrayant ou refusent de les évoquer parce qu'ils en souffrent trop. Ils peuvent avoir besoin d'un rappel respectueux et attentif par un adulte de manière à pouvoir vraiment s'y confronter et s'en libérer vraiment. Les adultes, comme les enfants, aimeraient souvent oublier les choses terribles qui leur arrivent. Mais remiser un épisode pénible dans un recoin de sa mémoire n'est pas le surmonter. Selon Barbara Brooks et Paula Siegel : « L'intérêt d'amener l'enfant à raconter son histoire, c'est qu'il se libère ainsi des émotions liées à des souvenirs qui, sans cela, risquent de le hanter encore longtemps[30]. » Comme je l'expliquerai en détail dans le dernier chapitre, les adultes aussi ont besoin de se livrer. Il est utile aux parents de partager leurs joies et leurs soucis et surtout d'exprimer les sentiments qu'ils estiment trop douloureux, gênants ou menaçants de confier.

Raconter des histoires est un moyen d'aborder sur un mode ludique les thèmes qui préoccupent les enfants. Le plus efficace consiste à déguiser subtilement la réalité – en restant assez proche des faits pour que l'enfant établisse un rapprochement, mais pas trop : il doit se sentir en sécurité. Raconter une histoire constitue un formidable moyen d'introduire auprès de l'enfant des thèmes qu'il éviterait sans cela de considérer dans ses réflexions (ou ses jeux). Une de mes amies, dont le fils gardait un exécrable souvenir de sa première année de maternelle, s'aperçut qu'il n'en parlait quasiment jamais et ne jouait pas à l'école chez lui, en dépit de sa créativité et de sa volubilité dans ses autres jeux. Bien qu'inscrit ensuite dans une nouvelle école où il se plaisait, il ne semblait pas avoir résolu les difficultés survenues dans l'ancienne. Sa mère, ne croyant pas à l'indifférence affichée par son fils, en conclut qu'il avait enfoui au plus profond de lui ce qu'il ressentait.

Ne voulant pas le contraindre à revenir là-dessus (d'autant qu'on ne peut pas forcer un enfant à parler ou inventer un jeu à propos de quoi que ce soit, tant qu'il ne le décide pas) et soucieuse, par ailleurs, de l'aider d'une manière ou d'une autre, elle résolut de lui raconter une histoire : celle d'une petite souris à

---

30. Barbara Brooks et Paula Siegel, *The Scared Child : Helping Kids Overcome Traumatic Events* (New York, Wiley, 1996), p. 29.

bord d'un canot qui prenait l'eau, sur une mer déchaînée. Un grand bateau solide à l'équipage chaleureux recueillait l'animal. Elle ne précisa pas que le canot représentait la première école et le bateau, la nouvelle. Quelque part pourtant, son fils établit le rapprochement. Le premier jour, il réclama que sa mère la lui raconte une douzaine de fois et passa le reste de la journée à la jouer, en l'enrichissant de détails dont la mère comprit qu'ils se référaient aux incidents survenus dans la précédente école. Il redoubla dès lors d'enthousiasme par rapport à son nouvel établissement et adopta dans l'ensemble une attitude plus confiante face à la nouveauté. Pressentait-il que l'histoire imaginée par sa mère touchait à son rapport à l'école ? Mon amie n'aurait su le dire mais, en un sens, peu importe.

Le parentage ludique repose sur le principe de la distance optimale. Et c'est d'ailleurs ce qui explique pourquoi les enfants raffolent des histoires. Dans les jeux physiques, quand il s'agit de courir dans un parc, établir la distance la plus juste suppose de ne pas trop s'approcher ni s'éloigner de l'enfant. C'est sur la notion de distance que repose un jeu auquel j'aime me livrer avec une petite fille, âgée de quatre ans. Elle aime s'amuser avec moi, mais elle est très timide. Elle ne me laisse jamais m'approcher à moins de deux mètres, sous peine de se cacher dans les jupes de sa mère. Nous jouons à celui qui attrapera l'autre le premier, sauf que je me garde bien de franchir la barrière invisible des deux mètres. Il m'arrive de m'enfuir en courant, dès que je la vois. Elle me poursuit alors, mais à distance. Bien que nous ne nous approchions jamais plus que ce qu'elle a établi, le but de notre jeu reste d'entrer en contact. Et tout le temps qu'elle s'amuse avec moi, la fillette sourit tant que j'ai l'impression que son visage va s'ouvrir en deux d'une oreille à l'autre.

Dans le cas d'une histoire, c'est surtout la distance *symbolique* qui compte. Il en coûte parfois trop de parler sans fard d'un sujet pénible. En revanche, le transposer dans un univers fictif permet à l'enfant de s'y mesurer. Avec un peu d'entraînement, vous inventerez des histoires qui mettent dans le mille, sans pour autant rendre votre jeune auditoire mal à l'aise. Bien sûr, vous continuez aussi parallèlement à raconter des histoires qui ne sont que des histoires, sans intention de lien avec la vie de l'enfant.

Les bonnes histoires reposent sur un dosage habile de réel et d'imaginaire. Elles abordent un thème crucial pour l'enfant mais de manière déguisée, mettant en scène animaux ou personnages fictifs. Un enfant de trois ans qui vient d'avoir un petit frère n'a pas forcément envie d'un énième laïus sur le thème : « Sois gentil avec lui, ne te montre pas jaloux, bla, bla, bla. » En revanche, il demandera à ce qu'on lui lise et relise un album qui l'amuse, où il est question d'un lapin venant d'avoir un petit frère. D'un autre côté, de nombreux enfants apprécient d'entendre aussi les histoires vraies, surtout celles de leur naissance ou de leur adoption.

Puis, plus grands, nous les écouterons les raconter. J'aime demander aux enfants de dix à douze ans de me raconter leur vie. Bien qu'il faille parfois beaucoup les encourager, je m'efforce de leur laisser la parole. Il est préférable de résister à la tentation d'imposer son point de vue ou de préciser des détails, à moins que l'enfant ne le réclame. Au cas où il n'étofferait pas assez son récit, vous pouvez l'inciter à le reprendre en l'enrichissant, et continuer de lui réclamer plus de précisions, pendant tout le temps que vous pourrez lui consacrer. L'expérience vous marquera tous les deux. Il est plus facile de prêter une oreille neutre aux enfants des autres, car connaissant les faits, nous sommes davantage tentés d'ajouter des éléments ou de corriger l'enfant, ce qui risque de l'inhiber. En revanche, on peut très bien commencer l'histoire d'un enfant plus jeune, avant de lui demander ce qu'il se rappelle, ou imagine qu'il a pu se passer.

Raconter une histoire *avec* un enfant vous garantira qu'elle l'intéressera, sans lui laisser une impression trop pénible. Il suffit de lui demander, de temps à autre, comment il imagine la suite. Il arrive aussi qu'un enfant fasse spontanément part de ses idées. Mon ami et collègue Sam Roth m'a parlé d'un garçon qui adorait inventer avec lui des histoires : il plaçait son héros dans des situations très périlleuses et c'était à Sam de le tirer d'affaire. Le garçon avait trouvé la distance juste pour évoquer les craintes et les soucis qu'il n'osait pas exprimer franchement. Sam, lui, parlait symboliquement de secours et de sécurité.

Les enfants s'appuient tout le temps sur le principe d'une distance symbolique, en particulier quand ils inventent des personnages dans telle ou telle situation. Il est important de les laisser maîtriser eux-mêmes cette distance émotionnelle : c'est à eux de déterminer ce qu'ils peuvent encaisser ou pas. Lawrence Hartmann, fils de deux psychanalystes, raconte qu'à quatre ans, il dessina un prince. Il montra son épée à ses parents qui lui dirent : « C'est un pénis. » « Non », protesta-t-il. « C'est une épée. » « Pas du tout ! » insistèrent-ils. « C'est un pénis[31]. » Même en admettant qu'ils aient raison sur un plan symbolique (ce qu'il convient peut-être de supposer, dans une famille de psychanalystes), ces parents ne le laissaient pas être celui qui décide de la jouer cool et de l'appeler une épée s'il le préférait.

Donner la réplique ou intervenir au besoin dans la mise en scène

Les enfants confrontés au sentiment d'impuissance prennent souvent d'eux-mêmes l'initiative d'inverser les rôles. Ils n'ont alors besoin que d'un public réceptif. À d'autres moments, l'enfant n'en a pas spontanément l'idée ; il est alors préférable

31. Thomas Maeder, *Children of Psychiatrists and Other Psychotherapists* (New York, Harper & Row, 1989).

que l'adulte mette son grain de sel. Nous pouvons nous préparer à devenir acteur du drame, metteur en scène ou scénariste. Nombre d'enfants ayant des peurs spécifiques, par exemple, ont besoin de notre aide. Ils ne vont pas naturellement mettre en place un jeu autour de leur peur, mais plutôt l'éviter. Mettons qu'ils redoutent les abeilles ou l'eau : ils refuseront de sortir dans le jardin ou d'aller à la piscine. Les parents, frustrés et contrariés, peuvent tenter de forcer leurs enfants, mais les peurs resteront. Les enfants recourent rarement au jeu pour surmonter une peur, dans la mesure où une crainte incite à fuir ce qui la cause ; dans ces conditions, il n'en est que plus ardu de recourir au jeu dans l'objectif de guérir. On ne peut malheureusement pas surmonter ses craintes autrement qu'en les affrontant. Si un adulte initie un jeu joyeux autour de ses peurs, l'enfant gagnera en confiance dans la possibilité de s'en libérer.

Prenons l'exemple d'un petit qui se méfie des abeilles. « Fais l'abeille », lui direz-vous. « J'essayerai de t'échapper. » Bien sûr, vous le laisserez vous « piquer » et hurlerez. Ou vous lui annoncerez : « Je suis une abeille et je vais te piquer », mais vous ne parviendrez, dans votre maladresse, qu'à vous piquer vous-même. Ou alors vous vous cognerez contre les murs en tombant. Peu importe, tant que l'enfant s'amuse de ce qu'il estimait jusque-là trop effrayant pour même y songer.

Je m'occupe, en tant que thérapeute, d'un garçon qui a peur des insectes. Chaque fois que nous jouons au ballon et que celui-ci atterrit dans un buisson, il me demande d'aller le chercher. Je me prétends trop terrorisé par les insectes pour regarder où je mets les pieds, et m'empêtre dans la haie. Je lui demande de me guider, puisque je ne peux pas voir, tout en me cognant partout. Il rit, m'indique où chercher le ballon et peu à peu gagne en assurance. Si je me contentais de le ramener à sa place, il se féliciterait d'éviter les insectes, mais continuerait de les redouter. Par ailleurs, monter sa peur en épingle l'humilierait or, contrairement à ce que nous disent nos modèles d'entraînement militaires, on n'apprend pas à force d'humiliation. Reprendre à mon compte la peur du garçon le soulage en partie, un peu comme lorsqu'on graisse une charnière rouillée. Trouver la juste distance symbolique ne va pas sans mal : elle peut changer d'un jour à l'autre. Lors d'une séance, je fis semblant de craindre les insectes mais, au lieu d'entrer dans mon jeu, le garçon tourna les talons. Au bout d'une minute à rester planté comme un idiot dans un buisson, je changeai pour prétendre que je redoutais en réalité de me piquer aux épines. Le garçon revint en courant me guider, jusqu'à ce que je récupère le ballon.

J'ai vu de nombreux parents laisser de telles peurs s'enraciner, au risque de limiter les possibilités de l'enfant, parce qu'ils voulaient l'en protéger en lui évitant d'avoir à se confronter aux objets de ses craintes. D'autres contraignent l'enfant au mépris de ses appréhensions. C'est ce qu'on pourrait appeler l'approche « marche ou crève ». Le parentage ludique propose un juste milieu ; une solution plus efficace, mais qui requiert une bonne dose d'humour, de proximité et de confiance.

À trois ans, Fernando avait peur des balançoires. D'ordinaire, il ne s'en approchait pas mais, un jour, il se résolut quand même à y grimper, par désir d'imiter en tout son meilleur ami Ned. Il s'amusait à se balancer, quand il prit tout à coup peur, lâcha les cordes et tomba. Par chance, il ne se blessa pas, mais ses craintes redoublèrent. Son père me demanda conseil.

Une option, lui dis-je, est d'inverser les rôles : d'assumer celui du garçon qui ne sait pas se balancer. J'ai remarqué qu'il vaut mieux, d'ordinaire, se prétendre incompétent que terrorisé : l'enfant se détend et s'en amuse davantage. « Aucune balançoire ne me résiste. Je suis le meilleur de la terre. Je sais tout ce qu'il faut savoir sur le sujet » direz-vous par exemple, avant de confondre un toboggan avec une balançoire, ou de ne pas réussir à vous asseoir dessus, ou d'en glisser. L'enfant rira de bon cœur ou vous donnera des conseils, que vous échouerez comme par hasard à mettre en pratique. Il est essentiel que l'enfant n'ait pas l'impression que l'on se moque de lui. Si tel est malgré tout le cas, vous présentez vos excuses avant de changer de tactique.

Mon excellente idée ne donna malheureusement aucun résultat : Fernando refusait d'aller au parc. Retour à la case départ ! Ma suggestion suivante fut que le père annonce qu'ils allaient se donner tous deux un temps de jeu pour travailler sur cette question de balançoire. Fernando protesterait à coup sûr : « Je ne veux pas monter sur une balançoire » ou « je n'aime pas les balançoires. » Pas de souci ! Son père rétorquerait : « Je sais : nous ne nous en approcherons pas aujourd'hui mais nous mettrons tout en œuvre pour que tu surmontes ta peur. » À partir du moment où il n'entend plus prononcer le mot de balançoires, l'enfant ne s'effraye plus et le problème paraît réglé. Après tout, on peut très bien vivre à l'écart des balançoires ! Cela dit, qui a besoin d'une vie pleine de ce type de restrictions ? En décrétant : « Tu iras sur la balançoire, point final. Et si tu pleures, tu ne retourneras plus jamais au parc », vous gagnerez peut-être la bataille, mais au risque de perdre la guerre. Les casse-cou – en majorité des garçons – ont si bien enfoui leurs peurs, qu'il leur faut sans arrêt se prouver qu'ils ne redoutent rien ; ce qui les amène à prendre des risques inconsidérés.

La bonne attitude consiste à laisser entendre à l'enfant qu'il vous tient à cœur de l'aider à vaincre son appréhension. Vous endosserez ainsi le rôle d'un metteur en scène, pour qu'il passe outre sa crainte, en évitant qu'il se bloque. À une certaine distance, qui peut être juste devant la porte de la maison ou à vingt mètres du portique – il y a une frontière invisible qui représente exactement la limite entre éviter la peur et être envahi par elle. C'est la lisière, et attention, il se peut qu'elle fluctue d'un jour à l'autre. C'est à partir de là que vous mettez en place le parentage ludique. Sur cette ligne, quand vous annoncez joyeusement

« on va à la balançoire » l'enfant se mettra peut-être à trembler, à hurler ou à rire. Il éclatera en sanglots, à moins qu'une sueur froide ne lui ruisselle le long du dos. C'est la preuve que vous êtes bien à la lisière. Parfait ! Pas de panique. Il s'agit alors de rester à l'écoute de ses sentiments sans le pousser vers l'avant ni le laisser abandonner. « Approchons-nous de la balançoire. Un pas de plus. Et si on la touchait ? » Il est essentiel que l'enfant puisse se fier à vous. Il doit savoir que vous ne l'obligerez à rien, tant qu'il ne se sentira pas prêt. Il faudra peut-être patienter quelques minutes ou plusieurs heures, ça peut se faire en une fois ou s'étaler sur plusieurs jours. Peu à peu, néanmoins, vos encouragements rapprocheront l'enfant du but. Fernando n'a pas surmonté ses craintes en un jour mais, à présent, il est le roi des balançoires. Il ne s'agit pas à proprement parler d'inverser les rôles mais de trouver un équilibre entre différents personnages : le garçon paralysé par la peur, celui qui ne veut plus jamais aller au square et celui qui veut réellement réussir à se balancer.

Il arrive qu'une expérience angoissante produise une autre réaction. Loin d'éviter l'objet de leur angoisse, ils le recherchent compulsivement. Ils peuvent avoir tenté d'avoir recours au jeu, mais n'ont pas trouvé comment jouer pour se libérer. Alors, ils se font peur encore et encore. Les films d'horreur ou les programmes télévisés particulièrement violents ont souvent cet effet. Les enfants demandent à les revoir encore et encore, non parce qu'ils y prennent du plaisir, mais parce qu'ils sont prisonniers d'un cercle vicieux : ils tentent de surmonter leur peur en visionnant les mêmes images à n'en plus finir. Peut-être ne paraîtront-ils même pas effrayés. Peut-être aussi finiront-ils par reproduire ce qu'ils voient sur l'écran.

Parfois, certains enfants domineront effectivement leur peur, en jouant ce qu'ils auront vu ou rien qu'en regardant à plusieurs reprises un film, qu'ils trouveront un peu moins effrayant à chaque visionnage – un processus qu'on appelle désensibilisation. Il se peut aussi qu'un enfant ait besoin de voir ce programme qui le terrorise auprès de vous ou sur vos genoux, dans un contexte qui le rassure. Ce peut être alors une bonne idée de marquer de temps à autre ce que je qualifie de « pause cri ». Vous mettez le film sur pause et lancez un énorme cri pour faire semblant. L'enfant éclatera de rire. La pause lui donnera l'occasion d'évacuer ce qu'il ressent, telle la soupape de sécurité d'une cocotte minute.

Parfois, un enfant qui rejoue une scène ou regarde de nouveau le film, au lieu de se désensibiliser, se retrouve de nouveau tout à fait terrorisé. C'est alors à l'adulte de l'entraîner dans un jeu et d'inverser les rôles en assumant celui d'un monstre maladroit sans rien d'effrayant. Voilà un défi amusant : imaginer un méchant juste assez ridicule et menaçant pour dérider l'enfant. Le rire l'aidera à sortir de l'engrenage des jeux agressifs ou orientés vers l'horreur.

Faire semblant

J'ai placé en exergue de ce chapitre une repartie de ma fille, un jour où elle me tapait sur les nerfs : « On dirait que tu es le papa et moi, ta fille, et que tu es en colère contre moi. » Pas question ici d'intervertir ! Au contraire : ma fille nous attribuait nos vrais rôles et c'était bien cela le plus drôle ! Elle a dédramatisé la situation en jouant à faire semblant – une méthode encore plus simple mais tout aussi efficace que l'inversion des rôles. À un enfant qui a du mal à se créer des amis, vous proposerez par exemple : « Mettons que nous sommes amis », avant d'étudier sa réaction. Mieux vaut le laisser décider du rôle qu'il vous attribuera : celui du bon ou du mauvais copain. La situation de départ d'un jeu peut entretenir un rapport plus ou moins étroit avec la réalité. Avec un petit garçon qui n'aurait jamais accepté si j'avais proposé « on joue à l'école maternelle », j'ai créé à ce que j'ai appelé « l'école des gaffes de Larry ». Nous inventions des quantités de règles idiotes, de punitions absurdes et de défis à relever, qui lui offraient un reflet poignant (mais comique) de ses difficultés réelles à l'école.

Une autre manière de procéder consiste à veiller à ce que l'enfant se sente en position de force en maîtrisant le jeu ; comme ce serait le cas, si vous inversiez les rôles. Une fille unique de huit ans, dont les parents m'avaient consulté, attendait avec impatience la naissance de sa cousine. Je tablais sur l'apparition dans nos jeux du thème de la rivalité. Elle imagina un scénario tournant autour de la naissance de jumeaux : elle assumait le rôle de la sœur aînée et moi, celui du père ne s'intéressant qu'aux jumeaux. Elle fit semblant de piquer une colère. Je croyais qu'elle réclamerait que je m'occupe d'elle. Eh bien non : elle me demanda de l'ignorer en consacrant tout mon temps aux bébés. Autrement dit : elle savait mieux que moi dans quelle direction orienter le jeu – elle ne souhaitait pas satisfaire son besoin d'affection en prenant la place du dernier-né, mais assumer sur un mode ludique le rôle de l'aînée laissée pour compte. Nous avons joué ainsi plusieurs semaines et cela a été très efficace pour gérer au mieux ses sentiments de jalousie et de rivalité. Vous remarquerez qu'elle n'inversa pas les rôles en se réservant celui du bébé (la réaction pourtant la plus courante à une naissance dans la famille). Elle se contenta de transposer la situation en déformant un peu l'attitude des uns et des autres. En un sens, tout en conservant celui de l'aînée désavantagée, elle redistribua les rôles à un niveau plus élémentaire – au lieu de demeurer la victime impuissante de sa jalousie, elle se servit du jeu pour la dominer. S'il n'était pas en son pouvoir de déterminer dans quelle mesure sa cousine la priverait de l'attention de sa famille, elle pouvait en revanche contrôler le jeu auquel elle s'amusait avec moi.

Un autre thème douloureux que les enfants tentent souvent d'introduire dans leurs jeux est leur sentiment que personne ne les aime. Malheureusement, quand ils inversent les rôles, les adultes ne savent parfois plus quoi penser. Aussi le jeu risque-t-il d'aboutir à une impasse. Quand l'enfant s'exclame : « Je te déteste » ou « tu es nul », l'adulte se sent souvent insulté ou rejeté. Le hic, c'est qu'un enfant ne va pas spontanément se blottir sur vos genoux en se plaignant « personne ne m'aime ». C'est à nous de lire entre les lignes et de comprendre qu'il nous confie – à sa façon – sa souffrance et nous indique comment lui venir en aide. Au lieu de le disputer parce qu'il nous manque de respect ou de l'envoyer dans sa chambre, pourquoi ne pas répondre : « Ouin ! Joey m'a traité de nul ! Bouh ! Personne ne m'aime. » Ou « Je veux bien que tu me traites de nul mais ne me traite surtout jamais d'escalope viennoise ! »

Un garçon, qui aimait jouer à la balle lors de nos séances de thérapie, m'indiqua un jour à son insu qu'il s'inquiétait de ne pas être aimé. Je venais d'échouer à rattraper le ballon, lorsqu'il lâcha : « Le ballon ne t'aime pas. » Je savais qu'il avait du mal à se créer des amis à l'école, mais il n'en parlait pas. Je bondis sur l'occasion de le faire rire en me prétendant outré que le ballon ne m'apprécie pas. Une petite fille me demandait quant à elle de m'asseoir sur un canapé avant de tenter de m'en faire choir en me repoussant. « Le canapé ne t'aime pas », commentait-elle. Vu qu'elle s'attirait des ennuis à l'école en frappant ses camarades, convaincue qu'ils ne l'appréciaient pas, je me mis à taper et à crier contre le canapé alors qu'elle hurlait de rire. Je me prétendis étonné que le canapé persiste à ne pas m'aimer, alors que je venais de lui donner une raclée.

À en croire le psychiatre Stanley Greenspan, « Faire semblant correspond à l'une des étapes les plus cruciales du développement de l'enfant[32] ». Les jeux fondés sur la transposition de la réalité supposent et développent la faculté d'abstraction, la pensée symbolique et l'imagination. Certains enfants se lancent de leur propre initiative dans un monde de leur invention. D'autres ont besoin qu'un adulte les encourage : il suffit pour cela de s'emparer d'une poupée ou d'un animal en peluche auquel on prêtera une drôle de voix, ou de qualifier d'Everest une structure à escalader. Ou encore de prononcer, au début d'une séance de jeu, la formule magique : « On dirait que… » Il ne reste plus ensuite qu'à assumer son rôle de bon cœur, sans hésiter à pimenter la situation, en y introduisant un conflit ou un défi à relever, ou même en imaginant tout un scénario. Quand un enfant n'a aucune envie de « faire semblant », il est bon d'ajouter une composante fictionnelle à un jeu dont il raffole. Ken et moi jouions beaucoup aux échecs pendant sa thérapie. Il ne s'amusa pour ainsi dire jamais à faire semblant. Au cours d'une partie, il m'arriva de lui proposer : « On dirait que je suis Bobby Fischer et toi, Garry Kasparov. » Le subterfuge me permit de feindre une grande nervosité et pas mal d'angoisse – des sentiments que Ken maîtrisait, en niant qu'il les éprouvait.

Chaque fois qu'un enfant luttera contre une émotion ou une notion qui le déroute, cela l'aidera d'attribuer à un personnage fictif ses difficultés. Le père ou la mère d'un petit qui fait une fixation sur la justice pourra par exemple s'emparer de la peluche ou du jouet qui arrive en second dans le cœur de l'enfant et lui faire dire : « C'est pas juste ! Tu joues toujours avec Tigrou ! » Vous pourrez créer des personnages tristes ou espiègles ou agressifs ou incapables de résoudre un problème similaire à celui que rencontre l'enfant. « Les autres jouets m'ont taquiné pendant que tu étais à l'école. Je ne sais pas quoi faire. » « J'ai peur

---

32. Stanley Greenspan et Robin Simons, *The Child with Special Needs* (Reading, Mass., Perseus Books, 1998), p. 192.

quand tu éteins la lumière.» Il ne faudra pas s'étonner si l'enfant fait preuve de dureté vis-à-vis de la poupée qui le représente : c'est une manière pour lui de montrer à quel point ses soucis lui pèsent. Il se peut aussi qu'il vous indique précisément ce qu'il attend de vous en venant en aide avec beaucoup d'intelligence au personnage en difficulté. Quoi qu'il en soit, faire semblant permet à l'enfant de prendre du recul par rapport à la situation et soulage les parents qui se sentent souvent démunis, quand leur enfant ne veut pas ou n'arrive pas à parler de ses soucis.

Les enfants qui font semblant assument entre autres rôles celui du gentil ou du méchant. Ceux d'aujourd'hui jouent sans doute moins aux gendarmes et aux voleurs qu'aux super-héros ou aux personnages de séries télé ou de cinéma. Il est essentiel de se rappeler que les jeux de ce type ne sont ni aussi destructeurs ni aussi cruels qu'ils paraissent. Vous rappelez-vous Paul, le babouin du chapitre précédent, qui bridait sa force en se mesurant à son petit frère ? Jouer au gentil et au méchant permet de la même manière de s'entraîner à maîtriser ses impulsions. Certains enfants préfèrent incarner le méchant – ce qui leur permet d'expérimenter ce que ça fait d'être dangereux ou d'inspirer la peur. Si blesser réellement quelqu'un n'aide pas, « faire semblant », en revanche, est à la fois drôle et éducatif, permettant d'explorer les sentiments d'agressivité, sans dommage et sans risque. D'autres enfants aiment mieux être le gentil. Ils préfèrent incarner une agressivité « politiquement correcte », en incarnant Batman ou un soldat et en tirant donc sur des cibles socialement acceptables.

Certains parents raffolent de ce genre de jeu et entrent dans la peau de leur personnage avec autant de conviction que leur enfant. L'intuition leur vient qu'ils doivent incarner un méchant juste assez terrifiant pour maintenir son intérêt, sans trop lui en imposer pour autant. Peut-être multiplieront-ils les gaffes (comme Lex Luthor dans les aventures de Superman) ? D'autres parents en ont horreur, et aimeraient les interdire à leurs enfants. Je le regrette mais un enfant qui a envie d'y jouer en a besoin. Et si on l'en empêche, il le fera en cachette. Mieux vaut s'amuser avec l'enfant, de manière à orienter le jeu au cas où il déborderait ou deviendrait trop violent.

Imaginer un scénario pertinent

Qui écrit le scénario que les enfants mettent en scène quand ils réclament un nouveau jouet vu à la télé, taquinent un camarade, collectionnent des Pokémon, jouent aux Power Rangers, sortent avec une fille (ou un garçon, selon) ou fument en douce à la sortie de l'école ? Ni eux, ni nous. Ces scénarios sont délivrés à l'identique d'année en année par les médias, ils sont renforcés par la télévision et le cinéma. Les jeunes suivent à la lettre un script qui bride leur imagination, étouffe leur créativité. En revanche, dans le jeu imaginaire libre, les enfants témoignent au contraire d'une grande spontanéité. L'intrigue est en évolution constante, ils l'élaborent au fur et à mesure, seuls ou en groupe. S'ils s'inspirent de personnages connus de fiction même issus d'un film ou d'une série télé, ils ne tardent pas à s'en écarter pour explorer leur propre imaginaire.

Mais observez autour de vous les enfants. La plupart suivent un scénario écrit d'avance par un tiers et non par eux-mêmes. Les scènes répétitives et intenses que leur montre le petit écran étouffent leur créativité. Quand ils détachent enfin les yeux de la télé, ils répètent à l'identique les histoires qu'ils viennent de voir ou le jeu tourne court et il s'ennuient ou encore ils deviennent violents – mais pas pour rire ni se défouler : leur agressivité les rend réellement dangereux. Les produits dérivés des films ou des jeux vidéo enferment le jeu dans un cadre prédéterminé. Comment utiliser un pistolet en plastique, autrement qu'en tirant sur quelqu'un ? À l'inverse, un rouleau en carton peut servir de sabre laser, d'épée, d'arbre, de trompette et ainsi de suite. Bien sûr, il y a des enfants auxquels même les jouets les moins stimulants inspireront des idées nouvelles. Dans la plupart des cas, seule l'intervention d'un adulte permet toutefois de mettre un terme à la répétition d'un même scénario. Les enfants ont beau aimer ce qui est répétitif, il est nécessaire que leurs jeux évoluent – qu'ils recommencent, mais en introduisant des variantes. La plupart des jouets sont bons à jeter : ils ne peuvent servir qu'à ce pour quoi ils ont été conçus. Un jouet valable, en revanche, permet aux enfants de façonner le monde à leur guise, et laisse libre cours à leur créativité.

D'un autre côté, les spécialistes de l'enfance estiment vain de bannir les jeux inspirés des séries télé – en particulier ceux qui tournent autour de la guerre et des combats. Libre à vous d'essayer, mais vos enfants risquent alors de faire une fixation dessus, pour la simple et bonne raison que vous les interdisez. En outre, un enfant a besoin de se livrer à ce genre de jeux, ne serait-ce que le temps de prendre conscience de ce que ces images et ces histoires signifient pour lui. En jouant avec eux, nous pouvons les aider à redécouvrir leurs propres scénarios, leurs propres personnages, leur propre source imaginaire.

Un enfant livré à lui-même n'est pas libre de ses choix. Il se retrouve au contraire à la merci des media, qui exercent une pression constante sur les jeunes – surtout les garçons – en envahissant leur imaginaire avec des armes et de la violence. Vous ne pouvez donc interdire mais vous ne pouvez non plus les ignorer. Quelle attitude alors adopter ? Ma réponse ne devrait pas vous surprendre : y participer ! Si votre enfant vous tire dessus, pourquoi ne pas vous écrouler, de préférence en l'entraînant dans votre chute ? Vous pouvez aussi lui rétorquer qu'il s'est en réalité servi du pistolet d'amour (cf. le chapitre 3). Hurler que vous êtes blessé lui permettra d'endosser le rôle du médecin plutôt que de l'ennemi au moins quelques minutes. Vous pouvez aussi en faire des tonnes, jusqu'à ce qu'il attrape le fou rire.

Les images de sexe et de violence en trop grand nombre inhibent l'imagination des enfants, au même titre que les armes en plastique. Aux propres créations des enfants, qui prennent spontanément naissance dans leur esprit, se substitue une production de masse, une piètre imitation excitante à l'excès. On en voit le résultat dans leurs jeux. Simplement en le voyant jouer, je peux deviner combien de temps un enfant passe devant la télé et ce qu'il est autorisé à regarder. Les programmes qui mêlent sexe et violence – et qui vont des films gore aux combats de catch – sont les plus néfastes.

De nombreux jouets s'accompagnent de notices d'utilisation spécifiant comment les enfants sont censés les manier. Et en fait, notre société tout entière leur soumet (à eux et aux adultes) des modèles de comportement à suivre. Nous sommes récompensés lorsque nous nous y plions, et punis lorsque nous dévions. Les garçons sont censés réagir de telle manière, et les filles de telle autre. Aux adolescents, on dit comment exactement se rebeller, et surtout quels produits « rebelles » ils doivent consommer. Les enfants sont programmés pour s'exclamer à la vue d'une publicité : « J'en veux, moi aussi ! » Il me semble impératif d'aider nos jeunes face à tout cela.

Pour contrebalancer ces prescriptions de rôles, nous pouvons analyser avec eux les images dont ils sont bombardés : en regardant la télé à leur côté, et en prenant le temps de discuter des images vues. On peut aussi mettre son grain de sel dans les jeux inspirés de séries ou de films en faisant l'idiot, en tombant en extase devant les Power Rangers ou en imitant la gestuelle des danseurs de groupes de hard rock.

Les multinationales dépensent des milliards de dollars en marketing afin de dicter à nos enfants un scénario qui leur attribue un unique rôle : celui de consommateur. En l'acceptant passivement, ils s'enferment dans la forteresse de l'impuissance. Le moyen d'en sortir ? Comprendre les mécanismes de manipulation de la télévision. Il y a quelques années, ma fille visionna dans un musée pour enfants un petit film sur le rapport à la réalité, pour le moins douteux, des publicités télévisées, qu'elle considère depuis avec un scepticisme de bon aloi. C'est un autre type d'inversion de rôle, car cela place l'enfant sur le siège du conducteur, comme décodeur du message média au lieu du rôle de consommateur passif.

Savez-vous qui sont aujourd'hui les meilleurs experts en phase avec nos enfants ? Ceux qui s'exercent le plus à comprendre ce qui motive les jeunes, ce qui les préoccupe et ce qu'ils ressentent ? Ils sont devenus de tels spécialistes qu'ils nous ravalent, mes collègues psychologues et moi, au rang de simples amateurs. Ils consacrent des heures et des heures à l'observation des enfants en se demandant ce qui leur passe par la tête et ce qu'ils ressentent. Dommage qu'ils travaillent pour Disney, Cartoon Network, MTV, agences de publicités ou industries du jouet ! Ils s'intéressent (pour leur profit) à ce qui fait rire les enfants, les effraye ou leur plaît. Il nous revient de leur résister en nous élevant à leur niveau de compétence. Notre intérêt à écouter nos enfants et à nous caler sur leur longueur d'onde dépasse de loin le simple profit financier.

Les multinationales se montrent résolument au diapason des enfants. Et eux s'accordent en retour aux messages que leur adresse la télé ou la presse. Les médias destinés aux enfants les attirent et les fascinent plus que nous n'y parviendrons jamais. Les jeunes nous boudent, nous et nos discours. À notre tour, nous nous détournons. David Elkind, le célèbre auteur de *L'Enfant stressé*, s'inquiète de l'incidence du consumérisme ambiant sur nos chères têtes blondes. « Ce qui caractérise les sociétés capitalistes contemporaines, et en particulier les États-Unis, c'est l'exploitation des enfants en tant que consommateurs. Les fabricants de jouets et de vêtements, l'industrie du disque et du cinéma considèrent les enfants et les jeunes comme un vaste marché. À vrai dire, les adolescents ont proportionnellement plus d'argent à dépenser que n'importe quelle classe d'âge. À mesure que les enfants se réduisent à un simple marché, leur santé et leur bien-être deviennent secondaires à l'accumulation de capital, comme c'était le cas à l'époque de la révolution industrielle [où on les exploitait en les obligeant à travailler[33]].» Elkind y voit la raison pour laquelle les enfants jouent de moins en moins librement en Occident de nos jours : ils se livrent désormais plutôt à des jeux qui profitent à un tiers. Il suffit, pour s'en rendre compte, de comparer des enfants qui jouent à cache-cache ou à shooter dans une cannette sur la chaussée avec des petits qui manipulent des Pokémon ou des Barbie. Certains enfants ne savent pas s'amuser sans un jouet acheté dans le commerce. Par ailleurs, les journées d'école réservent de moins en moins de temps au jeu, même en maternelle, afin de préparer l'enfant à devenir un membre productif de la société.

Ce que j'aime, à New York, c'est la quantité de publicités visant les annonceurs plus que les consommateurs. Les stratégies marketing mises en œuvre me fascinent et me consternent en même temps. J'ai remarqué récemment deux campagnes pour les chaînes Nickelodeon et MTV, présentes sur presque tous les abribus. Une première série d'affiches évoquait un enfant lambda, doué pour ceci ou cela. Toutes soulignaient qu'il décidait seul de la marque de ses chaussures, des boissons que devait acheter toute la famille ou qu'il disposait de tant et tant d'argent de poche par semaine. Sous-entendu : la chaîne pour enfants mettrait en relation les consommateurs qui la regardaient avec

33. David Elkind, « Academic Pressures – Too Much Too Soon : The Demise of Play », in *Children's Play and Learning*, ed. Edgar Klugman et Sara Smilansky (New York, Teachers College Press, 1990), p. 11.

n'importe quel annonceur assez habile pour diffuser ses publicités sur le réseau. Consternant ! Ces publicités exaltaient le pouvoir des enfants mais dans l'idée de les asservir à des tiers.

La campagne MTV m'a paru plus subtile : rien n'indiquait a priori qu'elle visait les annonceurs. Chaque affiche comportait un terme ou une expression ressemblant à s'y méprendre au jargon d'un ado. Dessous figurait une traduction et le logo de la chaîne. Je crus d'abord qu'elle vantait une nouvelle émission dont je n'avais pas entendu parler : après tout, je ne suis qu'un vieux schnock qui ne regarde pas MTV. Ma nièce qui vit à New York me détrompa : les phrases incompréhensibles avaient été forgées de toutes pièces par le département marketing de MTV. Les affiches devaient amener les annonceurs à se dire : je ne comprends pas les ados d'aujourd'hui mais ce n'est pas grave, MTV s'en charge. Il suffit de les payer : ils s'occuperont du reste en faisant de leurs spectateurs les acheteurs de mes produits. Effrayant ! Comme s'il n'était pas déjà assez délicat de combler le fossé entre les générations, il y a maintenant des publicités qui persuadent les adultes qu'ils ne comprendront jamais les jeunes.

Dans ces conditions, il ne reste plus qu'à éteindre le poste et aller jouer.

8.

Développer le pouvoir personnel des filles et renforcer l'attachement pour les garçons

Un garçon de trois ans à son père :
« Papa, tu es un homme. Et Maman est une femme. Et George est bizarre. »

On entend souvent dire que le rôle des parents consiste à donner aux enfants des racines et des ailes. Dans le langage du parentage ludique, la métaphore du réservoir à remplir renvoie à d'autres images : arroser la plante afin que ses racines s'enfoncent profondément dans le sol ou nourrir l'oiseau de sorte qu'il vole toujours plus haut dans le ciel. Chaque enfant a besoin d'un réservoir plein ; c'est-à-dire à la fois de racines et d'ailes. Hélas ! Le traitement réservé aux garçons et aux filles abîme souvent leurs racines et leurs ailes. Le parentage ludique se donne pour objectif de remédier à une partie des dégâts. Les filles, trop souvent dissuadées d'explorer, ont besoin qu'on les aide à déployer leurs ailes, à oser aller de l'avant dans le monde, et découvrir leur propre espace intérieur de puissance et de force. Les garçons, trop souvent seuls face à ce qu'ils ressentent, et privés du réconfort d'un câlin, ont besoin qu'on les aide à s'enraciner.

L'anecdote du pistolet d'amour (page 83) montre qu'il suffit parfois d'un peu d'humour pour encourager un garçon à la connexion humaine au lieu de répéter le même scénario éculé de tuerie. Bien qu'il m'arrive de jouer à des variantes du pistolet d'amour avec des filles, je m'y amuse plus souvent avec des garçons : il est en effet plus probable qu'ils aient besoin d'un coup de pouce pour rétablir le sentiment d'attachement. De même, si, régulièrement, je lutte pour rire avec des garçons en m'efforçant de mon mieux de développer leur confiance en leur pouvoir personnel, je me soucie beaucoup de la force et de l'assurance des filles.

L'un des rares souvenirs que je garde de mes cours de fac se rapporte à une série d'études montrant à quel point le sexe d'un enfant conditionne l'attitude des adultes vis-à-vis de lui. Les chercheurs montraient aux sujets de l'expérience un même bébé en affirmant qu'il s'agissait d'un garçon à la moitié du groupe et d'une fille à l'autre moitié – afin de s'assurer qu'ils ne réagiraient pas à quelque différence subtile entre garçon et fille. Dans la première étude, le nourrisson, vêtu d'une simple couche, était placé sur une table en position pour ramper en présence d'un inconnu. Dans l'autre, l'adulte entendait des pleurs sur bande magnétique en provenance d'une pièce voisine. Les chercheurs observaient les sujets à leur insu afin de mesurer jusqu'à quel point ils laissaient le premier nourrisson explorer son environnement, et au bout de combien de temps ils allaient s'occuper de lui quand il « se réveillait » et combien ils allaient interagir avec lui.

Ceux qui croyaient avoir affaire à une fille la rejoignaient plus vite quand elle pleurait et interagissaient davantage avec elle. Ceux qui pensaient se trouver face à un garçon attendaient beaucoup plus longtemps avant d'aller le consoler mais l'ont plus encouragé dans l'exploration et dans l'activité motrice.

Autrement dit : seules les filles étaient incitées à s'enraciner et seuls les garçons étaient autorisés à prendre leur envol. Le sexe réel de l'enfant n'importait pas[34]. Une étude similaire est particulièrement pertinente par rapport à la problématique des filles et du pouvoir. John et Sandra Condry[35] montrèrent à des adultes une vidéo d'un enfant de neuf mois face à une série de jouets. Ils dirent à certains qu'il s'agissait d'une fille ; à d'autres, d'un garçon, mais tous virent le même petit film. Les chercheurs demandèrent d'évaluer le plaisir, la colère et la peur du nourrisson, qui fondait notamment en larmes à cause d'un diable en boîte. Ceux qui pensaient observer un garçon virent

---

34. S. Condry, J. Condry et L. Pogatshnik, « Sex Differences : A Study of the Ear of the Beholder », Sex Roles 9 (1983), 697-704. N. Bell et W. Carver, « A Reevaluation of Gender Label Effects : Expectant Mothers' Responses to Infants », *Child Development* 51 (1980), 925-27. R. Culp, A. Cook et P. Housley, « A Comparison of Observed and Reported Adult-Infant Interactions : Effects of Perceived Sex », *Sex Roles* 9 (1983), 475-79.

35. J. Condry et S. Condry, « Sex Differences : A Study of the Eye of the Beholder », *Child Development* 47 (1976), 812-19.

de la colère dans ses pleurs. Ceux qui se croyaient devant une fille estimèrent en revanche qu'elle prenait peur. Les premiers jugèrent l'enfant plus actif et plus costaud que les seconds. Il ne faut pas s'étonner qu'en grandissant, les garçons aient plus de chances de récolter des punitions et les filles, d'être surprotégées.

De telles études mettent en évidence la différence entre le traitement que reçoivent filles et garçons – dès leur venue au monde ou presque – et le genre de correctif qu'ils sont en droit d'attendre de nous, tant les uns comme les autres se voient limités, empêchés de donner leur pleine mesure. Les filles sont consolées mais pas encouragées à explorer ou à prendre des risques ; elles ont besoin de jeux avec les parents pour construire confiance et sensation de pouvoir personnel. Les garçons ont déjà l'autorisation d'explorer le monde et sont encouragés à se montrer téméraires mais ils sont souvent seuls pour affronter leurs peurs, leur solitude ou leur tristesse. Un peu plus grands, ils écopent même d'une réprimande s'ils expriment ces sentiments. Les garçons ont donc besoin de jeux avec les parents qui mettent l'accent sur l'attachement et sur les émotions.

Je demande souvent à des adultes ce qui les horripile ou les déconcerte le plus dans l'attitude des garçons. Les réponses spontanées que j'obtiens – en particulier de la part des femmes – n'étonneront personne : « Ils ne parlent pas. » « Ils se replient sur eux-mêmes. » « Ils ne disent pas ce qu'ils ressentent. » La solution est pourtant simple : du lien, du lien et encore du lien. Avec autant d'humour que possible. Pour les filles la réponse est tout aussi systématique : pouvoir, pouvoir, pouvoir.

Dans un livre au retentissement considérable sur la discrimination envers les filles à l'école, Myra et David Sadker ont relaté l'anecdote suivante[36] : une lycéenne demande de l'aide à

---

36. Myra et David Sadker, *Failing at Fairness : How Our Schools Cheat Girls* (New York, Simon and Schuster, 1994).

son professeur de mathématique. Il lui donne la réponse. Un garçon en réclame à son tour : l'enseignant lui conseille d'essayer de résoudre lui-même le problème. Les Sadker estiment que le professeur prive la fille d'une occasion de réfléchir par elle-même et de développer sa capacité de raisonnement mathématique. Je ne leur donne pas tort, même si, à mon sens, ce n'est là qu'une moitié du problème. Le garçon aussi est lésé. On en revient aux études que je viens d'évoquer. La fille reçoit de la chaleur humaine mais n'est pas incitée à déployer ses ailes en s'escrimant sur le problème. L'enseignant laisse entendre au garçon qu'il est capable de réussir mais il doit y arriver seul, sans soutien émotionnel, sans racines. Le professeur aurait dû répondre, à l'un comme à l'autre de ses élèves : « Réfléchissons-y ensemble. »

Garçons et filles ne s'amusent généralement pas de la même façon. La plupart des garçons aiment mieux jouer à la bagarre et la majorité des filles, à la poupée. J'entends sans arrêt des parents me dire : donnez un camion de pompiers à une fille, elle l'emmitouflera dans une couverture et le mettra au lit. Donnez à un garçon à peu près n'importe quoi et il en fera une arme. Bien sûr, une telle remarque n'a de valeur que statistique. Les hommes sont statistiquement plus grands que les femmes et pourtant nous connaissons tous des hommes petits et des femmes grandes. Certains garçons aiment mieux jouer au papa et à la maman alors qu'il y a des filles qui raffolent des bagarres.

La différence entre les jeux des garçons et des filles se manifeste si tôt qu'elle est souvent interprétée comme l'évidence même de son côté naturel et inéluctable. D'aucuns prétendent toutefois qu'elle relève de l'acquis : notre société sexiste l'instillerait dans l'esprit des enfants. Il y a du vrai dans l'une et l'autre opinion. Des années de recherches peuvent être synthétisées en une phrase : il y a des différences innées entre les deux sexes, mais elles sont minimes[37]. Il revient aux parents, à l'éducation et la culture de les réduire ou, au contraire, de les exagérer, or c'est l'option qu'a jusqu'ici retenue notre société.

Chaque enfant devrait avoir droit à la fois à des contacts humains et de la confiance en son pouvoir personnel. Malgré tout, on incite les filles à redoubler de gentillesse au détriment de leur assurance et à plus se soucier de leurs relations affectives que de ce qu'elles accomplissent. Celles qui ne rentrent pas dans le moule se font traiter de rosse, d'adjudant, de camionneuse – autant d'insultes soulignant leur manque de féminité. On décourage par ailleurs les garçons de nouer des liens trop étroits : on leur impose des pressions pour qu'ils se focalisent sur l'esprit de compétition, l'assertivité, la réussite et la force. Un garçon proche de sa mère se fera traiter de « fils à maman », de chochotte s'il aime jouer avec des filles, de tapette s'il a envie de faire un câlin ou de prendre par la main un camarade. S'il respecte sa petite amie qu'il considère comme une égale, on dira que c'est elle qui porte la culotte. À partir du moment où il se plaît à l'école, il passe pour un fayot.

Garçons et filles s'amuseraient-ils différemment dans un monde libre de préjugés, où ils ne recevraient pas un traitement si différent ? Impossible à dire ! Ce qui est sûr, c'est que les jeux des enfants reflètent les rôles que notre société attribue à l'un et l'autre sexe. Prenons l'exemple des réactions aux insectes. Aujourd'hui encore, à l'issue de longues années de lutte féministe, beaucoup de filles s'écrient « beurk ! » en voyant une araignée, endossant ainsi le rôle de la jeune demoiselle, frêle et fragile, en détresse. Un garçon – même le fils d'un homme qui vit avec son temps et change les couches de ses enfants – n'hésitera que rarement, en revanche, à écraser, broyer, tuer une « sale

---

37. Deborah Blum, *Sex on the Brain : The Biological Differences Between Men and Women* (New York, Viking, 1994).

bête». Peut-être même en imitant le bruit d'une arme. Aucune de ces deux réactions n'est tout à fait rationnelle : elles ne font qu'amplifier, chacune à leur manière, des stéréotypes. Les garçons qu'effrayent les insectes et les filles qui les écrasent auront droit à des critiques et des moqueries parce qu'ils s'écartent de la norme.

Il y a quelques années, je jouais avec ma fille et un de ses amis à un jeu mettant en scène des chevaliers, des princesses et des dragons imaginaires. Bien que ma fille fût plus forte et sûre d'elle que son camarade de maternelle, il endossait le rôle du chevalier chargé de se porter au secours de la princesse. Je me demandai : «Où ont-ils été pêcher ça ?» Je les incitai à envoyer la princesse à la rescousse du chevalier, pour changer. Je dus y renoncer. Les enfants jouent pour s'exercer aux rôles adultes, et cela inclut les rôles sexuels, ils explorent ce que signifie d'appartenir à un sexe plutôt qu'un autre. Par certains côtés, les rôles masculins et féminins ont considérablement évolué en quelques années. Mais par d'autres, il est clair qu'ils ont fort peu évolué depuis l'âge de pierre. Et certainement pas depuis l'époque des chevaliers.

Je ne comprends pas pourquoi les fabricants de jouets persistent à vendre des dînettes dans des emballages roses où figurent des petites filles. Je les crois tout à fait capables d'inciter les garçons à jouer à la dînette et les filles aux robots et pourtant… Même la perspective d'écouler deux fois plus de produits ne suffit pas à les convaincre de brouiller les frontières entre jouets pour filles et garçons. Bien sûr, peu importe qu'un enfant s'amuse à la dînette ou pas. Encore que… Une étude a montré que les filles qui jouaient surtout à des jeux de filles s'en sortaient moins bien que leurs camarades en maths et en sciences[38]. Nous

38. Beverly Fagot et Leslie Leve, «Gender Identity and Play», in *Play from Birth to Twelve and Beyond*, ed. Doris P. Fromberg et Doris Bergen (New York, Garland Publishing, 1998), p. 190.

ne pouvons que spéculer sur les conséquences à long terme de l'utilisation exclusive de certains jouets par les petits garçons.

Le parentage ludique préconise bien évidemment de rejoindre les enfants dans leur monde et de jouer avec eux. Peu importe à quoi : l'essentiel est de faire un effort pour donner du contact aux garçons et de l'assurance aux filles, de manière à ce que les uns et les autres développent à la fois leurs racines et leurs ailes.

Pourquoi je joue à la Barbie (ou aux petits soldats) alors que j'ai horreur de ça

Ma fille, pourtant issue d'une famille d'ardents féministes, raffolait, plus jeune, des Barbie et des poupées incarnant les héroïnes des films Disney. Heureusement, cela lui a presque complètement passé. Je détestais ces jeux : ils m'ennuyaient, je les trouvais idiots et contraires à presque tout ce à quoi je crois. Quand ma fille me le demandait, il m'arrivait quand même d'y prendre part. Les enfants jouent dans l'intention de mieux comprendre le monde or les filles ont beaucoup à assimiler en termes d'image, d'habillement ou encore de pouvoir de séduction. Elles reçoivent des messages confus et trompeurs qui sapent leur assurance. À nous de les aider à faire le tri ! Dans le même ordre d'idées, il est salutaire de tendre une main secourable aux garçons bombardés de messages sur le thème de la violence et de la compétition. Voilà pourquoi je recommande aux parents de prendre part aux jeux agressifs de leurs enfants (ce qui répugne à beaucoup – en particulier aux mères – autant qu'à moi, les Barbie).

Beaucoup d'essayistes ont déploré que notre culture sape la confiance des filles à l'adolescence. Selon moi, ce qui se passe, c'est qu'elles voient remise en cause l'image qu'elles se forment du monde et d'elles-mêmes, en particulier de leur apparence. Les attentes irréalistes qui pèsent sur ce à quoi elles doivent ressembler et ce qu'est la beauté enferment nombre d'entre elles dans la forteresse de l'impuissance. Comme tout leur paraît dépendre du physique et qu'elles ne sont pas comme elles voudraient être, elles se sentent au trente-sixième dessous. Mary Pipher, l'auteur de *Reviving Ophelia*, affirme que l'estime de soi des filles chute au bout de quelques minutes à parcourir un magazine de mode[39]. Si votre fille en lit, il serait préférable de les feuilleter avec elle afin de ne pas laisser les images des mannequins exercer leur pouvoir de séduction sans réagir, c'est-à-dire sans les rattacher à la réalité.

Comment un jeu auquel vous participerez peut-il aider votre fille à développer son pouvoir personnel ? Si vous vous mettez à son niveau en jouant avec elle aux Barbie, vous pouvez pimenter le scénario : pourquoi les poupées ne se déchaîneraient-elles pas ? en dansant, en s'habillant bizarrement, en exprimant des idées choquantes… Personnellement, j'aime attribuer à une poupée un rôle stéréotypé, tandis qu'une autre s'insurge. « Au nom de la police de la féminité, je t'arrête pour conduite indigne d'une dame ! » « Tais-toi et fiche-moi la paix ; j'aime courir et bondir, tu ne m'arrêteras pas. » Je m'efforce d'élaborer des scénarios qui s'écartent des thèmes rebattus du mariage et du grand amour, si présents dans les jeux et films pour filles. N'avez-vous pas remarqué que les films Disney dont le personnage principal est un garçon tournent autour du problème de l'identité – Pinocchio à la recherche de lui-même – alors que dans ceux qui mettent en scène une héroïne – *La Petite Sirène, Blanche Neige* ou *Cendrillon* – il n'est question que d'amour ?

Pour contrebalancer les effets des attitudes mises en évidence par les études dont j'ai parlé, il me semble nécessaire

39. Mary Pipher, *Reviving Ophelia* (New York, Ballantine, 1994).

d'encourager les filles à exprimer leur opinion à voix haute et forte, à se montrer puissantes, aventureuses et sûres d'elles. Il est essentiel de combattre l'idée qu'une femme sûre de son pouvoir personnel n'est pas une femme comme il faut. Pour cela, il est parfois nécessaire – je pense surtout aux mères – de revenir sur notre éducation et l'origine de notre répulsion pour la lutte et les jeux physiques. Tous les enfants tireront profit d'une incitation à développer une saine confiance en leurs capacités. Seulement, les filles devront surmonter plus d'obstacles avant de prendre conscience de leur pouvoir personnel.

De même que je joue à la Barbie avec des filles pour m'opposer à certaines valeurs que leur inculque notre société, je joue à la guerre avec des garçons. Je fais violence à ma nature pacifique en me lançant avec enthousiasme dans des tueries « pour faire semblant ». De temps à autre, j'ajoute un élément de réalité au jeu – « Aïe ! Ça fait mal ! » – et je multiplie les occasions de contact physique. Je m'écroule raide mort au-dessus du garçon qui m'a tiré dessus, me planque derrière lui lorsque l'ennemi se pointe ; en somme, je ne laisse passer aucune occasion de rapprochement. Le parentage ludique recommande de rejoindre l'enfant dans son monde afin de le sortir peu à peu de la situation où il se trouve piégé. Un enfant à qui nous infligeons un sermon, ou avec lequel nous refusons de jouer, parce qu'il se montre trop violent ou trop gnangnan à notre goût, nous repoussera. À qui la faute ? Nous n'aimerions pas que quelqu'un qualifie d'idiot notre loisir favori. En laissant l'enfant démêler lui-même le problème de son identité sexuelle, nous ne le laissons pas vraiment réfléchir seul. Au contraire, en disparaissant de la scène, nous l'abandonnons aux publicitaires, aux spécialistes du marketing et à l'industrie du divertissement qui lui diront comment se comporter, à quoi ressembler et quoi penser. Les multinationales ne demandent qu'à combler le vide que nous laisserons par notre désinvestissement.

L'esprit de compétition pose des problèmes aux enfants des deux sexes, autant qu'à leurs parents. Il arrive qu'une fille renonce à donner le meilleur d'elle-même, ou ne savoure pas sa victoire, parce qu'elle compatit à la déception du perdant. À l'inverse, un garçon est censé se soucier de gagner, plus que d'éprouver ce que ressentent les autres. Autrement dit : notre société amène les garçons à souffrir de leur isolement et les filles, de leur impuissance. On attend d'un garçon qu'il sacrifie ses émotions et ses relations à son succès alors qu'une fille doit plutôt renoncer à s'accomplir sur le plan personnel pour ménager la sensibilité de son entourage.

Je l'ai bien remarqué au printemps dernier, à l'école de ma fille. L'équipe de football dont elle fait partie devait en affronter une autre au sein de l'école – c'est-à-dire se mesurer à des camarades et non à des inconnues. Les filles redoutaient la rencontre, au point de souhaiter que la pluie ou la neige obligent à l'annuler, de sorte que l'esprit de compétition n'ait pas à prévaloir sur l'amitié. J'en parlai à un autre parent d'élève, qui me dit que lorsque son fils et ses coéquipiers devaient affronter au baseball leurs camarades, personne n'espérait qu'il pleuve. Tous s'en réjouissaient. Des semaines avant le match, les joueurs se taquinaient, s'installaient à la cantine auprès de leurs alliés, en fuyant leurs futurs adversaires, auxquels ils juraient de mettre la pâtée. Les parents ne savent pas toujours comment interpréter les chamailleries des garçons : ceux-ci se taquinent et vont même jusqu'à se taper dessus, dans le seul et unique but de partager un minimum d'intimité. Il faut dire qu'à partir de trois ou quatre ans, il leur devient interdit de se témoigner ouvertement leur affection. Les chamailleries risquent toutefois d'occasionner une souffrance réelle.

Je ne prétends pas que les filles devraient prendre modèle sur les garçons ou les garçons s'inspirer de l'exemple des filles. Comme dans le cas des insectes (vaut-il mieux les écraser ou prendre la fuite ?) la solution réside dans un juste milieu. Nous pouvons aider garçons et filles à ne plus avoir à choisir entre des relations épanouissantes et la confiance en leurs compétences.

En un sens, les dessins des enfants illustrent mon propos. À l'exception de rares bambins vraiment doués ou qui ont la chance de tomber sur un enseignant exceptionnel, la plupart des enfants reproduisent des stéréotypes. Les garçons représentent des armes et des vaisseaux spatiaux, alors que les filles tracent des arcs-en-ciel et des cœurs, voire des chevaux. Je ne peux pas croire que leurs gènes en soient les seuls responsables. Selon moi, garçons et filles sont prisonniers de rôles préconçus. Il est temps de les aider à réveiller leur créativité ! Pourquoi ne pas vous emparer à votre tour d'un crayon, afin de les sortir du cercle vicieux d'une répétition qui n'en finit pas ? Tourner en ridicule les traits de caractère propres à l'un ou l'autre sexe en les grossissant permet parfois de dénouer la situation. « Oh ! Un vaisseau de guerre. Ce qu'il est chou ! Je les trouve trop mimi, les canons sur le côté. » « Oh non ! L'arc-en-ciel m'a tiré dessus ; je pisse le sang. »

La pression que subissent de nombreux garçons pour ne pas pleurer et les ennuis que leur valent leurs larmes auprès de leurs camarades m'ont poussé à imaginer le personnage de l'« homme qui ne pleure jamais ». D'un ton solennel, je déclare : « Je suis l'homme qui ne pleure jamais » avant de fondre en larmes à la moindre occasion. En présence d'une fille, je campe à l'inverse un personnage qui ne vit que pour la mode. Ou je joue le rôle d'un beau prince ne s'intéressant qu'à l'apparence d'une poupée : je le rends comiquement insupportable dans sa misogynie, au point que les filles éclatent de rire avant de rejeter les stéréotypes auxquels elles tendaient jusqu'alors à se conformer. De tels jeux fournissent à nos enfants le recul nécessaire pour remettre en cause les images absurdes que les médias tentent de leur enfoncer dans le crâne.

Établir le contact avec les garçons autant qu'avec les filles

Il est normal et inévitable que le courant cesse de passer à un moment ou un autre : tous les enfants s'enferment à l'occasion dans leur donjon. Certains y passent toutefois plus de temps que d'autres. Les garçons doivent surmonter des obstacles majeurs avant de renouer. Vu le traitement qu'ils reçoivent, ils risquent plus de rencontrer des difficultés à exprimer ce qu'ils ressentent, admettre leur souffrance, leur vulnérabilité, s'engager dans des relations intimes à long terme et donner ou recevoir de la tendresse. Par malheur, ce sont justement là les moyens de sortir de ce donjon d'isolement. Daniel Kindlon et Michael Thompson parlent à ce propos d'analphabétisme émotionnel – un problème d'autant plus sérieux que la maîtrise du langage des émotions est indispensable à l'intimité entre deux êtres et à la guérison des blessures psychologiques.

Les études sur les abus sexuels révèlent encore et encore que les filles sont plus vulnérables au sein de leur famille et les garçons, à l'extérieur. Autrement dit : ceux qui s'en prennent aux filles manipulent les liens étroits qu'elles tissent avec leur entourage, alors que ceux qui abusent des garçons profitent de ce qu'ils manquent d'affection et de contacts tendres. J'ai rencontré dans le cadre de mon travail des quantités d'hommes adultes qui, plus jeunes, offraient une cible rêvée aux pédophiles leur proposant de l'affection, du respect, de l'attention et l'accès à des choses interdites comme l'alcool ou la pornographie – dans le seul but de satisfaire leurs pulsions, bien sûr ; sauf que les garçons tombaient dans le piège, tant ils aspiraient à sentir le lien d'attachement. Les lacunes dans l'éducation émotionnelle des garçons les laissent en proie à la solitude et les exposent aux risques de manipulation et d'abus. Incapables d'exprimer librement ce qu'ils ressentent, ils peinent par la suite à surmonter leurs traumatismes. La plupart de mes patients victimes d'abus sexuels venaient de familles aimantes et normales. Leur manque affectif ne résultait pas d'une négligence coupable de leurs parents mais du traitement que notre société réserve aux garçons. Il est évident que jouer avec nos fils ne résoudra pas tout mais c'est un début.

Songez un peu à quel point il est difficile pour un homme d'entrer physiquement en contact avec un tiers sans violence, ni rivalité ni implication sexuelle. La maladresse des hommes qui se donnent l'accolade ou se demandent comment consoler un ami nous fait rire. Elle me semble pourtant plus poignante que comique. Câliner les garçons ne renversera pas la vapeur du jour au lendemain mais il faut bien commencer quelque part. Nous savons tous qu'il est destructeur d'interdire aux garçons de pleurer et pourtant nous continuons de réagir différemment aux larmes des garçons et des filles.

Pour commencer, il est bon de rétablir des liens émotionnels. L'empathie, l'intelligence émotionnelle ou la gentillesse s'apprennent dans le cadre de relations intimes et non dans les livres ou par des leçons de morale. Elles s'apprennent aussi par le jeu. Le malheur – pour ne pas dire le drame –, c'est que tout ce qui pourrait aider les garçons à se rapprocher de leur entourage passe pour des « trucs de fille » – les câlins, jouer à la poupée, lire ou écrire de la poésie, jouer d'un instrument, chanter, danser. Certains garçons s'y intéressent mais en général moins que les filles, plus valorisées dans ces domaines. Les garçons qui se livrent malgré tout à des activités dites « de fille » risquent d'en payer le prix fort : ils finissent souvent par y renoncer ou se faire traiter de « chochottes ». Ironie du sort : il est facile d'inciter un garçon à jouer à la poupée. De nombreuses études ont montré que visionner des films où l'on voit des hommes pouponner donne envie aux écoliers en maternelle de suivre leur exemple. Seulement, notre société ne le souhaite pas forcément.

Nous aimerions qu'en grandissant, les garçons deviennent des pères aimants, mais nous ne voulons pas assumer le risque qu'ils deviennent efféminés.

Il existe des jeux auxquels on peut jouer avec des garçons afin de leur enseigner le langage des émotions et l'art de nouer des liens ; des jeux qu'ils ne rejetteront pas parce que pas assez masculins. Certaines de ces activités se concentrent sur la communication. Jouer avec les mots ou le langage incitera un garçon à parler plus librement. L'adulte commencera par exemple une histoire par le mot « heureusement… ». L'enfant la complétera sur le refrain « malheureusement… ». Il s'agit d'explorer la thématique de la catastrophe et du sauvetage, qui préoccupe tant d'enfants. D.W. Winnicott a rendu populaire un autre jeu très simple, qui consiste à tracer sur une feuille de papier des gribouillis ne ressemblant à rien de particulier. À l'autre joueur, ensuite, de compléter le dessin, de manière à ce qu'il représente quelque chose. Si vous y jouez avec un enfant, vous le laisserez commencer une fois sur deux. L'objectif consiste à poser les bases de la communication. Il ne faut pas s'attendre à engager tout de suite une conversation à bâtons rompus. Des parents m'ont consulté il y a peu : ils souhaitaient que leur fils de neuf ans se montre plus causant. Je leur proposai de le laisser communiquer à sa façon, de manière non verbale. Au lieu d'insister pour qu'il leur raconte en détails sa journée d'école, ils lui demandèrent de l'évaluer en levant le pouce ou en le baissant. L'idée lui plut et il l'enrichit bientôt de gestes plus élaborés. Le rapport de force se transforma en rituel familial apprécié de tous.

Même un jeu d'ordinateur peut contribuer à se relier ; et je ne parle pas ici de brancher ensemble deux consoles. Il n'y a pas longtemps, je me suis rendu chez un garçon de onze ans dans le cadre d'une thérapie. D'ordinaire, à mon arrivée, il hésite entre rester scotché à sa console – son loisir favori – ou me proposer une activité plus interactive. J'apprécie qu'il laisse ses jeux vidéo de côté pour se rapprocher de moi, mais j'aime aussi relever le défi d'établir un contact avec lui alors qu'il ne quitte pas l'écran des yeux. Quand je le rejoignis, l'autre jour, il était tellement absorbé par son jeu vidéo que, sitôt enlevé mon manteau, je décidai d'en couvrir l'écran. « Qu'est-ce que tu fais ! Enlève ça de là ! » s'écria-t-il, en colère. Je lui répondis : « Tu es tellement doué que je parie que tu pourrais continuer les yeux fermés. » L'idée l'enthousiasma. Je lui promis de lui indiquer où se trouvait l'ennemi et ce qui apparaissait à l'écran. Nous avons passé un excellent moment en établissant à cette occasion un contact plus étroit que lorsque nous jouons aux échecs ou à nous lancer une balle.

À vrai dire, n'importe quel jeu peut aider un garçon à entrer en relation, surtout s'il suppose un minimum d'interaction. Le mieux reste de jouer à ce que l'enfant souhaite. On ne peut pas lui laisser entendre qu'il aime des jeux idiots et violents et s'attendre ensuite à ce qu'il confie ce qu'il ressent.

D'autres jeux mettent l'accent sur les émotions : mimer un état d'âme ou montrer à l'enfant un visage expressif dans un magazine avant de l'inviter à nommer l'émotion correspondante. On peut lui demander de prendre un air effrayé, triste ou menaçant, et y réagir de la manière la plus appropriée : en affichant une mine terrorisée quand il simule la colère, par exemple. Il est possible aussi de jouer à faire semblant en campant un personnage qui exprime ce qu'il ressent par ses propos ou ses gestes. Inutile de raffiner. Les garçons adorent qu'un adulte fasse semblant de pleurer à chaudes larmes, pour peu qu'il en rajoute vraiment beaucoup.

Il est de notoriété publique que les garçons rencontrent de plus en plus de problèmes de concentration. Ils ne tiennent pas en place ; ce que prouve le nombre croissant de diagnostics de TDA (trouble du déficit de l'attention). À mon avis, beaucoup de problèmes de concentration masquent en réalité des difficultés d'attachement. De nombreux garçons souffrent du vide de leur « réservoir » ou du fait qu'il fuit, plus qu'ils ne peinent à trier des informations. Nul ne peut se concentrer, s'il ne se sent pas sécurisé dans son attachement. D'après Stanley Greenspan, « l'enfant actif, plein d'énergie, en vient à chercher dans la stimulation les satisfactions qu'il ne trouve pas dans l'intimité[40] ». Bien entendu, il est difficile de s'approcher d'un enfant qui court sans arrêt en tous sens. Les symptômes que présentent certains garçons qualifiés d'hyperactifs pourraient bien découler, selon moi, d'un problème plus profond : l'incapacité à établir un lien avec l'entourage, or la plupart des traitements du trouble du déficit de l'attention laissent de côté les difficultés qu'éprouve l'enfant à s'attacher – le réservoir vide, autrement dit – quand ils ne risquent pas de les aggraver.

La problématique de la proximité ou du contact surgit souvent chez les petites filles quand elles jouent à la poupée ou à faire semblant, plus qu'à la bagarre. Une fillette qui s'estime victime d'une injustice redoublera par exemple de gentillesse envers ses poupées ou assumera au contraire le rôle d'une mère cruelle. Je ne parle pas ici d'enfants victimes de mauvais traitements : tous se sentent incompris, au moins de temps à autre. Un adulte peut prendre part à un jeu de ce genre en endossant avec humour le rôle d'une marâtre ou d'un gamin turbulent au possible. En grandissant, les filles doivent relever le défi de nouer des amitiés durables et de se ménager une place au sein du groupe que forment leurs camarades. Parce qu'à ce moment-là, elles ne jouent plus, en général, à la poupée, et se ferment à leurs parents, ceux-ci auront intérêt à trouver d'autres moyens de rester à leur écoute : jouer avec elles, passer du temps en leur compagnie, faire ce dont elles ont envie, ou encore, les laisser prendre

40. Stanley Greenspan, *L'Esprit qui apprend : affectivité et intelligence* (Paris, O. Jacob, 1998).

la parole, quand elles se sentiront prêtes. Ma tactique favorite, face à une adolescente, consiste à lui dire : « À ton tour ! » Elle me demande en général ce que j'entends par là. Je lui explique qu'elle peut me parler de tout ce dont elle a envie ou m'emmener où elle le souhaite. Puis j'attends. Souvent, nous avons hâte d'intervenir et de soumettre à l'enfant nos idées, alors que beaucoup d'adolescents (surtout des filles) ont besoin de temps, de champ libre, pour réfléchir eux-mêmes à ce qu'ils veulent. Ils feront bon usage de notre attention et de la confiance que nous plaçons en eux, à condition que nous restions patients.

Les garçons, les filles et le sentiment d'impuissance

Ce n'est pas toujours facile de convaincre une fille de cesser de brosser les cheveux de sa poupée pour jouer à la bagarre ou d'endosser le rôle d'une héroïne plutôt que d'une demoiselle en détresse. Au moins, le but est clair : l'aider à éprouver la sensation de pouvoir. Le problème se pose de manière plus complexe chez les garçons. Ils font parade de leur force comme d'une armure ; ce qui ne les empêche pas de se sentir eux aussi démunis. Pour autant que je puisse en juger, leur impuissance peut se traduire de deux manières : l'une, assez directe, correspond aux garçons timides, craintifs, passifs et démunis. L'autre prête plus à confusion : elle éclate chez les garnements turbulents qui font la foire en classe et chez eux et n'ont pas l'air démunis, a priori.

La différence entre la témérité et la vraie puissance tient en un mot : le contact. Le mépris du danger résulte, comme beaucoup de difficultés de concentration, d'un problème d'attachement. J'ai plus d'une fois vu un garçon grimper à un arbre sans tenir compte des risques auxquels il s'exposait, tandis qu'un autre restait planté à côté, sans oser s'approcher. Un enfant qui ne mesure pas le danger n'explorera le monde qu'au mépris de sa sécurité, alors qu'un autre que la peur paralyse ne l'explorera pas du tout. Le premier a besoin qu'on le calme : « Ralentis ! On va y aller prudemment. » À l'autre, on adressera plutôt des encouragements : « Essaye, au moins ! Je garde un œil sur toi. »

J'ai évoqué dans le chapitre 4 « la pièce qui donne des forces », le nom qu'a donné ma fille au moyen qu'elle a trouvé de recharger ses batteries pour donner le meilleur d'elle-même. Beaucoup d'enfants – surtout des garçons – ne croient pas en leur force. Ils ne se mesurent donc pas vraiment à leur adversaire. Ils se campent devant lui en mimant des prises de karaté ou lui donnent des coups de pied dans l'intention de le blesser. Aucune émotion n'entre en jeu : en dépit de leurs muscles, ils se sentent démunis. Ma réaction, en plus de me protéger, consiste à leur proposer : « Tu crois que tu pourrais me renverser rien qu'en me poussant ? » Exercer une pression constante sur l'opposant n'a rien à voir avec un coup de poing ou une prise de karaté : cela oblige à rester en contact.

Beaucoup de garçons agressifs (qui mordent, donnent des coups de poing ou se prennent pour des champions d'arts martiaux) renonceront dès que vous essayerez de vous mesurer pour de bon à eux. Si vous vous contentez de les empoigner et de les pousser, ils baisseront les bras au bout de deux secondes, parce qu'ils ont peur du moindre contact ou de leur propre force. Faute de se sentir en relation, ils se rabattent sur la gestuelle qu'ils voient à la télé. Leur volonté d'agression n'est qu'un piètre substitut au contact qui leur fait défaut. Le sentiment d'impuissance, chez les garçons, se cache souvent sous l'apparence de la force, parce qu'ils s'estiment tenus de passer pour costauds, quoi qu'ils ressentent.

Les enfants, le plus souvent les garçons, qui ne parviennent pas à remplir leur réservoir, tendent à devenir impulsifs ou étourdis. D'autres, en général des filles, se montrent timides ou craintives, car elles ne se sentent pas libres de se montrer assertives ou indépendantes. On en revient aux études sur l'attitude des adultes face à des enfants de l'un et l'autre sexe. Il y a des garçons qui ne savent réagir à la frustration que par un surcroît d'agressivité. De même, il y a des filles que la frustration n'amène qu'à bouder ou baisser les bras.

Les garçons et les sentiments

L'autre jour, j'ai entendu à la radio le responsable de l'équipe qui venait de battre le record du monde de vitesse sur route à l'aide d'un véhicule capable de dépasser les mille deux cents kilomètres heure. Il évoquait la réussite de son équipe et les sensations que lui procurait la vitesse, quand le présentateur lui demanda : « Mais… émotionnellement ? » Il répondit : « Mon équipe et moi nous efforçons de laisser de côté les émotions. Elles sont trop dangereuses. » Je n'ai pas pu m'empêcher de rire. Ce type roulait à mille deux cents kilomètres heure et, à l'entendre, c'étaient les émotions qui présentaient un danger !

Pour blaguer, j'ai envoyé un jour à un ami une carte annonçant « Désolé d'avoir crié ! » à l'intérieur ça continuait : « La prochaine fois je garderai tout à l'intérieur. » Les garçons (et les hommes) s'attirent des ennuis quand ils expriment leurs émotions, mais aussi à cause de ce qu'ils font pour ne pas les exprimer. On se moque des garçons qui pleurent, et on s'étonne ensuite qu'ils frappent ou détruisent plutôt que de verser une larme. Des chercheurs se sont intéressés aux crises de larmes d'élèves de maternelle. Étonnamment, garçons et filles pleurent aussi souvent les uns que les autres. Leurs camarades n'en tiennent pas compte alors que les instituteurs, si : ils ont tendance à consoler les filles et à réprimander les garçons[41].

41. Jean Phinney, et al., « Preschool Children's Response to Peer Crying », ERIC Abstract #ED267927.

Si on vous punit quand vous éprouvez des émotions et plus encore quand vous les extériorisez, vous aurez du mal à vous remettre d'une contrariété ou d'un traumatisme, faute d'avoir la possibilité de l'évacuer. Je me rappelle un excellent montage d'extraits de rencontres sportives : quand une équipe gagnait, les joueurs fous de joie se serraient dans les bras les uns des autres ou se donnaient des tapes dans le dos et sur les fesses. En cas de défaite, en revanche, ils restaient seuls dans leur coin. Les caméras les filmaient en gros plan en espérant surprendre une larme. Pourquoi encaissaient-ils leur déconvenue en s'isolant les uns des autres, en dépit des liens très forts qui les unissaient ? Parce que se rapprocher les aurait probablement incités à pleurer. La tristesse d'avoir perdu combinée à une forte proximité affective auraient libéré les larmes. Ils n'auraient pu les retenir, parce que partager la souffrance nous aide à l'évacuer. Mais ils ne pouvaient pas se permettre de pleurer. Certainement pas devant les caméras de télévision et pas non plus dans les vestiaires. Leurs traits déformés à l'issue du match indiquaient qu'ils menaient une lutte aussi acharnée contre leurs émotions que face à leurs adversaires pendant l'affrontement.

Les petits garçons ont tendance à faire comme ces sportifs qu'ils admirent. De nombreux parents me racontent que leur fils éclate en sanglots quand il monte en voiture à la sortie de l'école, alors qu'il s'est retenu de pleurer pendant des heures. Une mère me confia un jour que l'institutrice de son fils de neuf ans l'avait avertie qu'il venait de passer une rude journée mais ne voulait ni en parler ni se laisser remonter le moral. Sa mère lui demanda : « Tu avais peur de pleurer si tu en parlais ou si Mme Smith te serrait contre elle ? » Le garçon hocha la tête. Une larme solitaire roula sur sa joue. Certains se blindent encore plus en refusant d'admettre qu'ils souffrent, peu importe ce qui leur arrive.

Un jour, l'idée m'est venue de jouer au « crieur désigné » afin de soulager un enfant qui endurait un peu trop stoïquement la douleur. À sept ans, Lars jouait avec moi à la balle (forcément ! il ne vit que pour et par le sport), quand il se fit mal. Il se releva aussitôt et reprit la partie. Son boitillement et ses lèvres pincées indiquaient cependant qu'il souffrait. Il refusa de l'admettre et insista pour continuer. Je me mis à sautiller sur place en prétendant que ma jambe m'élançait comme pas permis. Il me demanda ce qui m'arrivait. Je lui expliquai que j'étais le crieur désigné. De même qu'au baseball, il existe un frappeur désigné pour que les lanceurs se contentent de lancer, je me chargeais de crier à sa place. Mon explication le fit rire. À force de sautiller sur un pied, je me couvris de ridicule. Lars finit par admettre qu'il aimerait se reposer un peu avant de reprendre. Une belle victoire pour moi !

Je demandai un jour à un garçon et une fille de six ans ce qui assurait la popularité d'un élève de leur classe. Le garçon me répondit « savoir lancer des missiles » et la fille « être gentille ». Autrement dit, le fait que c'est aux garçons qu'on répète de ne pas pleurer n'implique pas que les filles se sentent libres, elles, d'exprimer ce qu'elles ressentent. Elles n'ont pas à se montrer dures mais « gentilles » ; ce qui relègue la colère (entre autres) au rang des émotions inacceptables. Il ne faut pas s'étonner que tant de filles fassent par la suite preuve d'une cruauté raffinée.

David et Myra Sadker ont remarqué qu'à l'école, les filles ne sont pas les seules lésées. Le système éducatif ne traite pas les garçons comme il le faudrait. Un dénommé Tony qualifia devant eux de « prison » le rôle attribué aux garçons, en expliquant qu'il existait « cinq règles à suivre pour rester dans la norme : récolter de bonnes notes mais pas trop (sous peine de passer pour un fayot). Pratiquer trois sports d'équipe (ou deux seulement à condition de faire de la muscu). Courir les fêtes et se soûler. Se vanter de ses prouesses sexuelles et traiter les filles de salopes dans les conversations de tous les jours. Ne jamais montrer ce qu'on ressent. En tant que corédacteur de la revue littéraire de son école, Tony se disait sans cesse surpris par la profondeur des émotions que tant de garçons dissimulaient. “Des durs à cuire et des athlètes me remettent des poèmes incroyables. En général, ils sont en dernière année et ne reverront plus les autres, ou alors ils gardent l'anonymat[42].”»

Inciter garçons et filles à jouer ensemble

Je ramenais de l'école ma fille et son ami Kent en voiture, quand celui-ci lui demanda :

– Tu as Mégatron, chez toi ?

– Non.

– Et l'étoile de la mort ?

– Non.

– Emma n'a aucun jeu d'ordinateur violent, l'interrompis-je.

– Ah ? Trop nul !

À en juger par sa réaction, j'aurais aussi bien pu lui annoncer que je nourrissais ma fille de pain et d'eau et qu'elle ne possédait aucun jouet. Il revint à l'attaque.

– Tu sais ce que c'est qu'une arme nucléaire ?

– Je ne suis pas sûre.

Kent nous livra une description enthousiaste et détaillée des armes nucléaires et de leur pouvoir de destruction. Avant d'ajouter qu'il trouvait vraiment super son Mégatron. Par égard pour mes oreilles sensibles de pacifiste, j'allumai la radio qui diffusait comme par hasard une chanson sur les bisous.

– Beurk ! s'exclama Kent. Dégoûtant.

– Éteins ça, renchérit Emma.

---

42. Myra et David Sadker, *Failing at Fairness : How Our Schools Cheat Girls* (New York, Simon and Schuster, 1994), p. 206.

– Tuer des millions de gens c'est super mais s'embrasser c'est dégoûtant ? relevai-je.

– Oui ! répondirent-ils à l'unisson.

Le plus drôle, c'est qu'en présence d'une copine, la chanson aurait fait rire Emma.

Garçons et filles cessent en général de jouer ensemble à partir de l'école primaire. Ils forment dès lors des groupes distincts, dont les jeux se différencient de plus en plus, et se mettent en tête que les représentants du sexe opposé n'ont rien de commun avec eux. Quelques années avant l'épisode du Mégatron, Emma était allée jouer chez Kent. Avant son arrivée, m'avait confié son père, Kent avait couru dans toute la maison en criant « Avec quoi va jouer Emma ? Je n'ai pas de jouets de filles ! » Son père le rassura : ils n'auraient aucun mal à trouver de quoi s'amuser. Ce fut effectivement le cas.

Les enfants ne se rendent cependant pas toujours compte qu'ils pourraient passer de bons moments ensemble. Un livre de Nancy Carlsson-Paige et Diane Levin sur les jeux de guerre explore le fossé entre les jouets pour garçons et pour filles. « Un parent raconte que sa fille se tenait assise à l'entrée de l'immeuble à côté d'un ami de son âge. Elle jouait à la Barbie, tandis qu'il s'amusait avec ses GI Joe et ses tanks. Tout en manipulant leurs jouets, ils lorgnaient ceux de l'autre, comme s'ils avaient envie de s'amuser ensemble. Pourtant, ils restèrent chacun dans leur coin[43]. » Les auteurs proposent d'excellentes recommandations aux adultes pour les aider : leur donner des jouets non connotés ou en leur proposant des travaux manuels ou de trouver un terrain d'entente ; par exemple en envoyant des poupées dans l'espace. Le parentage ludique préconise évidemment de se mettre

43. Nancy Carlsson-Paige et Diane Levin, *Who's Calling the Shots ? How to Respond Effectively to Children's Fascination with War Play and War Toys* (Philadelphie, New Society Publishers, 1990).

au niveau des enfants et jouer avec eux en imaginant – pourquoi pas ? – un scénario qui tordra le cou aux idées reçues. Un GI Joe dira par exemple « ces chaussures à talon feraient une arme redoutable ». À quoi Barbie répondra : « Tu crois qu'il existe un treillis comme le tien à ma taille ? Il m'irait trop bien. »

En résumé : il est bon d'inciter les enfants des deux sexes à jouer ensemble. Les garçons découvriront ainsi des jeux qui tissent du lien et les filles, des jeux qui développeront leur confiance en leur pouvoir personnel. S'amuser ensemble aidera en outre garçons et filles à ne plus se considérer comme des étrangers, à l'âge où ils se rapprocheront de nouveau, vers l'adolescence. Sans compter qu'ils semblent plus créatifs quand ils jouent ensemble. À vrai dire, ils n'ont pas le choix. La plupart des filles attendent d'un jeu autre chose que la mort et la destruction et la plupart des garçons ne se contenteront pas d'habiller une poupée ou de la coiffer.

Je me promenais un beau jour dans un parc, quand je vis un père avec son jeune enfant en poussette. Je donnais à celui-ci à peu près six mois. La mère les rejoignit. Dès qu'il la vit, le père s'emporta. « Tu ne devines pas ce qui vient d'arriver ? Tu veux que je te le dise ? Deux personnes ont trouvé qu'il ressemblait à une fille. Elles l'ont même pris pour une fille. » Il poursuivit d'un ton railleur : « "Quelle jolie petite fille ! Comment elle s'appelle ?" Je n'y crois pas, m***e ! Tu trouves qu'il a l'air d'une fille, toi ? » Il approcha son visage de celui de son fils en s'époumonant : « Tu n'as pas l'air d'une fille ! Comment ont-ils pu s'imaginer que tu ressemblais à une fille ? »

Je craignis – ou espérai ? – que cette catastrophe de confusion de genre ne le cloue sur place d'une crise cardiaque. Je songeai aux groupes que j'avais menés d'hommes accusés de harcèlement sexuel ou battant leurs femmes. Certains se sentaient tellement tenus d'étaler leur virilité que leurs proches avaient failli y laisser la vie. Un homme qui avait grandi pour devenir un violent tortionnaire envers sa femme et ses enfants avait raconté cette histoire dramatique. Un jour, quand il était petit, des voyous l'avaient pourchassé. Il courut se réfugier chez lui, soulagé d'échapper à leurs coups, quand sa mère le renvoya dehors, en fermant la porte à clé, pour qu'il se défende comme un homme. Un voisin finit par éloigner les trois garnements plus âgés qui le passaient à tabac.

Il s'agit là d'un exemple extrême. Cela dit, tous les garçons ont besoin d'aide face à la cruauté et la violence ambiante et aux attentes irréalistes qui pèsent sur eux, de toujours se montrer dur et fort. On entend dire qu'on ne changera jamais les garçons mais il semblerait qu'ils n'aient pas intérêt à changer. Le général américain Homer Lea estimait en 1898 que « le plus grand danger d'une période prolongée de paix pour une nation est de développer des tendances à l'effémination chez les jeunes hommes[44] ». Dieu nous en préserve !

Aucun garçon ne demeure indifférent aux insultes et aux moqueries qui visent les homosexuels, les « chochottes » ou les « tapettes ». Même ceux qui n'en font pas l'objet en souffrent, dans la mesure où ils se sentent tenus de prouver à tout prix leur virilité, sous peine d'en assumer les conséquences. Des gamins qui se taquinent en se traitant de « pédés » ne se réfèrent pas à des pratiques homosexuelles mais tentent de se figurer à quoi correspond la virilité. Ils se reprochent au fond de ne pas être aussi virils qu'ils le devraient, or il s'agit à leurs yeux d'une horrible tare, comme le prouve l'exemple du père dans le parc. D'un autre côté, nous n'aimons pas non plus qu'un garçon soit trop masculin.

Mike Tyson, le boxeur accusé de harcèlement sexuel et interdit, un temps, de combat pour avoir arraché par morsure

---

44. Cité par Tim Beneke dans *Proving Manhood : Reflections on Men and Sexism* (Berkeley, University of California Press, 1997), p. 38.

un morceau de l'oreille d'Evander Holyfield, offre un excellent exemple de garçon soumis à une forte pression pour développer son agressivité – laquelle lui a valu plus de gratifications qu'il ne l'aurait jamais imaginé – et qui – surprise ! – finit un jour par dépasser les bornes. Les réactions qu'il inspire reflètent notre ambivalence par rapport à la violence masculine. Traîné dans la boue et considéré comme un monstre, il n'a écopé que d'une courte peine de prison et a rapidement recommencé à boxer.

J'espère avoir clairement montré que réconforter un garçon et le câliner ne fera pas de lui un faible mais un être humain, et lui donnera de la force sur le plan émotionnel. Nous redoutons moins que par le passé qu'une fille se montre sûre d'elle et intelligente, même s'il reste encore des progrès à faire dans ce domaine. L'amendement contre toute forme de discrimination dans l'enseignement a fait avancer les choses en permettant aux filles de bénéficier des mêmes équipements sportifs que les garçons. Il est aujourd'hui acceptable pour une fille de devenir une athlète, de croire en elle et d'utiliser son pouvoir personnel. Ce qu'il nous faudrait à présent, c'est une loi qui oblige à fournir aux garçons les mêmes ressources émotionnelles qu'aux filles.

9.
Emboîter le pas à l'enfant

Je voudrais apprendre aux autres à comprendre
et apprécier cet état miraculeusement créatif
d'un « je ne sais pas » quand il est question
d'enfants – si pleins de vie et de formidables surprises !
Janusz Korczak[45]

45. *A Voice for the Child : The Inspirational Words of Janusz Korczak*, ed. Sandra Joseph (Northampton, Angleterre, Thorsons, 1999), p. 54.

Le parentage ludique suppose un délicat équilibre entre emboîter le pas à l'enfant et intervenir pour le guider. D'un côté, nous laissons l'enfant maître du jeu afin de développer sa créativité et sa confiance en ses capacités. À d'autres moments, nous nous interposons pour l'arracher à une situation répétitive, qui le lasse ou risque de lui nuire. Je vous avouerai que je suis devenu expert en la matière à force de me tromper. Il y a des jours où je suis convaincu d'avoir à « faire quelque chose », jusqu'à ce que je me rende compte que mon boulot consiste seulement à suivre ; d'autres où je me plie à contrecœur aux instructions de l'enfant, jusqu'à ce que je trouve un moyen de nous sortir de l'ornière en nous amusant autant l'un que l'autre. Je traiterai dans ce chapitre de l'art et la manière de suivre les indications d'un enfant. Le prochain s'attachera aux cas où il est pertinent que l'adulte prenne les commandes.

J'ai reçu mes meilleures leçons quand je cherchais à guider, et que mes tentatives aboutissaient rapidement à l'impasse. Un jour, ma fille et moi jouions à chat glacé. C'est très amusant dans un grand groupe : un joueur en « gèle » d'autres, que le reste des participants est libre de « dégeler » ; il y a donc sans arrêt de l'action. En revanche, jouer à chat rien qu'à deux, c'est-à-dire avec ma fille, ne me semblait pas, du moins à moi, très amusant. Je me retrouvais le plus souvent « gelé ». Dès qu'elle me gelait, elle s'en allait vaquer à ses occupations en s'attendant à ce que je reste figé sur place. Je me mis en tête qu'elle attendait de moi que je transgresse la règle pour me lancer à sa poursuite. Au lieu de suivre ses instructions, je pris les devants dans l'intention de mettre l'accent sur le contact.

Mauvaise pioche ! Je me « dégelai » pour lui courir après, mais elle se fâcha tout net. Je vous avouerai que je commis la même erreur plusieurs fois de suite. J'étais persuadé (à tort) qu'elle avait besoin que je l'incite à entrer en relation avec moi, tant pis si je transgressais les règles qu'elle m'imposait. D'autant que je m'ennuyais, « gelé », dans mon coin ! À la fin, je me résignai à respecter les règles du jeu, même si je trouvais le temps long et que je brûlais de la rattraper. Je m'excusai de les avoir enfreintes et lui promis de rester « gelé » indéfiniment. Ma fille me « gela » une dernière fois pour s'assurer que je tiendrais parole. Je restai pétrifié quelques minutes, pendant lesquelles elle disparut dans la pièce voisine. De temps à autre, je lui criais « je suis gelé ! » pour qu'elle n'oublie pas que le jeu se poursuivait. Une fois assurée que j'étais capable de respecter les règles, Emma me « dégela » et m'annonça la fin de la partie. Elle souhaitait à présent jouer avec moi : je devais l'aider à se placer en équilibre sur un gros ballon. Enfin ! Je venais de saisir : elle ne voulait pas d'un jeu qui tourne autour du contact. Elle voulait voir si j'étais capable de suivre ses instructions. Quand je le fis, assurée que j'étais de son côté, elle était alors prête au contact et à s'amuser ensemble.

Ce n'est pas toujours évident de déterminer comment se mettre au diapason d'un enfant, surtout s'il n'est pas du genre causant. À onze ans, Luke n'est pas très communicatif. Nos séances de thérapie se passent d'ordinaire à jouer aux échecs ou à la balle, à moins que je ne le regarde s'amuser à un jeu vidéo. En arrivant chez lui, je lui demande rituellement « quoi de neuf ? ». Parfois il me répond, mais le plus souvent, il ne dit rien. Pas qu'il me fasse la tête ; plutôt qu'il reste sur son quant-à-soi. En tout cas, il ne me confie jamais ce qu'il ressent au plus profond de lui. Un jour, je décidai de le pousser dans ses retranchements. Nous jouions à nous lancer un ballon de foot, quand je lui posai ma question rituelle : « Quoi de neuf ? » Il m'ignora. Je la lui répétai. En vain. Je finis par lui dire : « Il n'y a rien de neuf ou tu ne veux pas m'en parler ? » Il lança le ballon dans un buisson et s'écria : « Voilà, ce qu'il y a de neuf ! » Sa repartie me plut. Quand on « écoute » un enfant, il y a lieu d'interpréter ses moindres gestes – y compris les coups de pied qu'il donne dans un ballon

– comme une tentative de communication. La plupart des petits ne vous fourniront pas de sous-titres. Comme je n'étais pas sûr de ce qu'il entendait par là, je résolus de creuser l'idée.

« Je vois. Tu me réponds en employant le langage du foot. Hum… Voyons voir. Tu te sens coincé comme le ballon dans le buisson ?

– Non ! me détrompa-t-il en riant.

– Il t'arrive de t'élever très haut avant de retomber tout à coup par terre ?

– Non ! lâcha-t-il en donnant un nouveau coup de pied au ballon, qui frôla le câble téléphonique.

– Tu as envoyé un télégraphe en Nouvelle Zélande ?

– Non ! Enfin, si ! » Il rit de plus belle.

Je continuai à proposer des traductions de ce qui arrivait au ballon, susceptibles de correspondre à ce que Luke pensait ou avait envie de me dire. Certaines se rapportaient à ses préoccupations ; d'autres étaient franchement loufoques. Quelques minutes plus tard, alors que je courais après le ballon, il commenta : « Décidément, tu l'aimes, ce ballon. Pourquoi tu ne te maries pas avec ? » Sa mère m'avait confié que les camarades de Luke le taquinaient parce qu'il aimait bien une fille, mais il ne m'en avait pas encore parlé. Bien qu'il eût masqué sa préoccupation en la transposant sur moi et le ballon, je vis dans sa taquinerie l'occasion d'introduire ce thème dans notre jeu.

À un moment, je ne rattrapai pas le ballon à temps et lâchai : « Je t'aime, ballon. Pourquoi tu ne m'aimes pas ? » Luke rit de bon cœur. Peu après, je m'emparai du ballon en commentant : « Je crois qu'il m'aime, en fin de compte. » Je fis alors semblant de l'embrasser ; ce qui amusa beaucoup Luke. La méthode permet de se mettre au diapason des enfants qui ne se livrent que peu (voire pas du tout).

Je commencerai dans ce chapitre par préciser quelques principes fondamentaux à suivre, quand on se met au diapason de l'enfant : accepter avec enthousiasme les activités qu'il propose ou lui accorder ce que j'appelle un « Temps Particulier ». Je m'intéresserai ensuite à des cas spécifiques ; les jeux entre frères et sœurs, avec des adolescents, les enfants des autres ou des petits qui ne se laissent pas facilement approcher.

Comment se mettre au diapason d'un enfant

- Juste dire « oui »
- Faire ce dont ils ont envie
- Assurer la sécurité (inutile de trop se biler !)
- Ménager des moments de jeu à part
- S'accorder un temps de récupération

Dire « oui »

Suivre les directives d'un enfant suppose d'admettre que, parfois (aussi souvent que nous en trouverons le courage), il a besoin d'enthousiasme de notre part ; que nous lui disions « oui » d'un ton plein d'entrain, au lieu de lui opposer des « non » à répétition. Nombre d'entre nous réagissent comme par automatisme à n'importe quelle requête ou initiative d'un enfant en répondant « non » – encore qu'il arrive à certains de dire presque toujours « oui ». (Le chapitre 13 à propos de la discipline insistera sur la nécessité de poser des limites dans le cadre du parentage ludique.) Si vous comptiez le nombre de « non » que vous opposez à vos enfants en une heure ou en une journée, le résultat vous choquerait sans doute. Nous éprouvons comme une compulsion à nous interposer quand ils font, ou même simplement proposent, quelque chose que nous savons être une mauvaise idée. Notre intervention ne les aide malheureusement pas à développer leur faculté de juger. Il y a des choses qu'ils doivent comprendre par eux-mêmes, or le meilleur moyen pour eux d'y parvenir, c'est avec nos encouragements et notre soutien.

Évidemment, je ne prône pas l'anarchie. Il est nécessaire de poser des limites. Les enfants ont besoin que les adultes les surveillent et les aident à prendre des décisions, en attendant qu'ils arrivent en âge de s'en charger seuls. Il serait toutefois bon de rompre avec l'automatisme qui nous pousse à dire « non » sans arrêt. Si un enfant propose quelque chose d'absurdement dangereux et que vous vous écriez d'un ton enthousiaste « Super ! Si on essayait ? », il est probable qu'il vous reprenne : « Non ! C'est trop risqué. » S'il veut se lancer dans une tâche non dangereuse mais qui vous semble impossible, plutôt que de vous opposer trop vite, vous pouvez lui dire : « Bonne idée, je me demande comment y arriver. » Il pourrait même relever le défi à votre grand étonnement. Quoi qu'il en soit, il aura réfléchi par lui-même.

Un jour, en attendant ma fille à la sortie de l'école, je bavardais avec Rebecca – la petite sœur de cinq ans d'une camarade d'Emma – auprès de la voiture de sa mère, laquelle était en pleine conversation avec un autre parent. Rebecca me demanda la permission de monter sur le toit de la voiture et d'y rester pendant que sa mère conduirait jusqu'à la maison. Elle savait bien que c'était là chose impossible. Cela dit, je la connaissais : elle s'attendait à ce que je dise « non ». Elle allait alors grimper sur le capot en guettant ma réaction. Ne voulant pas entamer de bras de fer, je lui dis d'un air complice « OK ! Allons-y : on va bien s'amuser. Seulement, il va falloir qu'on s'accroche drôlement fort. » « Larry ! me rétorqua-t-elle. C'est dangereux. On ne peut pas monter sur le toit. » Je fis mine d'escalader le pare-chocs quand elle s'interposa « Non ! non ! On va tomber. » Si je lui avais dit non, elle se serait mis en tête que c'était chouette de monter sur le toit de la voiture, mais que les adultes le lui interdisaient, parce qu'ils se bilent pour un rien. Le fait que j'aille dans son sens l'obligea à se figurer elle-même ce qu'il adviendrait. Bien sûr, si elle m'avait répondu « On y va ! », j'aurais fait l'imbécile en lui demandant : « À ton avis, on ne risque pas de dégringoler quand ta mère prendra un virage ? » ou « Je me demande ce que dira ta mère en nous voyant là-haut », histoire de la pousser à réfléchir.

Dire oui plutôt que non ne vous oblige pas à dissimuler ce que la situation vous inspire. Accepter une activité ne vous oblige pas à feindre de l'apprécier si elle vous répugne. Si vous détestez tel jeu, il n'y a aucun mal à le faire savoir. Seulement, au lieu de lâcher « non, je n'y jouerai pas », il vaut mieux supplier avec humour l'enfant de ne pas insister. J'ai vu des quantités de parents, à commencer par moi-même, accepter à contrecœur de jouer à un jeu qu'ils trouvaient ennuyeux ou idiot, et manquer de peu s'assoupir. En ce qui me concerne, le problème se posait quand ma fille voulait jouer à la Barbie, ce dont j'ai horreur. En guise de compromis entre faire plaisir à Emma et m'enfuir en courant, je somnolais, une poupée à la main. Le hic, c'est que cela ne nous satisfaisait, ni moi ni elle. Ma fille se retrouvait avec un partenaire de jeu qui parvenait à peine à garder les yeux ouverts, et moi, je m'en voulais de la décevoir – en plus de passer un mauvais moment à jouer à ce que je n'aimais pas. Je jouais, mais en fait, je la laissais tomber. La solution résidait dans un autre genre de compromis. Un beau jour, je lui expliquai franchement ce que m'inspiraient les Barbie, puis je continuai à jouer. J'exagérai mon dégoût en suppliant Emma de ne pas m'obliger à lui donner la réplique, tout en lui montrant bien que c'était pour rire et que je jouais avec elle aux Barbie. Figurez-vous que, non seulement je ne me suis plus endormi, mais j'ai passé un bon moment, et ma fille aussi. Le jeu classique et monotone d'habillage et de déshabillage des poupées s'est transformé en un scénario riche en rebondissements, qui nous faisait tous deux nous tordre de rire.

Juste dire oui signifie d'adopter une attitude de base d'acceptation plutôt que de rejet, d'approbation plutôt que de désapprobation. Il s'agit d'être animés en jouant, d'utiliser gestes, voix et mimiques. L'enthousiasme est de mise : si vous jouez au ballon, vous courrez pour le rattraper et, si vous jouez à faire semblant, vous camperez avec conviction votre personnage. Vous prendrez garde à vos états d'âme ; surtout si vous êtes dépressif ou en colère. Difficile sinon, de vous mettre au diapason du ton de voix ou du rythme de l'enfant. Vous fournirez chaleur, incitation et soutien. Évidemment, nul ne saurait suivre ces recommandations en permanence. Ce serait super, mais irréaliste. Peut-être pourriez-vous vous planifier des temps pour tenter l'aventure, même seulement quelques minutes dans un premier temps. La plupart d'entre nous – moi y compris – avons le sentiment de déjà beaucoup donner, de prêter beaucoup d'attention à nos enfants. Cependant, des heures de présence apathique sans que le cœur y soit ont moins d'impact qu'un Temps Particulier bref mais intense. À vrai dire, un enfant bénéficiant d'un moment d'une telle intensité réclamera moins d'attention le reste du temps.

Je me surprends souvent à commenter : « Ça ne marchera jamais » ou « impossible ». Quel message est-ce que je délivre, outre l'idée que je suis un adulte pénible et sans imagination ? En réagissant ainsi, je court-circuite l'enfant. Je sais déjà qu'il n'arrivera pas à ce qu'il veut. Doit-il vraiment en faire l'expérience pour apprendre ? Bien sûr, quand il veut toucher une plaque électrique ou traverser la rue, il vaut mieux intervenir. Cela dit, la plupart des situations auxquelles se confronte un enfant ne l'exposent pas à un danger tel qu'il ne puisse lui-même y faire face. En un sens, il n'y aurait plus, sinon, qu'à faire les devoirs de l'enfant à sa place : certes, il obtiendrait de bonnes notes, mais sans rien apprendre. Au lieu de dire « ça ne marchera pas », tentez : « Essayons ! On verra bien. » Je parierais que l'enfant vous étonnera. À défaut, il comprendra par lui-même. Quoi qu'il arrive, il verra en vous un allié et non un rabat-joie. Je ne prétends pas qu'il ne faille jamais dire non, mais il convient de se demander si ce non est justifié ou s'il n'est qu'un recours à la facilité de notre part. Comme le montrera le chapitre suivant, il n'y a par ailleurs aucun mal à tenter de débloquer une situation. Par exemple, il n'y a pas lieu de suivre les directives d'un enfant quand il vous dit de vous en aller pour ne plus jamais revenir. Il se peut, certes, que vous deviez vous retirer un peu ; mais pas que vous l'abandonniez définitivement.

Il y a quelques années, à l'occasion d'une sortie en famille à la campagne, je me trouvais avec un père, sa fille de six ans et la mienne, au bord d'un étang. Quelqu'un remarqua que le ponton sur lequel nous étions assis n'était qu'un radeau attaché à la berge. L'une des fillettes proposa : « Si on faisait un tour ? » Je tentai aussitôt de tempérer son enthousiasme. « On va avoir du mal à le détacher. Ça ne me paraît pas une bonne idée. » L'autre père ne tint pas compte de ma remarque et lui répondit : « Pas de problème ! Essaye donc de dénouer la corde. » J'entrevis une lueur d'espoir : ils n'y arriveraient pas. Manque de chance, si ; et en un rien de temps. Je luttai contre la panique et mon envie de m'enfuir en courant en laissant ma fille et les deux autres à leur triste sort.

Alors que je voyais déjà notre radeau sombrer au beau milieu de l'étang, dans l'eau glaciale, l'autre père lâcha – avec un calme selon moi remarquable : « Comment allons-nous manœuvrer l'embarcation ? » Les filles entrèrent en action : elles m'ordonnèrent de sauter sur la berge en tenant la corde pour éviter que le radeau parte à la dérive. Pendant ce temps-là, elles iraient chercher des bâtons en guise de rames. Leur idée porta ses fruits ! Nous avons passé un excellent moment sur ce radeau. En voyant la mine ravie et triomphale des filles à notre retour, les autres voulurent essayer eux aussi.

Je me réjouis pour elles, même si, au fond de moi, je fulminais. Pas parce qu'elles m'avaient prouvé que j'avais tort (je commence à m'y faire), mais parce que j'avais tout de suite dit non sans réfléchir. J'avais surévalué le danger et sous-estimé leurs ressources en laissant mes craintes prendre le dessus. Non seulement, j'avais dit non mais j'avais tenté d'imposer mon point de vue en me convainquant que j'écoutais la voix de la prudence alors qu'en réalité, je ne voulais pas courir le risque de me retrouver trempé et de prendre froid. Les filles, elles, ne demandaient qu'à assumer ce risque pour profiter de l'aventure.

Faire ce dont ils ont envie

J'ai eu à plusieurs reprises le plaisir de voir Patty Wipfler animer des ateliers de jeu pour enfants et adultes. Ceux qui connaissent son travail décèleront son influence au fil de ces pages. Elle dirige une organisation baptisée l'Institut du Leadership des Parents et a écrit des livres dont je recommande vivement la lecture. Laisser l'initiative aux enfants et faire ce qu'ils souhaitent ; voilà les principes sur lesquels reposent ce qu'elle appelle les Temps Particuliers. « Les moments de détente, où en jouant avec nos enfants nous partageons leur intimité, sont au cœur de notre relation privilégiée avec eux. Les instants où parents et enfants se témoignent tranquillement leur affection sont trop rares [...] Accorder aux enfants un "moment à part" constitue un excellent outil [...] un moyen de les écouter, pendant que, par le biais du jeu, ils se confient[46]. »

Comme l'indique Patty Wipfler : le jeu donne l'occasion aux enfants de raconter ce qu'ils vivent. Jouer à ce qu'ils souhaitent,

46. Patty Wipfler, *Listening Effectively to Children* (Seattle, Rational Island Press, 1999).

de la façon dont ils en ont envie, revient à leur prêter une oreille attentive. Il nous est tous arrivé de vouloir dire quelque chose à quelqu'un qui nous interrompait sans arrêt, changeait de sujet ou nous expliquait comment réagir ou qu'en penser. Une telle attitude nous horripile et pourtant, nous réagissons tout le temps ainsi vis-à-vis des enfants. Nous leur disons détester tel ou tel jeu ou leur expliquons comment y jouer « correctement ». Ce n'est pas la meilleure façon de nous renseigner sur ce qu'ils pensent ou ressentent. Mieux vaut jouer comme ils l'ont décidé.

Bien sûr, avant de se lancer avec enthousiasme dans n'importe quel jeu que réclame un enfant, il est nécessaire d'avoir joué un minimum avec lui. Quand nous lâchons « Je n'ai pas envie de jouer », il comprend : « Je n'ai pas envie de te rejoindre dans ton monde. » Il ne faut pas s'étonner qu'il proteste ensuite : « Je ne veux pas aller à l'école » ou « chez Tante Margaret ». Lui non plus n'a pas envie que nous l'entraînions dans notre univers. Plus nous rejoindrons l'enfant sur son terrain, plus il se montrera coopératif au moment de nous suivre sur le nôtre.

Cela ne sert à rien de rester avachi dans un coin pendant que l'enfant joue, même si ce n'est parfois pas l'envie qui nous manque, après une journée bien remplie. Il a besoin que nous prenions une part active à ses jeux, de même qu'il est impératif de dresser l'oreille, dans le cadre d'une écoute attentive. Nous n'allons pas dévoiler notre intimité à quelqu'un qui, pendant que nous lui parlons, fixe un point dans le vide, consulte sa montre ou change de sujet. Prendre une part active aux jeux d'un enfant, tout en lui laissant l'initiative, représente un défi de taille. Cela signifie par exemple, si vous jouez au basket, que vous lui passerez avec enthousiasme le ballon pour qu'il tente de marquer un panier, plutôt que de multiplier les tirs en suspension (à moins qu'il ne tienne à ce que vous lui montriez ce dont vous êtes capable, bien sûr).

Dans le cadre d'ateliers, il m'arrive de demander à des parents ce qu'ils aiment le mieux faire. Je leur lance alors : « C'est ennuyeux [...] c'est bête [...] beurk ! [...] qui peut bien prendre plaisir à un truc pareil ?[...] vous plaisantez ? » et ainsi de suite. Avant qu'ils ne m'enduisent de goudron et de plumes, je leur explique la raison de mes provocations : selon moi, tel est le message que nous délivrons sans arrêt à nos enfants, à notre insu. J'ai dû reconnaître, à l'occasion d'une prise de conscience douloureuse, qu'en déclarant à ma fille « Je déteste jouer à la Barbie », je lui disais en quelque sorte : « Je trouve ennuyeux, idiot et sexiste ce que tu aimes le mieux faire, et le considère comme une perte de temps. » Ce n'est pas tout à fait ce qu'un père aimant (psychologue pour enfants, qui plus est !) tient à communiquer. Comme je l'ai expliqué au chapitre précédent, j'ai depuis fait l'effort de jouer à la Barbie avec Emma et, ensemble, nous avons trouvé le moyen de rendre le jeu amusant et nettement moins insupportable pour moi qu'avant.

Pourquoi est-il essentiel de ne pas toujours dire non ? Imaginez qu'il vous arrive quelque chose d'effrayant, de perturbant ou qui vous anéantisse et que vous n'ayez pas le droit d'en parler. Ni même d'y penser. Voilà ce que ressent un enfant qu'on empêche de jouer comme il l'entend. Le jeu est pour lui un moyen de communiquer, de réfléchir.

Chaque fois que j'aborde cet aspect du parentage ludique, quelqu'un me rétorque : « L'enfant auquel on laisse l'initiative ne voudra-t-il pas toujours recommencer la même activité ? » Il arrive que les enfants souhaitent se livrer à un même jeu plus souvent que nous ne le supportons (et nous leur reprochons leur incapacité à se concentrer !).

Cela dit, plus nous les laisserons prendre l'initiative, plus ils se sentiront libres de se confronter à la nouveauté – en relevant un défi ; physique, tel que sauter du haut du plongeoir, ou émotionnel, comme demander à un camarade de devenir leur ami ou parler d'une expérience pénible à l'école.

Assurer la sécurité (inutile de trop se biler !)

Quand je recommande d'emboîter le pas aux enfants, il y a toujours un parent pour me poser ce que j'appelle la question « traverse la rue en courant ». « Et s'ils décident de faire quelque chose de dangereux ? » Il convient avant tout d'établir la part entre notre inquiétude et les risques réels. Pourquoi ne pas dire par exemple : « Ça me fait un peu peur. Voyons s'il n'y aurait pas un moyen de se lancer sans danger. Sinon, il faudra tirer un trait dessus. » Les enfants ne manquent pas de bon sens, pour peu qu'on leur donne l'occasion d'en user – rarement, vu que nous leur disons sans arrêt quoi faire ou pas. Beaucoup d'entre nous ont tendance à se biler plus que nécessaire, d'autant que nous sommes avec eux et que nous ne les envoyons pas jouer seuls dehors. On peut donc toujours ralentir le mouvement sur le moment et les inciter à mesurer les conséquences de leurs actes, plutôt que de décréter d'emblée que ceci ou cela présente trop de danger ou s'avère infaisable.

Bien entendu, en tant que parents, il nous revient de veiller à la sécurité de nos enfants. Seulement, nous y voyons une bonne excuse pour nous laisser dominer par nos craintes et nos inhibitions. C'est ce qu'illustre ma réaction au projet de balade en radeau : je n'avais tout simplement pas envie de me mouiller. La citation en exergue de ce chapitre – qui nous invite à nous réjouir de l'incertitude qui pèse sur ce qui nous attend – s'applique en particulier aux temps de jeu où les enfants prennent les devants. Nous sommes convaincus de leur dire non par souci de leur sécurité, mais ne cherchons-nous pas plutôt à nous éviter de l'embarras et des doutes ? Ne pas savoir ce qui va se passer perturbe la plupart d'entre nous. Reconnaître notre ignorance nous laisse le même goût amer qu'admettre notre incompétence. Si seulement nous parvenions à nous détendre, inspirer un bon coup et nous dire : j'ai fait du bon travail, en tant que parent. En dépit de nos erreurs et de nos regrets, nous pouvons être fiers de nous.

Ménager des temps de jeu particulier

Un enfant qui a l'occasion de décider à quoi jouer avec vous, et comment, remplira son réservoir ; ce qui améliorera à la fois sa confiance en sa personne et sa relation avec vous. Le meilleur moyen de lui laisser l'initiative consiste à le laisser totalement aux commandes une heure ou deux – pendant ce que j'aime qualifier de « Temps Particulier ». Si le parentage ludique est une invitation à rejoindre les enfants dans leur monde, le Temps Particulier est un pas supplémentaire vers eux.

Le parentage ludique implique un changement d'attitude durable, une volonté constante de manifester l'attachement et de plus s'amuser avec eux, de manière à ce qu'ils apprennent et grandissent sans crainte ni pression. Nous exerçons notre métier de parent tout le temps et en tous lieux ; les occasions abondent de jouer et s'amuser, remplir le réservoir de l'enfant, le consoler, l'aider à guérir ou partager avec lui un moment de tendresse. Il arrive aussi qu'il ait besoin de quelque chose de plus structuré. Le Temps Particulier sert de plan détaillé nous incitant à nous aventurer en plein cœur du territoire des enfants pour les aider à utiliser le jeu comme un moyen d'établir des liens plus solides, d'explorer le monde et de se remettre de leurs contrariétés ou de passer tout simplement un bon moment.

Le principe du Temps Particulier est simple : l'adulte prend l'habitude d'accorder un moment rien qu'à l'enfant. Il lui prête son attention exclusive, sans la moindre interruption, en mettant l'accent sur la connexion, l'implication et l'interaction. En un sens, le Temps Particulier est juste plus d'éducation ludique : plus d'enthousiasme, plus drôle, plus centré sur le partage de l'intimité et le développement du pouvoir personnel. Plus d'attention à ce que ressent l'enfant et à mettre de côté nos propres états d'âme, plus d'engagement et de défoulement actif. Bien sûr, pas question de répondre au téléphone, de préparer le dîner ou de piquer un somme !

Il ne vous aura pas échappé que ce que j'appelle le Temps Particulier ressemble beaucoup aux séances de thérapie par le jeu où l'initiative revient à l'enfant – à moins qu'on ne l'incite à surmonter un blocage émotionnel. Si les thérapeutes s'occupent surtout d'enfants à problèmes, les techniques qu'ils emploient attestent la capacité qu'a le jeu de guérir n'importe quel petit. Puisque le jeu permet à un enfant de sortir de son isolement et aux membres d'une famille en difficulté, de se rapprocher, il réussira aussi, a fortiori, à combler la distance qui, au quotidien, tend naturellement à s'instaurer entre parents et enfants, et à gérer un niveau « normal » d'agressivité ou de frustration.

Tous les enfants peuvent bénéficier d'un Temps Particulier. Quand tout va bien, le Temps Particulier fournit une occasion de s'amuser ensemble et permet que tout aille mieux. En cas de difficulté, il dénoue les tensions, certes au prix de quelques efforts. Lorsqu'un problème paraît insoluble, le Temps Particulier laisse entrevoir une solution. Il permet de tendre la main à un enfant perturbé ou d'amender une relation qui se détériore.

Les parents qui passent déjà beaucoup de temps à jouer avec leur enfant me demandent souvent s'ils retireront un réel bénéfice d'un temps de jeu spécifique. À mon avis : oui. Un enfant auquel on réserve un tel Temps Particulier l'attendra avec impatience, en réfléchissant à la manière dont il l'occupera. Il en profitera pour exprimer ce qu'il ressent ; ce qui ne facilitera pas la tâche des parents mais lui permettra de se montrer moins exigeant, au quotidien. En ménageant à l'avance une plage pour le jeu dans notre emploi du temps, nous redoublerons plus volontiers d'enthousiasme, en disant oui plutôt que non et en faisant ce que l'enfant réclame sans trop nous inquiéter de sa sécurité ou du respect des règles. Que les choses soient claires : je n'attends de personne qu'il suive mes conseils à la lettre plus d'une heure à la fois ! À vrai dire, dix ou quinze minutes suffiront dans un premier temps. Consacrer du temps rien qu'à l'enfant l'incitera à évoquer des sujets qu'il ne se sent pas encouragé ou pas en droit d'aborder d'ordinaire. Cela compte énormément pour lui que vous acceptiez de jouer à ce qu'il souhaite – à la Barbie, à la guerre ou aux Lego. Et cela compte encore plus que vous lui accordiez votre entière attention, sans décrocher le téléphone ni vous occuper du dîner.

Beaucoup de parents pensent : j'imagine d'ici ce qu'Elmo voudra. Mais, inutile de devancer les désirs de l'enfant en lui proposant ce qui, selon vous, lui plaira. Mieux vaut le laisser vous surprendre – et se surprendre lui-même – en lui accordant une entière liberté de choix. Cela me rappelle les années où mon père et moi assistions ensemble à des matchs de foot. Aucun de nous ne le désirait vraiment ni ne passait un très bon moment mais chacun de nous croyait ainsi faire plaisir à l'autre. À l'instar de nombreux parents et enfants, nous étions prêts à des compromis afin de passer du temps ensemble, mais nous aurions plus apprécié ces moments d'intimité en nous interrogeant sur ce que l'autre souhaitait, plutôt que de nous imaginer le savoir.

Un autre point délicat consiste à déterminer si les règles habituelles continuent de s'imposer pendant le Temps Particulier. Si les sucreries lui sont interdites, l'enfant aura peut-être envie d'en acheter, à ce moment-là. S'il n'a pas le droit de jouer à la guerre, il voudra s'emparer d'un pistolet ou d'une épée en plastique. Un adolescent de quatorze ans demandera à s'entraîner à conduire. Non qu'il cherche à nous pousser à bout : il profitera plutôt de se sentir en sécurité pour se confronter à la nouveauté ou à la difficulté. L'enfant saisira certainement l'occasion d'un Temps Particulier pour nous amener à réviser les règles que nous lui imposons. Je n'ai pas de solution toute faite à ce problème. Vous ne tarderez pas à vous rendre compte de ce qui profite à votre enfant et à vous-même en vous livrant à quelques expériences. Pour ma part, j'autorise l'activité d'habitude interdite pendant cinq ou dix minutes, pas plus. En cas de problème, bien sûr, j'y mets le holà.

Angela, une participante à un atelier que j'animais, se heurtait à une difficulté avec ses fils. Ils voyaient dans le Temps Particulier une occasion de s'amuser à ce qui leur plaisait : faire semblant de se tirer dessus ; ce que leur mère leur interdisait en principe rigoureusement. Angela se retrouvait dans une situation délicate, tiraillée entre sa volonté de laisser l'initiative à ses fils et son hostilité de principe aux armes à feu.

Dans les cas épineux, la première question à se poser est celle-ci : le jeu dont raffolent mes enfants les expose-t-il à un réel danger (physique ou émotionnel) ou me met-il simplement mal à l'aise ? Angela attribuait son aversion pour les armes à un dégoût personnel. Compte tenu de ses valeurs et de l'éducation qu'elle donnait à ses enfants, ceux-ci ne risquaient pas de devenir de violents psychopathes. Malgré tout, elle ne se sentait pas capable (et n'avait pas envie) de surmonter sa répugnance – tout en admettant la validité de mes arguments en faveur du libre choix de leurs jeux. Je lui conseillai de respecter à la fois le désir de ses fils de jouer avec des armes et son besoin de se sentir à l'aise par rapport au jeu de leur choix. Je recommandai d'une part à Angela de discuter autant que possible avec d'autres parents de son aversion pour les jeux de pistolet, d'expliquer pourquoi ils la dégoûtaient et pourquoi le pacifisme lui tenait tant à cœur. Ce genre d'échanges incite souvent les parents à assouplir les règles habituelles pendant le Temps Particulier. Il vaut mieux, quand on se retrouve dans une situation aussi déstabilisante, ne pas le prolonger plus d'une demi-heure : trente minutes, c'est déjà bien assez quand on se risque en territoire inconnu.

D'autre part, Angela devait selon moi s'arranger pour que ses fils explorent les thèmes qui les fascinaient, sans qu'il lui en coûte trop de jouer avec eux. Peut-être tolérerait-elle mieux les épées ou les armes magiques ? Elles satisferaient leur besoin de manipuler une arme sans la hérisser. Sur le long terme, la réflexion que nous menons pour résoudre les difficultés soulevées par le Temps Particulier apportera un grand bénéfice à notre parentage global.

Selon moi, la réaction positive des enfants au Temps Particulier ne vient pas uniquement de ce qu'ils ont l'occasion de faire ce qu'ils aiment et de prendre les commandes mais de la main que nous tendons vers eux et de notre recherche d'une plus grande intimité. Ils sont amenés ainsi à constater que nous ne nous comportons pas toujours comme s'il était plus important de répondre au téléphone, protéger les meubles ou de respecter nos innombrables règles que de jouer avec eux et de nous amuser ensemble. Tant qu'ils verront que nous désirons suivre parfois leurs directives, ils accepteront que nous soyons des adultes avec des inquiétudes et des règles (certaines raisonnables, d'autres discutables).

N'importe quel enfant bénéficiera de ces temps spécifiques où nous le suivrons avec enthousiasme. Je les recommande aux familles où tout va bien autant qu'à celles en crise. Un Temps Particulier contribuera en outre à dénouer les rivalités entre frères et sœurs et autres conflits au sein de la famille. Il aidera à se rapprocher d'enfants qui ne dévoilent pas facilement leur intimité et à passer de bons moments avec des plus grands.

Les rivalités entre frères et sœurs s'atténuent dès lors que chaque enfant a l'occasion de jouer seul avec l'un des parents au moins. Les enfants de familles nombreuses aspirent souvent à ce que leur père ou leur mère leur accorde son entière attention, ne serait-ce que quelques minutes. Je suis conscient qu'il n'est pas évident de trouver le temps de s'impliquer auprès de chacun. Cela dit, l'effort est payant. Les enfants désespérément en manque d'attention finissent par en obtenir, si ce n'est à l'occasion d'un Temps Particulier, par n'importe quel moyen.

Il suffit d'annoncer à la plupart des jeunes enfants que vous leur laissez carte blanche pour qu'ils s'enthousiasment, alors que d'autres, plus âgés, auront besoin d'un temps de réflexion avant de se lancer. « Tu comptes vraiment faire ce que j'ai envie ? » vous demanderont-ils. Au début, il se peut que rien ne leur vienne à l'esprit. Il est inutile de leur souffler tout de suite des idées, au risque de leur imposer les vôtres. Mieux vaut leur annoncer : « Je compte te consacrer du temps, rien qu'à toi. Qu'est-ce qui te ferait plaisir ? » Les relations amoureuses préoccupent beaucoup les ados. Se prétendre fou amoureux d'un chanteur ou d'un acteur les déridera à coup sûr. Ou alors : entonner des chansons mièvres à souhait, leur demander leur chewing-gum, jurer de ne plus se laver la main qu'ils ont touchée, et ainsi de suite. Ils se moqueront de vous, vous traiteront de ballot (ou quel que soit le terme en vogue aujourd'hui). Il y a tout lieu de s'en féliciter ! C'est leur manière à eux de se confronter à la crainte de ne pas être à la mode ou que leur tenue déplaise à leurs camarades.

La mère d'un garçon de douze ans avait écrit à propos d'une connexion tout à fait inattendue[47] : chaque mercredi soir, elle avait rendez-vous avec son fils, pour faire quelque chose de spécial ensemble, ce qu'il voulait. En général, il demandait à traîner

47. Emmy Rainwalker, « An Unusual Lesson in Listening », *Our Children Ourselves*, n° 23 (Été/automne 1998).

au centre commercial, où ils passaient un bon moment, même si le garçon ne parlait pas beaucoup. Sa mère se pensait proche de lui et tout à fait capable de lui prêter une oreille attentive.

Lorsqu'un de ses amis vint à mourir, elle décida de lui rendre hommage en s'abstenant de parler pendant trois jours. Avant d'entrer dans le silence, elle demanda à son fils s'il souhaitait décaler leur rendez-vous hebdomadaire. Il haussa les épaules et répondit que peu lui importait. Sitôt monté en voiture, il se mit à parler. Il ouvrit son cœur à sa mère en lui confiant ce dont il ne lui avait encore jamais touché mot, à propos de son école, de ses amis, de ses sentiments, de tout. Elle garda le silence en se concentrant sur la route. Arrivé sur le parking du centre commercial, il continua de parler dans la voiture. Cette fois-là, ils n'en sont pas sortis. Quand il se fit tard, ils rentrèrent à la maison, sans que le fils eût cessé de parler. À l'évidence, le vœu de silence de sa mère lui avait donné la liberté de se livrer, sans crainte qu'elle l'interrompe. Parfois, il suffit de laisser le champ libre à l'enfant et il nous dévoilera spontanément son intimité. Le hic, c'est que, la plupart du temps, nous ne nous rendons même pas compte que nous entravons l'expression de ce qu'il ressent.

NB : Il y a une différence entre accorder un Temps Particulier à ses propres enfants et à ceux des autres. Un enfant qui ne dispose pas d'une figure d'attachement chez lui, qui ne peut compter sur personne pour remplir son réservoir, essaiera de faire endosser ce rôle au premier un adulte qui s'intéressera à lui. Il vous collera au point de ne plus vouloir vous lâcher quand viendra pour vous le moment de partir. Il prétendra que ça lui est égal que vous veniez ou pas le voir, alors que cela compte énormément pour lui. À moins qu'il ne vous mette à l'épreuve pour voir ce que vous êtes capable d'encaisser avant de vous éloigner de lui. Dommage que les enfants ne puissent pas juste nous soumettre à un examen écrit et qu'ils se sentent obligés de tester notre tolérance à leurs coups et leurs insultes, leurs taquineries et leur mépris

– toutes ces choses que font les enfants quand leur réservoir est vide depuis trop longtemps et que vous tentez de le remplir. Ils peuvent vous montrer leur besoin de se faire un ami en abîmant vos affaires ou en cherchant à vous blesser. Dans la mesure du possible, notre rôle est de maintenir la connexion contre vents et marées, de rester impliqué dans la relation même s'il dépasse les bornes et que nous avons à lui poser des limites. Les enfants – et pas seulement les nôtres – attendent de nous que nous soyons humains, sincères, que nous leur offrions un point de repère, de quoi remplir leur réservoir, même si ce dernier fuit ou est fêlé. En tant que thérapeute, je suis souvent mis à l'épreuve. En un quart d'heure, une petite fille me dira par exemple : « Je te déteste [...] ne reviens plus jamais [...] tu pourrais revenir tous les jours [...] Tu veux bien que je sois ta fille ? [...] Si tu t'en vas, tu peux aussi bien ne jamais revenir. »

Aux enfants qui disposent déjà d'une figure d'attachement, vous serez utile aussi : vous n'aurez pas forcément les mêmes attirances ou aversions que leurs parents. Le désordre ne vous gênera pas, alors qu'eux ne supportent pas que tout ne soit pas rangé. Vous pouvez avoir du mal avec les bruits forts et les jeux un peu sauvages alors que ça ne les perturbe pas, etc. Les enfants apprennent vite qui tolère quoi. Quand ma fille allait à la maternelle, je jouais souvent avec ses camarades et elle par terre, à la sortie des classes. Ils m'escaladaient comme une structure sur une aire de jeux ou jouaient à la bagarre avec moi. D'autres petits que je ne connaissais pas formaient une queue pour se mêler à nos jeux. Il est vrai que peu d'adultes s'amusent comme je le fais.

S'accorder un temps de récupération

J'aurais sans doute dû vous prévenir tout de suite que le Temps Particulier est plus éprouvant qu'il n'y paraît. S'il ne demandait aucun effort, je n'aurais pas eu besoin d'écrire ce livre. Ce n'est pas simple pour moi de rester concentré, à l'écoute, enthousiaste, d'accorder toute mon attention à un enfant, en laissant de côté mon travail et en me résignant une fois de plus à préparer le dîner à la dernière minute. À vrai dire, je n'ai jusqu'ici rencontré personne qui trouve cela facile. La difficulté principale, bien sûr, vient de nos propres besoins insatisfaits, de notre propre pile de sentiments refoulés (nos inquiétudes, nos craintes, notre fatigue, notre embarras à l'idée de jouer joyeusement). Le Temps Particulier, ou tout moment de jeu dirigé par l'enfant peut être difficile parce que nous avons l'impression que nous ne savons pas nous y prendre ou que nous ne supporterons pas ces jeux ennuyeux et horribles dont il raffole. La plupart du temps, nous évitons la situation et, les rares fois où nous acceptons de jouer ainsi, il nous faut ensuite du temps pour récupérer. Rien ne vaut alors une discussion avec d'autres parents ; surtout s'ils consacrent eux aussi un Temps Particulier à leurs enfants. Quand nous n'avons pas envie de jouer, parce que nous sommes trop occupés, trop fatigués ou ennuyés à l'idée de jouer, nous pouvons nous forcer un peu ; de même que nous contraindre à faire de l'exercice nous aide à nous sortir d'un état dépressif. Il y va de notre bonheur à long terme. Mieux vaut donc ne pas écouter la petite voix qui nous souffle « je ne suis pas d'humeur » mais nous secouer de notre apathie et jouer.

Il est parfois difficile de rester pris par un jeu où l'on n'a qu'à obéir. Au début, quand j'accordais un temps de jeu exclusif à ma fille, elle me demandait de faire semblant d'être un roi ou son petit frère et m'ordonnait de m'endormir. Je m'endormais hélas pour de bon ; ce qui la rendait folle. Le même problème se posait avec le Monopoly et les jeux de plateau en général. Petite, Emma voulait souvent lancer le dé à ma place, bouger mon pion et décider quoi acheter. J'étais tenté de lui dire « Tu n'as pas besoin de moi, je pourrais aussi bien préparer à dîner (ou piquer un somme) ». À ses yeux, pourtant, nous jouions ensemble ; ce qui comptait beaucoup pour elle. Mon rôle consistait à rester éveillé.

L'heure est venue pour moi de vous faire un aveu qui me coûte. Le plus souvent, je me trouve nul, pendant le Temps Particulier. Je me sens idiot, ce dont j'ai horreur. J'ai l'impression d'être un larbin, ce dont j'ai horreur aussi. J'ai du mal à laisser les enfants aux commandes. Je pique du nez, je m'embête. Si nous jouons aux Lego, je trie les briques par taille et par couleur pour me distraire. Quand nous construisons un château de cartes, je me sens tenu d'en édifier un plus haut que les autres. Je n'ai pourtant pas l'intention d'humilier ni de frustrer mes camarades de jeu. Seulement, je me laisse dominer par mes propres sentiments, au lieu de suivre leur rythme et de me soucier de leurs besoins. Pourquoi est-ce que je me force à jouer, alors ?

D'abord, même quand je ne me débrouille pas aussi bien que je le voudrais, le Temps Particulier que je consacre à un enfant a un impact décisif sur lui et sur notre relation. Je ne tarde pas à en mesurer les bienfaits à son attitude : l'enfant se montre plus calme, moins agressif ; ce qui fait qu'il est plus facile déjouer avec lui ou même de lui tenir compagnie. Au fil du temps, je m'améliore, même s'il m'arrive encore aujourd'hui de me sentir idiot ou incompétent. Enfin, les enfants en redemandent, même si, pendant que nous jouons, ils me reprochent de tout faire de travers. Je suppose que se plaindre de mon attitude et protester que je ne suis bon à rien est un moyen pour eux de m'indiquer ce qu'ils attendent et quelles émotions le jeu leur permet d'exprimer.

Laisser les enfants diriger le jeu

Lors de ma première séance avec Robert, je proposai à sa mère de recourir à la méthode (évoquée au chapitre 6) qui consiste à demander à un enfant de courir plus vite ou de ralentir, d'aller à droite ou à gauche, etc., afin qu'il apprenne à contrôler ses émotions : elle voulait l'aider à maîtriser ses impulsions pour qu'il ait moins d'ennuis avec ses camarades de classe. Il utilisait ses poings de préférence aux mots, et des phrases telles que « la ferme, abruti ! » plutôt que « ça ne m'a pas plu que tu me prennes ma brique Lego ». Désirant montrer à sa mère ce que j'avais en tête, je lançai : « Dis, Robert, tu pourrais courir super vite dans la cuisine ? » Il m'ordonna aussitôt, à moi, de courir à telle vitesse et dans telle direction. Il savait ce qu'il voulait or ce n'était certainement pas ce que j'avais prévu. Bien qu'il n'eût jamais entendu parler de Temps Particulier, il avait saisi l'idée. Il comptait s'amuser à exercer son ascendant sur moi et pas au jeu d'autorégulation que je souhaitais lui enseigner. Je savais ce qu'il me restait à faire : je courus à toute vitesse quand il me le demanda, ralentis quand il m'en donna l'ordre et nouai avec lui une relation fondée sur la confiance, rien qu'en suivant ses directives.

Quelques mois plus tard, la mère de Robert me prévint qu'il venait de passer une sale journée à son école maternelle : plusieurs petits lui avaient dit qu'ils ne voulaient plus jouer avec lui. À la sortie de la classe, ils confièrent à la mère de Robert que celui-ci s'était mal comporté. Ce soir-là, il avait hâte de me voir et de jouer avec moi. J'avais déjà réfléchi à ce que je lui proposerais ; ce qui m'arrive pourtant rarement. « On dirait que je veux devenir ton ami mais que tu n'es pas d'accord », comptais-je lui dire. Une inversion de rôles classique. J'en étais fier et ne demandais qu'à me lancer. Avant que j'aie le temps d'ouvrir la bouche, Robert lança : « À toi de me courir après ! Je te dirai à quelle vitesse. » Notre jeu de la première séance m'était sorti de l'esprit, mais lui ne l'avait pas oublié. À plusieurs reprises, je tentai de lui imposer mon idée, sans aller plus loin que « et si... » ou « Je me disais... » À chaque fois, il m'interrompit par un ordre, que je suivis à la lettre.

Je devais, pour le poursuivre, franchir une série de portes, qu'il me claquait parfois au nez. Lorsque j'essayais de les ouvrir, il me répondait que je n'avais pas le droit de passer par là, que je devais faire un détour. Le temps que je m'exécute, il m'attendait de l'autre côté de la porte suivante. Je frappais en le suppliant de me laisser passer. Il criait : « Non ! Tu n'entreras pas. Je ne t'aime pas. Tu pues. » Ah ah ! Nous y voilà : précisément là où je voulais en venir ; à un jeu où il assumerait, pour changer, le rôle de celui qui ne veut pas être ami avec un autre. J'eus l'occasion de jouer à un de mes jeux favoris : supplier qu'on me laisse entrer, qu'on devienne mon ami. Notre jeu finit ce jour-là par toucher à un thème sensible, parce que j'avais suivi ses instructions et non l'inverse.

Robert n'aurait pas écouté patiemment un sermon sur l'impossibilité de se faire des amis en leur donnant des coups de pieds ou en les traitant d'imbéciles. Notre jeu me donna l'occasion de reproduire son attitude en grossissant le trait, de manière à ce qu'il en rie. Je le menaçai d'un coup de pied s'il ne m'ouvrait pas. Je promis de devenir son meilleur ami, avant d'ajouter en aparté que je comptais lui voler tous ses jouets dès qu'il me laisserait entrer dans sa chambre. Rire de ce qui le préoccupait – et l'incitait jusque-là à fondre en larmes en protestant « je ne comprends pas pourquoi ils ne m'aiment pas ; ils sont méchants » – rendit Robert plus apte à nouer et conserver des amitiés. De même, transposer sur un mode ludique les difficultés que rencontre votre enfant peut amener des changements appréciables dans son quotidien – à condition de lui laisser l'initiative et de lui emboîter le pas.

10.

Prendre les choses en main (si nécessaire)

Vous ne serez plus aussi permissif, dès lors que vous remarquerez qu'un enfant ne va pas bien [...] qu'il n'est pas capable de se livrer à des jeux un peu brutaux, de recevoir de l'affection, de témoigner de la tendresse ou d'assumer certains risques, tels que celui de s'éloigner de maman ou papa [...] Il est bon qu'un enfant sache que vous ne demandez qu'à imaginer des jeux qui l'inciteront à se confronter à sa façon à la nouveauté [...] en lui posant des défis adaptés à ses besoins.

PATTY WIPFLER[48]

48. Patty Wipfler et al., *Family Work* (Seattle, Rational Island Press, 1999), p. 41.

J'ai relaté au chapitre précédent une scène entre ma fille et moi, jouant à chat glacé ; j'essayais alors d'orienter le jeu au lieu de suivre ses instructions. J'avais oublié mes principes de base, qui consistent à laisser l'initiative à l'enfant, jusqu'à ce qu'une bonne raison se présente d'intervenir et de prendre la situation en mains. Il arrive toutefois qu'emboîter le pas à l'enfant ne suffise pas ou ne mène à rien. Dans ce cas-là, c'est le moment de prendre les rênes, en redirigeant le jeu, au moins le temps d'aider l'enfant à sortir de l'impasse. Quand un enfant est prisonnier de la forteresse de l'impuissance ou de l'isolement, il a besoin d'une main secourable. Parfois, un coup de pouce lui suffit et il peut reprendre de nouveau l'initiative. D'autres fois, il est nécessaire d'insister pour restaurer la connexion. Nous pouvons aussi prendre les commandes pour inciter l'enfant à relever un défi, aborder des thèmes qui le préoccupent ou rendre drôles des choses a priori ennuyeuses.

Donner un coup de pouce

La clé est de commencer à y aller doucement, à souffler un thème, une idée ou un contact, en guettant la réaction. L'une de mes entrées en matière favorites est de poser une simple question, ou d'émettre un commentaire. S'il me semble que le courant ne passe pas assez pour que le jeu se déroule au mieux, je lâche par exemple : « Nous avons besoin de plus de contact. Qu'est-ce que tu suggères ? » Un enfant peu habitué à ce genre de sollicitation aura peut-être besoin de quelques pistes : un câlin, se regarder dans les yeux, se serrer la main, faire une bagarre, se taper dans les mains, etc. Après quelques fois, les enfants ont en général des idées très claires sur ce qu'ils souhaitent (à moins qu'ils ne s'écrient « pas question ! » et s'enfuient en riant ; auquel cas un nouveau jeu commence).

Donner un coup de pouce revient parfois à s'écrier : « Si on jouait ? » au lieu d'attendre que l'enfant le propose. Ou « Jouons au foot ! » s'il aime d'ordinaire rester devant la télé. N'importe quel principe du parentage ludique évoqué dans les précédents chapitres vous sera ici utile : proposer à un enfant qui se sent démuni de se mesurer à vous, inverser les rôles à la suite d'une contrariété, donner confiance en son pouvoir personnel à une fille ou tisser du lien avec un garçon. Quand un enfant souhaite passer sa séance entière de thérapie à jouer seul à un jeu vidéo, je vais tenter toute une variété d'approches douces pour l'inviter dans l'interaction. Une intervention un peu plus rude consisterait à débrancher sa console.

Le coup de pouce, tel que l'entend Greenspan, suppose de « faire de chaque rencontre un échange à double sens [...] plutôt que de s'engager dans des activités parallèles[49] ». Plutôt que d'édifier une tour à côté d'un enfant qui vous ignore, vous vous accaparerez tous les blocs, de manière à l'obliger à vous en réclamer. Ou vous prendrez quelques briques et lui demanderez comment construire, puis vous ferez tout de travers, jusqu'à ce qu'il vous explique comment procéder. Ou encore : vous vous battrez – gentiment, avec humour – pour un bloc que vous convoitez l'un et l'autre.

Donner un coup de pouce signifie parfois prendre part à l'activité de l'enfant et y introduire un changement. S'il s'entête à sauter sur place sans joie, vous en ferez autant mais en chantant ou en modifiant peu à peu le rythme de vos bonds. Un jeune enfant passe d'un jouet à un autre ? Un sermon sur les capacités de concentration ne vous mènera pas loin. Au lieu de cela, vous

49. Stanley Greenspan et Robin Simons, *The Child with Special Needs* (Reading, Mass., Perseus Books, 1998), p. 106.

pouvez tenter de le suivre en ramassant ce qu'il laisse tomber. À la fin, vous lui offrez toute la pile pour qu'il puisse recommencer.

L'enfant se tient-il avachi ? Vous lui direz « Tu dors ? Je vais te servir de couverture » avant de vous allonger sur lui en chantant une berceuse. Ce que j'aime le mieux : m'asseoir sur l'enfant en faisant semblant de ne pas remarquer sa présence et commenter « Il est plein de bosses, ce canapé ! ». Bien sûr, je ne vous incite pas à vous amuser ou interagir sans cesse avec votre enfant. Cela vous épuiserait – et lui aussi – en plus d'empiéter sur son territoire. Les conseils que je donne s'appliquent aux moments où vous laisserez de côté votre travail et vos soucis pour lui réserver un temps de jeu à part.

Insister sur le contact

Pamela Haines a écrit un article qui m'a beaucoup marqué[50] à propos des nourrissons qui se tendent vers nous et prennent l'initiative d'établir un lien solide. Ce n'est pas un hasard si la plupart des parents s'attachent autant à leur nouveau-né ou si, a contrario, leur échec – ou celui de l'enfant – à maintenir le contact se remarque immédiatement. Les nourrissons sont remarquablement doués pour nous envoyer des signaux de détresse ou nous apparaître mignons, de manière à nous attendrir et nous inciter à veiller sur eux. En grandissant, les enfants expriment leurs besoins, dont celui de se sentir connecté, d'une façon qui prête plus à confusion. Haines affirme que c'est dès lors à nous de prendre l'initiative de la connexion. Notre rôle consiste à insister, en partant du principe que l'enfant souhaite un contact plus étroit, plus d'affection, en dessous de son apparente hostilité ou d'un comportement agaçant. Non pas qu'ils aient envie

50. Pamela Haines, « Reaching from Heart to Heart », *Our Children Ourselves*, n° 19 (Été/Automne 1996).

d'un câlin toutes les cinq minutes ; ils ont à apprendre à ouvrir leurs ailes et à voler. Mais explorer joyeusement le monde tout en se sachant chéri est très différent de broyer du noir, à l'écart, déprimé et seul.

Les enfants aiment parfois jouer sur cette tension entre distance et proximité ; ils hésitent entre leur besoin de contact et leur désir de nous voir faire le premier pas. Ma sœur Diane enseignait autrefois en maternelle. À la fin d'un été, elle rendit visite à une ancienne élève, Roxanne, très attachée à elle l'année précédente. Quand elle sonna, la mère de Roxanne la fit entrer et cria à sa fille que Diane était arrivée. Toutes deux entrèrent dans la pièce où Roxanne coloriait par terre. Sans lever les yeux, cette dernière lâcha d'un ton narquois : « Qui c'est, Diane ? » Après quelques taquineries sans méchanceté, le courant se rétablit entre l'institutrice et son ancienne élève. En écoutant cette histoire, je reste stupéfait qu'une question moqueuse exprime tant de choses : *Tu m'as manqué, je me demandais si je te reverrais un jour, j'hésite à me rapprocher de toi, parce que tu me manqueras encore plus après ; je vais tirer un peu sur ta chaîne avant de rétablir le contact.* Beaucoup de sens en trois mots.

Bizarrement, bien que les enfants réclament énormément d'attention de notre part, ils nous ignorent souvent lorsque nous finissons par tout laisser de côté et nous asseoir par terre pour jouer avec eux. Une telle attitude, déroutante et même contrariante, s'explique sans peine. L'enfant se sent prisonnier de son isolement, et il nous en veut pour cela. Une fois que nous lui accordons toute notre attention, il nous montre ce qui se passe dans son cœur. Il ne l'exprime pas verbalement mais en le jouant, en faisant semblant que nous n'existons pas ou ne comptons pas pour lui. Lorsque nous étions occupés, il avait le sentiment de ne pas compter à nos yeux. Alors plutôt que de lâcher prise ou tourner le dos, persistons. Notre boulot est de prendre l'initiative et d'avancer (sans le brusquer) pour tisser la connexion.

Si un simple coup de pouce est insuffisant, il nous reste à tenter une intervention plus musclée qui impliquera souvent que l'enfant évacue des émotions pénibles en pleurant, en piquant une crise de rage, en tapant des pieds ou en hurlant. Cette décharge lui permettra de rétablir une connexion profonde avec ses parents, et laissera la voie libre pour la restauration de la confiance en sa propre personne. Il nous revient d'insister pour que, avec notre aide, il prenne un peu de temps pour regarder en face un problème qu'il préférerait éviter. Plus le mur d'isolement est épais, plus il nous faudra de persévérance.

Par exemple, un garçon que je vois en thérapie a peur des chiens mais refuse d'en parler ou même d'y songer. Pas facile, dans ces conditions, de surmonter sa phobie ! Alors, de temps à autre, j'insiste pour que nous sortions nous promener pendant sa séance. Quand nous passons devant un chien, soucieux de l'aider, je m'en approche lentement avec lui, pas à pas. Une fois tout près de l'animal, je lui laisse de nouveau l'initiative de réduire la distance qui nous en sépare à plus ou moins vive allure. Mais pour en arriver là, il faut que j'oriente la séance, car jamais il ne me proposerait : « Allons chercher un chien pour que je puisse travailler à surmonter ma peur aujourd'hui. »

On peut en général identifier une distance, que je qualifie de distance critique, face à l'objet bien précis de la peur : c'est à partir de là que le travail de guérison peut être mené. Rester dans mon bureau à discuter d'un jeu vidéo, c'est trop loin. Et se retrouver agressé par un chien aboyant bruyamment, trop proche ! Pour trouver la distance critique, il est indispensable qu'un adulte intervienne et prenne la direction du jeu. On se rend compte qu'on touche à cette distance critique quand l'enfant se met à frissonner, à trembler, à pleurer ou même à rire. Pilez à cet endroit ! Dès que la première vague d'émotion est passée, avancez d'un cran. Les émotions de l'enfant sortent parce qu'il prend conscience de deux choses en même temps : le voilà face à un chien et, pourtant, il se sent en sécurité ! C'est pourquoi la distance critique est cruciale, elle correspond au point précis où les deux sont vrais. Il est courant qu'une fois la distance critique atteinte, l'enfant lâche un flot de paroles à propos de ses expériences passées avec les chiens, ou qu'il se raisonne tout haut : « Oh, le gentil toutou ! Il a une laisse. Il ne va pas me mordre. » Si l'enfant est craintif, vous chercherez cette distance critique avec lui : on ne peut pas tout bonnement l'envoyer la chercher lui-même. Il a besoin de votre présence pour sentir protection et sécurité en même temps que la peur. Un sermon à propos du ridicule de son attitude ou de la nature inoffensive d'un chien ne mènerait à rien. Il est nécessaire qu'il trouve le chemin de la sortie de la peur par ce travail sur ses émotions à la limite de ce qu'il peut tolérer, auprès de vous.

Parfois, l'enfant évite et craint, non pas un chien ou l'eau, mais l'intimité. Dans ce cas, il nous revient encore une fois d'insister, car un enfant n'accrochera pas une pancarte à sa forteresse indiquant : « S'il te plaît, aide-moi à sortir de mon isolement. » Martha Welch a mis au point une technique coercitive controversée[51] – en raison des craintes que, non appropriée ou mal employée, elle ne nuise à l'enfant ou ne lui fasse violence – qui consiste à serrer contre soi un petit, afin de l'aider à surmonter sa résistance au contact[52]. Ses hypothèses de base sont toutefois utiles. Suite à son travail avec de nombreux enfants, notamment autistes ou souffrant de troubles de l'attachement, Welch défend le fait que les enfants ont besoin que les adultes persistent dans le contact jusqu'à ce que la situation se débloque. L'adulte tient physiquement l'enfant qui se débat tant que ne se noue pas entre eux une connexion intime et profonde.

---

51. Le holding ou holding thérapeutique. (N.d.E.).

52. Martha Welch, *Holding Time* (New York, Simon and Schuster, 1998). Cf. aussi son site Internet www.marthawelch.com

L'une des idées les plus pertinentes de Welch est selon moi que les adultes se contentent en général d'un contact superficiel. Nous n'attendons pas grand-chose de nos rapports avec les enfants. Nous ne remarquons parfois même pas le manque de profondeur de nos relations, à moins que nous n'y voyions une fatalité. Welch prétend, à juste titre me semble-t-il, qu'il est possible d'y remédier, à condition d'y consacrer du temps et des efforts. Nous pouvons tout à fait renouer avec la proximité chaleureuse que beaucoup d'entre nous croyaient perdue à jamais. Trouver ce niveau de connexion peut nécessiter de serrer calmement l'enfant contre soi un certain temps, alors qu'il se débat ou pleure pour se libérer.

Une telle technique ne convient pas à tout le monde. Certains ne jurent que par elle, tandis qu'elle met d'autres mal à l'aise. Même s'il vous répugne de serrer contre vous un enfant qui se débat comme le recommande Welch, son insistance sur le partage de l'intimité en fait un pilier du parentage ludique. En ce qui me concerne, je recours souvent à une variante de sa méthode, que je nomme Temps des émotions : je commence par maintenir l'enfant contre moi, soit pour éviter qu'il me blesse, soit pour le consoler. Il se peut que notre temps de jeu ait libéré son agressivité et qu'il ne puisse s'empêcher encore de faire mal, à moi ou à un autre enfant. Il se peut aussi qu'il coure en tous sens en cassant tout et en refusant d'établir le moindre contact, même visuel. À moins que, blessé, il ne vienne chercher du réconfort sur mes genoux. Peu importe les circonstances ; à un moment, l'enfant voudra s'éloigner ou réclamera que je le relâche. Welch décrit parfaitement cette étape. En général, je retiens l'enfant un peu plus longtemps et je vois ce qui se passe. S'il me demande à nouveau de le laisser partir, je m'exécute. S'il recommence à me frapper, je le serre de plus belle. S'il se réfugie dans son coin, je lui laisse un peu plus d'espace et me rapproche ensuite graduellement. S'il est prêt à entrer en relation, nous nous mettons à jouer.

Autrement dit : je persiste à insister sur la connexion, mais autant que possible, à sa manière à lui. En cas de doute, je ne serre pas l'enfant contre sa volonté, à moins que notre sécurité en dépende. De même, je n'oblige jamais un enfant à me regarder dans les yeux, même si je l'y invite et continue à le faire. Pas question de cesser au premier rejet. Quand je serre contre moi un enfant qui donne des coups de pied en hurlant – je reconnais qu'il n'y a parfois rien d'autre à tenter – après coup, je lui demande toujours : « Que penses-tu du fait que je t'aie serré contre moi ? Tu hurlais pour que je te lâche mais, quand je t'ai lâché, tu as continué à me frapper. » « Tu sembles aller mieux ; tu as l'impression que ce Temps d'émotion t'a aidé ? »

Serrer l'enfant contre soi constitue un pilier du Holding de Welch, mais d'autres experts aussi le recommandent, quand jouer librement devient impossible ; soit que l'enfant se replie sur lui-même, qu'il devienne agressif ou que ses émotions le submergent. Selon Patty Wipfler, s'entêter à établir un lien avec un enfant l'aide à évacuer les émotions qu'il a emmagasinées en lui. Au cas où il ne renoncerait pas à frapper ou à mordre, il sera nécessaire de l'en empêcher, doucement mais fermement. Cela suffira souvent à déclencher un torrent de larmes bienfaitrices. Cette décharge émotionnelle est typiquement suivie de l'augmentation d'un cran du niveau de proximité et de coopération[53]. Stanley Greenspan conseille d'utiliser une ferme étreinte pour calmer un enfant s'il s'agite ou devient violent. Le contact, la pression ferme et la solidité permettent aux enfants de se réorganiser, de faire le tri entre leurs sensations et leurs impulsions[54].

---

53. Patty Wipfler, *Listening Effectively to Children* (Seattle, Rational Island Press, 1999). Cf. aussi le site Internet de son organisation parentleaders.com

54. Stanley Greenspan et Robin Simons, *The Child with Special Needs* (Reading, Mass., Perseus Books, 1998).

Il est important de se rappeler que l'objectif n'est ni de punir l'enfant, ni d'affirmer notre contrôle parce que nous sommes plus grands, mais de le laisser évacuer les émotions pénibles qui l'empêchent d'être en lien. Il vaut donc mieux ne pas serrer un enfant sous le coup de la colère ou quand on est hors de soi. Dans ces cas-là, mieux vaut s'éloigner un peu, prendre le temps de respirer, pour revenir vers l'enfant une fois apaisé et prêt à lui témoigner notre affection.

J'ai souligné dans le chapitre précédent l'importance d'acquiescer aux demandes de l'enfant, au moins de temps à autre. Au risque de vous embrouiller ou de me contredire, il y a aussi des moments où il est nécessaire de dire non. Quand, par exemple, l'enfant veut à tout prix quelque chose, mais qu'une fois qu'il l'obtient, il réclame autre chose, et ainsi de suite. Ou lorsqu'il persiste à se mettre en danger, à se lancer dans une activité destructrice ou nocive. Un « non » ferme peut l'aider à se libérer des émotions refoulées qui le retiennent d'apprécier ce qu'il a. En un sens, dire non revient à contenir l'enfant comme dans le holding, à lui fournir une digue contre laquelle il déversera ses trop-pleins de craintes, de colère et de frustration. Il se peut que, face à un « non », il pique une crise de fureur, fonde en larmes ou explose de rage. Il ne se comporte pas forcément en enfant gâté mais il « joue », même si ce n'est pas le genre de plaisir que nous associons généralement au terme de jeu. Il saisit un prétexte anodin pour exploser parce qu'il ne dispose pas des mots ni de la maturité nécessaires pour exprimer simplement ce qu'il ressent. La condescendance n'est pas de mise : la plupart des adultes en font autant. Songez à votre dernière dispute avec votre conjoint ou un ami. Ne lui auriez-vous pas cherché querelle à propos d'une broutille, faute de parvenir à vous exprimer sincèrement ?

Lancer un défi

Lancer un défi permet de trouver un compromis entre laisser l'initiative à l'enfant et prendre les choses en main. Stanley Greenspan parle à ce propos d'obstruction ludique et Patty Wipfler de jeu « pas permissif à cent pour cent ». Au cas où le stratagème ne fonctionnerait pas et que l'enfant tenterait de fuir, vous lui barrerez le passage à l'aide de votre jouet. Si le courant ne passe toujours pas, vous pouvez vous saisir de son objet et jouer à vous le disputer.

À moins que cela ne fasse trop peur à l'enfant ou que cela l'énerve ; auquel cas, vous pourriez peut-être simplement faire mine de mettre la main dessus, ratant votre cible au dernier moment en faisant une chute comique.

À quoi bon insister aussi lourdement ? Pour faire la connexion. L'objectif est d'entrer en relation avec l'enfant, le sortir de son isolement, le forcer à tenter quelque chose de nouveau, qu'il a jusque-là été trop timide pour essayer. Au lieu de vous énerver parce qu'il reste planté devant la télé, pourquoi ne pas vous interposer entre lui et l'écran ? Vous pouvez aussi le rejoindre sous la couette, plutôt que de le houspiller pour qu'il se lève. Quand, dans le cadre d'une thérapie, je m'occupe d'un enfant qui n'apprécie pas trop les contacts, souvent, je lui tends la main pour lui proposer une bataille de pouces. Parfois, il accepte ; parfois, pas. Je le supplie alors. Il arrive qu'il cède en me promettant « la semaine prochaine ». À quoi je réponds : « D'accord ! »

Les exemples que je viens de donner visaient surtout à rompre l'isolement d'un enfant. Certains ont davantage besoin de vaincre leur impuissance. À ceux-là, au lieu de faire avec eux ce dont ils ont envie, vous proposerez un défi, tel que grimper à un arbre, rouler à vélo, résoudre un problème de maths ardu, téléphoner à un ami (si l'enfant est timide) et ainsi de suite. Il n'y a pas de limites à ce qu'il est possible de tenter ! Les parents les plus courageux donneront l'opportunité à l'enfant de leur soumettre un défi à eux.

Je me promenais le long du Mississippi à La Nouvelle-Orléans, quand deux garçons de neuf ou dix ans dévalèrent un talus à vélo. Au bas de la pente, assez raide, ils tombèrent plus ou moins exprès de leur bicyclette en riant de bon cœur. L'un dit à l'autre : « Tu as eu peur ? » « Nan ! Pas eu peur du tout », l'assura son camarade. Le premier reprit : « Tu n'allais pas aussi vite que moi, alors, parce que moi, j'ai eu peur. » J'aime beaucoup cette anecdote : elle en dit long sur les garçons, leurs émotions, et l'esprit de compétition. Elle me plaît aussi, dans la mesure où les deux amis s'étaient eux-mêmes imposé un défi : celui de dévaler le talus. En grandissant, il arrive que les enfants profitent d'un temps de jeu pour pratiquer une activité qui leur inspire des craintes, afin de les surmonter.

Les défis physiques donnent l'occasion aux enfants de se mettre à l'épreuve, de découvrir leurs limites, de tester leur force. Je crois que, si les adolescents cherchent à se procurer des frissons et pratiquent des activités dangereuses, c'est notamment pour vivre ce type d'expérience. Plutôt que de leur interdire ce qui les fascine, mieux vaut les accompagner, les encadrer en assurant leur sécurité, et les soutenir sur le plan émotionnel. Il se peut qu'ils préfèrent se livrer à des activités périlleuses avec d'autres adultes, dans le cadre d'une excursion ou d'une chasse au trésor. Il est d'ailleurs fort possible que nous nous en réjouissions, vu qu'à mesure qu'ils grandissent et gagnent en force, les années nous rattrapent et les nôtres diminuent.

Introduire des thèmes portant sur les enjeux importants

Comme nous l'avons vu : en jouant, les enfants abordent leurs sujets de préoccupation, la plupart du temps spontanément, comme par automatisme. Il se peut même qu'ils y reviennent sans arrêt, quoi que vous fassiez et tant pis si vous en avez assez – de l'humour pipi caca, de la violence ou des histoires d'amour. Parfois aussi, un enfant évitera tel ou tel sujet, pourtant essentiel à ses yeux. L'adulte donnera une nouvelle impulsion au jeu en l'abordant. Comme chaque fois qu'il convient de prendre l'initiative, mieux vaut y aller doucement. Si la piste que vous lancez ne mène nulle part, vous passerez à autre chose. Un peu comme quand un analyste lâche : « Il y a longtemps que vous ne m'avez pas parlé de votre mère… »

Avec les enfants, c'est encore plus facile. Au bout de quelques mois de thérapie, j'appris que Ramon, dix ans, avait du mal à dormir dans son propre lit ; il ne m'en avait jamais touché mot. Je profitai que nous jouions avec des oreillers pour prétendre qu'il me les fallait tous pour me sentir en sécurité pour dormir. Il me les arracha des mains. Je fis semblant de pleurer. Le jeu lui plut beaucoup. Nancy, en maternelle, ne voulait pas parler de ses difficultés à aller sur le pot. Alors, à chaque fois que nous jouions au papa et à la maman, je campais un personnage qui cherchait les toilettes ou auquel il arrivait un « petit accident ». Lors d'un atelier destiné aux familles, je jouais avec une fille de six ans et sa mère. À mon avis, celle-ci la couvait un peu trop, de crainte qu'elle ne se blesse. La petite avait envie de faire ce qui lui plaisait, mais sans froisser sa mère. Il en résultait une tension qui l'empêchait de s'amuser.

Je me mis à la suivre partout en m'écriant : « Oh non ! Tu ne vas quand même pas marcher, c'est dangereux ! Oh non ! Pas de patins à roulettes ! Je vais me faire un sang d'encre ! » Je reprenais à mon compte l'anxiété de sa mère en forçant le trait ; ce qui fit d'ailleurs rire la mère autant que la fille. La petite témoigna dès lors d'une assurance croissante, sans pour autant se comporter en casse-cou. Je continuai à simuler mon horreur pour les risques. Quand je ne disais plus rien, la fillette m'interpellait :

« Hé ! Larry ! Regarde ! Je vais sauter de la chaise sur le tapis. » Je la suppliais de s'en abstenir. Elle bondissait en riant. J'aurais pu suggérer à sa mère de lui laisser plus d'autonomie, mais elle se serait sentie encore moins à l'aise – et la fille aussi. Je ne crois pas qu'elle aurait fait preuve de la même audace, ni qu'elle se serait sentie si en confiance.

Ma sœur Jeannie m'a raconté que le fils d'une dame qu'elle connaissait vivait une terrible angoisse de séparation lorsqu'elle le déposait à la maternelle : il pleurait toute la matinée, pas seulement quelques minutes après le départ de sa mère. Jeannie lui conseilla de jouer à l'école avec lui, chez eux. Ils construisirent ensemble un bâtiment Lego, où ils incarnaient l'instituteur et les élèves. Le jeu les amusait, sans raviver d'émotion pénible, mais le garçon continuait à pleurer quand sa mère le déposait à la vraie école. L'idée vint à celle-ci d'ajouter un nouvel élément au scénario : une petite voiture, qui conduisait un bonhomme Lego à la porte de la construction. Le garçon lui faisait dire : « Ne t'en va pas, Maman. » La maman Lego (actionnée par la mère) câlinait le petit garçon terrifié. Après seulement quelques-uns de ces jeux, un changement notable se produisit, et le garçon s'est adapté à son école. Que s'est-il passé ? Dans un premier temps, le garçon s'était arrangé pour que le jeu n'éveille pas en lui d'émotions trop fortes, mais sa mère, à l'écoute, devina quel thème introduire au moyen des bonshommes Lego. Le jeu comporta dès lors une forte charge émotionnelle. La mère sut rassurer son fils, à la fois dans son rôle de maman et d'institutrice. L'enfant se sentit ensuite capable d'emporter avec lui, à l'école, cette présence qui l'apaisait, parce qu'il avait répété la scène « pour faire semblant » à la maison.

Il arrive qu'un enfant revienne sans cesse sur le même sujet. Je conseille, dans ce cas, d'élargir l'éventail des thèmes abordés par le jeu. Mettons que l'enfant imagine systématiquement des dinosaures agressifs : vous en camperez un qui se blesse et réclamera de l'aide à celui que l'enfant incarne. Peu importe s'il refuse : vous aurez au moins entamé un dialogue sur la dépendance et l'empathie. Le thème de la transgression laisse peu d'enfants indifférents. J'adore établir des règles aberrantes et me prétendre contrarié que mon jeune camarade de jeu y contrevienne, ou l'inciter à m'en imposer, en réfléchissant à un moyen de me punir, au cas où je ne les respecterais pas.

Un sujet délicat reste celui de l'exclusion. À l'instar des adultes, les enfants veulent naturellement se rattacher à un groupe, alors qu'ils ne sont que trop enclins à exclure les autres. Ça n'a pas de sens d'ordonner aux enfants de bien se conduire et de les laisser se débrouiller. Nous avons à rester auprès d'eux et à les aider à réfléchir aux mécanismes de l'exclusion et à l'attitude à adopter quand des enfants en excluent d'autres ou en ont envie[55]. Faire jouer l'accueil et l'exclusion par des animaux en peluche ou des poupées reste mon moyen favori d'aborder la question.

Certains thèmes posent autant de problèmes aux adultes qu'aux enfants ; les introduire dans un jeu présente donc un défi de taille. Certains établissements scolaires ou quartiers sont des ghettos sociaux ou ethniques, d'autres sont socialement mixtes. L'importance déterminante de la couleur de peau ou de la classe sociale dans notre société n'aura certainement pas échappé à votre enfant, quelle que soit l'école qu'il fréquente. Nous n'en parlons pourtant pas beaucoup. Souvent, les enfants reproduisent en jouant les stéréotypes qu'ils entendent véhiculer autour d'eux. À moins qu'ils ne craignent de toucher à ce sujet sensible. Un enfant qui ne peut aborder par le jeu une question ou une émotion qui lui importe ne parviendra pas à la démêler.

---

55. Vivian Paley a écrit deux magnifiques livres à ce sujet : *You Can't Say You Can't Play* (Cambridge, Harvard University Press, 1992) et *The Kindness of Children* (Cambridge, Harvard University Press, 1999).

En dépit des progrès du multiculturalisme (vous rappelez-vous les crayons « couleur chair », que leur fabricant, sous la pression du mouvement des droits civiques, a fini par commercialiser sous l'appellation de « couleur pêche » ?), le racisme continue d'imprégner la société, et nos enfants. Il m'est arrivé d'intervenir dans une école où toutes les filles de sept à huit ans étaient engagées dans les Guides, hormis trois, dont la famille venait d'émigrer d'Asie. Seuls quelques couples de parents blancs s'en étaient aperçus ou s'en souciaient. D'autres différences – les handicaps physiques ou mentaux, par exemple – demeurent taboues. Je n'oublierai jamais ma visite à la maternelle où enseignait ma sœur Diane : les élèves de sa classe mêlaient à leurs jeux une fillette atteinte d'infirmité motrice cérébrale en portant une attention affectueuse à son intégration dans chaque aspect du jeu. En tant que parents, nous avons tout intérêt à surmonter nos craintes, notre embarras et nos préjugés pour aider nos enfants à gérer ce type de difficultés.

Il y a peu, un collègue m'a demandé conseil : sa fille allait en maternelle avec des enfants de milieux très différents. Elle s'entendait bien avec tous, mais ne voulait pas inviter ses camarades de couleur à son goûter d'anniversaire. Selon moi, c'est aux parents qu'il revient de décider qui inviter à l'anniversaire de leur enfant en maternelle (et même par la suite), vu que nombre de petits ont tendance à se montrer cruels sans le vouloir, en excluant publiquement certains de leurs camarades, sans se soucier des conséquences émotionnelles et des profondes blessures que cela peut occasionner. La liste des invités à un goûter d'anniversaire n'est pas une occasion de donner le pouvoir à l'enfant : c'est le moment de le guider surtout quand est en jeu l'exclusion d'un enfant d'un autre type ethnique ou d'une autre classe sociale, le bouc émissaire de la classe ou l'intouchable.

Il est nécessaire de pousser les enfants à passer outre les différences qui les séparent, de quelque nature qu'elles soient.

L'insensibilité des enfants à la couleur de peau est un mythe : ils en ont autant conscience que nous. Une autre suggestion pour les parents désireux de renforcer l'intégration n'est autre que de recourir à ce qui porte le nom ronflant de « sociabilité intergénérationnelle ». Ce qui signifie simplement que si vous voulez que votre enfant soit ami avec quelqu'un, vous invitez sa famille au grand complet. Le parentage ludique s'applique aussi bien au problème épineux du racisme qu'aux difficultés à l'école ou aux piqûres chez le médecin. Les parents peuvent s'emparer d'une poupée qui rembarrera une grenouille en lui disant : « Tu es verte. Je ne veux pas jouer avec toi. » Mieux vaut amener l'enfant à rire plutôt que de lui infliger un sermon : même s'il a l'air de s'amuser, ses éclats de rire l'aideront à mieux réfléchir au sujet qui pose problème.

Introduire humour et plaisir

Diriger le jeu, c'est aussi développer une attitude telle que tout puisse devenir un plaisir.

Pourquoi les courses ou le ménage ne nous amuseraient-ils pas autant qu'un jeu ? Dans son autobiographie, Patch Adams, le héros du film Docteur Patch, évoque sa détermination à s'amuser d'absolument tout. « A priori, les archives de la Coopérative de crédit d'Anacostia ne représentent pas l'endroit rêvé pour s'épanouir. Les employés y passaient la moitié de leur temps de veille à exécuter une tâche dont ils avaient horreur. Classer des dossiers passait pour un travail bête, ennuyeux et monotone au possible. Je décidai d'y remédier. Mon collègue était alors Louis Fulwiler, mon plus vieil ami aujourd'hui [...] Dès le début, nous avons résolu de créer aux archives un "happening" permanent – il faut se rappeler que nous étions alors au milieu des années 1960 [...] Nous communiquions à nos collègues les informations qu'ils nous réclamaient en chantant […] Louis me servait de complice et nous nous encouragions l'un l'autre à faire l'idiot en public. Quand nous sommes revenus dire bonjour dix ou quinze ans plus tard, tout le monde se souvenait encore de nous. Nous avions élargi les horizons de l'archivage[56]. »

« Faire la queue », renchérit Patch Adams, « offre une formidable occasion de rencontrer de nouvelles têtes, de rêvasser ou de jouer. Laver la vaisselle – une tâche que l'on estime trop souvent rébarbative – peut devenir un ballet en l'honneur du cuisinier ». Mon ami Andy, avec lequel nous nous réunissions régulièrement, d'autres pères et moi, quand nos enfants avaient deux ou trois ans, me confia un jour : « Avant, je perdais patience quand je devais attendre mais, maintenant, Seth et moi passons de super moments dans la queue au supermarché, ou quoi que nous fassions, d'ailleurs. » Je me rappelle avoir pris conscience, alors que ma fille était encore petite, de la distinction très stricte que j'établissais entre notre temps de jeu et celui où je lui changeais ses couches. Comme s'il ne fallait surtout pas confondre les deux !

Donc maintenant, quand je fais les courses avec ma fille, nous jouons parfois à un jeu : elle glisse dans le chariot des produits que je n'ai aucune intention d'acheter et il me revient de les repérer avant le passage en caisse. Parfois, nous passons un meilleur moment à nettoyer la maison qu'à jouer. Il me semble que les parents utilisent souvent des récompenses pour faire passer des tâches déplaisantes comme aller chez le coiffeur ou le médecin, ou une autre obligation de ce genre – le fameux morceau de sucre qui aide à faire passer la pilule. J'ai moi-même eu recours à ce type d'expédient. Offrir une carotte n'a rien à voir avec retourner une situation pour la rendre drôle. Y recourir

56. Patch Adams et Maureen Mylander, *Gesundheit* (Rochester, Vt., Healing Arts Press, 1993), pp. 8-9.

s'avère même contre-productif, dans la mesure où cela réduit la probabilité que l'enfant fasse par la suite ce qu'il appréhende de son propre chef – se préparer le matin ou mettre la table[57]. En revanche, rendre amusante n'importe quelle situation favorisera rapprochement, confiance et coopération.

Montrer le chemin

À la fin du précédent chapitre, j'ai illustré l'enfant maître du jeu par un garçon de cinq ans appelé Robert. Il va nous fournir aussi un excellent exemple de la nécessité d'interventions plus musclées de l'adulte tant sur les objectifs que sur différents paliers sur le chemin.

La mère de Robert avait fait appel à moi parce que ses instituteurs de maternelle (et par la suite ses moniteurs de camp de vacances) le renvoyaient régulièrement chez lui. La moindre frustration le rendait agressif et ses camarades le rejetaient en raison de sa « méchanceté ». Doué d'une rare intelligence, Robert a du mal à se poser et trouver sa place auprès des autres. Nous avons passé les premières séances à jouer à ce qu'il voulait. Une fois établie avec lui une relation de confiance, je résolus d'orienter nos jeux, afin de l'aider dans les domaines où il rencontrait des difficultés.

Un jour, par exemple, j'ai recouru à la technique que j'ai décrite plus haut et qui consiste à serrer un enfant contre soi : il n'arrêtait pas de me frapper or je ne parvenais pas à le calmer autrement. Je le maintins de manière à ce qu'il ne puisse plus me blesser. Aussitôt, il hurla qu'il me détestait. Voilà exactement le genre de jeu (si tant est qu'on puisse lui donner ce nom !) où il me paraît nécessaire de contenir l'enfant en insistant pour établir

57. Voir Alfie Kohn, *Punished by Rewards : The Trouble with Gold Stars, Incentive Plans, A's, Praise, and Other Bribes* (Boston, Houghton Mifflin, 1993).

un contact. Je demandai à sa mère de le serrer contre elle, tandis qu'il cherchait à se libérer. Il lui cria de le lâcher et qu'il voulait que je m'en aille. Elle lui promit de le libérer, à condition qu'il se calme. Je lui conseillai plutôt de lui annoncer « je te laisserai partir, dès que nous aurons rétabli le contact ; quand nous nous regarderons, les yeux dans les yeux en nous voyant vraiment, l'un l'autre ». C'est ce qu'elle fit. Un changement se produisit aussitôt : Robert cessa en partie de se démener, visiblement moins désorienté. Il évitait encore de regarder sa mère dans les yeux, mais je ne décelai plus de rapport de force entre eux : ils cherchaient l'un comme l'autre à se rapprocher.

Une fois Robert calmé, je demandai à sa mère si elle avait une idée des raisons de toutes ces émotions de son fils. Son apparente agressivité masquait de la peur et de la souffrance. Certains instituteurs s'en rendaient compte, mais ne savaient pas comment l'empêcher de blesser les autres ou se nuire à lui-même en s'enfermant dans le rôle de la brute. La mère de Robert me parla d'événements traumatisants, survenus quand il était plus jeune, et fondit en larmes : Robert se laissa aller contre elle et la regarda. Elle me confia qu'elle s'en était voulu qu'il éprouve une telle peur à un si jeune âge, et qu'il avait dû se montrer fort et courageux. Je lui conseillai de s'adresser à son fils plutôt qu'à moi ; ce qu'elle fit. Ils se regardèrent profondément dans les yeux ; il n'y avait plus de lutte, juste de la tendresse partagée.

Nos premières séances avaient instauré entre Robert et moi une relation solide, mais son attitude ne s'était pas améliorée ni à l'école, ni au centre aéré. Ce n'est que ce fameux jour qu'un changement notable survint. Le week-end suivant, Robert et sa mère passèrent beaucoup de temps à discuter en famille de ce qu'il ressentait quand il frappait les autres. Il admit enfin les craintes qui le tenaillaient et son inquiétude, au lieu de se justifier en traitant les autres d'idiots ou de méchants. Papa et maman l'aidèrent à réfléchir à un moyen de se sentir en sécurité.

À leur grande stupeur, Robert avoua que frapper ne l'aidait pas à se sentir plus en sécurité, vu qu'il se mettait tout le monde à dos. Depuis, cela se passe mieux à l'école et au centre aéré. Selon moi, l'attention plus soutenue de la mère aux problèmes de son fils contribua au dénouement de la situation, au moins autant que l'épisode du « câlin ». Si elle ne l'avait pas serré contre elle traversant les pleurs et les cris, elle ne se serait sans doute pas sentie assez proche pour évoquer avec lui ces questions profondes autour des peurs et de la sécurité. Et lui ne se serait pas tenu tranquille pour l'écouter. Depuis, même si, en général, je me contente de jouer avec Robert, il m'est arrivé de le serrer contre moi à plusieurs reprises, or je tiens à préciser qu'au moment de prendre congé, ces jours-là, il s'est dit impatient de me voir revenir la semaine suivante. Me crier de m'en aller et de ne plus jamais revenir était une manière pour lui d'indiquer qu'il se confrontait à des émotions pénibles.

Un autre jour, Robert se mit en rage contre moi ; je ne sais plus ce que j'avais fait qui ne lui avait pas plu. Il me claqua la porte de la cuisine au nez en annonçant :

– Je vais me faire du pop-corn mais tu n'en auras pas.

– Naaan ! me plaignis-je avant de le suivre en tirant la grimace.

– D'accord, céda-t-il, je t'en donnerai mais rien qu'un seul.

– Youpi ! C'est vraiment généreux de ta part. Je suis trop content. Hé ! Attends… quel parfum, ton pop-corn ?

– Beurre salé.

– Ah. Ça va, alors : j'ai horreur du pop-corn au beurre salé.

– Je t'ai eu ! En fait, c'est du pop-corn nature.

– Ouiiin !

– Maman ! Où est le pop-corn ?

– Je ne sais pas s'il faut que je t'en donne, si tu ne partages pas.

– C'est bon : ça fait partie du jeu, expliquai-je à la mère, avant de m'adresser à Robert. Tu as du pop-corn aux cacahuètes au caramel à la sauce soja ? C'est celui que je préfère.

– Non !

– Ouiiiin !

Robert se mit à table et me tendit un grain de maïs soufflé.

– C'est du pop-corn aux cacahuètes au caramel à la sauce soja ?

– Ouaip.

– Non ! protestai-je en l'avalant. Il a un goût de beurre salé. Tu m'as eu.

Robert éclata de rire.

– Sans doute qu'il n'y avait pas de sauce aux cacahuètes sur celui-là. Goûte plutôt celui-ci.

– Je me demande si je peux te faire confiance. Tu es certain qu'il aura le goût de cacahuètes au caramel à la sauce soja ?

– Sûr et certain. Mange !

– Et sinon, j'aurai le droit de me mettre en colère ?

Je voulais l'aider à gérer la colère des autres envers lui or notre dialogue me semblait une excellente occasion de l'y confronter. Seulement, je tenais à lui demander son avis au préalable, histoire de ne pas l'effaroucher.

– Non ! affirma-t-il haut et fort – il ne se sentait pas prêt à me voir furieux.

– Et si, par manque de chance, mon pop-corn n'a pas un goût de cacahuètes au caramel à la sauce soja, qu'est-ce qu'il faut que je fasse ?

– Que tu prennes un air triste.

Je croquai le pop-corn et affichai une mine dépitée, qui le fit beaucoup rire. En un sens, je lui laissais l'initiative mais, d'un autre côté, je menais le jeu en y introduisant les thèmes de la déception, de la colère et du pouvoir.

Un jour, Robert et moi nous tenions sur le canapé, quand il me lança un coussin. Nous aurions pu entamer une bataille de polochons, sauf que je voulais tenter une autre approche. « Bonjour ! lui dis-je. Et bienvenue à l'école de gestion des coussins du Dr Cohen. Tu dois être le nouvel inscrit. Ravi de te rencontrer ! » Je lui serrai la main, afin d'établir un contact. En réagissant avec humour au coup qu'il venait de me donner sur la tête, je lui emboîtais le pas. En même temps, en orientant le jeu sur l'école, je prenais la situation en mains. L'idée de l'école de gestion des coussins du Dr Cohen venait de surgir dans mon esprit ; il ne s'agissait pas de je ne sais quel principe thérapeutique établi d'avance. Je cherchais juste un moyen de nous confronter aux thèmes de l'école, des règles et de la maîtrise de soi ; des thèmes que Robert s'efforçait en général d'éviter.

« Tu arrives à temps pour la première leçon : pas de coups de coussins ! » Je m'attendais bien sûr à ce qu'il m'en donne. Je poursuivis à toute vitesse : « Mets ce coussin-là ici et l'autre là et change-les de place et fais un tour complet sur toi-même avant de les empiler l'un sur l'autre… » Je m'arrangeai pour lui donner des instructions confuses mais amusantes, comme à l'école mais pas tout à fait. Surtout, je le mis en situation de me frapper avec un coussin ; ce qui me fournirait un prétexte pour piquer une colère et me lancer à sa poursuite, tandis qu'il rirait parce qu'il m'avait bien eu.

« Oh, et souviens-toi : il n'y a qu'une règle à respecter : pas de coups de coussin ! » (Pardon pour l'interruption mais certains enfants ont besoin qu'on leur chuchote : « En vrai, tu as le droit. Tu peux m'envoyer des coussins dessus. Je dis juste ça parce que c'est la règle du jeu. » Le problème ne se posait pas avec Robert, qui n'attendait que la première occasion venue.) Il se mit à les disposer sur le canapé, mais dès que j'eus détourné le regard il m'en lança un. Je poussai un cri destiné à l'amuser et il s'enfuit en criant : « Tu dois me rattraper ! » Ce que je fis, naturellement.

Autant que possible, une fois la situation débloquée, je suis les directives de l'enfant. Je ramenai Robert au canapé et lui dis : « Bon ! Il n'y a qu'une seule chose qui ne m'a pas plu : j'avais dit pas de coups de coussin ! Tu es prêt à ressayer ? » Je lui répétai mes instructions et le même jeu recommença, dix ou vingt fois. Tout le monde s'amusa (y compris la mère de Robert, qui nous surveillait depuis la cuisine).

À la fin, alors que je devais bientôt m'en aller, Robert demanda à jouer à mon jeu une dernière fois. Il suivit à la lettre mes instructions compliquées et ne me lança pas un seul coussin à la figure. Un sourire triomphal éclaira ses traits. « Je n'en reviens pas ! lui dis-je. Tu mérites de passer au cours supérieur de gestion des coussins. » À ces mots, il rayonna. « Tu auras maintenant le droit de me lancer un coussin à la tête mais à condition de te mettre en équilibre sur un pied en chantant. » Il s'exécuta ; ce qui nous fit tous beaucoup rire.

Je m'explique : la réaction encourageante de Robert à mon jeu sur la transgression des consignes m'incita à lui imprimer une nouvelle direction. Je lui donnai cette fois pour instruction de faire ce dont il avait envie – me frapper avec un coussin – plutôt que de le lui interdire. Je souhaitais ainsi l'amener à se montrer plus coopératif, comme je l'expliquerai en détail au chapitre suivant, qui vous montrera comment en venir à apprécier les jeux que vous détestez.

« D'accord, me direz-vous, mais pourquoi lui demander de se tenir en équilibre sur un pied en chantant ? » Je voulais aider Robert à réguler ses émotions. Il nous arrive à tous de ressentir de l'agressivité, de même qu'il nous vient à tous des tas d'impulsions. Le but du jeu consistait à inciter Robert à réguler les siennes – à les atténuer plutôt que de les étouffer tout simplement ; ce qu'il ne savait pas faire. Avec un peu de chance, vous pouviez arriver à l'aider à mettre sa fureur sur le bouton OFF, mais il ne parvenait pas à tourner le bouton pour réduire le volume à un niveau où ses émotions soient gérables. J'ai donc choisi une conduite agressive – me frapper à l'aide d'un coussin – pour faire deux choses. D'une, je l'incitai à se livrer à l'agression, ce qui a un impact considérable sur les impulsions. Du fait de l'incitation cela devient une interaction entre nous et non plus quelque chose qu'il m'inflige. Deuxièmement, je lui demandai de se tenir en équilibre sur un pied en chantant. Cela aurait pu être n'importe quelle autre contrainte. Il se trouve que c'est la première qui m'est passée par la tête. Elle vise à modifier légèrement l'action pour que l'enfant parvienne à la contrôler un minimum. Si vous êtes capable de vous tenir sur un pied en chantant pendant que vous frappez quelqu'un à l'aide d'un coussin, vous n'aurez en principe aucun mal à vous retenir de pousser un camarade qui vous a marché sur le pied au moment de vous mettre en rang.

Voici à présent un autre exemple d'adulte amenant des enfants à réviser leur attitude, en leur emboîtant le pas avant de prendre les choses en mains. Betty enseigne les arts plastiques à neuf élèves de trois à douze ans. Un jour qu'ils peinaient à se concentrer, elle les emmena au cimetière Mount Auburn, dans l'espoir qu'ils se tiendraient plus tranquilles. Pas du tout.

Près de la tour, qui abrite un escalier en colimaçon, Betty leur demanda de poser leurs carnets de croquis et leurs crayons. Ils pensaient sans doute qu'elle exigerait qu'ils se calment pour se mettre au travail, mais elle leur cria : « Le dernier en haut de la tour a perdu ! » Elle leur montra l'exemple en gravissant les marches quatre à quatre. Arrivée au sommet, elle lança : « Et maintenant, on redescend en courant » ; ce qu'elle fit, tandis que les enfants déchaînés la suivaient. Petit à petit, elle ralentit toutefois l'allure graduellement jusqu'à ce qu'ils aillent réellement très lentement en disant : « Imaginez que l'attraction terrestre alourdit vos pas. » Arrivés au bas de l'escalier, les enfants étaient apaisés, concentrés, et prêts à dessiner. En commençant par se synchroniser sur leur énergie (sauvage et déchaînée), Betty réussit à les guider vers un autre état (calme et centré). À l'entendre, ce fut le meilleur cours qu'elle ait jamais donné.

11.
Apprendre à aimer les jeux que vous détestez

Ceux qui jouent avec des chats
doivent s'attendre à être griffés.
Miguel de Cervantès

J'ai supposé jusqu'ici que nous, les adultes, voulions entrer dans le monde des enfants, ne serait-ce que le temps d'une visite. Mais dans le cas contraire ? Quand leur monde nous perturbe, nous pèse ou nous inquiète ? Quand nous n'avons qu'une envie : qu'ils changent leur attitude et ne recommencent plus jamais, et que nous ne sommes pas d'humeur à le prendre à la légère ou avec humour ?

J'ai parlé dans le chapitre 3 de Max, le héros de *Max et les maximonstres*, de Maurice Sendak. Au bout d'un moment, Max quitte le royaume de l'imaginaire pour revenir à la réalité, parce qu'il veut retourner là où quelqu'un l'aime plus que tout au monde. Auparavant, il a toutefois libéré une énergie susceptible de perturber beaucoup de parents, tant elle paraît destructrice. Il s'imagine dompter des créatures sauvages qui le couronnent roi. « Et maintenant ! s'écrie Max, que le boucan commence ! » Sous la plume de Sendak, le « boucan » vaut pour tout ce qui, dans le comportement des enfants, met mal à l'aise les adultes, les horrifie ou les fait enrager, et qui touche à trois thèmes cruciaux : la dépendance (et son contraire), la volonté d'agression et le sexe.

Dépendance (« Je n'y arriverai pas ») et indépendance (« Je préfère me débrouiller seul »)

À leur naissance, les enfants dépendent entièrement de nous. Malgré tout, en tant qu'êtres distincts, ils ont déjà leurs propres besoins, désirs et préférences. Au fil de leur vie, ils expérimentent de puissants désirs tant de dépendance que d'indépendance. Leurs penchants contradictoires ont de quoi dérouter les adultes. Il suffit de songer aux enfants qui s'accrochent à leurs parents ou leur instituteur ou renâclent à se confronter à la nouveauté ou encore régressent dès qu'ils se sentent sous pression. Leur devise pourrait être : « Je n'y arriverai pas. »

D'un autre côté, ils nous exaspèrent en se mettant à courir en pleine rue, en désobéissant, en nous insultant et nous repoussant, en s'attirant des ennuis et en ne tenant aucun compte de nos conseils avisés. Comme s'ils adoptaient pour devise : « Je préfère me débrouiller seul. » Certains enfants passent sans transition de l'une à l'autre attitude, au point que nous ne savons plus à quoi nous en tenir. Ils veulent se rendre seuls au magasin et, l'instant d'après, demandent à y aller en poussette.

J'ai dépeint la rupture du lien et l'impuissance comme autant de tours fortifiées où l'enfant se sent enfermé. Il se peut qu'il se cloître pour de bon dans sa chambre, qu'il se cache sous un casque audio ou qu'il maintienne une distance émotionnelle entre lui et les autres. Quand la porte de la forteresse claque, c'est tout juste si nous ne touchons pas du doigt le mur qui nous sépare. Certains enfants nous déroutent, parce qu'ils semblent trop attachés. Ils se montrent collants, pleurent quand quelqu'un qu'ils ne connaissent pas les prend dans les bras, ou s'accrochent aux jupes de maman. Étudiants, ils passent tous les jours un coup de fil à la maison, qu'ils ne quittent jamais pour de bon. Leur problème vient-il de leurs liens trop serrés avec leur entourage ? En réalité, le problème est une difficulté d'attachement d'un genre différent. Ils souffrent de leur incapacité à entrer en contact avec qui que ce soit hormis maman, à établir de nouvelles connaissances, se lier d'amitié avec leurs camarades.

Les genoux de l'instituteur, les jupes de maman, les innombrables heures passées devant l'ordinateur, s'apparentent à autant de forteresses d'isolement. Même en présence de tiers, l'enfant trop dépendant ne cherche pas à établir de relation. Il s'accroche à sa mère en se blottissant dans son cou, au lieu d'observer le monde avec joie en guettant une occasion de se lancer à l'aventure. Il se peut qu'en tant que parents, nous appréciions la chaleur de rapports aussi intimes, comme il se peut que l'attitude de nos enfants nous tape sur les nerfs. « Pourquoi me suis-tu partout ? [...] Il y a un fil qui t'attache à ma patte ou quoi ? [...] Va jouer dans ta chambre. »

Une approche possible de l'éducation consiste à obliger peu à peu un enfant qui vous colle à se détacher de vous. Il ne s'agit pas de le repousser, mais d'introduire une distance minime entre vous et lui, avant de chercher son regard, en étudiant sa réaction. Il y a tout lieu de parier qu'il fondra en larmes ou piquera une crise en essayant de revenir là où il se sent en sécurité. Il est toutefois nécessaire de l'inciter à aller de l'avant. Il doit se rendre compte qu'il n'a rien de particulier à craindre en s'aventurant seul à la découverte du monde, ou du moins que son exploration vaut la peine de courir un minimum de risques. L'enfant qui se blottit dans vos jupes n'est pas vraiment proche de vous : il se cache. Le mieux reste de l'inciter sans le brusquer à sortir de sous vos jupes, de l'inviter à vos côtés et de l'aider à observer ce qui l'entoure. Cela ne ressemble pas à un jeu, pourtant c'est un moyen de jouer sur les sentiments ambigus de l'enfant par rapport à la dépendance et l'indépendance.

Mon amie Carla a récemment fait appel à moi : à onze mois, sa fille Isadora souffrait d'une terrifiante angoisse de séparation. Elle hurlait à la seule idée de se retrouver avec quelqu'un d'autre que sa mère, même son père ou sa grand-mère qu'elle adorait pourtant. Elle pleurait tout le temps que durait l'absence de sa mère, et pas quelques minutes seulement. Je promis à Carla de venir lui donner un coup de main. Elle demanda à quelqu'un de garder son fils aîné. Pendant ce temps-là, nous avons parlé de ses difficultés, alors qu'Isadora, par terre, me jaugeait d'un œil soupçonneux.

Je commençai par expliquer à Carla tout ce dont il est question dans ce chapitre et lui proposai de prendre dans mes bras Isadora. Comme si elle m'avait compris, celle-ci s'agita et réclama que sa mère la serre contre elle. Je fis signe à Carla d'accéder au désir de sa fille, qui s'accrocha à sa mère en me décochant un regard noir. Je tendis la main et touchai le vêtement d'Isadora en l'effleurant à peine. Elle se mit à pleurer et ne s'arrêta pas avant une bonne demi-heure, la tête blottie contre l'épaule de Carla. De temps à autre, elle tournait les yeux vers moi et me voyait toucher son vêtement. Elle pleurait alors de plus belle. D'une main, elle semblait repousser sa mère tandis que de l'autre, elle s'accrochait à elle ; une attitude fréquente.

Je conseillai à Carla d'essayer obstinément d'intercepter le regard de sa fille en lui parlant doucement. Carla affirma qu'Isadora ne pleurait jamais ainsi en sa présence et qu'elle devait réagir de cette manière quand elle s'éloignait. « Pas tout à fait, la détrompai-je. Cette fois, elle t'a à sa disposition et, en même temps, tu lui échappes ; ce n'est pas pareil que d'être auprès de toi ou, à l'inverse, que tu la laisses. » La plupart du temps, soit Isadora se trouvait avec sa mère et tout allait bien, soit sa mère n'était pas là et rien n'allait plus. À partir du moment où sa mère s'éloignait, elle ne remarquait plus les autres, même ceux dont elle se sentait proche. Seule comptait pour elle la présence ou l'absence de Maman. Face à un tiers, elle ne pleurait pas en libérant ses émotions pénibles mais résistait à toute tentative de réconfort en hurlant. Pendant que je l'incitais avec délicatesse à se détacher de sa maman, Isadora pouvait profiter de sa présence en évacuant sa crainte de la séparation.

Vers la fin de la séance de larmes, j'interrogeai Carla sur la cause des pleurs de sa fille. Elle me confia qu'elle avait dû laisser Isadora à l'hôpital en vue d'une intervention juste après sa naissance et, à ces mots, fondit elle-même en larmes. Isadora cessa de geindre pour observer sa mère en pleurs ; une réaction courante, dans ces cas-là. Carla serra contre elle Isadora en lui disant qu'elle l'aimait, qu'elle avait eu peur pour elle à l'hôpital et qu'il lui en avait beaucoup coûté de la confier à un tiers.

Une fois taries les larmes de la mère et de la fille, elles se regardèrent droit dans les yeux, détendues. Isadora me couva même d'un regard affectueux, sans pour autant s'approcher de moi. Je touchai son vêtement. Cette fois, elle se contenta d'incliner la tête sur l'épaule de sa mère en posant sur moi un regard rêveur. Depuis, elle se montre très câline et affectueuse avec moi quand je rends visite à sa mère, dont elle appréhende moins de se séparer. Et elle ne hurle plus quand Carla la confie à son père ou sa grand-mère.

Cette heure de larmes n'a pas été un jeu dans le sens d'une partie de plaisir, pourtant, j'ai « joué » à éloigner Isadora de sa mère, au lieu de la détacher d'elle pour de bon. L'exemple d'un adulte sera peut-être plus parlant : un de mes clients ne supportait pas de mettre un terme à nos séances de thérapie. Il inventait des quantités de subterfuges pour retenir mon attention au lieu de s'en aller. Peu lui importait qu'il y ait du monde dans la salle d'attente. Il ne réagissait à aucune de mes allusions plus ou moins franches sur la nécessité qu'il parte. Je recourus à quelques astuces éprouvées de thérapeute. Sans succès. Il refusait d'admettre qu'il avait une raison psychologique sérieuse de vouloir s'attarder. Il affirmait à chaque fois qu'il avait simplement « une dernière chose » à me dire.

Un jour, je décidai d'en faire un jeu. Je le prévins : « Vers la moitié de la séance, je vous dirai qu'il est l'heure de vous en aller. Libre à vous de protester, de vous plaindre ou de me supplier, jusqu'à ce que la séance touche pour de bon à son terme. À ce moment-là, vous devrez vraiment partir. » « C'est idiot ! protesta-t-il. Je saurai bien qu'il n'est pas encore temps pour moi de vous quitter ; vous pourrez me demander de vous laisser, je ne m'en formaliserai pas. » Je le convainquis d'essayer quand même et mon stratagème fonctionna à merveille. « La séance est terminée », lui annonçai-je comme promis. « Comment ça ? Je viens d'arriver. J'ai besoin de votre aide ; je m'en fiche qu'il y en ait d'autres qui attendent leur tour... » Au lieu de le presser de s'en aller en perdant patience, comme d'habitude, je lui répondis : « Je le regrette mais l'heure est écoulée. » Au lieu de prétendre qu'il voulait juste me parler d'un dernier point, il admit sa dépendance. À la fin de la séance, je lâchai : « Cette fois, l'heure est vraiment finie. » Il fit mine de protester avant de conclure en souriant : « À la semaine prochaine. » Là-dessus, il s'en fut. À compter de ce jour, il cessa de s'attarder dans mon cabinet comme si sa vie en dépendait. Par ailleurs, nos séances donnèrent de meilleurs résultats, car ni lui ni moi ne redoutions plus leur conclusion.

Le parentage ludique propose une autre approche de la dépendance excessive : inverser les rôles et coller à votre enfant comme si votre vie à vous en dépendait. Les enfants collants ont l'habitude qu'on les rembarre, ce qu'ils appréhendent. Il se peut que leur attitude nous fasse plaisir, au départ, mais nous finissons par nous en lasser, en général avant eux. Du coup, une fois approchés ils redoutent déjà la séparation à venir, au point, d'ailleurs, qu'ils en oublient de profiter de notre présence. Leur coller aux basques leur permet de décider quand ils nous repousseront ; ce qui les aide à se concentrer sur notre proximité plutôt que sur la séparation prochaine. La méthode porte ses fruits plus tôt qu'on ne pourrait le croire, surtout si nous en rajoutons en prétendant aimer nos enfants au point de ne plus tolérer qu'ils s'éloignent d'un pas. Une inversion des rôles diminuera leur besoin de nous retenir. Ils se détacheront dès lors plus rapidement.

Je m'en suis aperçu par hasard, alors que je me heurtais à des difficultés à l'heure de mettre ma fille au lit. Petite, elle voulait que je m'allonge auprès d'elle jusqu'à ce qu'elle s'endorme. Dès que je me levais, elle se réveillait et réclamait que je reste. Mes nerfs menaçaient de lâcher. Je finis par comprendre que l'anticipation de mon départ l'empêchait de se détendre. J'avais beau attendre une éternité après qu'elle se fut assoupie, elle se réveillait pour me prendre sur le fait, sitôt que je m'éloignais. Je pris le pli de m'en aller plus tôt, avant qu'elle s'endorme pour de bon, sous le prétexte d'enfiler mon pyjama, en lui promettant de revenir. Si elle ne dormait pas encore, ajoutais-je, je m'allongerais auprès d'elle. Sinon, je l'embrasserais et la borderais. Presque toujours, elle s'endormait avant que je quitte la pièce. Les rares fois où elle ne s'était pas encore assoupie à mon retour, il suffisait que je l'embrasse pour qu'elle se tourne sur le côté et sombre dans un paisible sommeil – enfin détendue. Au lieu de guetter la séparation, elle comptait à présent sur mon retour ; ce qui l'autorisait à se détendre et donc à s'assoupir. En y réfléchissant, je me rendis compte que les enfants collants anticipent avec anxiété notre départ, qu'ils redoutent. Alors que, lorsque nous nous accrochons à eux, ce sont eux qui décident quand se détacher de nous.

De nombreux conflits surgissent parce qu'un enfant refuse de faire seul ce dont nous l'estimons pourtant capable (s'habiller, mettre la table sans qu'il faille le houspiller ou terminer ses devoirs). Nous estimons normal qu'il s'en charge, puisque c'est dans ses cordes. Un enfant qui vient de faire un pas vers l'indépendance a cependant besoin de plus et non pas de moins de contact. Il a besoin de compenser son détachement progressif par une proximité accrue, qui consolidera sa confiance en ses aptitudes, de manière à ce qu'il puisse franchir l'étape suivante de son développement. Il est donc nécessaire que l'enfant soumis à des attentes ou des responsabilités croissantes bénéficie d'un temps de jeu prolongé avec les parents.

La majorité des parents s'agacent de voir leur enfant régresser – se comporter comme s'il était plus jeune, moins mûr qu'en réalité. La régression se produit souvent à la naissance d'un frère ou d'une sœur ou en cas de stress – autant de situations déjà pesantes en elles-mêmes pour le reste de la famille. Malgré tout, il ne sert à rien de punir ni de sermonner : l'enfant agit ainsi par besoin de se retrouver provisoirement dépendant de nouveau. Une fois qu'il se sera repris en mains, il continuera son chemin vers l'indépendance. Pour peu qu'une lutte s'engage, il reviendra sans cesse à la charge, alors que si vous en faites un jeu, il passera rapidement à autre chose. Si votre fils de quatre ans s'installe dans la poussette de sa petite sœur, mieux vaut vous exclamer d'un ton ravi : « Il est énorme, ce bébé ! Je n'en avais encore jamais vu d'une telle taille ! Guili-guili ! » S'il vous parle, vous prétendrez ne pas en revenir qu'un « bébé » s'adresse à vous. Très vite, il quittera la poussette pour montrer qu'il est capable de courir, sauter, etc. Sa brève incursion dans le monde des nourrissons aura rempli son réservoir. L'impression vient souvent aux grands frères qu'un nouveau-né n'a aucun effort à faire pour que les adultes l'aiment. Une fois rassuré sur l'affection de ses parents, il s'en ira gambader avec entrain, ravi d'avoir quatre ans. Certains jeux fondés sur la régression sont plus paisibles : laisser un enfant se blottir sur vos genoux, alors qu'il en a perdu l'habitude depuis belle lurette, sans se moquer de lui.

À l'opposé, certains petits exaspèrent les adultes en raison de leur indépendance excessive. Ils cherchent par tous les moyens à échapper à la surveillance des grands et à leurs règles. Trouver la parade n'est pas simple. Il nous tient à cœur de protéger nos enfants. Malgré tout, il est nécessaire qu'ils déploient leurs ailes un minimum. Il surfit parfois de moins les couver et nous convaincre qu'ils ne craignent pas grand-chose, même si rien ne garantit qu'il ne leur arrivera pas le moindre bobo. Parfois aussi, il suffit de réfléchir à un moyen pour eux de s'essayer sans danger à l'indépendance – leur tenir la main pendant qu'ils manipulent un couteau aiguisé, les suivre à distance tandis qu'ils se rendent « seuls » au magasin, les conduire à un parc où ils se déchaîneront, sans risque de casser quoi que ce soit.

Une autre piste consiste à se montrer moins regardant sur le désordre, le bruit ou l'humour pipi caca, si ce sont là des choses qui nous agacent. Il suffit de renoncer à en faire un cheval de bataille pour que cessent les rapports de force. Il peut être souhaitable aussi de laisser plus souvent les enfants décider par eux-mêmes. À deux ou trois ans, ma fille voulait jouer avec des sparadraps et même s'en couvrir, de la tête aux pieds. Je lui déclarai d'un ton sans appel : « Non ! Je t'en mettrai un quand tu te blesseras » comme si « jeu » et « premiers secours » étaient des termes incompatibles. Alors que les sparadraps peuvent très bien servir de jouets (ou d'accessoires de mode). Les enfants ne s'arrêtent pas à de telles distinctions. Avec le recul, je finis par admettre que mon principe de réserver les sparadraps aux urgences médicales ne rimait à rien.

Les enfants vivent entourés de règles – qu'ils établissent, remettent en cause, transgressent, négocient, critiquent, imposent ou cherchent à contourner. La plupart raffolent des jeux où ils élaborent des règles idiotes pour les enfreindre ensuite. Pourquoi ne pas en imaginer une – interdiction de pouffer ou de cligner des yeux – et faire semblant de vous énerver, quand l'enfant la transgresse ? Vous lui offrirez ainsi l'occasion de s'amuser d'un aspect de son quotidien qui lui donne bien du fil à retordre. Parfois, l'enfant profitera d'un temps de jeu spécifique pour décider seul des règles : il exigera par exemple que vous les respectiez à la lettre ou les transgressiez pour mieux vous punir. La participation d'un adulte est ici essentielle : les camarades de votre enfant ne lui laisseront jamais autant de pouvoir que vous. Quand des bambins tentent de s'imposer des règles les uns aux autres, en général, ça se termine mal. Les parents non plus n'aiment pas qu'on les commande mais j'ai remarqué que tout devient plus facile quand ils obéissent avec entrain aux ordres de leurs enfants lors du Temps particulier. Le reste du temps, les enfants se plient à leur tour avec entrain à leur autorité. Bon… peut-être pas avec entrain mais disons avec coopération.

Ma fille inventa un jour « les règles du Monopoly selon Emma ». Le fameux jeu de plateau commençant, au bout de plusieurs parties, à nous lasser, elle me demanda la permission de changer les règles. Je pensais qu'elle tenterait de rendre la partie plus palpitante. Pas du tout : elle fit tellement pencher la balance en sa faveur que cela en devint absurde. Elle obtenait des liasses de billets, peu importe qui passait par quelle case. Quand j'achetais un terrain, elle me le confisquait aussitôt et ainsi de suite. Nous avons ri aux éclats d'un bout à l'autre de la partie ; je me prétendais surpris, dès qu'en vertu d'une nouvelle règle, elle s'enrichissait. Nous ne jouions plus au Monopoly mais à un jeu que l'on pourrait intituler « la vie n'est pas juste ».

Certains parents craignent que laisser l'enfant dicter les règles ne le prépare pas au monde cruel de la vie en société, et en particulier avec ses camarades, qui ne toléreront pas tant d'égoïsme de sa part. Au contraire, l'enfant qui aura rempli son réservoir en menant le jeu jouera avec joie à égalité avec ses pairs. Maîtriser le jeu lui donne en outre l'occasion d'évacuer la tension et les contrariétés liées au monde plein de confusion des jeux, des règles et de la compétition. Il est possible de l'y aider en exagérant (avec humour) la joie d'une victoire ou la déception d'une défaite.

Comme pour brouiller encore un peu plus les pistes, parfois un enfant remplit son réservoir précisément quand on ne lui fait pas de faveur. Les enfants aiment aussi être considérés comme grands et devoir donner le meilleur d'eux-mêmes pour rester à la hauteur. Mon amie Susan me confia que son fils de neuf ans, Mark, insistait pour gagner à tous les coups à la maison. Quelle ne fut pas sa stupeur de le voir un jour disputer un match de basket avec un groupe d'ados qui ne lui faisaient aucun cadeau !

Bien qu'il se défendît de son mieux, il restait le plus faible sur le terrain et pourtant, il en redemandait. Favoriser l'enfant ou le laisser en charge du jeu l'aide à s'enraciner. L'obliger à se démener de son mieux sans traitement de faveur lui permet de tester ses ailes.

Agression

Nombre d'adultes sont mal à l'aise face aux jeux agressifs – jouer à la guerre, à la bagarre, manier des armes en plastique, taquiner, lutter physiquement, jouer au super héros et se battre pour savoir qui aura le pouvoir sur le terrain de jeu. Comme dans le cas de la dépendance et de l'indépendance, comprendre ce qui motive les jeux agressifs et en quoi ils sont utiles aux enfants peut nous aider à surmonter la répugnance qu'ils nous inspirent et nous inciter à y prendre davantage part.

Nous avons tous vu des images d'oursons ou de lionceaux jouant à se battre. Les animaux aussi aiment se taquiner. Le primatologue Frans de Waal évoque dans un de ses livres les bonobos taquins du zoo de San Diego[58] qui ne tiennent pas en place et s'amusent entre autres à descendre le long d'une chaîne dans le fossé asséché autour de leur enclos. Un mâle, Kalind, relevait souvent la chaîne après qu'un autre singe fut descendu. Il aimait en particulier jouer ce tour au mâle dominant, Vernon. « Kalind regardait Vernon d'un air joueur et frappait du plat de la main sur le bord du fossé pour l'agacer. À plusieurs occasions, Loretta [la femelle dominante] courut à la “rescousse” de son compagnon en laissant tomber la chaîne. »

Il n'est pas toujours évident de déterminer quand des enfants se bagarrent pour rire ou pour de bon. Voici quelques pistes à

58. Frans de Waal, *De la réconciliation chez les primates* (Paris, Flammarion, 1992).

creuser : soutiennent-ils le regard l'un de l'autre ? Guettent-ils la réaction de leur adversaire ? ou la rage les aveugle-t-elle ? Rient-ils ? Se blessent-ils ? Anthony Pellegrini[59], un psychologue qui s'est penché sur la question des jeux tumultueux, décrit les jeux d'agression comme des courses-poursuites suivies de sourires et d'éclats de rire. Une fois calmés, les enfants continuent à jouer ensemble joyeusement. Les plus costauds brident leur force pour ne pas désavantager les autres (à l'instar de Paul, le babouin, au chapitre 6).

Les enfants qui se bagarrent pour de bon, en revanche, se donnent des coups de poings ou de pieds et se poussent sans ménagement. L'un d'eux au moins tire la grimace ou fronce les sourcils et il se peut qu'un autre pleure. À la fin, le plus souvent, les adversaires se séparent et s'en vont sans joie, chacun de leur côté. Le plus costaud ne s'adapte pas aux autres et les blessures ne sont pas rares. Les petites brutes confondent souvent jeux de mains et agression : leurs jeux basculent sans transition dans la violence, ou ils masquent celle-ci en faisant semblant de jouer.

Dans ces cas-là, il est nécessaire de rester calme et détendu et si possible d'introduire du lien (au moyen du pistolet d'amour, p. 83) ou d'aider l'enfant à développer sa confiance (grâce à un passage par la pièce qui donne des forces, p. 97). Il est impératif d'aider à se calmer un enfant qui en agresse un autre ; soit en le prenant dans les bras, soit en lui ménageant un espace pour respirer profondément. Un bon jeu de bagarre aide l'enfant à contrôler ses impulsions agressives et gérer la violence dont il est témoin à la télé ou dans la vraie vie. À l'inverse, un enfant qui en agresse un autre se détruit lui-même. Si personne n'y met

---

59. Anthony Pellegrini, « Rough-and-Tumble Play from Childhood through Adolescence », in *Play from Birth to Twelve and Beyond*, ed. Doris P. Fromberg et Doris Bergen (New York, Garland Publishing, 1998).

le holà, un cercle vicieux s'installe et la violence ne fait plus que croître.

Un jour, je jouais avec une fille prénommée Ellen. Elle s'amusait à me frapper et j'évitais ses coups par de petits bonds de côté. Elle affichait une mine parfois joueuse, à d'autres instants, enragée. À un moment, me manquant de peu, elle se cogna la main à un coin de table. Je m'approchai pour m'assurer qu'elle ne s'était pas blessée, mais elle me repoussa en prétendant que c'était de ma faute. « C'est l'arroseur arrosé », commentai-je. L'expression lui parut comique, bien qu'elle n'en connût pas le sens. Je lui expliquai que son agressivité s'était retournée contre elle, puisqu'elle s'était fait mal. Un peu plus tard, sur le point de la rattraper, je fis semblant de tomber et de souffrir mille morts en me roulant par terre. Ellen rit et commenta : « C'est l'arrosoir mouillé ! »

D'autres sortes de jeux se rapportent à l'agression, sur un mode symbolique – par le truchement de super héros ou d'armes en plastique, etc. Certains parents les interdisent, parce qu'ils en ont horreur ou craignent qu'ils insensibilisent leur enfant à la violence. Peine perdue ! Il vaut presque toujours mieux participer à ce genre de jeux en leur imprimant une autre direction que de les interdire. De toute façon, ils n'attirent que les enfants déjà enclins à l'agressivité et prompts à imaginer des scénarios violents, or on ne leur ôtera pas leurs idées de la tête en les empêchant de jouer, mais bien plutôt en jouant avec eux. Je sais que c'est beaucoup demander à certains parents, pourtant cela vaut la peine d'essayer. Vous verrez bien ce qui se passe !

Certains prétendent que les jeux où l'on recourt aux « armes » incitent à la violence. D'autres affirment qu'ils tempèrent l'agressivité des enfants, en leur donnant l'occasion de l'évacuer. Les uns comme les autres ont en partie raison. L'enfant est-il happé par une spirale de violence ou s'amuse-t-il ? Fait-il semblant de s'en prendre à un autre dans l'intention de maîtriser ses pulsions, ou éprouve-t-il un plaisir sadique à s'imaginer qu'il occasionne de la souffrance ? De nombreux parents omettent de distinguer entre les armes en plastique et les jouets dont les enfants se servent en guise d'armes. Les armes en plastique risquent d'autant plus d'inciter à des jeux destructeurs qu'elles imitent les vraies à s'y méprendre : elles brident la créativité. Que peut-on faire avec un pistolet, hormis tirer sur quelqu'un ? À l'inverse, les objets qui, dans le cadre d'un jeu, tiennent lieu d'armes aux enfants, ne s'opposent pas à leur créativité : les enfants les sélectionnent et en usent en fonction de leurs besoins et de leurs sujets de préoccupation.

Passer sa colère sur des oreillers ou des arbres bénéficie-t-il aux enfants ? La question divise les psychologues. Certains y voient une saine occasion d'évacuer l'agressivité ; d'autres, le début d'un engrenage qui redouble la violence. À mon sens, ce peut être aussi bien l'un que l'autre ; tout dépend si l'enfant établit un contact humain ou pas. Un instituteur me fit un jour part de son intervention réussie auprès d'un garçon de onze ans sur le point d'exploser. Il posa une main sur le bras de l'élève et l'entraîna dehors en lui proposant : « Allons cogner des arbres. » Ils ramassèrent des bâtons avant de relâcher la soupape en frappant ensemble des troncs et en criant ; ce qui apaisa le garçon, grâce au lien établi avec son maître d'école. À l'inverse, un de mes clients avait, plus jeune, passé une heure à tout casser dans le garage de ses parents en leur absence. Il se trouvait alors seul en compagnie d'un garçon de son âge, qui hésitait entre jeter de l'huile sur le feu et lui ordonner d'arrêter. Mon client, enfermé dans la tour de l'isolement, n'en retira aucun bénéfice : au contraire sa soif de violence s'accrut.

Une bonne bagarre pour rire permet aux enfants de tester leur force physique. Manipuler des figurines articulées les amène à se confronter à la notion de pouvoir, en imaginant des combats et des armes. Le mieux reste encore de veiller à ce qu'ils développent leur créativité, sans se prendre trop au sérieux, plutôt que de céder à leur envie de tout détruire. J'aime pour ma part camper un méchant ou un monstre un tout petit peu effrayant, mais surtout ballot ; drôle et incompétent : le but du jeu est que l'enfant surmonte ses peurs. Un méchant ou un monstre trop menaçant ne réussira qu'à les faire redoubler.

Les parents ne savent souvent pas non plus quoi penser d'un autre type d'agressions, la dureté des enfants les uns envers les autres, leurs manœuvres pour s'assurer la dominance. La plupart des enfants font preuve à l'occasion de cruauté ou de méchanceté[60]. Les enfants expérimentent là quelque chose de très complexe, leurs sentiments comme leurs corps peuvent être blessés. Ils ont certes besoin de se livrer à leurs propres expériences sur le pouvoir au sein d'un groupe, sans que les adultes interviennent outre mesure, mais nous avons aussi à protéger les plus vulnérables.

Deux mères me racontèrent, à l'occasion d'un atelier, un incident survenu à leurs fils, de sept et huit ans, alors qu'ils jouaient avec un groupe d'enfants de différents âges. Ils s'amusaient à se courir après en jouant à chat, quand ils en vinrent aux mains, et même aux insultes. À l'aide d'une ceinture, l'un des garçons frappa une fille au cou, lui laissant une large marque rouge. Impulsif et plein d'énergie, le garçon n'avait pourtant pas l'habitude de se montrer violent. La ceinture appartenait à son camarade, le fils de l'autre participante à mon atelier. La conduite de leurs enfants les horrifiait toutes deux. Il apparut ensuite qu'un garçon plus âgé, nouveau dans le groupe, leur avait dit de s'en prendre à la fille ; ce qui accrut encore la perplexité des mères.

60. Le lecteur trouvera dans *Best Friends, Worst Enemies*, de Michael Thompson, Catherine O'Neill Grace et Lawrence J. Cohen (publié par Ballantine Books à l'automne 2001) une réflexion plus approfondie sur la notion de cruauté en société et ses rapports aux amitiés et à la popularité.

Elles ne comprenaient pas que leurs fils aient pu ainsi obéir aux ordres d'un voyou.

À l'évidence, elles jugeaient leur comportement comme monstrueux et marque d'un grave problème de socialisation. J'étais d'accord sur le fait que c'était terrible, à la fois pour les garçons et pour la fille, mais selon moi, leur attitude ne s'expliquait pas seulement par un débordement subit de sauvagerie et de violence. Je pense qu'ils s'étaient livrés à des expériences de socialisation. *Que se passera-t-il, si je m'allie à un camarade plus fort ? Aurai-je plus de pouvoir au sein du groupe ? Échapperai-je aux conséquences de mes actes, en disant à Maman que ce n'est pas moi qui en ai eu l'idée ?* Le nouveau venu ayant suggéré aux deux autres de frapper la fille lui aussi expérimentait, se demandant quant à lui : *Puis-je convaincre quelqu'un d'assumer à ma place mes pulsions agressives ? Qui s'attirera des ennuis, moi ou eux ? Je suis nouveau, ici ; ma force physique me donnera-t-elle du pouvoir ? Réussirai-je à me ménager une place parmi le groupe en me présentant comme le plus costaud ?*

La conduite du garçon qui transmet son agressivité à d'autres, plus jeunes, et la volonté de ceux-ci de s'allier à un camarade plus fort m'apparaissent comme autant de tentatives de solutions maladroites et dangereuses – pas seulement pour la victime du coup de ceinture – à un problème épineux. Le plus âgé risquait de prendre goût à la cruauté et au sadisme ; les plus jeunes, de tomber sous sa coupe, en se cantonnant au rôle d'exécutant de ses basses œuvres. Il ne faut pas perdre de vue que les deux garçons, confrontés à la complexité des rapports sociaux – établir des alliances, trahir un ami, donner des ordres, les suivre, etc. –, se demandaient en même temps comment gérer leur agressivité. Bien que leur prise de position ait mal tourné, ce n'étaient pas des monstres. De même qu'un jeune enfant tire sur la queue d'un chat, curieux de sa réaction, ceux d'âge scolaire sont enclins à s'écrier « Tout le monde sur le dos de Mickey ! »

rien que pour voir ce qui se passera. Les filles, elles, sont plus susceptibles de se livrer à des messes basses. (« Demain, se chuchoteront-elles, tout le monde vient en robe, mais il ne faut pas le dire à Susie. »)

La façon de prévenir les risques, avant que de telles expériences n'aillent trop loin, est tout simplement de passer plus de temps à jouer avec les enfants. Nous pouvons alors les protéger des excès, leur fournir des modèles et leur enseigner comment exprimer leurs sentiments agressifs en toute sécurité et sans préjudice pour personne. Il me semble préférable de flairer les ennuis à l'avance, plutôt que d'attendre la catastrophe pour élever la voix. Et pourquoi ne pas autoriser des enfants à se liguer contre nous plutôt que contre un camarade plus petit ? Dans ce cas, nous marquerons régulièrement des pauses pour éviter que la situation échappe à tout contrôle. Tombons exprès à la renverse : fou rire garanti !

La sexualité, les émotions qu'elle suscite et son expression

Ce chapitre est une occasion comme une autre de traiter le sujet épineux de la sexualité des enfants. Je sais qu'il met de nombreux parents mal à l'aise, même un siècle après le choc causé par Freud quand il a annoncé que les enfants éprouvent des pulsions sexuelles. Nous ne savons pas grand-chose du développement sexuel sain ou normal des plus jeunes : ils reçoivent des informations trompeuses et visionnent des images à caractère sexuel plus ou moins explicite, bien avant de se sentir prêts à les affronter. Ils s'y trouvent exposés par la faute de leurs camarades, mais surtout de la culture ambiante. Prenez une publicité quelconque : elle transmet aux garçons le message qu'à condition de consommer telle marque de bière, des nuées de bombes sexuelles leur tomberont dans les bras et que tel est le genre de filles qu'ils sont censés trouver attirantes. Aux filles – et c'est encore pire ! – la publicité dicte ce à quoi elles doivent ressembler, et qu'elles ne peuvent guère aspirer à mieux qu'à être le cadeau d'un type qui boit la bonne marque de bière.

Les jeux sexuels et la masturbation déroutent et inquiètent les parents. La plupart du temps, il n'y a pas lieu de s'alarmer des jeux sexuels entre enfants du même âge, tant qu'ils restent occasionnels, ludiques et visent à l'exploration de l'anatomie. S'ils tournent à l'habitude, vont trop loin ou impliquent le recours à la force, en revanche, je recommande de consulter un professionnel. Il est bon de s'assurer que les enfants aient accès à des informations valables, adaptées à leur âge. Les punir ou les humilier ne leur apportera rien de bon. Depuis que la psychothérapie existe, les thérapeutes aident leurs clients à surmonter le contrecoup des humiliations ou des châtiments qu'ils ont reçus parce qu'ils se masturbaient ou jouaient au docteur, enfants. Il n'y a pas lieu de s'inquiéter qu'un enfant fasse faire des choses sexuelles à ses poupées. En revanche, s'il s'avère que c'est le seul jeu auquel il s'adonne ou si vous suspectez qu'il théâtralise un abus sexuel, l'opinion d'un spécialiste est à requérir absolument.

Si l'exploration de la sexualité est tout à fait normale chez les enfants de tous âges, certains jeux sexuels leur permettent de faire face à ce qui les déroute, les inquiète ou les dépasse. Ils ont vu ou entendu plus qu'ils ne pouvaient le supporter et font de leur mieux pour gérer la situation. Ils tentent d'intégrer l'effroi en jouant, bien sûr, en général en secret, avec un autre enfant. Ce dernier, du coup, aura lui aussi quelque chose de perturbant et/ou excitant à exprimer par le jeu. Le mieux reste de discuter avec l'enfant de la sexualité, de répondre à ses questions simplement mais honnêtement et de réduire l'exposition à des films ou à des programmes télévisés troublants ainsi qu'à la nudité à la maison.

Certains enfants n'éprouveront aucune gêne face à leurs parents nus ou à la sexualité, d'autres peuvent être perturbés.

J'ai reçu en consultation des parents inquiets de la fréquence à laquelle se masturbait leur fille de six ans. À mon sens, ils réagissaient très bien. Ils ne paniquaient pas, ne la punissaient pas et ne le lui interdisaient pas non plus. Ils lui demandaient simplement de ne se toucher que dans sa chambre, et pas en présence d'un tiers. En général, il n'est pas nécessaire d'en faire plus. Ces parents-là s'inquiétaient, parce qu'ils avaient remarqué que leur fille se masturbait surtout quand, l'un ou l'autre parent, trop occupé, refusait de jouer avec elle. Ils en concluaient, et je ne leur donnai pas tort, qu'elle substituait l'autosatisfaction sexuelle à d'autres formes de rapprochement ; ou qu'elle se consolait ainsi de sa solitude ou de son ennui (des raisons qui poussent les adultes aussi à se donner du plaisir). La masturbation est une source de satisfaction si intense qu'elle surpasse le besoin initial d'établir un lien avec autrui, au risque de devenir une habitude.

Mes clients s'aperçurent en outre que leur fille se masturbait en regardant des vidéos – pour enfants et non pornographiques – or ils estimaient mauvais qu'elle associe le plaisir sexuel au fait de traîner devant la télévision. Là encore, j'abondai dans leur sens. Je découvris, en leur posant de plus amples questions, que leur fille se touchait à l'aide d'un animal en peluche, toujours le même. Je leur conseillai de recourir aux principes du parentage ludique en ajoutant une dimension relationnelle à sa pratique. Je leur proposai d'initier un jeu, à un moment où leur fille ne se masturberait pas : l'animal en question la supplierait de devenir son nouveau jouet favori. « S'il te plaît, emmène-moi avec toi à l'école ! Je peux m'asseoir à côté de toi au dîner ? Je t'en prie ! » Ils prêtèrent, avec humour, à l'animal le dessein de détrôner sa peluche préférée, celle avec laquelle elle dormait et qu'elle emmenait en voyage. La fille rit de bon cœur et sa réaction à ce petit jeu fut immédiate et radicale : elle cessa de se masturber, sans associer la sexualité à un sentiment de culpabilité ou quoi que ce soit de négatif.

Apparemment, elle avait juste besoin de gérer sur un mode ludique les sentiments associés à cette intense stimulation physique et qui avaient pris et une signification sexuelle. Ses parents décidèrent en outre de passer plus de temps en famille, et de ne plus dire à leur fille « Va-t'en. J'ai à faire » mais – et cela leur réussit beaucoup – « je n'ai pas le temps de m'occuper de toi tout de suite, mais viens, on fait un gros câlin, et je viens jouer dans un quart d'heure ». Comme un goûter à 17 heures permet d'attendre sereinement le dîner, le contact physique aidait la fillette à patienter jusqu'à ce que ses parents aient le loisir de lui accorder de l'attention.

Les préados et les ados subissent d'énormes pressions pour « être cool ». Et notamment, être cool, c'est prétendre en savoir long sur la sexualité, ou être incollables en matière de séduction et de relations amoureuses. Il est souhaitable de renoncer à notre dignité dans ce domaine, pour que nos enfants n'aient pas à « se la jouer ». Il faut qu'ils sachent qu'il n'y a pas de mal à être curieux, ne pas savoir, appréhender ou douter. Une manière ludique de leur communiquer le message revient à jouer le rôle de ce que Patty Wipfler nomme *le ballot sans complexes*. « Si on allait courir dans les bois en sous-vêtements comme dans la pub ? » « Hé ! Vous n'arrêtez pas de vous traiter mutuellement de tapette. Tu sais ce que ce mot veut dire ? » « Oh mon Dieu ! Tu as vu ? Ils s'embrassent ! » « Qu'est-ce qu'il fait, le chien, contre la jambe du type ? »

Vous rappelez-vous le jeu qui consiste à trébucher et tomber alors qu'on s'apprête à rattraper un petit qui marche à peine pour lui donner confiance en ses capacités ? Dans le même ordre d'idées, face à un préado, il est bon de se prendre les pieds dans le tapis des relations amoureuses ô combien cruciales à l'âge ingrat. Comme j'aime à le dire : il ne faut parfois pas moins d'un idiot du village pour élever un enfant. Il m'arrive donc d'adopter une attitude niaise à souhait : je chante des chansons mièvres ou je prétends en pincer pour Barbie ou Barney le dinosaure.

Certains enfants se dévêtiront ou se tortilleront sur vos genoux à la moindre occasion. Les adultes s'inquiètent à juste titre quand les enfants s'aventurent trop loin. Personne n'a envie de passer pour un pédophile. Un enfant à la sexualité saine a besoin d'aborder par le jeu les thèmes qui le préoccupent. Paradoxalement, nous ne pouvons pas l'y aider sans détours, comme nous jouerions à l'école, s'il rencontrait des problèmes en classe. Il est impératif de trouver un terrain plus sûr, en lui proposant, pour commencer, un contact rapproché, sans abuser de lui, ni l'exploiter. N'importe quelle activité physique – pratiquer un sport au même titre que courir dehors – aide les enfants à évacuer leur trop-plein d'énergie sexuelle or c'est ce qui manque à la plupart. Je recommande aussi le jeu des chaussettes, évoqué plus haut, où chacun tente d'ôter les chaussettes des autres joueurs, tout en gardant les siennes. Il offre un moyen inoffensif et surtout amusant d'aborder ce qu'inspire la nudité aux enfants. Certains n'établiront aucune relation entre ce jeu et la sexualité alors que d'autres y verront une occasion de traiter une problématique sexuelle sur un mode symbolique, sans choquer qui que ce soit.

Je propose aux couples qui me consultent un jeu du même genre. L'un doit demander à l'autre : « Je peux introduire mon doigt dans ton oreille ? » « Beurk ! » s'entend-il souvent répondre. Le premier insiste, supplie, implore, et très vite, les partenaires éclatent tous deux de rire. Sur un mode symbolique, ils jouent avec ce que j'appelle la question de « qui met quoi où ». Un domaine source de tension devient dès lors un prétexte pour s'amuser ; ce qui débouche en général sur une relation physique plus satisfaisante.

Encourager une attitude qui vous hérisse

Mettons que tout aille bien et que vous ayez un peu plus d'attention que d'habitude à consacrer à vos enfants : vous les inviterez à se comporter d'une manière qui vous horripile. Par exemple, si la rivalité entre frères et sœurs vous rend fou, vous leur demanderez : « Vous voulez bien vous disputer ? » (Ou vous taquiner ou vous chiper vos affaires ou vous battre pour attirer mon attention ou vous plaindre parce que vous n'avez pas eu le meilleur morceau à table ou que sais-je encore.) « Pendant ce temps-là, je prendrai des notes. » Il est peu probable qu'ils vous obéissent mais, si c'est le cas, vous agirez en journaliste en les observant avec intérêt. Vous leur poserez des questions et les prierez de recommencer pour vous laisser le temps de les étudier.

Solliciter une réaction horripilante imprime à la situation un tour humoristique qui permet de mieux réfléchir à la manière de la gérer, tout en prenant l'enfant au dépourvu. « Au lieu de sortir les poubelles, ce soir, ça t'ennuierait de te vautrer devant la télé ? » « Je me disputerais bien à propos de l'heure du coucher. Et toi ? » Une incitation de ce genre revient, en un sens, à emboîter le pas à l'enfant, en rebondissant sur son attitude habituelle, mais aussi à prendre l'initiative en bouleversant la dynamique des rapports familiaux. Après tout, aller à la rencontre de l'enfant suppose de prendre part à des jeux que nous aimerions mieux ignorer ou bannir ; pas uniquement à ceux qui nous plaisent. Provoquer une attitude qui nous hérisse va juste un peu plus loin.

L'autre jour, ma fille avait invité six camarades à la maison. Elles faisaient tant de bruit que je dus les conduire au parc. Sur le chemin du retour, je les prévins : « Si vous avez envie de hurler, c'est maintenant ou jamais. » Elles poussèrent quelques cris à percer les tympans et tout le monde rit de bon cœur. L'une des petites me demanda même si elle pouvait interpréter un solo. Ma proposition leur donna l'occasion d'évacuer leur besoin de crier, tout en me fournissant un argument pour le leur interdire, une fois à la maison.

Si les enfants font des leurs avant que vous ayez eu le loisir de les y inciter, il reste possible de jouer à ce petit jeu. « Hé ! vous vous chamaillez ! Je peux regarder ? Ça me fascine que les aînés se prennent toujours pour les rois du monde, alors que les cadets, eux, font leurs coups en douce. » Pourquoi ne pas commenter l'action à mesure de son déroulement ? « Incroyable ! Il est allongé sur le canapé. Ça fait trois heures au moins ! Il ne bouge pas du tout ! Va-t-il battre un nouveau record du monde ? Ah non ! Je vois qu'il cligne des yeux ; à mon avis, il se prépare à bouger. »

Le commentaire « en direct » fournit un excellent moyen d'exprimer avec humour ce que nous ressentons. Trop souvent, nous le gardons pour nous, à moins que nous n'explosions tout d'un coup. Ni l'un ni l'autre ne nous soulage vraiment, ni ne donne de résultats. Mieux vaut se montrer franc mais de manière ludique : « Je vois devant moi un tas de linge ; je me tourne vers celui qui était censé le plier, il y a quatre heures. Je sens une envie de crier monter en moi. Ah ! Non, attendez ! Il semblerait que je me calme. »

À peu près n'importe quelle attitude qui nous horripile peut nous inspirer un jeu que nous apprécierons. Si vous ne supportez pas qu'un enfant persiste à bafouer les règles, vous opterez pour un jeu qui implique de les transgresser, comme « la triche[61] ». Si

61. Il s'agit d'un jeu de cartes où l'on commence par distribuer tout le paquet aux joueurs, au nombre de trois ou plus. Ils se débarrassent de leurs cartes chacun leur tour, en les posant face cachée, dans l'ordre croissant de leur valeur. Par exemple, le premier jette deux as, le suivant un deux, le troisième des trois, et ainsi de suite. Celui dont les cartes ne lui permettent pas de suivre bluffe. Pour peu que les autres le devinent, ils retourneront sa carte et il récupérera le tas entier.

l'enfant ment, vous vous amuserez avec lui à imaginer les mensonges les plus éhontés qui soient. Vous serez surpris de voir que partager le comportement de l'enfant de sorte qu'il devienne amusant et que vous l'assumiez désormais ensemble, tous les deux, résoudra le problème comme par enchantement.

Une de mes amies se plaignait que ses enfants, de cinq et dix ans, ne savaient pas se tenir : elle se demandait quelle parade adopter. Je lui proposai de les conduire au parc, histoire de la laisser souffler. Ses enfants étaient vraiment adorables, ils avaient cinq et dix. Je résolus de recourir à l'approche ludique qui consiste à faire d'un problème de comportement un jeu. L'un d'eux me demanda à quel parc nous allions. Je lui dis : « En voilà des manières ! Je n'en reviens pas que tu aies osé me poser la question. » Les deux enfants éclatèrent de rire. « Si ça continue, tu vas me demander mon numéro de poche, tant que tu y es ! » Je n'ai aucune idée de ce qu'est un numéro de poche : j'avais lâché la première chose qui m'était venue à l'esprit. Cela ne vous étonnera pas qu'ils aient passé l'heure suivante à me demander mon numéro de poche. J'entrai dans le jeu, en les suppliant de ne pas poser de questions aussi impolies et de ne surtout jamais en parler au parc. (« Hé ! tout le monde ! demandez à Larry quel est son numéro de poche ! » s'écrièrent-ils, sitôt arrivés.) Un sermon sur la nécessité de bien se tenir n'eût mené à rien. Je leur donnai l'occasion de rire d'un thème jusque-là source de tensions au sein de la famille. L'avantage d'une telle approche, c'est qu'elle met fin aux rapports de force. Au dîner, au lieu d'entamer une lutte dont personne ne sort vainqueur en disant « Sers-toi de ta fourchette », vous lancerez : « Interdiction de parler des numéros de poche à table. Ça ne se fait pas. » Pendant que vos enfants épilogueront sur les numéros de poche, ils se tiendront correctement, sans engager de bras de fer à propos de l'usage des couverts.

Les techniques que je propose déclenchent souvent le rire. Inviter l'enfant à se conduire d'une manière qui nous agace permet de résoudre bien des difficultés comme par miracle. Bien sûr, ça ne marche pas à tous les coups. Parfois, le résultat est plus subtil : notre perception de l'attitude en question évolue, ou nous la supportons mieux. Autrement dit : prendre part à un jeu que nous détestons peut le modifier, lui, ou modifier ce qu'il nous inspire. L'un vaut l'autre ; tant que le comportement de nos enfants cesse de nous horripiler. Après tout, détester les jeux qu'ils préfèrent revient à leur signifier du mépris ; ce qui serait déplorable pour nous aussi.

12.

Accepter les émotions fortes (les leurs comme les vôtres)

Tout d'un coup, c'est redevenu amusant.
Ruth, quatre ans,
après une crise de larmes suite à une égratignure.

Le parentage ludique implique de se préparer à accueillir des émotions intenses, depuis les petites contrariétés et frustrations jusqu'aux terreurs ou à une profonde tristesse. Ces émotions sont à la racine de bien de ces soi-disant problèmes de comportement qui agacent tant les parents. Le jeu libère des énergies positives telles que la joie, l'excitation ou la pétulance, et il faut avouer que ces dernières peuvent être aussi difficiles à gérer pour les adultes que celles qualifiées de « négatives ». Il suffit de songer au nombre de fois où nous disons « calmez-vous » à des enfants qui n'ont fait que rire et s'amuser de bon cœur.

Avant d'explorer le rapport entre les émotions et les jeux des enfants, il me semble nécessaire de préciser certains points. Tout le monde ressent des émotions, de toutes sortes. Il nous arrive d'éprouver, selon les moments, de la joie à l'état pur ou un profond contentement, mais aussi de nous sentir mal à plus d'un titre – blessé, apeuré, gêné, frustré, triste, en colère, anxieux, jaloux. Quand une émotion nous vient, si la chance nous sourit, nous pourrons l'exprimer librement : le cœur en joie, nous manifesterons notre entrain ; nous pleurerons en proie au chagrin, nous tremblerons de peur ou de rage, nous rirons et rougirons, gênés, ou nous éclaterons, outragés, sous le coup de la frustration. Malheureusement, nous avons tous été dissuadés, à un moment ou un autre, de laisser libre cours à nos affects. « Qu'est-ce qui te fait rire, enfin ? » « Ne montre jamais que tu as peur. » « Ne me parle pas sur ce ton. » « Ce n'est pas digne d'une dame de crier. » « Va dans ta chambre jusqu'à ce que tu te calmes. » « Tu ne t'es pas vraiment fait mal. » « Arrête de geindre. » « Ça te va bien, tiens, de te mettre en colère ! » Sans parler du refrain hélas bien connu : « Un grand garçon comme toi ne devrait pas pleurer » ou « Tu veux savoir pourquoi tu pleures ? »

Une émotion qui n'éclate pas au grand jour demeurera enfouie en créant toutes sortes de problèmes au cours de la croissance, à moins qu'elle ne s'exprime indirectement. Un enfant qui a tout contenu peut ainsi exploser d'un coup parce que sa petite sœur touche à ses jouets. Les enfants dont les parents divorcent ou dont un des grands-parents vient de décéder n'en parlent pas mais ils deviennent revêches, méchants, retournent leur rage vers d'autres et peuvent frapper des camarades à l'école. Ils refusent d'aider à la maison ou de faire leurs devoirs. Ils vous diront « je te déteste », parce qu'ils se sentiraient trop vulnérables en admettant « J'ai peur et j'ai besoin de toi ». De crainte de ne pas réussir un contrôle, un enfant se prétendra malade pour ne pas aller en classe. Plus âgé, il découvrira d'autres moyens d'étouffer ce qu'il ressent, à l'aide de l'alcool, de la drogue ou de relations sexuelles.

Le parentage ludique aide l'enfant à revenir à une expression libre de ses émotions et lui évite le piège de leur répression. Un enfant qui n'exprime pas ce qu'il ressent ou le fait de manière indirecte se retrouve prisonnier de son impuissance ou de son isolement alors qu'un autre, plus confiant et proche de ses parents, jouera de bon cœur ou, à défaut, fera part de ce qui le trouble ; soit verbalement, soit en cédant à ses émotions, soit par le biais des thèmes utilisés dans ses jeux.

Contenir les émotions ou les exprimer ?

Un soir, je dus garder ma nièce ; elle avait à l'époque deux ans. Elle eut du mal à se séparer de sa mère et de son père et se mit à pleurer quand ils s'en furent enfin. J'allai pour la consoler, mais elle se cacha sous la table et me dit de la laisser. Je lui demandai la permission de la rejoindre. Elle me dit non et que je ferais mieux de rentrer chez moi. Je lui répondis que ce n'était pas possible, mais que j'allais m'éloigner d'elle. Je reculai de quelques pas, m'assis par terre et lui demandai si je me tenais à présent assez loin d'elle. Elle affirma que oui. Tout en dialoguant avec moi, elle sanglotait sans bruit. Au bout de quelques minutes, elle se releva pour s'installer sur mes genoux et commenta :

– Les larmes sont sorties toutes seules.

– Comme tu dis !

Un sourire se forma sur nos lèvres. « Si on regardait *Cendrillon* ? me proposa-t-elle. Sa marâtre est drôlement méchante. »

En quittant la pièce, je l'aurais laissée seule face à son chagrin. En revanche, si je m'étais trop approché, elle m'en aurait voulu de ne pas lui laisser assez de champ libre. Là, en revanche, elle a pu pleurer de manière à évacuer la douleur de la séparation ; ce qui lui a permis de passer ensuite un bon moment avec moi. Beaucoup d'adultes trouvent douloureux de pleurer ; selon moi, parce qu'ils luttent contre leurs larmes. Quand ma nièce m'a dit qu'elles étaient sorties toutes seules, elle voulait exprimer par là qu'elles coulent librement, pour peu qu'on ne tente pas de les repousser.

La plupart d'entre nous dépensent une énergie mentale considérable à contenir leurs émotions et à inciter leurs enfants à en faire autant. Le hic, c'est que les émotions ont une irrésistible tendance à s'exprimer en dépit de nos tentatives de les brider. Il en résulte inévitablement un bras de fer, une lutte intérieure entre leur expression et leur enfouissement. À trop les contenir, nous finissons par exploser ; ou alors à souffrir de la tension qui s'accumule en nous – et qui se traduit par du stress, de l'anxiété, de la violence ou de la dépression. Quand les émotions se manifestent tout à coup au grand jour, on pourrait croire que le problème est qu'elles s'expriment trop, alors qu'en réalité, elles ne s'étaient pas assez exprimées ; raison pour laquelle l'explosion s'est produite.

Pour la plupart des enfants, la décharge émotionnelle survient quand ils n'arrivent plus à maintenir le couvercle dessus. Voilà pourquoi ils expriment plus facilement leurs émotions le soir ou sous le coup d'une poussée de fièvre. Ils baissent la garde et les émotions s'échappent. Une simple éraflure peut ainsi déclencher une heure de pleurs : *Maintenant que j'y suis, autant pleurer à cause de tout ce que j'ai emmagasiné.* Il arrive qu'une émotion trop forte pour qu'on la contienne en libère un flot d'autres, qui n'attendaient que l'occasion de s'exprimer. Voilà pourquoi les enfants passent si facilement du fou rire aux larmes et inversement. Voilà aussi pourquoi une fois en colère, ils reviendront sur des contrariétés passées, ou qui n'ont rien à voir avec la personne qui les énerve : *Puisque j'en suis à piquer ma crise, sache qu'il y a d'autres choses qui m'agacent.* Une fois la porte ouverte aux émotions, il n'y a plus moyen de les arrêter ; ce qui explique la persistance de certains enfants à repousser nos tentatives de consolation.

Vu la pression que subissent les hommes pour brider leurs émotions, il n'y a rien d'étonnant à ce qu'un nourrisson qui pleure ou un enfant plein d'émotions leur donnent du fil à retordre. Une étude des réactions d'étudiants masculins aux pleurs enregistrés d'un nouveau-né a mis en évidence que ceux-ci leur étaient plus pénibles qu'une alarme incendie. Quand on leur laissait la possibilité de boire de l'alcool, ils en consommaient plus que d'autres hommes du même âge, soumis à différents bruits d'égale intensité[62].

Il n'est pas surprenant que les jeunes enfants maltraités le soient précisément quand ils pleurent. Les hommes qui battaient leur femme et leurs enfants, que j'ai rencontrés dans le cadre de mon travail, disaient ne pas supporter qu'un enfant ou une femme n'arrête pas de pleurer : cela les mettait hors d'eux. Évidemment, l'escalade de l'agression fait peur et fait redoubler les pleurs, le cercle vicieux s'installe. Tous les cas de maltraitance

62. Paul Stasiewicz et Stephen Lisman, « Effects of Infant Cries on Alcohol Consumption in College Males », *Child Abuse and Neglect : The International Journal* 13 (1989), 463-470.

ne s'expliquent pas ainsi, mais il est fréquent que la situation dégénère selon ce schéma. Même dans les foyers qui échappent à la violence, les pleurs des enfants, d'une force terrible, ont le don de stopper net les parents dans leur élan. Beaucoup sont prêts à tout pour que les larmes cessent : céder, menacer, supplier, punir, envoyer l'enfant promener, consentir à ses demandes déraisonnables, etc. Les émotions que nous acceptons et laissons s'exprimer s'avèrent toutefois moins perturbantes à long terme. Une fois que les larmes ont fini de couler pour de bon, tout le monde se sent mieux.

Réserver un temps à part aux émotions

Si le rire est le moteur du jeu, les larmes sont l'huile qui en graisse les rouages. Un jour qu'elle jouait avec ses cousins, Ruth, quatre ans, se fit mal à la main. Je la pris dans mes bras tandis qu'elle pleurait à chaudes larmes. Un rapide examen m'assura qu'elle ne nécessitait pas de soins médicaux ; rien que du réconfort. Au bout de quelques minutes, Ruth se calma, me raconta ce qui lui était arrivé et se remit aussitôt à pleurer. À l'issue d'un petit temps de larmes supplémentaires, elle s'accrocha à moi, alors que ses cousins retournaient jouer. Ceux-ci l'avaient attentivement observée, impressionnés, selon moi, par la force de ses poumons et le fait que je la laisse pleurer sans tenter de la distraire ou de recourir aux habituelles promesses ou menaces.

Au bout d'un moment, Ruth me tourna le dos et fit mine de vouloir s'en aller. Je la retins gentiment et lui rappelai : « Tu as eu très mal. » Elle pleura quelques minutes encore et me raconta une fois de plus ce qui lui était arrivé. Elle posa ensuite un regard franc et radieux sur moi, sur ses cousins, de nouveau sur moi et se mit à rire. « Tout d'un coup, c'est redevenu amusant », commenta-t-elle avant de retourner jouer. Je sais que beaucoup, à ma place, auraient libéré Ruth après la première crise de larmes, en la supposant consolée. Je la retins un peu plus, le temps qu'elle guérisse de ses émotions, au lieu de la pousser à passer outre. Quelques sanglots encore lui permirent de surmonter son traumatisme pour de bon.

Nous apprenons à la plupart des enfants à court-circuiter le processus de guérison, à réprimer ce qu'ils ressentent au plus vite. Malheureusement, ce faisant, ils ne mènent pas à bien l'importante tâche qui consiste à libérer leurs émotions. Il est alors probable que, de retour à leurs jeux, ils se montrent craintifs ou, à l'inverse, casse-cou. Ils se plaignent que rien ne va plus, à moins qu'ils ne se blessent aussitôt. Un nombre croissant de jeunes athlètes souffrent de lésions irréversibles, parce qu'ils ont ignoré un signal de douleur pour continuer à jouer. Il faut les aider à mener à bien la tâche émotionnelle qui consiste à libérer les larmes ou les autres émotions qu'ils refoulent. Ils n'en finiront jamais d'exprimer tout ce qu'ils ressentent – il leur viendra toujours plus de larmes – mais il faut les aider à en évacuer assez pour aller de l'avant à la recherche du bonheur. La majorité des enfants ont pour cela besoin de s'entendre dire qu'il n'y a pas de mal à pleurer, prendre peur ou se mettre en colère. Ce n'est pas simple de le leur rappeler, vu qu'en tant que parents, nous voudrions les voir heureux (et sereins !). Cela dit, aider un enfant à libérer ses émotions a pour avantage de créer un lien solide avec lui.

Pendant qu'elle se tenait sur mes genoux, Ruth me raconta ce qui était arrivé à sa main. Plus tard, quand je lui rappelai qu'il n'y a aucun mal à reconnaître sa souffrance, elle me répéta son histoire. À mon sens, ce fut grâce à son récit – et pas seulement à ses larmes – qu'elle retourna jouer d'aussi bon cœur. Certains enfants ne diront rien spontanément ; il nous revient donc de leur poser des questions. Étant donné la brièveté de l'histoire qu'ils auront à raconter, il peut être bon de les prier de la répéter. La plupart ne demandent pas mieux : ils y voient la preuve que ce qui leur arrive compte à nos yeux. La répétition d'une histoire émousse d'autre part sa capacité à raviver la douleur. Si l'enfant est trop jeune pour prendre la parole ou n'en a pas envie, vous pouvez tenter de le suppléer : « Tu t'amusais bien sur le banc et paf ! tu t'es cogné. Ça fait mal. »

Le récit des mésaventures de l'enfant a un autre bénéfice : renforcer votre relation. Exprimer sainement ses émotions suppose de livrer l'accès à son intimité. Nous pouvons pleurer seuls mais c'est plus réconfortant de s'épancher contre une épaule amie. Voilà pourquoi je recommande aux parents de ne pas envoyer leur enfant dans sa chambre, quand il pleure, ni de le laisser sangloter jusqu'à ce qu'il s'endorme. Cela prend du temps de rester auprès de lui en l'aidant à évacuer sa tristesse ou sa solitude. D'un autre côté, ce qu'il ressent ne se résorbera pas, juste parce que nous lui tournons le dos. Je vois depuis peu arriver dans mon cabinet des enfants de huit, neuf ou dix ans, dont les parents ont suivi le conseil de « les laisser pleurer tout leur saoûl » quand ils étaient plus jeunes. Certains estiment en effet que les enfants utilisent leurs larmes pour manipuler leurs parents, afin qu'ils les câlinent ou attendent auprès d'eux qu'ils s'endorment. Aujourd'hui, des cauchemars et des craintes empêchent ces mêmes enfants de dormir la nuit. Dans mes moments les plus puérils, j'ai envie de m'écrier : « Je vous l'avais bien dit ! »

Les émotions non exprimées des adultes

Les émotions que nous n'exprimons pas nous affectent. Nous avons beau espérer qu'en les niant, elles disparaîtront, il n'en va pas ainsi. Comme chacun de nous emmagasine des émotions qui restent encore à libérer, la présence d'un enfant en proie à une violente émotion nous met souvent à la torture ou nous donne l'impression de le torturer. Nous sommes au supplice parce que la libération de ce qu'éprouve l'enfant est d'une intensité telle qu'elle accroît notre difficulté à garder pour nous nos propres émotions. Une lutte s'instaure alors sous notre crâne entre le lâcher-prise et le contrôle. L'impression nous vient que nous martyrisons un enfant qui pleure, tant il met d'ardeur à extérioriser ce qu'il ressent au fond de lui. Un petit qui fond en larmes à cause d'une infime contrariété ou d'une simple égratignure semble avoir inventé la douleur et la souffrance. S'il réagit ainsi, c'est en partie pour s'assurer que nous le réconforterons et lui accorderons notre attention, mais aussi parce qu'il ne partage pas nos inhibitions d'adulte vis-à-vis de la libre expression des émotions.

Il est aussi difficile d'écouter un enfant livrer ce qu'il a sur le cœur que d'exprimer ce que nous-mêmes ressentons. Il ne faut donc pas s'étonner que les parents se mettent en quatre pour éviter les crises de larmes. Ils recourent à des stratégies allant de la compassion à l'autoritarisme : ils offrent des bonbons, promettent une récompense ou hurlent à l'enfant de se taire. À un moment de ma carrière, je me rendais chez un petit de huit ans dans le cadre d'une thérapie par le jeu : il réclamait toujours un en-cas à mon arrivée. Je conseillai à sa mère de ne pas le lui donner : les sucreries aident beaucoup d'enfants à enfouir en eux ce qu'ils ressentent or une partie de mon approche de thérapeute consiste à les amener à évacuer leurs émotions. Sceptique, ma cliente se rangea toutefois à mon avis. Un jour, elle m'annonça que je ne reverrais pas son fils avant plusieurs semaines, en raison de l'incompatibilité de nos emplois du temps. « Dommage ! » m'écriai-je. Le garçon me regarda droit dans les yeux et lâcha :

– Maman, je veux un bol de céréales aux fruits.

– Tu vas me manquer, à moi aussi ; c'est long, trois semaines.

– Je veux mes céréales tout de suite !

La mère me décocha un coup d'œil qui signifiait : *Je comprends mieux ce que vous vouliez dire à propos du sucre et des émotions.*

Les crises de larmes ou de rage ne sont pas les seules à perturber les adultes. Il arrive également que l'excès de pétulance d'un enfant nous importune. Soit qu'il fera trop de bruit à notre goût, soit que nous craindrons qu'il casse nos précieux bibelots. Il n'est pas interdit d'accompagner dehors un enfant remuant, mais il serait regrettable de saper sa joie de vivre. Sa présence pleine d'énergie vous manquera plus tôt que vous le ne pensiez. Pourquoi ne pas vous amuser avec lui ? Cela vous fera du bien ; à vous et à votre relation à tous les deux.

Certains adultes sont dérangés même par les plus délicieuses expressions émotionnelles des enfants. J'ai des amis vivant dans un immeuble, des voisins se sont plaints que leurs filles riaient en descendant les escaliers. Ce n'était pas en pleine nuit et elles ne criaient pas mais j'imagine qu'ils ne voulaient rien entendre d'un enfant – pas même un éclat de rire. Heureusement, le syndic ne découvrit aucun point du règlement qui interdît aux enfants de manifester leur joie de vivre.

Pour chacun de nous certaines réactions sont plus difficiles à gérer que d'autres. Par exemple, il est rare que des parents sachent aider leur enfant à surmonter le chagrin de sa séparation d'avec une nourrice qu'il aime beaucoup, jaloux de l'attachement qu'il lui porte, ou trop occupés à lui trouver une solution de garde. Une amie m'a confié qu'à onze ans, elle avait dû déménager, s'éloignant de ses grands-parents et de ses cousins. Cependant, elle ne pleura qu'en prenant congé de sa nounou ; ce qui rendit sa mère furieuse. Au lieu de réconforter mon amie comme elle en avait besoin, elle la punit de ne pas exprimer les bons sentiments attendus aux bonnes personnes.

Dans le cas d'un divorce, il est particulièrement ardu pour chaque parent de mettre de côté sa colère et son amertume pour autoriser l'enfant à exprimer librement ce qu'il ressent. Le père ou la mère se dit malgré lui : *Comment peut-il regretter ce nul ? Comment ose-t-il m'en vouloir à moi !* L'enfant, qui souffre déjà de la rupture, en tire la conclusion qu'il n'est pas bon qu'il livre ce qu'il a sur le cœur. Bien sûr, même si personne ne veut l'entendre, il continuera de se sentir en colère, trahi, abandonné. Dans l'impossibilité de donner libre cours à ses émotions, il souffrira de problèmes de comportement, de dépression ou se repliera sur lui-même. Il en va de même quand les grands-parents tombent malades ou meurent. Les parents sont souvent trop dépassés par ce qu'eux-mêmes éprouvent pour apporter de l'aide à leurs enfants. Dans ces circonstances, il est utile que d'autres adultes, non impliqués dans les soucis de la famille, leur parlent et jouent avec eux.

Gérer les crises de rage et les frustrations

Il y a peu, les Jorgenson m'ont consulté à propos de leur fils de cinq ans, le dernier de leurs quatre garçons : depuis quelques années, il piquait régulièrement d'énormes crises de rage, et cela ne faisait qu'empirer. Dans ces cas-là, je soumets systématiquement quelques questions aux parents. Si votre enfant a l'habitude d'exploser ainsi, je vous invite à vous reporter à votre tour aux passages en italique.

- *À votre avis, que cherche à exprimer l'enfant au travers de la crise de rage ?* Les Jorgenson se le demandaient justement : selon eux, leur benjamin se rendait tout simplement insupportable, à moins qu'il n'eût pris de mauvaises habitudes. Lorsque je les invitai à traduire ses colères en message verbal, ils me répondirent que leur fils devait se sentir frustré de ne pas arriver au niveau de ses aînés ; ce qui pouvait se comprendre. C'est tellement rageant de ne pas réussir ce qui ne coûte aucun effort à d'autres, tout ça parce que notre corps ne nous obéit pas. Voilà d'ailleurs pourquoi les enfants en âge d'apprendre à marcher piquent tant de crises de fureur. Le fils des Jorgenson, à cinq ans, avait toutefois dépassé ce stade. L'avantage, c'est qu'ils pouvaient lui demander : « Qu'essaies-tu de nous dire ? » Bien sûr, un enfant de cet âge ne peut pas forcément leur répondre clairement, mais cela vaut la peine de lui poser la question.

- *Après une crise de rage, l'enfant paraît-il plus heureux, détendu, ouvert, coopératif, intéressé par ce qu'il fait ?* La plupart des parents omettent de se le demander. Ils estiment que les crises de rage posent en soi un problème ; sans doute en raison de leur côté pénible (sans parler des regards noirs au supermarché !). Pourtant, un enfant redevient souvent lui-même après une explosion ; de même que nous nous sentons mieux, après avoir lâché ce que nous avions sur le cœur. Les crises de rage représentent un moyen pour l'enfant d'évacuer sa frustration. Une fois libéré, il passera à autre chose. Une crise de rage pendant la réalisation d'une tâche ardue – les devoirs ou un jeu d'ordinateur, par exemple – pourra préluder à un progrès notable, une illumination soudaine, une meilleure compréhension, un surcroît de créativité ou encore à la naissance d'une nouvelle compétence. Comme si la tempête avait forcé la porte de la forteresse de l'impuissance. En revanche, s'il ne peut exprimer sa frustration, s'il est puni pour avoir fait une crise, cela continuera à faire obstacle à sa joie de vivre, à ses capacités de coopération et à ses accomplissements.

Dans son livre sur les tout-petits – les spécialistes des crises de rage – Alicia Lieberman affirme : « Quand l'enfant voit une instance supérieure entraver sa volonté, il n'a pas forcément d'autre choix que d'exploser. Que pourrait-il faire d'autre ? Il ne maîtrise pas assez le langage pour défendre sa cause. Il n'a pratiquement pas accès aux ressources de la famille : il ne peut donc pas menacer de garder pour lui une allocation ou de s'emparer des clés de la voiture [...] La rage d'un tout-petit qui se jette par terre en mêlant des sanglots à fendre l'âme à des cris de colère lui permet d'exprimer avec une formidable éloquence, certes rarement appréciée, ce qu'il ressent au fond de lui[63]. »

Quand un enfant plus grand pique des crises de rage systématiques et répétitives, où loin de se sentir mieux, il se sent plus mal après, c'est qu'il peut ne jamais avoir le sentiment de s'être complètement exprimé. Bien qu'il hurle et se roule par terre fréquemment, il n'a pas l'impression de s'exprimer, puisque personne ne l'écoute. Sa famille fait chaque fois son possible pour calmer la crise, de sorte que la fois suivante, il lui paraît nécessaire de recommencer depuis le début. Ou alors ses parents l'envoient paître en le privant ainsi d'une occasion de partager ce qu'il ressent pour mieux se reconnecter. Croyez-le ou pas, mais il suffit parfois de laisser l'enfant piquer une ou deux crises de rage sans l'interrompre, pour qu'il renonce à en faire une habitude, convaincu d'avoir enfin été entendu.

Dans ces moments-là, le rôle de l'adulte consiste à tenir bon : à rester près de l'enfant plutôt que de le repousser, de le laisser seul ou de l'importuner par des questions et des suggestions. « Si les parents demeurent émotionnellement disponibles, même s'ils campent sur une position de refus, les crises de rage apprendront à l'enfant qu'il ne se retrouve pas seul dans "la nuit noire de l'âme"[64]. »

- *Comment la famille réagit-elle d'ordinaire à la crise de rage ?* La plupart des parents ont l'habitude soit d'accéder au caprice de l'enfant, soit de ne pas céder d'un pouce afin de ne pas

---

63. Alicia Lieberman, *La Vie émotionnelle du tout-petit* (Paris, O. Jacob, 1997).
64. *Ibid.*

le récompenser de ce qu'ils tiennent pour un comportement répréhensible. Paradoxalement, bien loin d'y mettre un terme, l'une comme l'autre de ces réactions le pousseront à multiplier les crises de rage.

Dans le premier cas – quand les parents s'inclinent – le problème ne vient pas forcément de la crise de rage, mais de leur habitude de dire non parce que c'est plus pratique. Quand l'enfant se met à geindre et protester, ils trouvent alors plus simple de dire oui. L'enfant en déduit que nos « non » ne signifient pas grand-chose. Il explose dès lors plus souvent qu'à son tour, convaincu d'obtenir ainsi gain de cause. Si vous avez opposé à votre enfant un non réfléchi, vous resterez ferme et ne céderez pas. À l'inverse, vous ne lui direz pas non, tant que vous ne serez pas prêt à défendre votre position quelle que soit sa réaction.

Les crises de rage nous amènent parfois à prendre conscience que nous n'avions pas de raison valable de dire non. Malgré tout, coincés, nous ne voulons pas céder. Pourtant, si notre non ne se justifie pas, mieux vaut être prêt à changer d'avis. Un enfant est capable de distinguer entre céder aux cris et revenir sur sa position à l'issue d'une réflexion. Ne jamais reconsidérer ses décisions n'est pas une preuve de constance, mais un refus d'envisager d'autres points de vue ou la possibilité de se tromper. Nous ne voudrions certainement pas que nos enfants prennent modèle sur un tel entêtement.

Beaucoup de parents envoient l'enfant qui explose dans sa chambre ou, pire encore, se moquent de lui ou le houspillent. Dans un lieu public, les crises de rage nous embarrassent. À la maison, elles nous laissent démunis. Un enfant qui explose se retrouve submergé par ses émotions qu'il ne contrôle plus. Il a besoin de quelqu'un d'aimant près de lui – à distance suffisante pour ne pas recevoir de coup de pied, mais pas trop loin quand même. Nous pouvons avoir besoin de respirer un bon coup, de prendre l'air, mais il est impératif de montrer à l'enfant que ce qu'il ressent ne l'exclura pas de la communauté des gens civilisés. Il doit savoir que rien de ce qu'il garde en lui n'est trop horrible pour qu'il nous le communique – et la remarque vaut pour ses frustrations aussi.

Si nous le laissons seul face à ce qu'il ressent, de deux choses l'une : soit il se retrouvera happé par une spirale de crises de rage à répétition, en espérant contre tout espoir que, la prochaine fois, quelqu'un l'écoutera ou lui tiendra compagnie, alors qu'il ne réussira, au final, qu'à se mettre tout le monde à dos. Soit – et c'est encore pire – il en conclura qu'on est toujours seul dans la vie, que le monde est cruel et qu'on ne peut compter sur personne. Et il se retranchera dans l'imprenable tour d'ivoire. Mon conseil : ne pas se détourner de l'enfant, même quand il déborde de sentiments hostiles.

Les aînés des Jorgenson ignoraient leur petit frère ou se moquaient de lui quand il piquait une crise de rage. Il en souffrait d'autant plus qu'il voulait seulement qu'ils l'acceptent auprès d'eux et encouragent ses efforts pour ne pas se laisser distancer – des buts louables, sauf que les grands frères ne sont pas les plus enclins à consoler et soutenir un benjamin colérique.

- *Qu'avez-vous tenté pour mettre un terme aux crises de rage ?* Telle est la question piège du thérapeute, qui ne tient pas à proposer une stratégie déjà mise en œuvre mais ayant échoué. S'il la pose, c'est aussi pour inciter les parents à prendre conscience des tactiques auxquelles ils recourent, avec plus ou moins de succès. Certains s'embourbent dans des voies sans issue. Les Jorgenson réservaient un temps de jeu spécifique à chacun de leurs enfants et consacraient ensemble, au dernier-né, un moment à part. Même si je sais que c'est parfois impossible dans la pratique, je recommande à toutes les familles nombreuses d'en faire autant. Même une fois espacées les crises de rage du benjamin, l'habitude des temps de jeu s'est maintenue.

J'écoutai les Jorgenson m'expliquer ce qu'ils avaient essayé d'autre et leur fis quelques suggestions. Je leur conseillai, en plus de réserver à leur fils des temps de jeu où ils s'amuseraient avec lui à ce qu'il souhaitait, de lui proposer des jeux tournant autour de la difficulté d'admettre sa frustration. « Jacques a dit » lui donnerait par exemple l'occasion de décider qui fait quoi, pour une fois, ou de suivre les directives de quelqu'un qui ne le laisserait pas à la traîne (à l'instar de ses aînés). Je leur suggérai aussi de réserver un même temps de jeu au benjamin et à l'un des aînés, peut-être plus enclin à se mettre à la portée du plus jeune en tête à tête que parmi la fratrie.

Vu que la plupart des crises de rage survenaient lors de sorties en famille, à l'aire de jeux la plus proche, je conseillai aux parents de demander à leur fils, avant de partir : « Comment astu envie que ça se passe, aujourd'hui ? » « Faut-il qu'on se batte, à ton avis ? » – d'un ton sympathique et non ironique ou mordant, bien sûr. À mon sens, il est préférable de présenter la crise de rage comme une lutte, un affrontement : elle devient alors le problème de la famille entière, et plus seulement ce dont l'enfant se rend coupable. « Qu'aimerais-tu qu'il se passe, quand viendra l'heure de rentrer ? » « Qu'allons-nous faire, si les grands veulent se lancer dans une activité qui n'est pas à ta portée ? » Un garçon de cinq ans ne saura pas forcément répondre mais, au moins, il verra que vous réfléchissez à la situation et prenez son avis en compte.

Ma technique favorite pour éviter les crises de rage consiste en une intervention ludique, dès que la situation s'apprête à dégénérer. Je lance une remarque du genre : « L'un de nous a besoin de hurler. Tu veux que je m'en charge ? » ou « La moutarde monte au nez de tout le monde. Si nous faisions semblant de glousser jusqu'à éclater de rire pour de bon ? » Ou encore : « Je te propose une bataille de pouce pour désigner le champion du monde de la discipline. » De telles reparties soulageront la frustration par une note d'humour en rétablissant une atmosphère de détente.

- *Les crises de rage suivent-elles un schéma ?* C'est généralement le cas : il suffit d'y prêter un minimum d'attention pour s'en rendre compte. Souvent, la crise de rage nous préoccupe tant que nous perdons de vue ce qui l'a déclenchée. Par exemple, quand ma fille était petite, elle détestait que je la débarbouille après un repas. Elle se mettait alors à geindre et à bouder ; ce qui m'exaspérait. Comme sa réaction n'était pas systématique, je réfléchis aux circonstances précises qui la déclenchaient, pour voir si c'étaient toujours les mêmes. On constate que c'est généralement le cas, quand on se penche d'assez près sur le problème. En effet. Lorsque Emma et moi nous « parlions » et nous regardions, et que je lui montrais la serviette en attendant qu'elle tende le menton, tout allait comme sur des roulettes. En revanche, quand, l'esprit ailleurs, j'avais hâte d'en finir et que j'attrapais la serviette pour lui nettoyer la bouche sans établir de contact avec elle au préalable, Emma faisait des difficultés. Une fois cette dynamique élucidée, le problème devenait très facile à résoudre : d'abord du contact !

Les crises de rage sont étonnamment fréquentes dans les familles où les enfants obtiennent presque toujours ce qu'ils veulent. Pourquoi ? À mon avis, les enfants profitent des limites pour évacuer des frustrations accumulées. Quand on ne leur dit presque jamais « non », ils en cumulent pendant de longues périodes et le tout éclate brutalement lorsque leur volonté se confronte enfin à celle d'autrui. La solution est pourtant simple et consiste, au cours des temps de jeu, à inventer toutes sortes de règles absurdes et de « non » pour permettre à l'enfant de jouer autour de ces fausses limites établies « pour rire ». Avec une jeune fille nommée Johanna, j'imagine constamment des tas d'interdictions bébêtes. Pas le droit de rire ! Pas le droit de se tenir sur les deux pieds à la fois ! Pas le droit de respirer ! Dès qu'elle enfreint mes règles, je fais comme si la rage m'aveuglait : je me lance à sa poursuite et, bien sûr, en courant, je tombe de tout mon long.

Accueillir les différentes expressions de la colère

Bien des familles trouvent plus difficile encore d'accueillir la colère que les crises de rage. Face à un enfant furieux, nous avons tout d'abord à déterminer s'il est possible de l'aider à libérer ce qu'il ressent sur un mode ludique ou s'il est nécessaire de marcher sur des œufs. Quoi qu'il en soit, l'important reste de maintenir le contact. « Il est essentiel d'aider l'enfant en colère à maintenir la relation. Pour cela, il faut qu'il se sente en sécurité[65]. » Il s'agit de reconnaître sa colère, de lui parler doucement et surtout de garder votre calme. Vous restez ferme sur les règles de base de sécurité mais ni ne l'enverrez paître ni ne vous en irez ; à moins qu'il ne vous faille à vous une pause, le temps de vous calmer. Vous n'obligerez pas non plus l'enfant à ravaler sa contrariété ou à rester dans sa chambre jusqu'à ce qu'il retrouve le sourire. Il a besoin de récupérer à son rythme, même si cela dure au-delà des limites de notre patience. Quand la colère ne prend pas des proportions trop importantes, il peut être possible de le rencontrer dans le jeu, à condition, bien sûr, qu'il ne se sente pas ridiculisé ni déconsidéré. Lorsque je souhaite jouer ainsi, soit j'adresse à l'enfant une mimique qui reflète la sienne en grossissant le trait, soit je m'enfuis en courant, comme si je ne parvenais pas à soutenir son regard noir. « Non ! Pas les gros yeux ! »

---

65. Stanley Greenspan et Robin Simons, *The Child with Special Needs* (Reading, Mass., Perseus Books, 1998), p. 151.

Quand la colère est plus violente, avec cris, jurons, coups de poing et de pied, nous pouvons être dépassés par la situation, et perdre notre sang-froid au point de piquer à notre tour une colère. Nous réagissons alors de manière agressive ou par des menaces. Il peut aussi nous arriver de gronder, de réprimander ou d'infliger un sermon. Avez-vous remarqué que cela ne mène en général à rien ? Nous n'y avons pas moins recours, alors que lorsque la colère submerge un enfant, il n'est clairement plus en mesure de raisonner, de parler ni d'écouter. Mieux vaut donc le laisser tempêter, crier et taper du pied en sécurisant l'espace autour de lui. S'il fait mal à quelqu'un ou à lui-même, il aura besoin d'être maintenu, doucement mais fermement. Ce n'est pas évident, d'autant que nous n'obtiendrons de résultat qu'à condition de garder notre calme et de l'apaiser ; pas si nous sommes furieux et revanchards. Parler d'une voix douce et tenter de ne pas interpréter les paroles de colère ou l'attitude agressive de l'enfant comme une attaque personnelle. Il se peut qu'il répète simplement des méchancetés dont il a fait l'objet ou qu'une injustice passée le révolte.

La plupart des spécialistes de l'enfance s'accordent à penser que la colère recouvre d'autres émotions telles que la souffrance, la perte ou la peur, qui rendent les enfants vulnérables. Ils entourent leur ressenti d'une muraille d'insultes, de jurons et d'attaques violentes, afin de se protéger de leurs émotions encore à vif. En réalité, leur colère éloigne ceux qui pourraient justement les aider à y faire face. Comme l'écrit Patty Wipfler : « Ce n'est pas juste ni rationnel, mais il semblerait qu'un enfant qui s'est senti en danger ou démuni dirige ses réactions – colère et défiance – vers les personnes les plus proches de lui[66]. » À condition de ne pas perdre de vue qu'il souffre sous son masque

66. Patty Wipfler, *Listening Effectively to Children* (Seattle, Rational Island Press, 1999), p. 81.

d'hostilité et de persister à lui tendre la main, l'enfant nous récompensera de notre patience en exprimant plus sincèrement les émotions enfouies en lui. Persuadé avec douceur de renoncer à l'attaque, il se libérera de ses craintes ou de sa vulnérabilité par des pleurs ou des mots, ou encore en tremblant. Si vous mettez un terme à la violence le plus posément possible, au lieu de menacer ou de hurler, il est probable que l'enfant éclatera en sanglots avant d'évoquer ce qu'il cachait sous le masque de la colère et de l'agressivité.

Je ne prétends pas qu'il soit simple d'agir ainsi. Nous sommes plus enclins à crier, punir ou donner la fessée – autant de réactions dont nous avons nous-mêmes été victimes, enfants, quand nous étions fous de rage envers nos parents. Il se peut qu'avant de répondre comme il se doit à la colère de nos enfants, il nous faille discuter avec d'autres parents de celle qui nous submerge à ces moments-là, comme il en sera question au chapitre 15.

Accueillir la peur et l'anxiété

Comme nous ne voulons pas que nos enfants aient peur, nous avons coutume de leur dire : « Il n'y a aucune raison d'avoir peur ; ne sois pas ridicule » ou « si tu as peur de l'eau, rien ne t'oblige à y aller ». La peur est toutefois naturelle et même indispensable à la survie. La gazelle qui continue à brouter paisiblement, alors que le reste du troupeau prend la fuite, se fera dévorer par le lion. Ce qu'il faut inculquer aux enfants, c'est du courage et non de l'intrépidité ; de l'assurance, pas de la dureté. Il faut connaître la peur pour se montrer brave ; sinon, on se comporte en casse-cou en quête de sensations fortes. Il est indispensable, en outre, de s'obliger à se confronter à ce que l'on craint, sous peine de ne rien tenter de neuf.

Alors même que nous répétons aux enfants de ne pas avoir peur, nous les effrayons. Nous les menaçons, les laissons seuls, nous les exposons à des films qui les terrorisent (ou au journal télévisé du soir). De nombreux enfants sont frappés ou harcelés par des adultes ou des camarades ou encore exposés à d'autres formes de violence. Certains craignent d'aller à l'école, parce qu'ils s'y sentent idiots ou mal à l'aise en société. Dans l'ensemble, les enfants nourrissent des quantités de peurs, qu'ils n'ont que peu d'occasions d'exprimer.

De toute cette confusion autour de la peur résultent intrépidité, anxiété ou timidité. Quand un enfant se montre trop intrépide, il a besoin d'un compagnon de jeu qui l'accompagne quand il grimpe aux arbres, qui exerce sur lui une influence apaisante en lui montrant qu'on peut cultiver l'esprit d'aventure sans se mettre en danger. Un autre, craintif, inhibé, aura besoin qu'on l'incite à sortir de sa coquille. Peut-être sera-t-il nécessaire de dévaler avec lui un toboggan, avant que la perspective de se mêler aux autres cesse de l'intimider. L'approche « marche ou crève » ne réussit pas à la plupart des enfants craintifs. Cela dit, rester indéfiniment dans leur coin ne leur vaut rien de bon non plus.

L'anxiété se manifeste par un nœud dans la gorge, ou le ventre, ou une sensation physique d'oppression dans la poitrine. Parce que c'est de la peur bloquée à mi-chemin entre expression et refoulement. L'enfant a peur, mais ne peut s'en libérer. L'anxiété relève d'un compromis ; aussi éloignée de l'expression de la terreur à l'état pur que d'une balade dans un parc sous un grand soleil. Notre objectif consiste à déloger toute cette peur, à aider l'enfant à la sortir complètement. Le jeu, la créativité et les rêves éveillés y contribueront. Si certains enfants se soulageront de leur anxiété en parlant, la plupart le feront en jouant. Ils s'imagineront par exemple dans la peau d'un personnage qui se fourre dans des situations périlleuses, dont il se tire in extremis. Ou ils passeront des heures à construire des vaisseaux spatiaux invincibles, afin de se protéger symboliquement. Il y a quelques années, la mode des poupées à soucis du Guatemala s'est répandue aux États-Unis : il s'agit de minuscules poupées auxquelles un enfant peut murmurer ses craintes – une solution à mi-chemin du jeu et d'une discussion à propos de ce qu'il redoute.

L'expression artistique reste l'un des meilleurs moyens d'évacuer l'anxiété ou la peur, que ce soit par le chant, le dessin, la danse, la sculpture ou l'écriture. « Et si le nœud dans ta gorge était capable de s'exprimer, que dirait-il ? » « Si les papillons dans ton ventre dansaient, à quoi ressemblerait leur ballet ? » « Tu pourrais dessiner le monstre de ton cauchemar ? » Beaucoup d'enfants mettront spontanément en scène leur peur et leur anxiété dans leurs jeux sans que nous n'ayons à insister. D'autres auront besoin d'une invitation plus claire : « On dirait qu'on va chez le dentiste » ou « Imaginons un jeu à partir du film d'hier ; il fichait vraiment la trouille ! »

La négligence parentale des générations antérieures choque beaucoup de parents d'aujourd'hui. Certains semblent penser que leur mission consiste à protéger leur enfant du moindre danger ; ce qui n'est toutefois ni possible ni souhaitable. Nous avons à donner de la force et de l'assurance à l'enfant en l'incitant à établir avec autrui des liens qui lui permettront de surmonter ses blessures, de sorte qu'elles l'aident à grandir. Bien sûr, c'est à nous de veiller à sa sécurité en éloignant de lui les principaux dangers, encore que de nombreuses maladies échappent à notre contrôle. Pourquoi y a-t-il des aires de jeux alors qu'un enfant risque de s'y casser un bras ou une jambe ? Parce que le besoin de jouer reste le plus fort. Les dures réalités de la vie – la mort, être SDF, la guerre, la pauvreté, l'injustice et la violence – effraient les enfants. D'un autre côté, nous ne pouvons pas les en maintenir indéfiniment à l'abri. Il n'y a pas lieu de s'étonner que ces thèmes surgissent dans leurs jeux.

Accueillir les larmes des enfants

Pleurer fait du bien. Libérer le chagrin par des larmes aide à se sentir mieux. On réfléchit plus clairement. La tristesse s'évapore. On récupère. C'est encore plus vrai quand on pleure en présence de quelqu'un d'affectueux et d'empathique. En tant que thérapeute, j'ai passé des années à inciter des adultes – en particulier des hommes – à pleurer pour guérir de leurs traumatismes. Après la naissance de ma fille, je me suis retrouvé entouré de parents qui faisaient leur possible pour que leur enfant ne pleure pas. Les adultes ne se rendent pas compte que les nourrissons n'ont pas d'autre moyen que les pleurs pour attirer notre attention et s'exprimer. Ils semblent en outre penser qu'empêcher un enfant de pleurer revient à l'empêcher d'être triste ou de souffrir. Au contraire : on entrave ainsi son processus de guérison, et la douleur s'accumule dans son for intérieur. J'aime penser aux pleurs en termes de « stop-tristesse ». Une bonne crise de larmes – tant pis pour le côté paradoxal de la métaphore ! – remplit le réservoir de l'enfant, surtout si un adulte le serre dans ses bras et le réconforte en même temps.

Le nourrisson communique d'abord par les pleurs avant de recourir au regard, au sourire et aux gazouillis. Les premiers cris d'un enfant expriment tout ce qu'il souhaite dire, avant de se différencier selon qu'il a faim, qu'il est contrarié, qu'il faut le changer, etc. Empêcher un enfant de pleurer revient à lui ordonner de se taire. Bien sûr, s'il pleure parce qu'il a soif ou sommeil, il n'y a aucune raison de ne pas lui donner à boire ou de le coucher. Ses larmes se tariront d'elles-mêmes, parce qu'il sera satisfait. L'enfant pleure toutefois souvent pour évacuer les frustrations et les tensions que lui causent la quantité d'expériences nouvelles auxquelles il se livre chaque jour.

Les questions que je soumets aux parents à propos des crises de rage s'appliquent aux larmes également. « À votre avis, que cherche à exprimer l'enfant ? Paraît-il de meilleure humeur, se rapproche-t-il de vous, après qu'il a pleuré ? Vous mettez-vous en quatre pour qu'il cesse ? Le suppliez-vous d'arrêter ? Le menacez-vous ? L'envoyez-vous au coin ? Que se passe-t-il alors ? A-t-on l'habitude, dans votre famille, de se moquer ou d'humilier ceux qui pleurent ? Votre enfant vous a-t-il déjà vu pleurer ? Restez-vous à ses côtés, physiquement et émotionnellement, en l'écoutant aussi longtemps qu'il éprouve le besoin de s'exprimer ? » Je demande en outre aux parents de se rappeler de l'attitude de leurs propres parents face à leurs larmes. « Vous laissait-on pleurer seul sur votre oreiller ? Vous l'interdisait-on ? Avez-vous eu la chance qu'un ami, un parent ou une nourrice vous offre une épaule sur laquelle vous appuyer ? »

Le meilleur conseil que je puisse donner au chapitre des pleurs consiste à ne pas laisser l'enfant sangloter seul dans son coin. Les larmes fournissent une formidable occasion de renforcer les liens entre deux personnes, et en particulier entre parents et enfants. Il n'y a rien d'aussi gratifiant qu'un petit qui s'endort contre vous après de gros sanglots. Si vous coupez systématiquement court aux larmes ou remettez l'enfant à un tiers lorsqu'il pleure, vous ne vivrez jamais cet instant merveilleux.

Le lien entre les larmes et le partage de l'intimité se manifeste par ce que j'appelle « le coup d'œil furtif ». Un enfant qui vient de pleurer à chaudes larmes ou de piquer une colère ou d'enfouir son visage au creux de votre cou afin de fuir votre regard vous lancera un coup d'œil à la dérobée – une chose merveilleuse à surprendre. Si un enfant a pleuré à chaudes larmes un long moment, il vous lancera bien souvent un regard furtif, captera le vôtre et, s'il aperçoit alors un adulte aimant, détendu, il pleurera de plus belle. Non qu'il soit triste de vous voir mais il se sentira en sécurité ; libre, donc, de pleurer. À la fin seulement, il soutiendra votre regard. Un enfant qui ne vous lancera pas de coup d'œil aura peut-être besoin d'une autre forme de rapprochement : il sera nécessaire de lui parler d'un ton apaisant ou de l'appeler par son prénom, de se blottir près de lui, ou de lui lancer un regard. Si vous n'avez qu'une hâte : mettre fin à ses pleurs, jamais vous ne vivrez ce moment magique.

Il ne faut pas confondre le coup d'œil furtif dont je viens de parler avec celui de l'enfant curieux de la réaction d'un adulte à des larmes de crocodile. *Faire semblant de pleurer me permettra-t-il d'obtenir ce que je veux ?* Les larmes de crocodile demeurent un mystère pour la plupart des parents, quand elles ne les mettent pas carrément en rage. Certains enfants font semblant de pleurer, parce que l'observation de leur entourage leur a montré que les larmes provoquaient une vive réaction. La plupart gardent enfoui en eux un torrent de larmes, qu'ils ne se sentent pas assez en confiance ou assez proches de qui que ce soit pour verser. Ils tâtent alors le terrain, soucieux de constater quel accueil recevront leurs vraies larmes. Ils recourent là à une fâcheuse stratégie, vu que ces larmes de crocodile suscitent colère et rejet chez la majorité des adultes. Les enfants supposent, à tort ou à raison, qu'il en ira de même de leurs pleurs sincères. La meilleure réaction possible aux larmes de crocodile reste l'humour. « J'ai l'impression que tu ne pleures pas pour de vrai. Ça me rend triste, tiens ! Ouin ! » « Tu ne m'auras pas avec tes larmes de crocodile, mais je veux bien jouer avec toi, si tu le souhaites. » Un temps de jeu et de rapprochement donnera l'occasion à l'enfant qui garde en lui de bonnes raisons de pleurer de s'épancher pour de bon.

Traiter un enfant de « pleurnicheur » constitue une terrible insulte : elle renforce l'idée destructrice que pleurer est mauvais, que c'est un signe de faiblesse ou d'immaturité. Certains enfants pleurent tout de même beaucoup, sans motif apparent.

Que nous en ignorions la raison ne signifie pas qu'il n'y en ait pas. Les émotions ne surgissent pas de nulle part. Il serait présomptueux de notre part de décider des circonstances où l'enfant en pleurs mérite ou pas notre compassion. Comme nous mettons d'ordinaire un terme aux larmes avant qu'elles aient fini de couler, certains enfants se retrouvent pris au piège : chaque fois qu'ils tentent d'exprimer ce qu'ils ressentent par des pleurs, on les arrête. Dès qu'ils éclatent en sanglots, on leur dit de se taire. Ils n'en finissent donc jamais de lâcher ce qu'ils ont sur le cœur ; ce qui explique qu'ils recommencent tout le temps. Leurs parents ou leurs camarades les trouvent geignards. Eux ont l'impression de ne jamais pouvoir pleurer tout leur saoul. Avez-vous déjà tenté de discuter avec quelqu'un qui vous interrompt sans cesse ? Soit vous renoncez, soit vous multipliez en vain les tentatives de prendre la parole.

Les enfants emmagasinent de nombreuses émotions qu'ils n'arrivent pas à exprimer. Ce qu'ils ressentent est d'une intensité telle qu'ils ne savent y faire face. Ils prennent donc un prétexte anodin pour s'énerver. J'essayais un jour d'expliquer cela, au restaurant, à mon amie Alice ; mes explications s'enlisaient, en partie parce qu'au même moment, ma fille, alors âgée de trois ans, me réclamait de la crème glacée bleue. Je confiais à Alice qu'à mon avis, l'absence de sa mère, très prise par son travail, frustrait et chagrinait Emma, qui faisait pourtant semblant de ne pas s'en soucier. Emma lâcha, en insistant lourdement : « Ce n'est pas vrai. » Quand arriva sa glace, bleue comme elle le souhaitait, elle fondit en larmes. Je lui demandai ce qui n'allait pas : elle me répondit qu'elle s'attendait à une crème d'une autre nuance de bleu et se hissa sur mes genoux en sanglotant. Je me tournai vers Alice. « Je vois ! me dit-elle. Le coup du prétexte… » Emma pleurait en réalité parce que sa mère lui manquait.

Mettre un frein aux pleurnicheries

Il y a quelques années, je randonnais avec ma fille, mon épouse, un autre enfant de sept ans et sa mère. Emma et ma femme avaient pris la tête de la marche et nous approchions du sommet. Le garçon traînait en suppliant sa mère de le porter. D'un ton geignard, il affirma tout à coup qu'il ne pourrait pas faire un pas de plus. Je suis sûr que vous entendez d'ici son intonation. Ne l'estimant pas épuisé, je lui prodiguai mes encouragements. À vrai dire, l'envie me démangeait de lui hurler d'arrêter de geindre. Je me doutais malgré tout qu'élever la voix ne m'avancerait pas à grand-chose. Je me doutais aussi que ses jérémiades et sa mauvaise volonté, loin de l'aider, lui rendaient la randonnée plus pénible encore. Comment l'amener à changer d'attitude sans passer pour un adulte autoritaire cherchant à le faire taire ? Vous aurez compris que je suis un fervent partisan de la libre expression des émotions des enfants. D'un autre côté, je suis convaincu qu'en pleurnichant, ils ne livrent pas ce qu'ils ont sur le cœur mais « patinent » parce qu'ils n'arrivent ni à évacuer leurs émotions, ni à se sentir de bonne humeur.

Je tentai une nouvelle approche. « Tu sais, lui dis-je, quand tu te plains comme tu le fais, tu te freines dans ta progression et tu as plus de mal à avancer. Alors que tu pourrais mettre de l'essence dans ton moteur en employant un autre ton. » Je poursuivis, d'une voix pleine d'entrain : « J'y arriverai ! Ce ne sont pas quelques gros rochers qui vont m'arrêter. Tant pis pour la fatigue ! » Le garçon cessa de geindre et se remit à grimper. Dès qu'il recommençait à maugréer dans sa barbe, je lui lançais : « Hé ! Ne freine pas, on y est presque. Appuie sur le champignon ! » Plein d'entrain, je l'incitais à prendre modèle sur mon attitude. Un regain d'énergie lui venait alors. À un moment, il voulut s'arrêter de nouveau. Il annonça pour la première fois clairement sur un ton détendu et pas geignard pour deux sous : « J'ai besoin d'une pause ! » « Oh ! Un arrêt pour faire le plein ! Parfait ! Buvons un coup et grignotons quelques fruits secs. » Nous sommes arrivés tous ensemble au sommet et il n'en fut pas peu fier. Moi aussi, j'étais content : je venais de découvrir le moyen de convaincre quelqu'un que les pleurnicheries n'avancent à rien et qu'il vaut mieux prendre un ton plein d'allant, quitte à se forcer. Il ne s'agit pas de feindre un enthousiasme qu'on n'éprouve pas mais d'adopter volontairement une attitude positive, en dépit d'une forte envie de se plaindre.

Ce qui m'horripile à propos des pleurnicheries, c'est qu'elles sont aussi éloignées de la libération bienfaisante d'une émotion pénible que de l'expression d'une joie insouciante, elles ne correspondent à rien de franc. Parce que nous inhibons la libre expression de leurs émotions, la plupart des enfants ne se sentent pas en droit de manifester leur chagrin, leur terreur ou leur rage. D'un autre côté, ils ne parviennent pas à les garder en eux. Ce qu'ils ressentent se traduit par des pleurnicheries, de la jalousie, de l'ennui, de la solitude, des maux de ventre et autres maladies psychosomatiques. Notre mission de parents consiste à aider nos enfants à évacuer plus franchement leurs émotions, en particulier par le biais du jeu et d'une intimité partagée.

Il arrive que les émotions qui ne s'expriment pas un peu à la fois éclatent tout d'un coup au grand jour, en général quand on s'y attend le moins. Les animateurs d'une crèche nous racontèrent un jour, à mon collègue Sam Roth et moi, la plus grosse crise de rage dont ils aient été témoins et qui ne dura pas moins d'une heure et demie. Ils s'en étonnèrent d'autant plus que la fillette qui s'était mise en colère avait été à l'honneur, cette semaine-là. Sam expliqua que le surcroît d'attention dont elle avait bénéficié l'avait empêchée de recourir à ses stratégies habituelles pour maîtriser ses émotions. Enfouir en nous ce que nous ressentons nous oblige à nous maintenir à distance des autres, de crainte que leur proximité ne ravive nos émotions. Se retrouver au tableau d'honneur avait mis à mal les défenses de la fillette : la digue s'était rompue. De nombreux parents sauront de quoi je parle : de l'enfant qui fond en larmes à la fin de son goûter d'anniversaire ou à l'issue d'une excellente journée. Comblé d'affection, il a du mal à retenir plus longtemps les pleurs qu'il emmagasinait ; ce qui déroute les adultes.

La grosse crise de larmes

Je conclurai le chapitre des larmes en m'intéressant à ce que je qualifie de « grosse crise ». S'y applique ce que j'ai déjà dit à propos des crises de rage, des peurs et des pleurs. Quand un enfant tente d'acquérir une compétence qui lui tient vraiment à cœur, il est inévitable qu'il ressente de la frustration. Il a failli réussir un tir au panier qu'il n'a manqué que de peu. Tout le monde a compris la leçon de maths sauf lui. Il a une idée précise de ce qu'il veut dessiner, mais son crayon ne lui obéit pas. Parfois, sa motivation est telle qu'il persiste en dépit de sa frustration. À moins qu'un enseignant ne l'aide à franchir le pas. Le plus souvent, il baisse toutefois les bras ou renonce à donner le meilleur de lui-même ; ce qui est bien dommage. L'enfant a beaucoup à y perdre. Il lui faut une occasion d'exprimer ce qu'il ressent – son dépit, sa déconvenue, ses craintes – afin de se colleter de nouveau à la difficulté. En général, il suffit de l'encourager : « Je sais que tu en es capable. Ne renonce pas. Tu es doué ; essaye encore. Je suis certain que tu y arriveras. » Inutile de s'attendre à ce qu'il réponde : « Merci papa » avant de retourner à ce qu'il faisait. Il est plus probable qu'il proteste : « Je suis nul. Je ne pigerai jamais. » Il n'y aurait rien d'étonnant non plus à ce qu'il fonde en larmes ou déchire son dessin. Si tel est le cas, vous resterez près de lui, pendant qu'il relâche la soupape. Vous continuerez à l'encourager calmement, sans exercer de pression sur lui.

Sitôt évacuées les émotions qui le gênaient – mieux vaut vous attendre à ce que cela prenne un certain temps – il retournera à ce qui l'occupait avec un regain d'enthousiasme et de créativité, fier de lui et de ses capacités.

Développer l'intelligence émotionnelle par le jeu

Peut-être vous demandez-vous à quel moment de ce chapitre consacré aux émotions fortes interviendra le jeu ? On entend beaucoup parler aujourd'hui d'intelligence émotionnelle, de la maîtrise du langage des émotions ou encore de compétence émotionnelle. En un sens, c'est à cela que se rapporte le parentage ludique, vu que le jeu est le moyen dont disposent les enfants pour s'exprimer, eux et leurs émotions.

> *Le monde de l'enfant est un monde d'émotions intenses [...] qui ne peuvent s'exprimer pleinement qu'à travers des jeux spontanés [...] Jouer guérit les blessures, libère les émotions et dissout les tensions [...] Le jeu apprend aux enfants qu'ils peuvent exprimer sans danger ce qu'ils ressentent*[67].

La compétence émotionnelle suppose la capacité de moduler ses émotions plutôt que de les évacuer d'un coup ou de les étouffer. Nous attendons de nos enfants qu'ils nuancent l'expression de ce qu'ils ressentent, sans se mettre en danger, ni eux ni leur entourage, mais avec franchise et respect. Nous ne voulons pas qu'ils enfouissent leurs émotions ou les libèrent n'importe

67. Garry Landreth et Linda Homeyer, « Play as the Language of Children's Feelings », in *Play from Birth to Twelve and Beyond*, ed. Doris P. Fromberg et Doris Bergen (New York, Garland Publishing, 1998), pp. 193-197.

quand et comment. Nous les aiderons par notre honnêteté à propos de ce que nous-mêmes ressentons. Si nous jouons avec eux à faire semblant, nous imaginerons par exemple des personnages en proie à de nombreuses émotions. Nous pouvons aussi leur enseigner à identifier les sensations physiques qui accompagnent telle ou telle émotion. J'ai eu pour clients des adultes, en majorité des hommes, qui ignoraient que des mains moites et un rythme cardiaque accéléré trahissent la peur ou que les picotements aux yeux indiquent que des larmes ne demandent qu'à couler.

La compétence émotionnelle implique la capacité pour un enfant de passer du stade où il laisse libre cours à ses émotions à celui où il les exprime par le jeu, puis par le langage articulé. Faute de mots ou de jeux lui permettant de communiquer, l'enfant risque d'adopter un comportement impulsif, de claquer des portes ou de hurler. Nous pouvons l'aider en lui demandant ce qu'il ressent, ce qu'il imagine que les autres ressentent ou ce que ressent, selon lui, sa poupée.

En tant que parents, nous aimerions que nos enfants se dépêchent et parviennent maintenant à l'ultime stade de leur développement, celui où l'on est capable de mettre des mots sur ce que l'on ressent. Chaque chose en son temps ! Il me semble en outre que nous insistons trop pour que les enfants « verbalisent ». Il se peut qu'ils parlent beaucoup, sans pour autant être mûrs sur le plan émotionnel. Beaucoup d'émotions sont trop intenses pour que de simples mots en rendent compte. Il ne suffit pas qu'un enfant dise « je suis fou de rage » ou « je suis triste » pour s'exprimer pleinement. Il a besoin aussi de pleurer ou de tempêter. J'ai par ailleurs remarqué que de nombreux adultes se méprennent sur les tentatives d'expression émotionnelle. Ils y voient une mauvaise attitude qu'il convient de punir. Ils ne se rendent pas compte qu'un enfant n'a pas forcément de meilleur moyen de s'exprimer, sur le coup, et qu'il ne sert à rien de l'empêcher de piquer une crise, sans lui proposer de meilleure échappatoire.

Avant d'apprendre à parler de ce qu'il ressent, plutôt que de frapper quelqu'un ou de s'effondrer, en larmes, un enfant a besoin de transposer ses émotions par le jeu. On a tendance à oublier cette étape intermédiaire, pourtant cruciale. Il est possible d'aider un enfant à la franchir en lui demandant de dessiner ce qu'il ressent, de raconter une histoire à partir de son état d'âme ou de s'exprimer par la danse. Les thérapeutes qui recourent au jeu aiment proposer : « Montre-moi, à l'aide de ces deux marionnettes, ce qui s'est passé et ce que tu as ressenti. » Un autre moyen ludique de développer la compétence émotionnelle consiste à faire semblant de ressentir une émotion que l'enfant peine à exprimer, avant de la traduire par des actes qui ne portent préjudice à personne : « Je suis furieux ! Je vais frapper mon oreiller. » Vous pouvez aussi grossir une émotion que l'enfant ne veut pas admettre qu'il éprouve : « Ouh ! J'ai tellement peur que je vais tourner de l'œil. » « Grr ! Je suis tellement contrarié que c'est tout juste si je ne vais pas cracher. » Face à un enfant qui s'en prend à un autre ou lui dit une méchanceté, je m'écrie souvent : « Ouïe ! ça fait mal. » Les enfants jouent tellement les durs qu'ils ne perçoivent parfois plus la douleur.

Certains enfants se livrent à un « jeu », que j'appelle *la patate chaude émotionnelle*, et qui consiste à refiler à autrui des émotions dont ils ne veulent pas. Les adultes aussi y ont tout le temps recours. En cas de contrariété, nous cherchons querelle à quelqu'un ou l'humilions ; ce qui le contrarie et, comme par enchantement, nous amène à nous sentir mieux. Je jouais avec un garçon de sept ans quand, en tombant, il se fit mal à la jambe. Il se blessait souvent, car il se déchaînait sans mesurer le danger. Je m'approchai de lui et tentai de l'amener à crier quelques « Aïe ! » (comme à son habitude, il grimaçait de douleur mais prétendait ne pas souffrir). Quand il ne voulait plus dire aïe, je l'ai dit à sa place, ce qui l'a fait rire. Tout à coup, il se mit à me frapper, alors même que sa jambe continuait de l'élancer.

Son père qui, jusque-là, se contentait de nous observer, ordonna, furieux, à son fils, de me laisser tranquille. Je m'interposai : selon moi, celui-ci s'était fait mal mais ne voulait pas admettre sa douleur ; il me frappait donc pour que je souffre à sa place. Le garçon hocha vigoureusement la tête, un grand sourire aux lèvres, entièrement d'accord avec mon explication. Il cessa même de me donner des coups pour m'écouter. Il semblait estimer que je décrivais une attitude tout à fait logique ; ce qui était, en un sens, le cas. Quelqu'un qui ne se sent pas de taille à gérer ce qu'il ressent a tout intérêt à s'en débarrasser. Quel meilleur moyen d'y parvenir que de le transmettre à un tiers, à la manière d'une patate chaude ? En tant que parents, nous pouvons enseigner à nos enfants des stratégies plus efficaces pour faire face à leurs émotions.

13.
Repenser la discipline

Il y a beaucoup de choses terribles dans ce monde. Mais le pire, c'est qu'un enfant craigne son père, sa mère ou son instituteur ; qu'il ait peur d'eux, au lieu de les aimer et de leur accorder sa confiance.

Janusz Korczak[68]

68. *A Voice for the Child : The Inspirational Words of Janusz Korczak*, ed. Sandra Joseph (Northampton, Angleterre, Thorsons, 1999).

Le parentage ludique repose sur une attitude de respect envers les enfants et d'émerveillement face à leur monde. Tant qu'ils sont heureux et nous aussi, il est facile de s'y tenir. C'est plus compliqué lorsqu'ils sont malheureux ou nous rendent malheureux. Quand un enfant tire sur la queue du chat, frappe un camarade, ne fait pas ses devoirs ou rentre soûl à la maison, l'heure a sonné de réagir. Je m'oppose autant à laisser passer ce genre de dérives qu'à les punir sévèrement. S'il est impératif de s'interposer, ce ne sera ni par la menace ni par la punition. À partir du moment où punir ne sert à rien – or il est clair que cela ne mène nulle part – mieux vaut se rabattre sur d'autres méthodes. Un regard neuf sur la discipline et le comportement des enfants montrera que l'intimité partagée, l'humour et l'empathie sont préférables aux punitions, aux tentatives de modifier l'attitude de l'enfant ou au laxisme.

Prendre le temps de souffler

Une mesure de discipline efficace est rarement imposée « à chaud ». Compter jusqu'à dix, marquer une pause, attendre quelques heures que la situation se tasse ou téléphoner à un ami nous permettra d'affronter le problème avec davantage de sérénité et d'efficacité. Évidemment, quand nous recevons un coup de pied au tibia, que nous voyons se casser notre lampe préférée ou que notre aînée taquine encore une fois sa petite sœur, une vive émotion nous submerge. Pour autant, cette dernière ne doit pas dicter notre réaction. Prenons le temps de souffler !

Un regard neuf sur la discipline

- Prendre le temps de souffler
- Établir un contact
- Opter pour une « réunion sur le canapé » plutôt que d'envoyer l'enfant se calmer

- Jouer !
- Faire appel au discernement de l'enfant
- Gratter la surface : examiner ce que ressent l'enfant et ce dont il a besoin
- Prévenir au lieu de punir
- Connaître l'enfant
- Poser des limites claires

Discuter avec d'autres parents reste l'un des meilleurs moyens de se calmer : eux au moins comprendront qu'il nous arrive de nous fâcher tout rouge, de nous exaspérer ou de nous sentir frustrés. Nous ne sommes pas les seuls à qui l'envie soit venue de secouer un enfant comme un prunier ou de le gifler. Certains vous ramèneront à la réalité : « Ce ne sont que des enfants. Pas la peine de s'en rendre malade. » D'autres vous soutiendront : « Je vais m'occuper d'eux, le temps que tu t'accordes une sieste. » Qui mieux qu'un autre parent comprendra nos espoirs, nos rêves, nos inquiétudes et nos craintes à propos de nos enfants ? Le simple fait de parler avec eux peut nous libérer du poids de nos fureurs et frustrations ; ce qui rendra plus fluide l'instauration de la discipline. Si vous ne savez pas qui appeler et que la situation vous dépasse, vous trouverez des ressources sur le site www.parentalite-positive.org

J'ai du mal à croire qu'au XXIe siècle, il y ait encore des gens qui frappent leurs enfants. Et pourtant ! Certains ne lèvent la main que lorsqu'ils n'en peuvent plus et s'en veulent ensuite terriblement. D'autres estiment les châtiments corporels nécessaires. Quelques-uns vont jusqu'à les juger réellement bons pour les enfants. Certains prétendent qu'une gifle n'a jamais fait de mal à personne mais les recherches actuelles montrent le contraire. Comme beaucoup d'encre a déjà coulé à ce sujet, je serai bref : frapper les enfants les rend plus agressifs, plus asociaux et augmente la probabilité qu'ils se retrouvent en prison ou souffrent de graves troubles émotionnels[69]. D'autres formes de punitions sont tout aussi graves : humilier, insulter, ridiculiser ou menacer l'enfant peut lui laisser des cicatrices émotionnelles qui ne s'effaceront pas aussi rapidement qu'une ecchymose.

Même si nous ne levons jamais la main, nous pouvons avoir besoin de prendre le temps de souffler avant de décider comment affronter tel ou tel problème.

Établir un contact

Vous aurez compris, à ce stade, que je considère la plupart des « mauvais comportements » comme des symptômes de problèmes d'attachement. Les enfants qui se sentent en lien se montrent volontiers coopératifs et réfléchis. Au lieu de punir un enfant, au risque de créer une plus grande rupture encore, il est préférable de réfléchir à un moyen de restaurer l'attachement. À quand remonte votre dernière séance de jeux ensemble ? votre dernier câlin ? les derniers moments que vous avez passés en compagnie l'un de l'autre ? Quand vous le regardez droit dans les yeux, prend-il un air absent ? Son réservoir est-il vide ? Est-ce la raison pour laquelle il fait des siennes ? Que lui manque-t-il pour le remplir ? Et le vôtre ? Pour que le courant passe à nouveau, il faudra peut-être serrer l'enfant contre vous, lui consacrer un peu de temps, jouer avec lui à la bagarre, lui donner à goûter ou lui parler. Dans les cas plus sérieux, je recommande ce que je qualifie de réunion sur le canapé. La plupart des punitions impliquent d'exercer sur l'enfant un pouvoir. Cette

69. Edward Hallowell, *When You Worry About the Child You Love* (New York, Simon and Schuster, 1996), pp. 149-52. Cf. aussi Murray A. Strauss, *Beating the Devil Out of Them : Corporal Punishment in American Families* (Lexington, Mass., Lexington Books, 1994).

coercition augmente encore son impuissance et son sentiment d'isolement. Les réunions sur le canapé rétablissent la connexion et donnent du pouvoir à l'enfant tout en lui inculquant une discipline efficace fondée sur la transmission de nos valeurs et de nos principes.

Opter pour une « réunion sur le canapé » plutôt que d'envoyer l'enfant se calmer dans sa chambre

Dès qu'un problème surgit, le parent ou l'enfant doit se sentir libre de réclamer une réunion sur le canapé – ou ailleurs mais, chez moi, c'est sur le canapé qu'elle a lieu. L'objectif ? Restaurer l'attachement. Je pars du principe que, quel que soit le problème, la rupture des liens l'a causé ou aggravé ou complique sa solution. La règle veut que, quand un membre de la famille réclame une réunion sur le canapé, les autres s'y présentent impérativement. À partir de là, tout peut arriver.

Il est possible de discuter de ce qui vient de se passer ou de ne pas en parler du tout mais de simplement profiter de ce temps de reconnexion pour nourrir l'attachement. Peut-être l'enfant éclatera-t-il en sanglots à cause de ce qui le chagrinait, et qu'il gardait pour lui. Vous pourrez aussi vous plaindre de ce qui vous agace – le désordre dans le salon, les devoirs pas terminés, le boucan insoutenable – et laisser ensuite la parole à l'enfant. À moins que vous ne lui rappeliez quelques principes fondamentaux : tout le monde participe aux tâches ménagères, interdiction de taquiner le nouveau-né. Il suffit parfois de changer de décor et de placer l'attachement comme priorité absolue pour modifier la donne : sitôt installés sur le canapé, vous sentirez la tension se dissoudre et finirez par faire l'idiot avec l'enfant. Fureurs et frustrations oubliées, le courant passe de nouveau.

Je recommande de rester sur le canapé jusqu'à ce qu'aussi bien vous que l'enfant vous sentiez prêts à ne plus retomber dans les mêmes travers.

J'espère qu'il est clair qu'il ne s'agit pas ici de demander à l'enfant de se calmer : aucun rapport de force ne s'instaure. Il ne s'agit pas non plus de l'entraîner contre son gré dans sa chambre alors qu'il hurle. L'astuce est que c'est quelque chose que vous faites ensemble à deux, et non quelque chose que vous faites à l'enfant et qu'il subit comme c'est le cas dans une punition. Une chose que j'apprécie particulièrement dans ces réunions, c'est qu'elles ne sont pas réservées aux mauvais comportements. Vous pouvez les convoquer quand vous constatez qu'il n'a pas le moral, que vous-même êtes irritable, que vous n'avez pas eu l'occasion de resserrer les liens depuis longtemps ou encore que l'heure est venue de décider où passer les prochaines vacances. Un autre aspect de ces réunions qui me plaît, c'est qu'en général, et à l'inverse des punitions, tout le monde en sort de meilleure humeur.

La discipline, telle que la conçoit le parentage ludique, est une occasion de renforcer vos rapports avec votre enfant, au lieu d'élever un mur de plus entre vous. Le meilleur moyen de faire en sorte que la discipline vous rapproche de votre enfant consiste à penser : nous rencontrons un problème, lui et moi, plutôt que : il fait de travers. Quand vous présentez à l'enfant la discipline comme un problème qui vous concerne tous les deux et requiert une solution commune, cela va beaucoup mieux. Il se montre moins tenté de mentir (« ce n'est pas moi ! ») ou de ruser (trouver un moyen de ne pas se faire prendre au lieu de bien se comporter) lorsque ses parents ne se posent pas en policiers ou en juges. À condition de nous sentir tous impliqués, nous coopérerons. Voilà pourquoi je lance « Nous avons besoin d'une réunion canapé » plutôt que d'ordonner « va dans ta chambre ».

Quand je discute avec des parents de punitions, beaucoup n'en reviennent pas que je m'oppose à envoyer un enfant se calmer dans son coin. Compte tenu de mon insistance sur le contact humain, cela n'a toutefois rien de surprenant. Laisser l'enfant se calmer de son côté devait à l'origine suppléer aux gifles. Il semblerait que ce soit aujourd'hui la panacée. Le problème, c'est qu'un enfant qui souffrait à l'origine de son isolement et d'un manque de contact se sentira encore un peu plus mis à l'écart.

Il y a quelques années, j'attendais mon amie Lena dans ma voiture en écoutant une émission de radio sur la gestion des problèmes de comportement des enfants. Un « spécialiste » prétendait qu'il fallait empêcher d'entrer les jeunes enfants dans la chambre de leurs parents la nuit ; tant pis s'ils pleurent et même s'ils s'endorment au pied de la porte fermée à clé. Lena me rejoignit en entendant la fin de la phrase. « Oh ! Tu écoutes cette fameuse émission sur les chiens ? » Non, même pas. La plupart des spécialistes de l'éducation canine se montrent plus compréhensifs envers le besoin de réconfort et de contact d'un animal triste et souffrant de solitude.

Dans la plupart des foyers et des écoles, envoyer l'enfant se calmer vise à le punir ou est vu comme une façon de contrôler ses débordements. Regardons comment le terme « temps mort » est utilisé dans les sports d'équipe, vous demandez un temps mort pour votre équipe, pour faire une pause, vous n'y obligez jamais vos adversaires. Donner ainsi à tous l'occasion de souffler me semble une excellente idée. Susan Engels, la directrice de la maternelle que fréquentait ma fille, avait l'habitude de s'écrier « Pouce ! Temps mort ! » à la récré. Tout le monde se figeait alors, le temps qu'elle imprime une nouvelle orientation à un jeu, qu'elle se rapproche d'un enfant sur le point d'exploser ou qu'elle mette le holà à un conflit menaçant de dégénérer. Elle ne cherchait, par son intervention, ni à punir ni à isoler mais à prendre part aux jeux des enfants et à donner du contact.

Une autre forme de temps mort bénéfique peut être celle où l'enfant dispose pour se calmer d'un endroit qu'il apprécie, où il ira quand il le décidera et non lorsque nous le lui ordonnerons.

Compte tenu de mon insistance sur l'attachement et l'attention à porter aux enfants, cela ne vous étonnera pas que j'aie horreur d'entendre : « Il n'a fait ça que pour attirer l'attention. » Pendant des années, il a été conseillé d'ignorer alors les enfants. Je ne comprends pas ! On ne dit pourtant pas : « Il n'arrête pas de réclamer à manger mais il ne faut pas en tenir compte : il ne réagit ainsi que parce qu'il a faim. » De même, on ne dira pas : « Ton réservoir est vide ; je vais m'assurer qu'il ne se remplira pas. » Je pars du principe qu'un enfant qui réclame à tout prix de l'attention en a besoin. Si on lui accorde suffisamment d'attention positive, il ne sera pas désespéré au point de s'organiser par n'importe quel moyen pour recevoir de l'attention, même négative.

L'obligation d'aller se calmer est nuisible pour la plupart des enfants. Cela aidera, certes, quelques enfants à s'apaiser ou réfléchir avant de passer à l'acte, mais d'autres seront carrément à la torture. Ceux-là recherchent et ont besoin de contact. Ils redoutent la séparation et quand on les oblige à aller au coin ou qu'on les envoie dans leur chambre, ils le vivent comme un bannissement. Ils créeront plus encore de problème en refusant de se rendre au coin. Face à la menace de l'éloignement, ils promettront tout ce que vous voudrez, y compris de mieux se tenir, sans pour autant être en mesure de tenir parole. Leurs promesses sont données sous le coup de la peur, or les comportements en question ne sont le plus souvent pas sous leur contrôle. Surtout pour ces enfants-là, une réunion sur le canapé est plus appropriée.

J'ai dit plus haut que la majorité des punitions rompaient le lien avec l'enfant. C'est vrai. Mais parfois, il est vrai que la punition retient l'attention de l'enfant. Cela va peut-être sans dire mais, pour établir le contact avec quelqu'un, il faut qu'il nous prête d'abord attention. Compte tenu de la quantité d'obstacles au rétablissement du lien et de toutes les distractions qui sollicitent un enfant aujourd'hui, ce n'est pas toujours évident d'obtenir qu'il nous écoute. Il faudra peut-être élever la voix, poser une main sur son épaule ou le regarder droit dans les yeux avant qu'il ne tende l'oreille à ce que nous lui dirons. Il convient toutefois de ne pas perdre de vue que l'objectif consiste à capter son attention pour se rapprocher de lui et non l'effrayer ou lui montrer qui commande. À condition de nous concentrer sur la nécessité de capter l'attention de l'enfant, nous trouverons d'autres méthodes plus efficaces que hurler, menacer ou frapper. Il nous arrive d'aller trop loin et, une fois que l'enfant nous écoute, d'échouer à maintenir son attention parce que nous en faisons alors trop. Nous aimerions qu'un enfant qui boude dans sa chambre après qu'il a reçu une gifle ou un sermon réfléchisse à ce qu'il a fait, mais il est plus probable qu'il ourdisse une vengeance ou complote un moyen de ne pas se faire prendre une autre fois. À partir du moment où l'enfant vous écoute, si vous en profitez pour rétablir le contact, vous obtiendrez sa coopération ; pas qu'il obéisse à contrecœur (et seulement provisoirement).

À l'instar de n'importe quel thérapeute, j'ai entendu d'innombrables adultes, surtout des hommes, raconter avec amertume qu'ils avaient été durement punis et critiqués sans répit, enfants, alors qu'ils voulaient simplement de l'affection et se sentir acceptés. Les histoires les plus déchirantes, je les ai entendues de la bouche d'hommes qui battaient leurs partenaires et, souvent aussi, leurs enfants. À peu près tous avaient reçu des châtiments corporels durant leur jeunesse. Ils reproduisaient la violence dont ils avaient été victimes et certains même s'en faisaient les avocats. « Mon père me frappait avec une ceinture et je ne m'en porte pas plus mal. » Dès que, renonçant à leur attitude défensive, ils évoquaient à cœur ouvert leur enfance, beaucoup admettaient avoir moins souffert des violences que du manque de tendresse.

Ces hommes n'inspiraient pas la sympathie. Je suis pourtant sûr qu'ils ont été des nourrissons normaux, comme vous et moi. À partir du moment où ils se sont engagés sur le mauvais chemin, il n'y a plus eu personne pour les aimer ou les guider ; seulement pour les punir. Nous renâclons souvent à témoigner de l'affection à ceux qui se sont mal comportés, alors même que c'est ce dont ils ont besoin. J'aime beaucoup le poème d'Edwin Markham, que A.S. Neill cite au début de son livre, *La liberté, pas l'anarchie* :

> *Il a tracé un cercle qui m'excluait –*
> *Hérétique, rebelle, bon à ridiculiser*
> *Mais l'amour et moi l'avons emporté*
> *Nous avons dessiné un cercle qui l'incluait !*

Jouer !

Beaucoup de parents ne considèrent pas l'humour comme une facette de la discipline, qui doit selon eux rester d'un sérieux mortel. C'est un tort : il est toujours bon de jouer ! Mon ami Roger m'a raconté qu'il visitait un site historique avec ses enfants, quand survint une averse. Sa famille et quelques autres se retrouvèrent dans une vieille grange, sans rien à faire. Quelques enfants, commençant à s'ennuyer, arrachèrent le plâtre des murs. Leurs parents les disputèrent, furieux, et les menacèrent. Roger se rendit compte que sans télé ni jouets, ces enfants n'étaient capables que de se plaindre et de faire des bêtises ; et leurs parents, de leur crier dessus, les menacer et les punir. Roger proposa un jeu à ses enfants : deviner le nom d'un animal à l'aide d'une vingtaine de questions. Bientôt, tout le monde y participa dans la joie et la bonne humeur. Les enfants avaient simplement besoin de jouer.

Vos enfants engagent avec vous un bras de fer à propos de l'heure du coucher ? Pourquoi ne pas en faire un jeu ! Le dessert devient l'objet d'une dispute ? Pourquoi ne pas jouer au dîner ! Peu importe que vous campiez une marâtre qui prive son enfant de dessert ou une maman trop gentille qui présente de la glace en tant que plat principal. Tant que cela provoque le rire ! Votre enfant vous tient tête ? Et si vous animiez deux poupées, dont l'une ne laisse jamais le dernier mot à l'autre ? Cela vous amusera de mimer son comportement agaçant et d'imaginer des reparties bien senties. Pour sa part, il en raffolera et en redemandera. Au cas où vous peineriez à imposer des règles, il suffira d'en inventer une qui vous importe peu et de jouer à la transgresser et punir. Au lieu de répéter pour la énième fois : « Il faut que tu t'habilles, maintenant », pourquoi ne pas lancer : « Il n'y a qu'une seule chose que je t'impose : interdiction de porter une chaussure rouge avec une noire ! » Je vous garantis que vous n'inciterez pas votre enfant à bafouer les règles auxquelles vous tenez, mais à se montrer au contraire plus coopératif.

Souvent, les enfants n'ont pas besoin d'un jeu spécifique, seulement de jouer plus. Un grand nombre de ce qu'on qualifie de problèmes de comportement se résoudraient du jour au lendemain si tous les enfants disposaient d'un endroit où s'ébattre à l'abri du danger jusqu'à ce qu'ils tombent de fatigue. Je ne comprends pas qu'à l'école, on prive de récréation certains élèves, surtout des garçons, en guise de punition. S'ils ne parviennent déjà pas à se tenir tranquilles avec une récré, je ne vois pas comment ils y arriveraient, sans ce qui reste leur seule occasion de relâcher la soupape.

Un ton empreint d'humour aide à éviter à la discipline de tomber dans le travers de la sévérité. La remarque vaut surtout pour les garçons, plus susceptibles d'écoper de punitions particulièrement dures[70]. L'autre jour, j'ai été témoin d'un échange entre un père et son fils au supermarché. Le garçon furetait partout, ce qui agaçait son père. Au moment de passer à la caisse, il fit mine de déposer sur le tapis une sucrerie. « Remets-la où tu l'as prise. Tu n'en auras pas », lui asséna son père. Le garçon baissa la tête et obéit, dépité. Son père se radoucit : « Bien joué, cela dit. » Un sourire radieux éclaira le visage du petit. « Hé ! Ça te dirait que je te confie ma monnaie ? » lui proposa son père. À ces mots, l'enfant se mit à rayonner.

Non content de revenir sur sa première impulsion – disputer son fils – le père redoubla d'efficacité en se rapprochant de lui avec humour : en le félicitant de sa tentative de le berner, lui. Il comprit ensuite ce qu'il fallait au garçon et qu'il désirait d'ailleurs : de l'autonomie, quelque chose auquel il pourrait se raccrocher. Il lui confia donc la mission de veiller sur son porte-monnaie, ce qui lui donna un sentiment flatteur d'importance : il sortit du supermarché la tête haute, fier de lui. S'il avait écopé d'une réprimande, il se serait en revanche senti humilié, incompris, coupable de désirer ce qu'il ne pouvait pas avoir, ou frustré de ne pas l'obtenir.

L'incident m'a rappelé mon approche ludique favorite de la discipline. J'aime lancer ce qui ressemble à des menaces mais n'a pas vraiment de sens : « Si tu recommences, je vais chanter l'hymne national. » Une autre stratégie visant à relâcher la tension consiste à feindre la colère : nous évacuons ainsi une partie de notre contrariété, sans que l'enfant en souffre. À vrai dire, vous constaterez que les principes du parentage ludique – se mettre à la portée de l'enfant, établir un lien avec lui, jouer à la bagarre, lui laisser l'initiative, rester à l'écoute et s'amuser – permettent à la fois d'éviter et de gérer les conflits familiaux.

---

70. Cf. Dan Kindlon et Michael Thompson, *Raising Cain* (New York, Ballantine, 1999).

Il est bon d'opter pour une réaction différente de celle qui vous vient d'habitude : « Tu as encore renversé le lait ? Il va falloir que j'exécute ma danse du lait renversé. »

Dans notre hâte à punir, nous oublions que la discipline ne vaut que dans la mesure où l'enfant en tire des leçons. Vous rappelez-vous que laisser tomber de la nourriture du haut de sa chaise est un moyen pour un nourrisson de découvrir le principe de la gravité ? Nous n'avons aucune raison de réprimander ses premières expériences scientifiques. Un peu plus âgés, les enfants aiment explorer la différence entre renverser quelque chose (ou heurter quelqu'un) délibérément ou par accident. Ils ne se doutent même pas qu'ils se comportent en philosophes ou en scientifiques réfléchissant au libre arbitre et au déterminisme, aux causes et aux effets. Ce qui arrive survient-il par hasard ou parce que j'ai fait ce qu'il fallait pour ? Si je pousse Murray sur Carole, c'est moi qui ai fait mal à Carole ou Murray ? Comme pour tout le reste, les enfants apprennent par le jeu. J'aime les y aider en prenant leur main pour gifler (gentiment) quelqu'un tout en disant : « Ne le frappe pas ! Ce n'est pas gentil. » À ces mots, un enfant qui commence à peine à manier ces concepts complexes éclatera de rire. Punir un enfant en considérant qu'il a délibérément mal agi, alors qu'il ne maîtrise pas encore la notion de volonté propre, ne l'aidera pas à comprendre. J'ai vu de nombreux enfants répéter « Je ne l'ai pas fait exprès, c'était un accident, je suis désolé » comme une formule magique à même de leur éviter les punitions. Il faut dire que les adultes leur donnent le mauvais exemple. Malgré tout, un enfant qui en bouscule sans arrêt d'autres par maladresse pose un problème. Qu'est-ce qui est pire ? Faire quelque chose exprès, s'en vouloir et présenter des excuses ou agir par mégarde et s'en ficher ?

À mon sens, les parents renoncent à l'humour et au jeu dans les situations critiques, de crainte d'encourager une mauvaise attitude. *Je dois rester sévère et glacial pour qu'il comprenne qu'il a mal agi*. Mais l'humour ne constitue pas une récompense. Il restaure en revanche l'élément manquant : le lien dont la rupture a justement causé le problème. Cela vaut la peine de courir le risque d'user d'un peu d'humour : vos valeurs seront mieux retenues et vous obtiendrez bien davantage de coopération et de respect des règles qu'en étant sévère.

Faire appel au discernement de l'enfant

D'après moi, il vaut mieux développer la faculté de jugement d'un enfant, que de lui demander d'obéir. L'obéissance ne fonctionne que tant que nous sommes dans la pièce. Cela n'aide pas l'enfant à savoir réagir seul face à une situation inédite. Je crois que tous les parents ont déjà vu leur enfant faire quelque chose de tellement déroutant qu'ils n'avaient pas pensé à le lui interdire. Ils le punissent quand même « parce qu'il aurait dû savoir à quoi s'en tenir ». Nous ne pouvons pas nous attendre à ce qu'un enfant ait l'intelligence de se figurer comment réagir à une situation nouvelle, si nous ne lui apprenons à bien se comporter qu'en lui imposant des règles. Nous évoluons dans un monde si complexe que les enfants ont besoin de discernement ; pas seulement d'interdictions.

Le but de la plupart des punitions est d'inciter à obéir. Le discernement, en revanche, s'acquiert à force de réfléchir à la manière de gérer différentes situations et de discuter de dilemmes moraux. Avant de se lancer dans ce type d'échanges, il convient de se rapprocher de l'enfant pour se retrouver sur la même longueur d'ondes que lui. Rétablir le contact après une bêtise, écouter ce qu'il ressent et lui exploser calmement ce que nous-mêmes éprouvons lui mettra plus de plomb dans la cervelle qu'une punition.

Un enfant deviendra, en grandissant, quelqu'un de réfléchi, d'attentionné, d'honnête et de foncièrement bon, parce qu'il aura reçu de l'amour, de l'affection, qu'on lui aura inculqué des valeurs morales et qu'il aura tissé des liens étroits avec un adulte les incarnant. Je n'ai jamais vu personne qu'une punition ait rendu meilleur. Les « carottes » ne me semblent pas non plus une méthode valable. Les promesses, les menaces, les récompenses et les punitions passent à juste titre pour les « traitements les plus primitifs que l'on puisse réserver aux êtres humains[71] ». Vu que nous sommes tous doués de raison et que nos relations intimes comptent énormément pour nous, il me paraît plus sensé de fonder la discipline sur l'amour et l'échange.

Les tentatives de reprogrammation du comportement court-circuitent la réflexion pour se focaliser sur la réaction aux incitations et aux punitions ; ce qui explique peut-être leur peu d'efficacité. Mon amie Lucy récompense son fils Alexander quand il cesse de geindre et renonce à ses exigences. Elle commet là un contresens fréquent. Son fils rectifie-t-il son attitude ? Au contraire ! Il en rajoute par désir d'obtenir une récompense lorsqu'il se montrera à nouveau conciliant. Une autre erreur consiste à vouloir réprimer un comportement qu'un enfant est incapable de contrôler. Un nouveau-né, par exemple, aura du souci à se faire si ses parents ne supportent pas ses pleurs. Ils auront bon le réprimander, il ne s'arrêtera pas : ce n'est pas en son pouvoir. J'ai vu des enfants écoper d'une punition parce qu'ils ne lisaient pas assez vite, ne trouvaient pas la solution d'un problème d'arithmétique, ne tenaient pas en place ou se laissaient tellement absorber par leur lecture qu'ils n'entendaient pas leur mère les appeler à table. Autant d'exemples d'attitudes qu'il n'est pas forcément du pouvoir de l'enfant de changer, même pour tout l'or du monde ou pour éviter une punition. Face à cette

71. Idries Shah, *Apprendre à apprendre* (Paris, Le Courrier du livre, 1987).

inefficacité, la plupart des parents cherchent un châtiment plus efficace, au lieu de s'interroger sur l'idée même de la pertinence d'une quelconque punition.

Des travaux récents sur le fonctionnement du cerveau montrent que les punitions n'ont pas le même impact sur tous les enfants. Le plus étonnant, c'est qu'elles touchent le moins les enfants justement les plus susceptibles d'en recevoir[72]. Certains jeunes sont plus impulsifs que d'autres, leur conscience se développe plus tardivement, et ils ont du mal à établir le contact ainsi qu'à se sentir appartenir à une communauté. Pour ces raisons, ils risquent davantage de créer des problèmes mais, pour ces mêmes raisons, ils seront aussi moins capables de modifier leur comportement suite à une punition ou une menace. De fait, les parents escaladent souvent dans des punitions de plus en plus dures, mais dont l'efficacité demeure à peu près nulle. D'autres, dotés d'une solide conscience et qui ont horreur de s'attirer des ennuis n'ont en revanche aucun besoin qu'on les punisse. Il suffit de leur expliquer ce qu'on attend d'eux pour qu'ils rectifient leur attitude.

Un enfant qui se comporte mal n'a pas besoin d'une punition mais qu'on l'aide à s'organiser. Je ne veux pas dire par là : à ranger sa chambre, mais à traiter des informations et réagir en fonction. La plupart des punitions désorganisent plus encore le cerveau des enfants. Pour les aider à mettre de l'ordre dans leurs idées, il convient de leur aménager un espace au calme et de leur fournir des jouets doux au toucher, des couvertures et des coussins. On peut également se balancer avec eux sur un fauteuil à bascule ou les câliner. Les plus jeunes apprécieront particulièrement, ainsi finalement que les plus grands. Un enfant qui fait n'importe quoi a souvent manqué de réconfort ou d'un cadre

72. Cf. par exemple Carole Stock Kranowitz, *The Out-of-Sync Child : Recognizing and Coping with Sensory Integration Dysfunction* (New York, Skylight Press, 1998).

structuré dans ses premières années. Un emploi du temps régulier, des travaux manuels et des jeux de bagarre inoffensifs aideront les plus grands à faire le tri dans les données en provenance de leur environnement.

Gratter la surface : examiner ce que ressent l'enfant et ce dont il a besoin

Prendre pour point de départ ce qu'éprouve l'enfant et ce dont il a besoin changera du tout au tout notre approche de la discipline. Il suffit d'imaginer que son comportement équivaut à un message codé. (À vrai dire, c'est bel et bien le cas.) Pour casser le code, il convient de le traduire par une formule du type : « il me faudrait... » ou « je ressens... », de la compléter et de réagir au besoin ou à l'émotion ainsi identifié, plutôt qu'à l'attitude de l'enfant. Un tout-petit qui jette à terre tout ce qui traîne sur le plan de travail de la cuisine essaye par exemple de dire « j'ai besoin d'une occupation et de quelqu'un qui s'y livrera avec moi ». Une fille de treize ans qui oublie de faire ses devoirs exprime sa crainte d'entrer au lycée. « Je ne suis pas certaine d'être prête. » Tant pis s'il vous arrive de commettre un contresens. Réfléchir au besoin ou à l'état d'âme à l'origine du comportement qui vous agace vous aidera. Peut-être même cela vous amusera-t-il ; ce qui vaut toujours mieux que de s'impatienter ou de s'énerver.

Voici quelques traductions types de nombreux problèmes courants :

- Tu t'ennuies ? Sans doute te sens-tu seul. Si nous jouions à un jeu ? À moins que tu ne préfères inviter un ami ?
- Je vois que le découragement te gagne. Je vais t'inciter à donner le meilleur de toi-même.
- Toi et moi ne passons plus beaucoup de temps ensemble. Peut-être est-ce la raison pour laquelle tu te montres aussi agaçant. Si nous faisions quelque chose, tous les deux ?

- Tu n'as pas l'air très gai. Je vais te remonter le moral.
- Tu as besoin de plus d'espace pour courir et évacuer ton trop-plein d'énergie. Allons dehors !
- Tu as l'air en colère. Je vais maintenir devant toi un gros oreiller pour que tu te défoules dessus.
- Tu as essayé toute la journée d'attirer mon attention. Je vais poser mon livre et ne m'occuper que de toi pendant dix minutes.
- Tu parais trop énervé pour rester sagement assis. Si nous dansions ?
- Tu as l'air dépassé par les événements. Je vais t'aider à te calmer. Inspire à fond en même temps que moi.
- Tu n'as vraiment pas été gentil envers ton frère, ces derniers temps. Qu'est-ce qui ne va pas ? J'aimerais que tu me dises ce qui te chiffonne.
- Tu semblés de mauvais poil. Je te propose un goûter : nous verrons bien si ça t'aide.

Remarquez qu'aucune de ces interprétations ne justifie de punition. Ça n'a pas de sens de dire : tu broies du noir ? Alors je te crie dessus. Tu souffres de ta solitude ? Va dans ta chambre. Tu te sens coupé des autres ? Tu mérites une gifle. Tu as faim ? Je te confisque tes jouets plutôt que de te donner à manger. Nous recourons aux punitions, du fait de notre propre ressenti : je suis en colère, donc j'élève la voix. Je suis frustré, donc je pique ma crise. J'ai peur, donc je te fais peur. J'ai passé une sale journée, je me venge sur toi.

Les parents perdent souvent de vue qu'il faut à un enfant qui a mal agi du réconfort et non une punition. Se focaliser sur le besoin et l'émotion que recouvre son attitude plutôt que sur celle-ci évite les confusions. Nul n'a vu sa survie menacée parce qu'il n'a pas été puni comme il le méritait. En revanche, il y a des nourrissons qui tombent malade ou meurent par manque d'amour. Donner à l'enfant ce qu'il réclame reste la meilleure solution pour qu'il révise son comportement. Souvent, nos enfants nous exaspèrent tellement que nous oublions de nous interroger sur l'essentiel : sont-ils malheureux ? Si oui, pourquoi ?

Puisque nous en sommes à examiner ce que cache l'attitude de nos enfants, autant nous interroger sur ce que dissimule la nôtre. Un enfant qui a un comportement inadapté, nous inquiète ou nous chagrine, nous rend naturellement furieux. Il est probable qu'en essayant de le discipliner dans un tel état d'esprit, nous le punissions ou élevions la voix. À vrai dire, il faut reconnaître que la discipline, telle que nous l'entendons, consiste le plus souvent à traduire en actes ce que nous éprouvons, nous !

Un enfant qui nous agace ou nous blesse dans notre orgueil nous donne envie de nous venger. Quand il ne se montre pas à la hauteur de nos attentes, nous laissons éclater notre colère. Son chahut à l'issue d'une rude journée s'apparente à la goutte d'eau qui fait déborder le vase : notre ras-le-bol éclate alors. Ses larmes ou ses crises de rage nous rendent irritable. Nous donnerons la fessée à un jeune enfant qui court en pleine rue, parce que nous avons eu peur et que nous nous en voulons de ne pas l'avoir assez surveillé. Un adolescent rentre à la maison, l'oreille percée, et nous poussons les hauts cris au lieu d'admettre qu'il a bien grandi. Plutôt que de laisser notre ressenti prendre le dessus (en hurlant sur l'enfant ou en le punissant), mieux vaut en parler. Peut-être nous faudrait-il à nous aussi un maître d'école qui nous conseille en toutes circonstances de « verbaliser ».

Prévenir au lieu de punir

Les punitions manquent d'efficacité, entre autres parce qu'elles interviennent trop tard. Mieux vaut prévenir ou mettre un frein à un comportement qui nous horripile, que le réprimer après coup. Ma sœur Diane se rendit un jour en consultation dans une maternelle où un garçon frappait les autres petits. Les enseignants avaient « tout essayé » ; c'est-à-dire toutes les formes de punition tolérées par la loi. Diane discutait avec une institutrice, lorsque celle-ci lui dit : « Regardez ! Voilà qu'il recommence : il s'apprête à frapper une fillette. » Elle le voyait venir mais comptait le laisser lever la main sur sa victime avant de réfléchir à une punition. Diane intervint : elle saisit le bras du garçon, alors que, fou de rage, il menaçait sa camarade. Diane lui annonça gentiment qu'elle ne le laisserait pas lui faire de mal. Il craignit d'abord que Diane ne le gifle – cela ne vous étonnera pas d'apprendre qu'il recevait des coups chez lui. Voyant qu'elle se contentait de lui tenir le bras, il fondit en larmes. Pour la première fois, il admit qu'il avait le sentiment que personne ne l'aimait, à l'école. Les enseignants faisaient une fixation sur les punitions : ils n'avaient pas réfléchi à ce que le garçon ressentait ni au moyen de l'empêcher de mal agir. Interrompre un geste destructeur ne revient pas à châtier mais à poser une limite or les limites aident les enfants à se contrôler, exprimer ce qu'ils ressentent et revenir sur leur attitude. En prêtant l'oreille à la frustration et à la solitude du garçon, ses instituteurs trouvèrent un moyen de l'aider à se faire des amis.

Les punitions qu'ils lui imposaient jusque-là ne l'incitaient qu'à se fermer de plus en plus aux adultes. Une mesure de discipline plus efficace – l'interrompre dans son élan – l'amena en revanche à dévoiler ses sentiments. Une discipline valable renforce le contact et ouvre la discussion, alors qu'une discipline inopérante développe la honte et l'isolement. Notre mission consiste à nous impliquer auprès de l'enfant, même quand nous lui posons des limites. Ce n'est pas simple : souvent, quand il nous faut imposer des bornes ou nous colleter à un problème de comportement, la moutarde nous monte au nez. De la dureté et de la froideur de notre part ne réussiront toutefois qu'à convaincre l'enfant qu'il se retrouve seul et démuni. Mieux vaut donc chercher son regard, lui parler doucement, le serrer contre nous sans le brusquer, et souffler un bon coup, si nécessaire.

Cela va sans dire, mais je le dirai quand même : le parentage ludique reste le meilleur moyen à ma connaissance de prévenir les problèmes, avant même qu'il faille envisager une mesure de discipline. Plus vous passerez de temps à jouer avec vos enfants, en leur laissant l'initiative, en maintenant le contact avec eux, et en les persuadant de leur pouvoir personnel, moins il vous sera nécessaire de recourir aux succédanés de la punition.

Connaître l'enfant

Ce qui vaut aux enfants des punitions me semble souvent un comportement tout à fait normal et banal de leur part, compte tenu de leur âge. Il n'y a rien d'étonnant à ce qu'un petit qui apprend à marcher pique une crise de rage ou refuse de partager, ni à ce qu'un élève de maternelle ne tienne pas en place. Il n'est pas surprenant qu'un garçon de huit ans coure dans les couloirs ou qu'un préado lance : «Je te déteste.» Nous punissons les enfants parce qu'ils sèment le désordre, font du bruit, se montrent égoïstes, de mauvais poil quand ils sont fatigués ou impulsifs – en bref : parce qu'ils réagissent comme des enfants. Une punition ne les amènera pourtant pas à mûrir plus vite ni à franchir une étape de leur croissance. Bien sûr, il est nécessaire de les encadrer pour qu'ils passent au stade supérieur de leur développement où ils apprendront à partager, se tenir tranquilles, dire «bonjour» et «merci». Cela dit, les punitions n'accélèrent pas le développement de l'enfant. Elles le ralentissent.

Il nous arrive à d'autres moments de punir un enfant parce qu'il est différent de nous. Nous aimons aller vite ; il préfère lambiner. Nous sommes d'une nature calme ; il ne tient pas en place. Il s'épanouit dans le désordre ; nous voudrions que chaque chose reste à sa place. Nous ne supportons pas le bruit ; il en raffole. Nous tenons à notre tranquillité ; il n'a qu'une envie : se déchaîner. Punir un enfant ne modifiera toutefois pas son tempérament ; pas plus que cela n'accélérera son développement. Nous n'avons pas les mêmes penchants, or qui écope d'une punition ? Nous nous prévalons de notre âge pour faire rejaillir sur lui notre contrariété. En somme, nous punissons ce qui nous dérange dans son attitude.

Souvent, les parents d'un enfant qui n'a plus l'âge d'être envoyé au coin le privent de sortie, de téléphone, de télé ou d'ordinateur ou lui confisquent ses jouets – autant de stratégies qui ne fonctionnent pourtant pas très bien. Elles ne suscitent que du ressentiment et de l'animosité et ne développent pas le sens moral. Bien sûr, il se peut qu'un enfant ne sache pas gérer seul le temps qu'il passe devant le petit écran, qu'il ne parvienne pas à terminer ses devoirs s'il a accès au téléphone, qu'il n'en finisse pas de surfer sur le net, etc. Poser des limites n'équivaut toutefois pas à punir mais assumer son rôle de parent. L'important consiste à connaître l'enfant. Il existe une différence de taille entre imposer une règle après qu'il a fait de travers (en guise de punition) ou réfléchir auprès de lui à une solution valable pour l'avenir (ce qui revient à exercer son métier de parent).

Connaître son enfant implique de prévoir sa réaction à telle ou telle mesure de discipline. Ce qui convient à ma fille ne conviendra pas forcément à la vôtre. Cela dit, un excès de sévérité terrorisera n'importe quel petit. Janusz Korczak, l'auteur de la citation en exergue de ce chapitre, dirigeait un orphelinat en Pologne. Un jour, il prononça une conférence intitulée « Le cœur de l'enfant » devant de futurs enseignants. Korczak leur présenta un garçon de quatre ans, qui vivait à l'orphelinat. Les étudiants se rendirent tout de suite compte que son cœur battait la chamade.

Il avait peur – face à tant d'étrangers [...] D'une voix douce, soucieux de ne pas ajouter aux craintes de l'enfant [...] Korczak nous dit : « Ne l'oubliez jamais : le cœur d'un enfant bat à tout rompre quand il a peur, encore plus quand un adulte se met en colère contre lui, et je ne parle même pas des moments où il redoute une punition. » Alors qu'il se dirigeait vers la porte, en tenant la main du garçon dans la sienne, il conclut : « Ce sera tout pour aujourd'hui ! » Il n'a pas fallu nous le répéter. Ceux qui étaient présents ce jour-là s'en souviendront toute leur vie[73].

Poser des limites claires

Si de nombreux parents usent et abusent des punitions et autres mesures de discipline, d'autres pèchent à l'inverse par excès de permissivité. Il faut aux enfants des limites, un cadre structuré, or il convient de les imposer avec amour, dans un contexte de détente, et non sous le coup de la colère ou par soif de vengeance. La plupart d'entre nous croient devoir choisir entre « amour vache » et « laisser-aller ». Il est toutefois possible de fixer des limites aux enfants et d'attendre beaucoup d'eux, tout en prenant en considération ce qu'ils ressentent et ce dont ils ont besoin.

Il est d'abord essentiel de distinguer entre les besoins réels de l'enfant et son désir irréaliste d'occuper le centre du monde. Satisfaire les moindres caprices n'est pas pareil que d'assouvir une nécessité justifiée. On ne gâte pas un bébé en lui donnant à manger quand il a faim, ni un bambin en lui accordant de l'attention, de l'amour ou du réconfort. Lorsqu'un enfant a besoin de quelque chose, il me semble normal de le lui donner ; ce qui n'implique pas de le suivre comme un petit soldat : il a aussi

73. *A Voice for the Child : The Inspirational Words of Janusz Korczak*, ed. Sandra Joseph (Northampton, Angleterre, Thorsons, 1999).

besoin d'indépendance, de mûrir et de développer son pouvoir personnel. Or ces besoins-là sont aussi à satisfaire.

Donner quelque chose à l'enfant en respectant ses choix n'est pas non plus le gâter. Nous contrôlons pour ainsi dire toutes les ressources de la famille. Nos enfants doivent nous demander ce que nous-mêmes ne devons demander à personne. D'un autre côté, donner par crainte de la réaction de l'enfant ou par culpabilité conduira sur la voie d'un laxisme défavorable. On gâte excessivement un enfant quand on lui cède en sachant qu'il vaudrait mieux ne pas lui donner. Peut-être parce que nous ne supportons pas de le voir triste ou en colère ou frustré ou que nous refusons d'admettre qu'il puisse se sentir aussi mal. À moins que nous ne voulions plus l'entendre se plaindre. Quoi qu'il en soit, dans ces cas-là, nous ne donnons pas : nous cédons.

Compte tenu de l'évolution de la société, nombreux sont ceux qui préconisent aujourd'hui un retour à la sévérité, par opposition à la permissivité de la génération du Dr Spock. À mon sens, ils se trompent de cible. Le problème vient de ce que ni le laxisme ni une extrême rigueur n'assurent aux enfants les liens interpersonnels indispensables à une attitude responsable et morale et au bien-être au sein d'une communauté. Par un retour de balancier, nous sommes passés de l'époque où l'on battait les enfants à celle où on ne leur dit jamais non. Ni l'un ni l'autre ne permet cependant d'établir des relations valables avec les enfants. Des parents trop stricts ne tiennent pas compte de la capacité de l'enfant à décider par lui-même. Des parents trop permissifs ne prennent pas en considération son besoin de contribuer à la vie de la famille.

Les extrêmes se rejoignent et pour stopper les larmes et les rages, parents laxistes ou autoritaristes auront des attitudes étonnamment proches. Des parents implacables puniront durement l'enfant qui pleure ou tempête, parce qu'ils ne supportent pas ses cris. De l'autre côté du spectre, des parents laxistes lui céderont pour la même raison. Eux non plus ne supportent pas les crises, sauf qu'au lieu de punir, ils se mettent en quatre pour éviter la moindre contrariété. Ils ouvrent ainsi la porte au chantage émotionnel en incitant leur progéniture à les manipuler et à se comporter en enfants gâtés.

Les parents trop permissifs croient le plus souvent qu'ils développent le pouvoir personnel de leur enfant. Ils le laissent ainsi mentir, voler, refuser d'aider ou bouder toute la journée. Attendre beaucoup d'un enfant lui sera bénéfique ; en particulier attendre de lui qu'il développe son sens moral et assume sa part dans la vie de la famille. Faute de limites claires, il se croira tout-puissant ou deviendra incontrôlable ; ce qui n'a pas grand-chose à voir avec une saine confiance en ses compétences. Un enfant dans la toute-puissance sera envahi de rage au moindre rappel que l'univers entier n'est pas sous son contrôle. Un enfant hors contrôle songera en considérant ses parents : « Puisque ce ne sont pas eux qui décident, alors qui ? » Soit il deviendra craintif, soit il fera les quatre cents coups, voire les deux à la fois. Des limites posées avec amour et respect fournissent en revanche un cadre rassurant à l'enfant : dès lors, ses impulsions l'angoisseront moins. Des limites aident en outre à dissiper les craintes qu'inspire le vaste monde : *Maman et Papa sont assez forts pour assurer ma sécurité jusqu'à ce que je quitte le nid en volant de mes propres ailes. Mais pas forts au point de ne pas me laisser m'ébattre de temps à autre pour tester mes ailes.*

Patty Wipfler recommande de prêter une oreille attentive à la réaction de l'enfant. « Une fois posées les limites, vous l'écouterez évacuer sa contrariété[74]. » Trop souvent, les parents ne fixent pas de limites ou les imposent sous le coup de la colère. Nous disons non ! ça suffit ! et ne voulons plus rien entendre. Ou alors

---

74. Patty Wipfler, *Setting Limits with Children* (Palo Alto, Calif., Parents Leadership Institute, 1995).

nous ne disons rien, parce que nous appréhendons la réaction de l'enfant. Il est toutefois préférable de rester à son écoute, même si imposer une limite à l'enfant lui fournit une occasion de se chagriner ou de se mettre en colère. Tant que la limite posée vous semble raisonnable, il est inutile d'y renoncer à cause de ce qu'il ressent. Lui prêter une oreille attentive devrait lui suffire.

Je reçois souvent dans mon cabinet des parents inquiets, d'ordinaire indulgents, mais auxquels il arrive d'exploser quand ils n'en peuvent plus. Ils s'en veulent alors terriblement. Leur attitude est très déroutante : l'enfant n'entend ses parents lui dire non que lorsqu'ils entrent en rage. Dans les rares occasions où lui-même essuie un refus, habitué à obtenir presque toujours ce qu'il réclame, il pique une colère. Tous les enfants ont besoin d'entendre des « non » prononcés d'une voix douce et aimante ; pas rageuse.

Dans certaines familles, les frustrations s'accumulent jusqu'à ce que l'enfant pique une crise ou fasse une bêtise. Les parents explosent alors. S'ensuivent des larmes, des excuses, des retrouvailles et des câlins et des distributions de cornets de glace. L'enchaînement tourne à l'habitude. Les parents s'imaginent punir (en criant) alors que l'enfant s'estime récompensé (par les câlins qui suivent). S'il ignore comment parvenir directement à la réconciliation, il s'arrangera pour que ses parents sortent de leurs gonds.

Dans les familles permissives, les limites fluctuent trop souvent. Les parents disent non, mais n'agissent pas en conséquence (à moins qu'ils n'explosent, comme je viens de l'indiquer). Il est impératif de ne dire non que lorsqu'on le pense vraiment, de rester ferme et de veiller à ce qu'il soit suivi d'effet – en empêchant par exemple physiquement un aîné de s'en prendre au benjamin ou en s'asseyant auprès d'un enfant distrait le temps qu'il termine ses devoirs. Quoi qu'il en soit, il est inutile de donner un ordre puis de tourner les talons.

Des menaces en l'air peuvent éveiller beaucoup d'anxiété chez les enfants. Nous savons que nous n'allons pas les abandonner pour de vrai au supermarché mais eux n'en sont pas sûrs. Dire « Arrête, s'il te plaît » d'une voix peu affirmée délivre à l'enfant un message ambigu. Il est peu probable qu'il désire récompenser cette attitude en stoppant son comportement. Il compte sur nous pour l'encadrer jusqu'à ce qu'il soit capable de se passer de nous, or le supplier d'une voix faible lui indique que nous ne sommes pas en mesure d'assurer sa sécurité. Certains parents passent à brûle-pourpoint de l'indulgence à la punition. Le résultat, fruit du hasard, est impossible à prévoir. Par exemple, ils répètent vingt fois le même ordre, sans effet, avant de se mettre à hurler avec une soudaine fureur : « Je t'ai dit vingt fois qu'il était l'heure de partir ! » Oui, mais sur un ton qui ne donnait aucun poids aux dix-neuf premières et cela n'avait pas échappé à l'enfant.

Les punitions, les mesures de discipline inefficaces et un excès d'indulgence enferment les enfants dans les forteresses de l'isolement et de l'impuissance. Le parentage ludique et la discipline alternative qui en découle les aideront à en sortir. Le plus important à garder en mémoire, c'est que tout le monde a besoin d'un réservoir rempli d'attachement par du contact humain et des liens affectifs. Tout le monde. L'histoire que voici l'illustre.

Un héros inattendu

J'étais attablé dans un restaurant d'Isla Mujeres, une petite île le long des côtes du Yucatan, au Mexique, quand un incident survint à deux pas de moi. Trois jeunes hommes buvaient à une table en s'amusant beaucoup. À une autre se tenaient deux types à l'air morose, qui sifflaient leurs bières sans échanger un mot. Un peintre aurait figuré le premier groupe en pleine lumière et le second dans l'ombre. Au bout d'un moment, l'un des deux hommes d'humeur sombre s'en fut, sans même dire au revoir à son compagnon.

Celui-ci, trapu et mal habillé, fixait un point devant lui en évitant de regarder l'autre table. Tout à coup, il se tourna vers les trois hommes qui passaient un bon moment et lâcha quelque chose d'une voix de basse. Puis il leur tourna de nouveau le dos en regardant dans le vide. Mes notions d'espagnol, bien que maigres, me permirent de comprendre qu'il venait de les insulter. Contrariés, les trois camarades foudroyèrent le type du regard et retournèrent à leurs bières en haussant les épaules. L'homme seul se mit à marmonner dans sa barbe. Toutes les vingt ou trente secondes, d'un ton monocorde, il répétait son obscénité.

Ceux de la table à côté passèrent par tout un éventail de réactions. Ils l'ignorèrent, l'insultèrent à leur tour, élevèrent la voix, le menacèrent, tentèrent de l'apaiser, de le raisonner, l'envoyèrent paître et le supplièrent de cesser. Rien n'y fit. Pour finir, l'un des trois hommes – mon héros – lui dit quelque chose comme : « Hé ! Viens ici. » Le solitaire y vit apparemment une invitation à la bagarre, sauf qu'il n'en semblait pas certain. Ou du moins, il ne savait comment y répondre. Le jeune homme lui répéta son invitation. L'autre se leva et s'approcha en traînant la semelle, les yeux rivés au sol. Je me raidis, n'ayant aucune envie de me retrouver pris dans un échange de coups de poing.

Rien de tel ne se produisit. Mon héros reprit : « Non, non ! Amène ta bière. Viens t'asseoir avec nous. » Sa proposition n'étonna personne (à part moi). L'autre récupéra son verre et se campa à un bon pas de la table des trois amis. Mon héros lui avança une chaise, qu'il épousseta, à côté de la sienne. Le nouveau venu s'assit. Pour un peu, j'aurais cru entendre ses os craquer. Il semblait perdu, mais le groupe l'accueillit chaleureusement, sans récrimination ni taquinerie. Le problème était résolu.

Après pas mal de tâtonnements, une solution élégante avait été trouvée. Les trois amis se remirent à rire et discuter. L'auteur de l'invitation gardait une main sur le dos ou l'épaule du type trapu, qu'il aiguillait dans la conversation. À la moindre pause, il l'incitait aimablement à intervenir en lui posant une question. L'autre lâchait deux ou trois mots et lançait aussitôt un coup d'œil à son nouvel ami, anxieux de sa réaction. Il se renfonçait ensuite sur sa chaise en soupirant. Mon héros transmettait le commentaire aux autres et les reparties s'enchaînaient. Tout allait à merveille.

Je n'en revins pas. Je me promis de graver dans ma mémoire que chacun de nous a envie de se sentir proche de quelqu'un, aussi absurde que soit notre façon de le montrer. Il m'arrive, comme tout le monde, de l'oublier.

14.
Dénouer par le jeu les conflits au sein de la fratrie

Un jour, entendant des cris angoissés d'enfants dans la rue, un voisin d'Abraham Lincoln à Springfield, Illinois, sortit précipitamment. Il découvrit Lincoln auprès de ses fils, qui pleuraient tous deux amèrement. « Un problème avec les garçons, monsieur Lincoln ? » « Le même problème que dans le reste du monde, répliqua Lincoln d'un ton résigné. J'ai trois noix et ils en veulent deux chacun[75]. »

---

75. Extrait de Joan Bel Geddes, *Childhood and Children* (Phoenix, Ariz., Oryx Press, 1997).

Peu de choses perturbent autant les parents que les conflits entre leurs enfants. Les disputes les horripilent – elles leur cassent les oreilles, leur pompent tout leur temps et les épuisent émotionnellement. Ils craignent en outre de voir leurs enfants se détacher les uns des autres en grandissant. Cela ne vous étonnera pas que je recommande de faire un jeu avec ces sentiments et comportements de rivalité, plutôt que de chercher à les éradiquer. Le parentage ludique avec une fratrie suppose de jouer avec plus d'un enfant à la fois, en tenant compte de la dynamique familiale. Pour compliquer encore les choses, j'expliquerai pourquoi tous les enfants vivent cette rivalité confraternelle et pas seulement entre frères et sœurs.

Jouer avec plus d'un enfant à la fois

Certains aspects du parentage ludique diffèrent, plus ou moins, selon qu'on a affaire à un enfant ou plus. D'autres, en revanche, pas du tout. Avec un, deux, trois ou douze enfants, il reste bon d'embrayer sur le rire, de privilégier les contacts, de faire l'effort d'apprécier les jeux qu'ils aiment, et de déterminer quand s'interposer ou pas.

Quand un enfant souffre, à la merci d'un autre, ou qu'il se retrouve le mouton noir d'un groupe, il est nécessaire que nous intervenions pour lui venir en aide. Un cadet qui se prend une raclée ou le benjamin du quartier systématiquement exclu des jeux de ses aînés ont besoin de notre secours. Beaucoup d'adultes en thérapie se plaignent amèrement de la domination qu'exerçaient sur eux leurs frères ou sœurs, ou de jeunes voisins qui les traitaient en bouc émissaire. Pendant ce temps-là, leurs parents les laissaient se débrouiller. Des enfants capables de démêler seuls une situation délicate ne remédieront toutefois qu'à ce qu'eux-mêmes considèrent comme un problème.

Quel degré de souffrance justifie une intervention ? Selon Jeffrey Trawick-Smith : « Les enfants ont besoin de se chercher des querelles pour apprendre à les résoudre ; il est nécessaire qu'ils se retrouvent parfois exclus afin de développer leur capacité à se faire accepter. Il faut qu'ils jouent avec des gamins pénibles ou des brutes pour élargir leur répertoire d'attitudes en société. Ils doivent voir leurs suggestions rejetées, de manière à apprendre l'art de la persuasion. Les adultes trop prompts à intervenir les privent d'occasions de progresser[76]. »

Jean Piaget, le premier qui ait vraiment observé des enfants en train de jouer, a remarqué qu'en discutant des règles, ils apprenaient ce qu'est le sens moral. Les conflits qui surgissent au moment de décider à qui vient le tour, si la balle est sortie du terrain ou pas, et ce qui est permis ou non, leur sont indispensables. Nous avons tendance à vouloir mettre tout le monde d'accord et rappeler les règles parce que nous ne supportons pas les conflits, alors qu'ils constituent parfois la raison d'être du jeu. L'un des principaux bienfaits des jeux de l'enfance est d'apprendre à gérer les désaccords. Un minimum de conflits s'avère donc nécessaire. D'un autre côté, un enfant houspillé sans répit n'en tirera pas de leçons utiles. À mon avis, cela choquerait Piaget de voir qu'aujourd'hui, les adultes organisent et dirigent presque entièrement les jeux des enfants. Cela dit, la mode des Pokémon lui aurait peut-être plu : elle implique des règles si compliquées qu'elles donnent le loisir aux enfants d'en discuter à n'en plus finir.

Pour ma part, je m'efforce de trouver le juste milieu entre mettre mon grain de sel et laisser courir, mais ce n'est pas toujours facile. Il existe des arguments à l'appui de l'une et l'autre attitude. Mon principe de base est : *Rester en dehors, mais les yeux*

---

76. Jeffrey Trawick-Smith, « School-Based Play and Social Interactions », in *Play from Birth to Twelve and Beyond*, ed. Doris P. Fromberg et Doris Bergen (New York, Garland Publishing, 1998).

ouverts ! Ne pas intervenir n'implique pas nécessairement de partir et de les laisser seuls. *Entrer dans la danse, mais sur la pointe des pieds*, pas avec un marteau ! Quand nous décidons d'intervenir, nous avons souvent tendance à nous laisser entraîner et à trop interférer. Je suis convaincu qu'on peut éviter les problèmes les plus graves, sans pour autant empiéter sur les prérogatives des enfants. Il est possible de rester impliqué en les laissant en charge de la situation, ou leur donner un coup de pouce avant d'évacuer la scène pour voir si notre intervention suffira à ce qu'ils comprennent d'eux-mêmes le reste.

En ce qui me concerne, je privilégie une approche progressive : je commence par observer ce qui se passe avant de décrire aux enfants ce que j'ai vu. Quand les enfants ont besoin d'une aide supplémentaire, je leur demande ce qui pourrait selon eux dénouer la situation. Enfin, j'interviens plus fermement, si nécessaire. Je commence par exemple par me montrer juste un peu plus visible sur le terrain de jeu. « Je suis là au cas où vous auriez besoin de moi. » « Je parie que vous saurez vous débrouiller, mais s'il vous faut de l'aide, appelez-moi quand même. » Quand des enfants viennent à nous en nous demandant d'arbitrer ou de les départager, il est tentant de dispenser nos conseils et de faire étalage de notre sagesse. Vous pouvez au contraire faire l'expérience de les écouter chacun sans rien dire en vous contentant de leur poser des questions qui les aident à réfléchir eux-mêmes aux solutions sur un ton impliqué et intéressé mais pas anxieux. La plupart du temps, ils s'en retourneront contents et nous jugeront aussi sage que Salomon.

Quand l'ingérence d'un adulte s'avère nécessaire, je commence par m'approcher de l'enfant en difficulté, que je salue d'un ton amical, même si je ne le connais pas. Parfois, il n'en faut pas plus, ce simple contact avec un adulte le nourrit assez. S'il est timide, ce bonjour peut lui donner le courage de se mêler au jeu. Il aidera l'enfant qui se montrait dictateur ou méchant à jouer plus gentiment. Je tente de transmettre le message, non pas que « Big Brother vous surveille » mais que « si quelqu'un a besoin d'aide, elle est disponible ».

Parfois, je me montre plus prolixe : « Qu'est-ce qui se passe, ici ? » « Ouïe ! ça fait mal, on dirait ! » À plusieurs enfants qui s'en prennent à un autre, je lance d'ordinaire : « J'ai l'impression qu'il ne s'amuse pas autant que vous. » Je mets en outre l'accent sur des valeurs fondamentales : « Chacun a le droit à son tour. » « Ce genre de nom d'oiseau ne me convient pas. » « Pas question : c'est dangereux. » En réalité, je me contente de rappeler un principe de base, que je laisse les enfants traduire dans la pratique.

Au cas où ces approches subtiles resteraient sans résultat, on peut faire appel à la loi. On peut séparer l'agresseur de sa victime (quel que soit le rôle qu'endosse notre enfant). Nous pouvons aussi prendre part au jeu ; ce qui change en général la donne. Des enfants qui se défoulent sur un autre le laisseront tout à coup tranquilles pour se liguer contre l'adulte qui les a interrompus. Si nous proposons à un groupe d'enfants, ne sachant pas à quoi jouer, de nous amuser avec eux, il serait étonnant qu'aucun n'ait d'idée à nous soumettre.

Deux facettes du parentage ludique – se brancher sur la même longueur d'ondes et jouer à la bagarre – se compliquent en présence de plus d'un enfant. D'abord, notre attention doit se porter sur ce qui se passe à la fois pour chacun des enfants, sur ce qui se passe entre eux, et sur ce qui se passe pour le groupe. Comme nous ne remarquerons jamais tout, autant veiller à l'essentiel : un enfant en particulier se retrouve-t-il exclu ou systématiquement brutalisé ? Recourt-il au chantage affectif ? (En geignant s'il n'obtient pas ce qu'il veut.) Les autres lui cèdent-ils ? Y a-t-il de la triche ? Certains font-ils la police en s'assurant que les autres respectent les règles ? Les plus grands et les plus costauds brident-ils leur force afin de rendre la partie plus égale pour les plus petits ou plus faibles ? Les plus jeunes ont-ils assez de ressources en eux pour se maintenir au niveau des autres ?

Le plus difficile en présence de plusieurs enfants, c'est qu'en se mettant à leur écoute, on s'aperçoit qu'il n'y en a parfois pas deux sur la même longueur d'ondes. Cela se vérifie souvent dans la lutte, les bagarres ou les jeux compétitifs. Un jour, je m'amusais chez des voisins avec deux frères de trois et sept ans et un garçon de douze ans. Celui de sept ans voulait se mesurer à moi en donnant le meilleur de lui-même : je devais donc veiller à ce qu'il ne se blesse pas – et moi non plus. Le benjamin, convaincu de devoir protéger son aîné, me criait : « Arrête de lui faire mal ! » en me rouant de coups. Pendant ce temps-là, le plus âgé encourageait celui de sept ans à me mettre la pâtée en demandant quand viendrait son tour de se mesurer à moi. Il fallait que je fasse attention à tout un tas de choses ! Je devais rassurer le plus petit en le persuadant que son frère ne risquait rien, je devais empêcher le jeu de dégénérer et apaiser les instincts bagarreurs du plus grand.

Un problème similaire surgit quand un enfant veut donner sa pleine mesure et qu'un autre n'a qu'une envie : gagner. Ou lorsqu'un enfant, réellement incapable de se maintenir au niveau de ses camarades ou de jouer correctement à un jeu, insiste pour être inclus tout de même dans le groupe. Dans ces cas-là, une intervention est nécessaire, afin que chacun obtienne au moins en partie satisfaction. On pourra par exemple égaliser les chances pour qu'un petit ne se retrouve pas trop désavantagé. On pourra aussi faire équipe avec un jeune enfant ou modifier les règles ou proposer un jeu différent où les plus âgés n'auront plus à se contenir.

Il suffit de laisser deux enfants en présence l'un de l'autre pour qu'une dispute éclate au sujet d'un jouet, de la télécommande ou de la plus grosse part de tarte. Ma réaction favorite à ce type de conflit – entre frères et sœurs ou simples camarades de jeu –

consiste à m'emparer de l'objet du litige et à m'enfuir en courant. Les adversaires se réconcilient alors comme par miracle en se liguant pour me l'arracher. Je n'agis pas tout le temps ainsi : il est également bon que les enfants apprennent à négocier entre eux. Faire de moi leur cible les aide toutefois à débloquer la situation quand ils se retrouvent dans une impasse. À deux enfants qui se frappent, je lancerai par exemple : «Je parie que vous n'arriverez pas à m'attraper» et je m'enfuis en prenant un air effrayé. S'ils s'estiment tous deux victimes d'une injustice, je fais semblant de fondre en larmes parce que moi aussi, j'ai été lésé. Ou alors, je m'empare d'une fourchette en annonçant : «Je ne partagerai ma fourchette avec personne.» Quand, dans un groupe, je remarque un enfant craintif, j'endosse le rôle du lion qui a peur de tout, en incitant ses camarades à se moquer de moi plutôt que de lui. Parfois, les enfants mordent à l'hameçon ; parfois pas. Dans le premier cas, ils vous indiqueront aussitôt les sujets de préoccupation qu'ils souhaitent aborder par le biais du jeu.

Dès que deux ou trois enfants sont en présence, des questions d'inclusion et d'exclusion se posent. Sans pour autant jouer les rabat-joie ou nous mêler du choix de leurs amis, nous avons tout intérêt à nous assurer que personne ne se retrouve complètement bouc émissaire, rejeté ou harcelé. Mon amie Tina met tout de suite les points sur les i : sur le terrain de basket, elle promet son aide aux enfants d'âge intermédiaire pour empêcher les plus grands de les battre, à condition qu'ils incluent les plus petits dans leur équipe. Notre mission ne consiste pas à éradiquer le moindre soupçon d'injustice mais à compenser les désavantages trop criants. Nous énonçons haut et fort nos valeurs (personne à l'écart ni à la traîne), tout en sachant très bien que les enfants vont exclure l'un ou l'autre. Mais qu'ils auront ainsi une ligne directrice pour guider leurs efforts.

Le meilleur type de jeu possible est ouvert à tous, sans considération d'âge, de couleur de peau, de sexe ou de milieu.

Il relie au-delà des différences. Dans un article sur le jeu et la multiculturalité, la psychologue Patricia Ramsey[77] note que « les enfants absorbés dans un véritable jeu – non structuré, spontané, libre, ouvert, sans objectif précis – créent leur propre monde, un monde qui peut s'adapter potentiellement à chacun ». Notre mission d'adultes consiste à permettre aux enfants de tenir cette promesse d'inclusion. Les meilleurs jeux sont universels et incluent tout le monde ; ce qui n'est pas le cas de ceux qui s'inspirent de séries télé ou de films. Patricia Ramsey raconte à ce propos une magnifique anecdote à propos de son fils de six ans, Daniel, adopté au Chili peu après sa naissance, et de son cadet, Andres, trois ans, lui aussi originaire du Chili. Andres venait de rejoindre la famille depuis deux jours, quand Daniel se mit en tête de jouer avec lui aux Power Rangers. Andres ne répondit pas à ses sollicitations, ce qui frustra Daniel, au point qu'il finit par lui en vouloir.

« Une heure plus tard, les deux garçons, dans leur bain, se versaient de l'eau sur la tête en faisant des bulles et en riant de bon cœur. Andres plonge sa tête dans l'eau et en ressort, les cheveux mouillés. Daniel l'imite et tous deux poussent des cris de joie. » Comment expliquer la différence entre les deux scènes ? Jouer avec l'eau du bain – un divertissement universel – a comblé le fossé culturel entre les deux frères. On ne peut jouer aux Power Rangers qu'à condition de les avoir vus à la télé (ou d'avoir passé des heures à s'amuser avec des garçons qui les regardaient régulièrement). Le second type de jeu a rapproché les deux enfants, tandis que le premier les éloignait.

---

77. Patricia Ramsey, « Diversity and Play », in *Play from Birth to Twelve and Beyond*, ed. Doris P. Fromberg et Doris Bergen (New York, Garland Publishing, 1998), p. 29.

La rivalité confraternelle touche même les enfants uniques

Les sentiments, pensées et comportements communément associés au terme de rivalité confraternelle font partie du développement de n'importe quel enfant, même unique. Si les parents de familles nombreuses s'inquiètent ou s'agacent des conflits au sein de la fratrie, les parents d'un seul enfant, en revanche, n'en reviennent pas que ce dernier vive cette forme de compétition.

Il y a quelques années, une amie fit appel à moi : son fils de cinq ans, Bobby, n'était pas gentil envers sa petite sœur Tanya. Il la traitait durement, lui chipait ses affaires, se plaignait de la moindre attention dont elle bénéficiait et piquait une crise quand elle osait poser les yeux sur ses jouets. À d'autres moments, en revanche, il se montrait protecteur, doux et aimant. Ma fille et moi sommes venus jouer avec eux et leur donner un coup de main. À l'époque, Emma aussi avait cinq ans. D'habitude, quand ils jouaient ensemble à trois, ma fille, enfant unique, profitait de cette occasion d'avoir une petite sœur temporaire et l'habillait avec des vêtements de poupée. Pendant qu'Emma jouait à la maman, Bobby s'agaçait de voir sa sœur monopoliser l'attention de « son » amie.

J'emmenai les deux plus âgés au grenier, l'endroit réservé aux jeux les plus turbulents et les plus bruyants, en demandant à mon amie de veiller sur Tanya. Je voulais qu'ils expriment par le jeu ce qu'ils ressentaient – peu importe ce que cela serait – sans que la plus jeune en pâtît. Nous passions un excellent moment à sauter sur de vieux matelas et courir dans le grenier, quand j'attrapai une poupée et m'écriai en la câlinant : « Regardez ! La petite dernière ! Ce qu'elle est mignonne ! » Les deux petits de cinq ans se regardèrent, se tournèrent vers moi et échangèrent un autre coup d'œil avant de fondre sur moi en criant et en riant pour m'arracher la poupée. Le grand frère lança : « Oups !

Elle est tombée dans la lave en fusion d'un volcan. Je vais la secourir.» D'une pichenette, ma fille (enfant unique et celle qui jouait la maman, rappelez-vous) s'arrangea pour qu'elle lui échappe et lâcha : « Vilaine ! Tu es tombée dans l'eau, un requin va te dévorer.» Le jeu se poursuivit dans cette veine pendant une demi-heure à peu près. Je le trouvai passionnant, même si j'étais content que la petite sœur n'y assiste pas. Après cela, les trois enfants s'amusèrent ensemble, les comportements agressifs de l'aîné avaient redescendu d'un cran. Plus tard, j'eus l'occasion de passer du temps seul avec Tanya, la petite sœur, et de lui proposer des jeux où elle se retrouvait en position de force : je la pourchassais sans réussir à l'attraper ou me mesurais à elle en la laissant me renverser d'une pichenette.

L'anecdote montre que ce qu'on nomme la rivalité entre frères et sœurs concerne tous les enfants ; qu'ils aient des frères et sœurs ou pas. Mieux vaut qu'ils expriment ce qu'ils ressentent au travers du jeu qu'en blessant un tiers. De toute façon, ils ne recourent à l'agressivité que lorsque les adultes n'ont pas le temps ni l'énergie ni le chic pour les aider à gérer leurs émotions par le biais du jeu. Les parents d'une famille nombreuse sont souvent à bout, alors que ceux d'enfants uniques ne se rendent pas compte qu'ils doivent aussi aider leur fils ou leur fille face à cette rivalité confraternelle. Cette dernière tourne autour de questions cruciales et universelles : suis-je aimé ? Vraiment et inconditionnellement ? Ai-je été désiré ? Suis-je unique ? De quel pouvoir est-ce que je dispose ? Mes parents cesseront-ils de m'aimer, s'ils aiment un autre enfant ? Puis-je plier le monde à ma volonté ? Pourquoi ne suis-je pas capable de faire ce que fait telle personne ? Pourquoi n'obtiens-je pas ce qu'elle obtient ? Ces questions n'affectent pas un enfant de la même manière selon son âge ou sa place parmi la fratrie. L'objectif reste cependant identique dans tous les cas : évacuer ce que ressent l'enfant au travers du jeu de manière à établir des relations intimes, chaleureuses et solides.

Des milliers d'occasions quotidiennes se présentent aux frères et sœurs de se colleter à leur rivalité (certes pas toujours efficacement) alors que les enfants uniques doivent sans cesse en rechercher. Pendant des mois, chaque fois que ma fille montait en voiture avec sa meilleure amie et la petite sœur de celle-ci, elles discutaient de la place qu'elles occuperaient sur la banquette arrière. Elles auraient facilement pu en discuter, des heures durant (sauf que leurs parents, moi y compris, ne le supportions plus, au-delà d'une ou deux minutes). Le plus intéressant, c'est que les sœurs ne s'en souciaient pas le reste du temps et qu'Emma ne soulevait la question qu'en leur présence. Le problème ne surgissait que lorsque ces trois-là se retrouvaient ensemble, et en voiture. La situation fournissait à la grande sœur, à la petite sœur et à la fille unique un terrain de jeu où elles jouaient aux rivales.

Les enfants de familles nombreuses ne courent pas le danger de passer à côté des questions de rivalité mais de se heurter à des problèmes de compétition à répétition, sans jamais leur trouver une solution satisfaisante. Certains frères et sœurs se débrouillent très bien. À l'inverse, il y a des aînés qui écrasent leurs cadets, alors que leurs parents supposent qu'ils règlent entre eux leurs différends. Ailleurs, les benjamins se rabattent sur la manipulation, ou font leurs coups en douce, de manière à attirer sans arrêt des ennuis aux plus âgés. Pas plus dans un cas que dans l'autre, ils ne parviennent à surmonter les frustrations de leur quotidien au sein d'une fratrie.

« Remplir le réservoir » des frères et sœurs

Il est utile de garder à l'esprit l'image du réservoir à remplir, quand on se penche sur les relations entre frères et sœurs. La rivalité se manifeste le plus fréquemment par une compétition en vue du remplissage du réservoir. Les aînés voient celui du nouveau-né se remplir rien que parce qu'il a l'air à croquer et fait son rot, alors que, quand ils jettent un coup d'œil au leur, le niveau leur paraît toujours au plus bas. Pire : les parents ne semblent pas s'en soucier, à moins qu'ils ne les réprimandent ou les punissent, en vidant encore plus leur réservoir. Par la suite, l'impression peut venir au benjamin que les parents ne remplissent que le réservoir de l'aîné – il a le droit de se coucher plus tard, est plus favorisé, roule sur un vélo sans stabilisateurs, etc. À vrai dire, de nombreux conflits se résument aux tentatives d'un enfant de remplir son réservoir aux dépens d'un autre – en lui volant un jouet, en le faisant pleurer, en se montrant plus malin que lui, en lui attirant des ennuis, et ainsi de suite. Les enfants sont par nature darwiniens et malthusiens (la vie est un combat pour s'approprier des ressources insuffisantes ; seuls les plus forts survivent). Autrement dit, quand un aîné lance : « Tu ne peux pas venir avec nous, tu es trop petit » il veut dire : « Je vais remplir mon réservoir alors que toi, tu resteras coincé ici pendant que le tien se vide. » Quand un benjamin se plaint : « Maman ! Elle est méchante avec moi » il est en train de dire : « S'il te plaît, compense la différence de taille en me donnant plus. »

À l'évidence, il est nécessaire de remplir suffisamment les réservoirs de nos enfants pour qu'ils n'aient pas à s'en chiper le contenu ou à se disputer. On remplira le réservoir de frères et sœurs ou de camarades de jeu comme on le ferait si chacun d'eux se trouvait seul face à nous : en les écoutant, en leur offrant de l'attention, de l'affection, et (faut-il le préciser !) à goûter. Remplir le réservoir d'un enfant lui donne de l'énergie et de l'enthousiasme. Remplir le réservoir de deux enfants ou plus les aide à résoudre des conflits, les incite à se montrer coopératifs et inclusifs, à imaginer des jeux auxquels tous pourront participer. Cela dit, il n'est pas évident de faire un bon plein quand on compare systématiquement le niveau de son réservoir à celui des autres. Et il n'est pas facile de remplir les réservoirs d'enfants qui se battent pour la moindre goutte. Quand ils deviennent casse-pieds à force de réclamer toujours plus que leur part, ils nous coupent l'envie de remplir le réservoir de qui que ce soit. Des frères et sœurs qui se disputent parce que leur réservoir ne leur paraît pas assez plein écopent souvent d'une punition ; ce qui ne résout par le problème mais l'aggrave.

La responsabilité de prendre soin d'autrui, d'un cadet par exemple, peut remplir le réservoir d'un aîné ou le vider, selon son tempérament et ce qu'on attend de lui. Tant que le plus âgé se sent utile et le plus jeune, bien entouré, tout va pour le mieux. Parfois, l'aîné se met en colère : il estime injuste qu'on le prive de sa liberté ou de son temps de jeu. Il se peut aussi qu'il ne sache pas s'occuper correctement du cadet, dont il ne parvient pas à combler les besoins.

Un jour, je vis deux garçons, de sept et trois ans à peu près, sortir de la bibliothèque en se tenant par la main. Ils formaient un tableau attendrissant : le grand frère protégeait son cadet, lequel était en adoration devant lui. La traversée du parking, jusqu'à la voiture où les attendait leur mère, rendit toutefois nerveux l'aîné, qui se mit à crier au plus jeune de se dépêcher et de ne pas s'éloigner de lui. Celui-ci prit peur et ralentit l'allure, ce qui contraria son frère. Leurs réservoirs, pleins à ras bord au début, se vidèrent en un clin d'œil. Avant de confier de jeunes enfants à leurs aînés, il est nécessaire de leur enseigner quelques compétences émotionnelles et de jeu ainsi que les principes élémentaires de sécurité. Ils auront par exemple besoin qu'on leur indique comment laisser à l'occasion les plus jeunes maîtriser le jeu. L'inversion des rôles donne à chacun la possibilité de transposer sur un mode ludique ce que lui inspire la rivalité, plutôt que de le traduire en actes. En se montrant exprès plus lent ou plus faible que le cadet, l'aîné se sentira important et capable, tout en se confrontant symboliquement au cœur du problème.

Leonard, le fils unique de mon ami Jacob, réclame toujours que l'on remplisse son réservoir avant celui des autres. Un jour, Jacob proposa de la crème glacée à son fils et à une amie de ses amies, avant de s'apercevoir qu'il n'en restait presque plus. « Pas grave ! l'assura Leonard. Tu n'as qu'à remplir ma coupe, à ras bord. Elle pourra avoir le reste. » Grâce à Leonard, j'ai compris qu'il arrive aux enfants de désirer quelque chose, rien que parce qu'un autre l'a réclamé. Ma fille et moi lui rendions visite, quand elle lui demanda la permission de lui emprunter un pull. Jacob pria Leonard de prêter à Emma son pull rouge. « Pas question ! C'est mon préféré ! Elle peut prendre n'importe lequel sauf celui-là. » Il se roula par terre sous le coup de la colère. « Mais Leonard, lui objecta son père, tu ne le mets plus depuis des mois. Je ne suis même pas sûr qu'il t'aille encore. » « M'en fiche ! » Leonard y tenait soudain comme à la prunelle de ses yeux, alors que, la minute d'avant, ce n'était qu'un vieux pull, dont il ne se servait plus. Il a suffi que quelqu'un d'autre le convoite pour qu'il lui apparaisse comme un moyen de remplir son réservoir or Leonard n'allait certainement pas laisser ma fille remplir le sien à l'aide de son pull à lui. Pour les enfants de famille nombreuse, comme pour les fils ou filles uniques, la moindre goutte est précieuse : le réservoir n'est pas forcément vide sur le moment mais qui sait de quoi demain sera fait ?

Mon ami Terry avait cinq ans quand sa mère attendit son quatrième enfant. La venue d'un nouveau-né dans la famille l'enthousiasmait, lui et sa sœur de quatre ans, mais l'aînée de sept ans, ayant déjà assisté à l'arrivée de deux petits, savait à quoi s'en tenir. Elle convoqua une réunion entre frères et sœurs : « Écoutez ! Je vous interdis de vous réjouir. Il n'y a déjà pas assez d'amour pour nous trois ; ce sera encore pire à l'arrivée du bébé. » L'anecdote met à mon sens en évidence la nécessité d'assurer nos enfants que nous avons assez d'amour pour tout le monde, même si l'arrivée d'un petit frère ou d'une petite sœur ou un autre événement en tarit provisoirement la source. Nous devons en outre comprendre que beaucoup d'enfants craignent que leurs parents remplissent le réservoir de leur frère ou de leur sœur à l'aide de ce que contient le leur.

La plupart des enfants semblent convaincus qu'il n'y aura pas de quoi remplir le réservoir de tout le monde. Bon nombre d'adultes ne pensent pas autrement. Personne ne viendra spontanément toquer à notre porte pour nous proposer de remplir notre réservoir gratuitement. Si nous-mêmes n'avons pas de quoi donner à nos enfants ce qu'ils réclament, nous aurons intérêt à demander un soutien à notre famille, nos amis ou des thérapeutes. Je suggère ci-dessous quelques pistes pour remplir le réservoir d'une fratrie ou de camarades de jeu. J'indique ce qu'ils sont en droit d'attendre de nous, quand ils se retrouvent ensemble. Vous conviendrez, je l'espère, qu'en principe, de telles ressources ne devraient jamais manquer mais être dispensées librement. Vous avez peut-être l'habitude de n'en offrir à vos enfants que d'une ou deux sortes, quand ils s'en prennent l'un à l'autre. Pourquoi ne pas tenter d'autres approches à l'avenir ? Vous verrez bien ce qu'il adviendra.

- *Proposer une solution.* En tant que parents, nous connaissons bien nos enfants. Une simple proposition suffit parfois à résoudre un conflit. « Va prendre l'air [...] accordez-vous un peu de temps, chacun de votre côté [...] si nous invitions des amis à toi et à ton frère ? [...] pourquoi ne pas jouer à la bagarre ? [...] ça vous dirait de goûter ? » Supposons que deux frères se battent pour un reste de jus de fruits. Presser quelques oranges de plus mettra un terme à la dispute. Il s'agit là d'une solution simple et efficace. Vous pouvez aussi leur ordonner de partager, mais c'est nettement moins efficace. Cependant, à trop souvent trancher les problèmes à la place des enfants, on ne leur apprend pas à y réfléchir eux-mêmes. Comment savoir si nous intervenons plus que nécessaire ? Le rejet en bloc de nos propositions doit nous alerter. Plutôt que de chercher une autre piste, il convient d'y voir le signe que les enfants tiennent à se confronter eux-mêmes à la difficulté. Au pire, vous pourrez toujours vous rabattre sur l'approche « idiot du village » : « Mettez-vous d'accord ou je me verse le reste du jus sur la tête ! »

Les conflits entre frères et sœurs comportent une charge émotionnelle telle que déterminer le meilleur moyen de les résoudre n'a rien d'évident. Certains parents punissent systématiquement l'aîné en prenant le parti du plus jeune. D'autres, en entendant le plus grand s'en prendre au benjamin, se contentent de commenter : « Moins de bruit s'il vous plaît ! » Les solutions qui nous viennent à l'esprit ne sont pas toujours très originales : « Partagez [...] Chacun son tour [...] Dix minutes chacun [...] Cette fois, c'est toi qui commences vu qu'elle a commencé l'autre jour [...] Excuse-toi. »

De nombreux parents s'imaginent n'avoir le choix qu'entre proposer une solution toute faite ou laisser les enfants se débrouiller. Nous pouvons toutefois leur venir en aide autrement qu'en leur imposant nos idées.

- *Encourager les enfants et leur inspirer confiance en leurs capacités.* Les enfants ne trouveront de solutions efficaces qu'à condition que nous restions à leurs côtés pour leur fournir nos encouragements et leur manifester notre confiance. Sous l'emprise de la frustration, ils risquent de recourir à leurs stratégies primitives : crier, frapper, pleurer ou geindre. Leur ordonner de se débrouiller eux-mêmes avant de tourner les talons n'est donc pas une attitude responsable. D'un autre côté, s'interposer trop vite risque de miner leur assurance. Il nous reste à leur souligner que nous avons confiance dans le fait qu'ils trouveront une solution qui convienne à tout le monde. Pendant qu'ils y réfléchiront, nous resterons auprès d'eux en les encourageant et en les retenant d'en venir aux mains sous le coup de la frustration.

- *Encourager les enfants sans marcher sur leurs plates-bandes requiert un délicat équilibre.* Je vais souvent dire : « Je suis sûr que vous finirez par résoudre le problème. Quelqu'un a une idée ? » « Je ne sais pas ce qu'il faut faire au juste, mais je suis sûr qu'il existe une solution. Réfléchissons-y. » « Comment comptez-vous faire pour ne laisser personne à l'écart ? » « Arrêtez de vous taper dessus ou je range les jouets. Je suis certain que vous allez trouver un moyen de continuer sans violence. » « Ça ne va pas : tout le monde se bat pour passer en premier et personne n'a l'occasion de jouer. Comment se débrouiller pour que chacun ait droit à son tour ? » Vous remarquerez que les derniers exemples offrent un début de solution – ne laisser personne à l'écart, veiller à la sécurité de chacun – tout en laissant les enfants réfléchir à la mise en pratique.

Un autre exemple d'ébauche de solution consiste à lâcher : « Mark est vraiment contrarié. Que comptez-vous faire pour qu'il se sente mieux ? » plutôt que le sempiternel « excuse-toi » ou « il ne l'a pas fait exprès ». Rien ne m'agace plus que les excuses pas sincères pour deux sous des enfants qui veulent juste que papa ou maman leur fiche la paix. Malgré tout, je vois sans arrêt des parents tomber dans le panneau de demander ce type d'excuses.

J'ai remarqué qu'inciter les enfants à démêler seuls leurs problèmes donne des résultats remarquables, à condition qu'ils puissent compter sur notre soutien. Il est fort possible qu'ils optent pour les solutions que nous leur aurions nous-mêmes soufflées, sauf que ce n'est pas pareil quand elles viennent d'eux. Leurs solutions sont plus créatives, leurs excuses plus sincères, et leurs compromis plus facilement acceptables par tous. Ensuite ils peuvent vraiment coopérer, au lieu d'alterner les tours de mauvais gré.

- *Inonder les enfants d'affection.* Il n'en faut parfois pas plus ! À condition de remplir leur réservoir de la manière la plus élémentaire qui soit – par un bisou, un câlin, une histoire, un mot gentil, en leur consacrant du temps ou en leur préparant un plat qu'ils aiment particulièrement – ils s'occuperont du reste. J'ai beau mettre l'accent sur le jeu et l'humour, je reconnais qu'il y a des moments où priment la tendresse et le réconfort. Quand un enfant en blesse un autre, physiquement ou pas, il peut être bon de l'écouter pleurer avant de se creuser la tête en quête de solutions ou de lui glisser une idée de jeu. N'oublions pas de réconforter tout autant celui qui a reçu des coups que celui qui en a donné. Ce dernier aussi a besoin d'un peu de notre attention et pas sous la forme d'une punition.

L'attitude pénible d'un enfant indique en général un besoin d'amour. Il est hélas probable que, dans ces moments-là, il rejette nos démonstrations d'affection. À nous de ne pas baisser les bras et de lui témoigner notre attachement jusqu'à ce qu'il s'en convainque ! Le problème vient de ce qu'un enfant qui nous a tenu tête ou nous a créé des difficultés ne nous donne pas l'envie de l'aimer. Voilà d'ailleurs pourquoi les enfants redoutent tant que l'amour vienne à manquer. Surmonter notre répugnance à donner de l'affection aux enfants qui se sont « mal » comportés évitera que l'amour passe pour un bien rare.

Les enfants éprouvent le besoin de donner de l'affection et pas seulement d'en recevoir. Ils combleront ce besoin en nous aimant, nous, leurs poupées, leurs frères et sœurs, leurs amis ou leurs animaux domestiques. Les garçons ont hélas moins d'occasions de témoigner leur tendresse – hormis peut-être aux animaux. Vu qu'ils ne peuvent serrer contre eux leurs camarades ou les tenir par la main ou leur dire qu'ils les aiment sans que d'autres les taquinent ou les tabassent, ils se houspillent, s'insultent et s'en prennent les uns aux autres. Ils expriment ainsi à la fois leur attachement et leur hostilité : ils remplissent les réservoirs les uns des autres et les renversent en même temps ; ce qui est parfois déroutant à observer.

- *Protéger*. Même s'il n'est pas évident de déterminer quand des enfants se blessent vraiment et quand ils font seulement semblant, nous pouvons leur éviter des coups inutiles. S'il est impossible, et peu souhaitable, d'éviter à un enfant les moindres ecchymoses ou chocs émotionnels, il convient en revanche de leur épargner les blessures les plus destructrices que les enfants sont susceptibles de s'infliger les uns aux autres. Nous interdirons ainsi à un grand de frapper un plus faible, et il se pourra qu'il faille surveiller de près les groupes où l'un ne cesse de recevoir des coups. Il est en outre impératif de s'assurer que personne ne sert de bouc émissaire, n'est abusé ou terrorisé par les autres.

Une protection adéquate, sans intrusion excessive, fait davantage que d'éviter aux enfants de sérieuses blessures, elle leur confère un sentiment de sécurité. Un enfant qui estime ne rien avoir à craindre de ses pairs s'entendra mieux avec eux et jouera plus librement et plus gaiement.

Les enfants doivent savoir que la liberté dont ils disposent ne les autorise pas à faire mal aux autres. Un programme intitulé « Comportements protecteurs » leur enseigne qu'il est légitime qu'eux comme les autres se sentent en sécurité, qu'il n'y a rien de si terrible qu'on ne puisse en parler à quelqu'un et qu'il ne faut jamais renoncer à chercher une oreille attentive[78]. Voilà, selon moi, de merveilleux messages à délivrer ! Tant que les enfants ne seront pas capables de se maintenir, eux et les autres, à l'abri du

78. Peg Flandreau West, *The Basic Essentials* (Madison, Wis., Protective Behaviors, Inc., 1989).

danger, il dépendra de nous de nous assurer que nul n'abuse d'eux ni ne les laisse à l'écart. Comme n'importe quel thérapeute, j'ai entendu des quantités d'adultes me raconter que leurs frères ou sœurs les traumatisaient ou les brutalisaient et que leurs parents ne s'en rendaient pas compte ou ne voulaient pas l'admettre.

- *Prendre du recul.* En tant que parents, nous avons tendance à nous perdre dans les détails des conflits entre nos enfants : qui a fait quoi à qui ? qui va payer ? Un peu de recul aide cependant à rester calme et à faire part aux enfants des réflexions que nous inspirent les scènes dont nous sommes témoins. Il arrive qu'il suffise, comme par magie, de récapituler posément la position de chacun : « Tu veux la balle parce qu'elle t'appartient ; il la veut parce qu'il n'a pas encore eu l'occasion de jouer avec. » Écouter puis reformuler ; il n'en faut parfois pas plus. Et pourquoi ne pas conclure par une invite à la réflexion ? « Toi, tu veux jouer aux Lego et toi, au basket. Qu'est-ce que vous allez faire ? » Enfin, prendre les choses à la légère ne fait jamais de mal : « Hmm, je vois ça d'ici : c'est le coup classique. Ça a commencé quand elle s'est vengée. »
- *Privilégier les solutions gagnant-gagnant.* Dans le domaine de la négociation et de la médiation, les solutions gagnant-gagnant sont celles où chacun trouve un bénéfice à la solution choisie. L'alternative est le jeu à somme nulle dans lequel l'un doit perdre pour que l'autre gagne. Même s'il n'est pas toujours possible d'atteindre une solution gagnant-gagnant à chaque fois, cela doit rester notre objectif. Pour cela, il suffit d'écouter attentivement ce que chacun veut et ressent. Souvent, sous d'insurmontables désaccords, il y a de la place pour une solution élégante susceptible de contenter chacun. Au moins, chaque enfant doit se sentir écouté, convaincu que l'on prend en considération ce qu'il éprouve. Tout le monde a son mot à dire, même si tout le monde n'obtient pas gain de cause. En proposant d'entrée

de jeu un compromis, nous risquons d'interférer avec l'élaboration d'une solution gagnant-gagnant. Mettons par exemple que nous intervenions dans un conflit entre sœurs en disant : « Cessez de vous chamailler ! Chacune son tour. Dix minutes, pas plus. Jody, tu commences. » Les filles refusent ou cèdent à contrecœur en continuant à se plaindre. Imaginez maintenant que nous leur disions : « OK, les filles, qu'est-ce qui se passe ? Que veux-tu ? et toi ? » Nan dit qu'elle veut l'avoir en premier, parce que c'est elle qui a eu l'idée, mais elle s'en fiche de s'amuser avec longtemps ou pas. Jody veut au contraire jouer longtemps avec ce jouet qu'elle adore ; elle craint qu'en laissant sa sœur commencer, celle-ci ne le lui abandonne jamais. La solution est simple : Nan s'amuse d'abord, un petit moment, Jody ensuite, plus longtemps. Et cette fois, tout le monde est content. Au lieu de personne n'est vraiment content comme dans notre solution première.

Il est nécessaire d'accorder de l'attention, du temps et de la réflexion aux relations des frères et sœurs entre eux. Le « réservoir » d'une relation interpersonnelle peut se vider comme celui d'un individu. Dans un monde idéal, les enfants d'une même famille n'éprouveraient que de l'affection les uns pour les autres. Dans la réalité, une relation ne donne satisfaction qu'à condition de l'entretenir. Il me semble utile de réserver un temps spécifique aux relations dans la fratrie : « L'heure qui vient est une spéciale "frères et sœurs". Nous ferons ce que vous voudrez. » S'ils souhaitent la passer à se disputer à propos de quoi faire, très bien ! Pas la peine de s'interposer en tranchant le problème à leur place ! Si la discussion s'est excessivement envenimée, vous pourrez insister sur la nécessité pour eux de se rapprocher : « J'ai remarqué que vous vous étiez beaucoup disputés. Je voudrais vous donner un coup de pouce pour vous rabibocher. Ça compte beaucoup pour moi que vous restiez proches. »

Une fois lancée l'idée, il convient de laisser l'initiative aux enfants. Peut-être se plaindront-ils l'un de l'autre. Vous les aiderez alors à mettre des mots sur ce qu'ils ressentent en les écoutant avec respect. Peut-être joueront-ils à se bagarrer en profitant de votre attention pour exprimer symboliquement leur rivalité. Peut-être leur viendra-t-il une brillante idée à laquelle vous n'aviez pas songé. Peut-être aussi lèveront-ils les yeux au ciel. Après tout, pourquoi pas.

- *Se montrer d'humeur joueuse.* Qu'arriverait-il, si tout le temps que vous gaspillez à houspiller vos enfants pour qu'ils cessent de se chamailler, vous le passiez à jouer avec eux ? Je parierais qu'ils se querelleraient moins, s'apprécieraient plus et que vous aussi vous amuseriez plus. Un excellent jeu consiste à s'emparer du jouet qu'un frère et une sœur se disputent avant de s'enfuir en courant. Une bataille de polochons à trois n'est pas à dédaigner non plus.

Dans un chapitre antérieur, j'ai évoqué la possibilité de commenter les jeux des enfants au fur et à mesure de leur déroulement. Cette idée fonctionne particulièrement bien avec les fratries. La méthode associe plusieurs des possibilités que j'ai détaillées ci-dessus mais, surtout, le résultat vous amusera. Imaginez que vous assistez à un match de tennis, que vous commentez en suivant des yeux la balle, d'un côté à l'autre du court.

– Que se passe-t-il ? (En surgissant entre les deux belligérants.)

– Il m'a pris mon crayon rouge.

– Incroyable ! (En tournant la tête vers l'autre enfant.) Il dit que tu lui as pris son crayon rouge.

– J'en avais besoin ; il ne s'en servait pas.

– (Tête retournant vers le premier.) Il affirme que tu ne t'en servais pas et qu'il en avait besoin.

– J'allais m'en servir, justement. Puis c'est le mien !

– (Tête vers l'autre.) Il dit qu'il allait justement s'en servir et que c'est le sien.

En moins de temps qu'il n'en faut pour l'écrire, ils riront de bon cœur, au lieu de se quereller amèrement. Prendre le ton détaché d'un idiot du village aidera également à dédramatiser les conflits.

- *Renoncer à la parfaite égalité.* Il s'agit de donner à chacun selon ses besoins plutôt que de chercher à tout prix l'impartialité. La quête de la parfaite égalité n'amène que des déceptions. Debbie a des bottes neuves. Cathie en veut une paire. Pour un peu, elle en piquerait une colère, alors que ses bottes peuvent encore lui durer un an. Cathie a bel et bien besoin de quelque chose : elle insiste sur le fait que c'est de chaussures neuves mais, en réalité, c'est qu'on lui remplisse son réservoir. La joie de sa sœur lui a mis en tête que de nouvelles chaussures feraient l'affaire. Nous savons qu'elle se trompe mais elle l'ignore. Une solution possible consiste à serrer Cathie dans nos bras pendant qu'elle se plaint en pleurant que ce n'est pas juste et lui rappeler que notre amour va bien au-delà d'une paire de bottes. Une autre reviendrait à trouver le moyen de combler son besoin d'« assez » d'amour et d'affection.

Une institutrice me demanda un jour mon aide : les parents de deux de ses élèves, des jumeaux de sept ans, s'efforçaient de leur réserver un traitement rigoureusement égal, et pourtant, ils piquaient de plus en plus de colères à cause de ce qu'ils percevaient comme autant d'injustices. Je conseillai de renoncer à l'égalité parfaite ; un idéal inaccessible. Mieux valait se pencher sur le sentiment des jumeaux qu'on ne les aimait pas assez. L'institutrice communiqua mes recommandations aux parents, qui décidèrent de les mettre en pratique, histoire de voir. Peu après, la mère des jumeaux revint d'un voyage d'affaires. Au lieu de leur donner la même sucrerie à tous les deux, comme à son habitude, elle offrit un bonbon à la fraise à Joel et un autre à la framboise, à Harvey, le plus préoccupé par l'injustice. Il piqua une crise en protestant : « Ce n'est pas juste ! » La mère ne contourna pas le problème en s'arrangeant pour qu'ils aient droit à un traitement égal ; à une moitié des deux bonbons chacun, par exemple, comme elle l'eût fait par le passé : Joël aurait hurlé que ce n'était pas ce qu'il voulait. Elle se contenta de serrer Harvey contre elle et de compatir à sa souffrance en lui disant d'une voix douce : « Je sais, ce n'est pas juste. » Leur petit dialogue se répéta une bonne centaine de fois. À la fin, Harvey leva les yeux sur sa mère et admit : « Je préfère les bonbons à la framboise. » Il la serra contre lui. À compter de ce jour, la situation s'arrangea considérablement, à la maison comme à l'école.

Le pouvoir secret des cadets et autres mystères de la dynamique familiale

Leur histoire personnelle incitera certains à prendre la défense des plus petits ou des plus faibles, quitte à brider le libre déroulement du jeu. D'autres tendront au contraire à ne pas se mêler de ce que fabriquent les enfants ; tant pis si certains se vexent ou récoltent un bleu. Avant, quand un conflit surgissait, je prenais systématiquement le parti des plus jeunes (devinez qui est le benjamin dans ma famille !). Mais je me rends maintenant compte que c'est un peu plus compliqué que ce que je croyais. Il est rare de rencontrer un enfant cent pour cent méchant ou une victime parfaitement innocente au sein d'une fratrie. Quand je vois un aîné lever la main ou crier sur son cadet, je demande à sa « victime » : « Comment tu te venges de ça ? » La plupart du temps, j'ai droit à un petit sourire en coin alors qu'une étincelle s'allume dans ses yeux. Il arrive aussi qu'il ou elle m'avoue franchement : « Je lui attire des ennuis [...] je lis son journal intime en cachette [...] je mets le désordre dans ses affaires [...] je m'arrange pour lui taper sur les nerfs. »

Tommy, le fils de mes amis Louisa et Ross, va sur ses neuf ans. Chaque fois qu'il joue avec son père, c'est la même histoire : il finit par fondre en larmes, bouder, rager en reprochant à son père quelque chose qu'il a fait de travers. Louisa accourt, s'en prend à son mari, affirme qu'il a été trop loin, qu'il ne sait pas s'arrêter et qu'il n'est qu'un gamin lui-même. Elle accepte sans discuter la version des faits de Tommy parce qu'il pleure, qu'il est dans tous ses états et que c'est lui, le plus jeune. Ross, sur la défensive, proteste : « Il y a deux minutes, il en riait. Je ne vois pas où est le drame ! » À entendre Louisa, le problème vient de son mari ; Tommy n'est qu'un pauvre enfant sans défense et elle, un témoin passif de l'incident, pris entre deux feux. Ross, lui, considère Tommy comme un sale gosse gâté qui obtient toujours ce qu'il veut. Selon lui, Louisa empire la situation alors que lui-même n'a rien à se reprocher.

Cette façon d'envisager le problème les plongeait dans l'impasse. Il était peu probable que l'affaire se dénoue. Je proposai à Ross et Louisa une autre explication : je leur rappelai ce qui se passe souvent entre Tommy et sa petite sœur Lucy. Ils jouent de bon cœur ensemble, Tommy la rudoie un peu trop et Lucy hurle en pleurant ; ce qui attire des ennuis à son frère. Maman accourt et gronde Tommy. Ça vous rappelle quelque chose ? À mon sens, Tommy joue à inverser les rôles : il reproduit avec son père l'échange entre sa sœur et lui sauf que, cette fois, c'est à lui de se plaindre, et à quelqu'un d'autre de s'attirer des reproches. Maman en veut en effet à Papa plutôt qu'à lui.

À dire vrai, attirer des ennuis à l'aîné fait partie des stratégies éprouvées des cadets. Ils en connaissent de nombreuses autres, bien sûr. Et maintenant que je m'en rends compte, je suis nettement moins prompt à voler au secours de ces pauvres victimes innocentes. Un jour, je jouais au Scrabble avec Greg. Sa sœur Barbara lisait auprès de nous. En général, Greg abuse de son autorité d'aîné sur sa cadette, gentille comme tout. Celle-ci jouait à ce moment-là avec un cordon. Chaque fois qu'il heurtait Greg, ce dernier la disputait. Elle ne lui répondait rien mais ne cessait pas pour autant de le taquiner. Je demandai à Barbara ce qu'elle faisait pour se venger de son aîné, quand il lui criait dessus. Le frère et la sœur me répondirent en même temps : « Rien ! » Peu après, Greg plaça « cacauète » en me demandant si ça s'écrivait bien ainsi. Barbara s'interposa, d'un ton méprisant : « J'aurais cru que tu le savais, Greg. Moi, je le savais. » « Ha ! rétorquai-je. C'est comme ça que tu te venges, par de petites piques. » Barbara gloussa. Greg haussa les épaules d'un air déconcerté.

Le parentage ludique au sein de la fratrie

L'histoire qui suit s'inspire de ce que m'a confié une mère de famille participant à un atelier que j'animais. (NB : j'ai condensé plusieurs temps de jeu [et de bagarre] en un seul afin de mieux illustrer les principes élémentaires du parentage ludique avec une fratrie.) Dave et Alice venaient de passer l'après-midi à se quereller, comme à leur habitude. En fait ils se disputaient depuis tout petits et à sept et huit ans, plus que jamais. Leur mère entend une petite voix aggravant le tout dans sa tête – celle de sa propre mère – lui reprochant : « Je t'avais dit de ne pas avoir un deuxième enfant aussi vite après le premier. » Elle est sur le point de hurler. Les enfants ont besoin qu'on remplisse leur réservoir (de même que leur mère). Ils ont en outre besoin de jeux qui les rapprochent et les aident à passer outre leur envie de s'écharper pour renouer avec la joie et la bonne humeur. Leur maman commença par remplir leurs réservoirs vides en les câlinant chacun leur tour et en leur accordant cinq minutes de son attention exclusive avant de leur proposer à goûter.

Prenant le temps de souffler, elle se dit : « Comment interpréter leur attitude ? J'imagine qu'ils ne se disputent pas seulement pour me rendre dingue. Sans doute cherchent-ils à satisfaire un besoin. Et s'ils essayaient de me dire qu'il leur faut plus d'attention ? Peut-être craignent-ils que je ne les aime pas autant l'un que l'autre ? Peut-être le plus jeune est-il frustré d'échouer là où réussit l'aînée. À moins qu'elle ne craigne que son frère la rattrape et qu'on s'intéresse moins à elle ? » Elle essaya de traduire leur attitude en termes de relations : « Dave et Alice souhaitent se rapprocher l'un de l'autre – je le suppose du moins, même si ce n'est pas l'impression qu'ils donnent – or il y a un problème : Alice ne s'amuse avec Dave qu'à condition que tout se passe comme elle le désire. Dave ne s'amuse avec Alice que tant qu'elle ne lui donne pas d'ordres. Il n'y a rien d'étonnant à ce que des difficultés surgissent. Quand leur réservoir se vide, Dave frappe et Alice hurle ; ce qui vide encore plus leur réservoir et ne relève pas le niveau du mien non plus. »

Dans le cadre de l'atelier que j'animais, la mère de Dave et Alice prétendait toujours qu'elle n'avait pas le temps de se mettre à quatre pattes par terre pour jouer avec eux. En l'entendant évoquer les conflits entre ces enfants, et ce qu'ils lui inspiraient, les autres participants la convainquirent toutefois de faire l'effort. Je conseille toujours aux parents de calculer le temps qu'ils passent à punir, crier et sortir de leurs gonds et de consacrer ce temps au jeu. Les autres parents lui rappelèrent en outre que l'hostilité de ses enfants l'un envers l'autre était tout à fait normale et qu'au-delà de leur colère et de leur frustration apparentes, ils s'appréciaient probablement. Ces conseils encourageants parurent l'aider. L'atelier se conclut enfin sur une note d'humour : les guides pratiques consacrés à la rivalité entre frères et sœurs la jugent tous parfaitement normale… ce qui ne les empêche pas de proposer des solutions pour y mettre un terme.

Voici maintenant la partie amusante de mon histoire : la mère d'Alice et Dave appliqua mes recommandations en décidant de jouer avec ses enfants. Elle tenait toutefois à ce que le temps qu'elle leur consacrerait leur profite au maximum. Elle s'était mise au diapason de leurs sujets de disputes, des préoccupations qu'elle avait pu observer tout au long de ces dernières années. Chacun avait entre autres le sentiment d'être lésé par rapport à l'autre, l'aînée considérait le plus jeune comme un intrus ; celui-ci trouvait la première autoritaire. Au moment de se lancer, la mère n'avait pas d'idée précise en tête mais s'estimait prête à tout essayer. En fait, plonger dans le jeu sans aucun plan est une excellente stratégie de parentage ludique.

Résolue à ce que le temps de jeu ait le plus d'impact possible sur ses enfants, elle commença par établir avec eux un contact étroit en les attrapant, tandis qu'ils se battaient pour un jouet. Tous trois atterrirent sur le canapé en riant aux éclats. Elle prétendit qu'il faudrait une épée pour la scinder en deux, afin que chacun obtienne une moitié d'elle. Puis elle imita ses enfants, en pleine dispute : « Tu as eu le foie ; moi, la rate, ce n'est pas juste ! Je l'ai pris le premier. » Peut-être le sens profond de leurs chamailleries n'était-il pas celui qu'elle leur prêtait. Quoi qu'il en soit, elle capta au moins leur attention, alors qu'elle n'y parvenait pas en recourant à sa technique habituelle : crier pour qu'ils arrêtent. Elle les observa de près pour s'assurer qu'ils riaient de bon cœur, et que son petit numéro les amusait sans les vexer. Comme ils s'en donnaient à cœur joie, elle continua sur sa lancée tout en les câlinant quelques minutes de plus. Elle les laissa ensuite se battre pour elle et leur cria : « Vous aimez le chien plus que moi. Bouh ! Ouin ! » (Elle inversait à présent les rôles en assumant celui de la moins aimée.) Faute du succès escompté, elle s'empara du jouet que convoitaient ses enfants et s'écria : « Il est à moi, maintenant », avant de s'enfuir en courant. Dave et Alice la poursuivirent, enfin unis contre un ennemi commun.

À ce moment-là, remis de la stupeur provoquée par l'attitude de leur mère, ils lui proposèrent des idées de jeu, ce qui lui facilita la tâche. « On dirait qu'on a fugué et que c'est toi la maman. » Elle entra dans le rôle : « Je vous en prie, ne fuguez plus ! Je vous laisserai vous disputer autant que vous le voudrez. Je vous autoriserai même à vous taper dessus... Oh, mes petits chéris... » En leur courant après, tandis qu'ils poussaient des cris perçants.

Au bout d'une heure de jeu, maman annonça qu'elle devait s'occuper du dîner. Catastrophe ! Alice protesta aussitôt : « Tu ne joues jamais avec nous. » Dave ordonna à sa sœur de la boucler en la bousculant. Elle poussa un cri perçant. À son tour, Maman éleva la voix, mais pour rire : « Ah ! Maintenant, il va falloir que je plonge dans l'aquarium et que je me mette à chanter. » À ces mots, tous éclatèrent de rire. Cette fois, les enfants laissèrent leur mère s'en aller sans récriminations et continuèrent à jouer de leur côté, dans la joie et la bonne humeur, pour la première fois depuis des semaines.

Dès que l'impression lui venait de perdre son temps ou de manquer d'énergie pour de telles bêtises, maman se rappelait qu'elle s'attelait à la tâche essentielle de consolider à la fois sa relation avec ses enfants et les liens entre eux. Plus tard ce soir-là, une fois les petits au lit, elle téléphona à son frère. Elle se plaignit un moment des insupportables enfants, et puis rit à gorge déployée en songeant qu'elle n'aurait plus su où se mettre si quelqu'un l'avait surprise à faire l'imbécile à quatre pattes par terre. À la fin, elle pleura un peu en admettant qu'elle les aimait énormément mais craignait qu'ils se détachent l'un de l'autre en grandissant. Son frère lui sut gré de son honnêteté. Il reconnut que lui aussi rencontrait des problèmes face à l'un de ses enfants.

Elle lui offrit une oreille attentive, en dépit de sa fatigue, en réciprocité de son écoute. Son problème était que sa femme estimait qu'il favorisait leur fils aîné. Lui n'était pas d'accord : il trouvait au benjamin un caractère plus difficile. Ils discutèrent encore un peu et après s'être écoutés chacun leur tour, le frère et la sœur se rappelèrent des anecdotes amusantes de leur enfance, concernant leur rivalité passée. Au moment de raccrocher, ils se sentaient tous deux soulagés et ragaillardis.

15.
Recharger vos batteries

Rien ne renforce autant notre isolement que nos secrets.
Paul Tournier

Il y a peu, une amie me passa un coup de fil pour me demander conseil à propos de ses enfants. Je lui glissai quelques suggestions. Froissée, elle rétorqua :

– C'est déjà ce que tu m'as dit, la dernière fois.

– Et alors ? Tu as essayé ?

– Non mais…

– Attends ! Je ne vais pas me creuser la tête, que je n'ai déjà pas bien profonde, à chercher une idée neuve, si tu ne prends même pas la peine de mettre en pratique la précédente !

Nous avons ri, tous les deux, et elle m'a promis de suivre mon conseil. Je ne sais pas si elle a tenu parole.

Bien que la plupart des parents soient avides de conseils, beaucoup rechignent à appliquer ceux qu'on leur donne ou même ceux qu'ils connaissent déjà. Autrement dit, je me rends compte que, même si beaucoup adhèrent aux principes du parentage ludique, ils estiment difficile de les mettre en œuvre. Si seulement il suffisait de dire : « Essayez donc ! » Il semblerait qu'il faille quelque chose en plus. Une meilleure connaissance des enfants et plus d'informations sur le métier de parent n'apportent pas la solution à tous les maux. J'espère que ce chapitre apportera l'ingrédient manquant.

Chacun son tour : le nôtre aussi

Avant de nous sentir en mesure d'appliquer quelque conseil que ce soit, je pense qu'il nous faut recharger nos batteries, remplir nos propres réservoirs vides, nous écouter les uns les autres, et sortir de nos propres forteresses d'isolement et d'impuissance. Autrement dit : l'heure a sonné de revenir aux principes exposés au fil de ces pages pour les appliquer à vous-même.

Le premier pas pour recharger ses batteries consiste à admettre ce que l'on ressent en jouant – de l'ennui, de la frustration, du ressentiment, de la colère, de l'agacement, de l'anxiété, de la fatigue, de la difficulté à fixer son attention, l'impression d'être dépassé, etc. Voici ce que beaucoup de parents m'ont dit : « Mes enfants ont déjà droit à bien plus d'attention que moi, à leur âge… Et pourtant je retombe sans cesse dans les mêmes automatismes, les sempiternels rapports de force… Aucun adulte n'a jamais joué avec moi de cette manière […] Je suis trop fatigué après ma journée de travail et les soins à donner aux enfants pour jouer avec eux […] j'essaye bien de jouer mais je dois lutter contre le sommeil […] Ce jeu est d'un ennui !… […] Je ne peux quand même pas jouer : si vous voyiez le boulot qui s'accumule sur mon bureau […] ça me met en rogne quand il fait l'enfant gâté. »

Ce que nous éprouvons nous donne envie de renoncer, d'exploser ou d'aller piquer un somme ; n'importe quoi plutôt que de continuer à jouer. Quand nos émotions nous débordent, ce n'est pas facile de nous amuser ni de rester attentif aux enfants et à leurs besoins. Jouer avec des enfants met à mal notre propension à garder enfoui au plus profond de nous ce que nous ressentons. Pas plus que nos enfants, nous ne réussirons à nous amuser sans verser au préalable les larmes accumulées, détendre nos muscles crispés, évacuer nos phobies et nos inquiétudes. Notre tour est venu ! Il est temps que quelqu'un nous écoute – c'est-à-dire remplisse notre réservoir – pour que nous puissions remplir ceux de nos enfants en jouant avec eux comme ils le souhaitent.

Remplir notre propre réservoir

J'ai décrit le parentage ludique comme un moyen de combler le besoin d'attachement, d'affection, d'amour, de sécurité, d'assurance et d'intimité des enfants. Quand leur réservoir est vide, c'est nous qui le remplissons. Mais le nôtre ? Le temps passé en compagnie de nos enfants suffit à le remplir tant que notre métier de parent nous apporte de la joie. C'est aussi une rude tâche. Le temps que nous consacrons à nos enfants (ne serait-ce qu'en pensant à eux) peut ne pas remplir notre réservoir.

La manière la plus élémentaire de remplir ce dernier s'avère assez simple : trouver quelqu'un qui nous écoute. Notre partenaire, un autre parent, un ami ou un thérapeute. Quelqu'un, en tout cas, qui nous prête une oreille attentive, respectueuse, sans nous donner de directives, qui ne renonce pas à nous écouter parce que nous fondons en larmes, éclatons de rire ou nous mettons à trembler de peur ou de rage. Il nous faudra peut-être habituer nos confidents à ne pas nous interrompre ni nous dire ce que nous devrions penser ou ressentir. Et s'ils n'en font pas leur profession, nous les écouterons à notre tour.

La plupart d'entre nous n'ont pas été suffisamment écoutés. Juste au moment où nous voudrions que quelqu'un nous prête l'oreille, il a le culot de réclamer que nous l'écoutions, nous ! Les thérapeutes vous font payer leur attention à un prix élevé. Beaucoup s'imaginent donc qu'une oreille attentive ne court pas les rues. Je vais vous confier un secret : des tas de gens seront ravis de vous écouter, pour peu que vous proposiez la réciprocité et parliez/écoutiez chacun votre tour – un tour, ce peut être cinq minutes au téléphone ou deux heures d'échange de cœur à cœur. Parler (compte tenu des émotions dont nous nous libérons en confiant en toute franchise ce que nous éprouvons et pensons) est l'équivalent adulte du jeu. C'est ainsi que nous exprimons aux autres ce qui se passe en nous et c'est notre manière de nous recentrer.

Après un effort particulier pour appliquer les principes du parentage ludique, nous confier à quelqu'un ne sera pas du luxe. Nous avons exposé nos zones de vulnérabilité en tentant de rétablir le contact, en encourageant nos enfants à persévérer face à la frustration, ou encore en faisant la bagarre jusqu'aux limites de notre endurance. À présent, notre tour est venu et nous avons besoin d'en parler à quelqu'un. Nous avons aussi à confier nos secrets de parents les plus douloureux, ceux que nous cachons même à nos meilleurs amis. La plupart des parents n'en reviennent pas de ne pas être les seuls à rêver de rouer de coups un enfant qui les fait tourner en bourrique ou à s'ennuyer à mourir en jouant ou à trouver injuste d'accorder tant d'attention à leur enfant (et d'en obtenir si peu en retour).

La citation au début de ce chapitre insiste sur l'intérêt de partager un secret. Nous confier à quelqu'un, surtout s'il se montre compatissant et compréhensif, nous soulage. À mon sens, si nous les parents paraissons tout le temps épuisés, c'est parce que nous portons des quantités d'inquiétudes, de sentiments de honte, de ne pas être de bons parents, de ne plus savoir quoi faire et d'autres encore, tout aussi pénibles. Il nous arrive même de garder pour nous nos joies, de crainte qu'on ne se moque de nous, tant le bien-être de nos enfants nous tient à cœur, tant nous paraît fou l'amour que nous leur portons.

De nombreux parents, en particulier les mères, se parlent de manière informelle. Peut-être souhaitez-vous malgré tout des échanges plus intenses que ceux que vous avez avec de simples connaissances, ou même avec vos amis ou votre famille. Sans disserter ici sur l'art de l'écoute, j'aborderai quelques points clé[79]. Une bonne écoute est à double sens, dans le respect de la confidentialité : celui qui parle doit pouvoir tout dire sans risquer d'être jugé, rejeté, ou interrompu par quelqu'un qui lui rétorquera « moi, c'est pareil » avant d'embrayer sur sa propre histoire.

Les adultes qui parlent à cœur ouvert finissent souvent par pleurer ou se laisser envahir par la peur ou piquer l'équivalent

---

79. La meilleure source d'informations que je connaisse, concernant la capacité à écouter, reste une organisation baptisée Re-evaluation Counseling. Vous pouvez consulter leur site Internet ircc.org ou *Fundamentals of Co-Counseling Manual* (Seattle, Rational Island Publishers, 1982)

adulte d'une crise de rage. La personne prêtant une oreille attentive laissera simplement celui qui a la parole évacuer ses émotions sans chercher à les réprimer. On évitera donc de dire : « Allez ! Souris. Bois un coup, n'y pense plus ; pas de quoi en faire un fromage ! » Quelqu'un qu'on aura écouté attentivement se sentira plus léger, plus enthousiaste, plus sûr de lui. Sans compter qu'écouter autrui fait autant de bien que de s'épancher soi-même.

Même deux parents dont les réservoirs sont vides pourront les remplir en s'écoutant mutuellement. Peut-être qu'au début, l'un d'eux interrompra l'autre toutes les cinq secondes ou laissera ses pensées vagabonder du côté de sa liste de courses. Malgré tout, même une écoute superficielle peut aider, d'autant qu'au bout de quelques minutes, l'attention se resserre souvent. N'hésitons pas à nous rapprocher d'autres parents et à engager la conversation. Tout le monde en a besoin. Voici une liste de questions pour commencer :

- Quels souvenirs gardez-vous de l'époque où vous aviez l'âge qu'ont aujourd'hui vos enfants ?
- Ces souvenirs vous aident-ils à comprendre les problèmes que rencontrent vos enfants ?
- Qu'espérez-vous pour vos enfants ? Vos désirs vous paraissent-ils réalistes ? Les laissez-vous nourrir leurs propres rêves ?
- La télé et les magazines nous montrent des modèles de parents idéaux, mais comment cela se passe-t-il pour vous, concrètement ?
- Qu'est-ce qui vous plaît le plus dans votre rôle de parent ? Qu'est-ce que vous aimez en vous en tant que parent ? Racontez-moi quelques-uns de vos moments de gloire ?
- Qu'est-ce qui est le plus dur dans le métier de parent ? De quoi avez-vous honte, au point de ne vouloir le confier à personne ?

Les réponses à ces questions, en particulier à celles qu'il nous coûte de nous poser ou de soulever devant un tiers, revêtent une extrême importance. Les garder enfouies en nous augmentera le risque que nous retombions encore et encore dans les mêmes erreurs. De nombreux parents refusent d'admettre que l'envie leur vient parfois de lever la main sur leurs enfants, qu'ils rêvent à l'occasion de les abandonner à leur triste sort, qu'ils en préfèrent un, ou qu'ils souhaiteraient que quelqu'un s'occupe d'eux, plutôt que de devoir, eux, s'occuper de leurs enfants. Nous assumerons mieux notre rôle de parent – avec plus d'humour et d'entrain – à condition de confier nos secrets à quelqu'un qui nous témoignera de l'empathie plutôt que de se récrier.

Peut-être découvrirons-nous que nous ne sommes pas les seuls à passer par de tels états d'âme. S'il vous semble par exemple qu'aucun de vos proches ne perd patience face à ses enfants, il est probable que vous n'ayez pas encore parlé de ces moments pénibles. Mon amie Helen voulait que je donne une conférence sur ce qu'il est possible de tenter pour ne pas exploser face à ses enfants. Persuadée que le sujet n'intéresserait aucun des « parents modèles » de son entourage, elle ne voulut d'abord pas leur proposer mais, une fois surmontée son appréhension, elle réunit une salle comble en un clin d'œil. « Tu plaisantes ? » lui répondaient les autres. « Et dire que je pensais que tu n'avais pas ces problèmes, toi ! »

Pour peu que l'on vous prête une oreille attentive et compatissante, vous serez sans doute surpris des émotions soulevées par les questions dont j'ai dressé la liste. Vous les poser à vous-même et y répondre en silence, en considérant avec bienveillance vos soucis, peut constituer une expérience puissante. Vous remarquerez vite que vous jouez avec vos enfants avec davantage d'énergie et d'enthousiasme. Certains se sentent plus à l'aise en présence d'un psychologue que d'un ami. Si vous avez tendance à vous montrer critique vis-à-vis de vous-même, cela vous aidera toutefois d'entendre d'autres parents reconnaître que eux aussi ont du mal.

Tendre la main aux autres

Certains de nous ont tendance à se montrer critiques vis-à-vis d'eux-mêmes mais aussi envers les autres. Voici quelques situations qui vous donneront à coup sûr un sentiment de déjà-vu : dans la queue à la banque, un jeune enfant se tient derrière nous. Tout d'un coup, rien ne va plus. Il pique une colère pour « rien ». Un autre remue à peine et voilà que son père ou sa mère lui hurle dessus en le menaçant. Un autre encore pince son petit frère dans sa poussette. Il reçoit une gifle et se met à geindre. Un gamin vous donne un coup de pied au tibia. Son père ou sa mère vous adresse un sourire débonnaire. Comment réagissez-vous ? Si vous êtes comme moi, votre première impulsion consistera à vous détourner en vous lamentant en votre for intérieur de l'ineptie de certains parents. Peut-être lancerez-vous des regards assassins aux coupables, histoire de leur donner une leçon ? Peut-être les coups d'œil hostiles pleuvent-ils sur vous ? Moi-même, j'y ai souvent droit.

Voici une alternative, radicalement différente : offrir de l'aide au parent. Lui tendre la main. Il suffit de songer à la journée difficile qu'il a dû passer, à la dure vie qu'il mène. Sans doute vous êtes-vous un jour trouvé vous aussi embarqué sur une même galère, même si vous avez mieux géré la situation. Quelle réaction amicale auriez-vous souhaitée plutôt qu'un regard noir ou une leçon de morale en public ? Mieux vaut laisser de côté la réprobation et se porter au secours du parent en détresse. Si vous êtes comme moi, vous devez souvent rêver d'arracher l'enfant à de si horribles parents, ou ne serait-ce que le prendre à part pour le discipliner correctement. Je crains toutefois que cela n'aide pas beaucoup l'enfant en question. Alors qu'établir le contact avec son parent en difficulté, si.

Mon ami A.J., un jour qu'il se promenait sur une plage, vit un père forcer son fils de quatre ans à le suivre dans l'eau. Celui-ci ne voulait pas et la colère du père montait. A.J. pressentait que ce dernier risquait de finir par lever la main sur l'enfant ou être victime d'une rupture d'anévrisme. Il lâcha, d'un ton posé : « J'ai l'impression qu'il ne veut pas se baigner. » Le père se tourna vers lui, en colère :

– Pardon ?

– Je peux me tromper, mais il me semble qu'il ne veuille pas entrer dans l'eau. Je m'appelle A.J., ajouta-t-il en tendant la main au père.

Celui-ci la lui serra et admit : « Vous devez avoir raison. » Il considéra son fils comme s'il le voyait pour la première fois et se mit à rire. A.J. et lui devinrent de grands amis.

Depuis qu'il m'a raconté l'anecdote, je ne réagis plus de la même façon : à présent, quand je vois des parents et des enfants passer un sale quart d'heure, je ne me détourne plus d'un air dégoûté. Je m'approche et lance : « Ouh ! On dirait que la journée a été longue » ou « Vos enfants ne vous laissent pas une minute de répit ; je peux vous aider à porter vos sacs ? » Parfois, je me contente de me camper auprès de la famille en difficulté, un franc sourire aux lèvres, histoire de dissuader les autres de leur tourner le dos ou de les toiser avec mépris. Le plus souvent, il suffit d'un minimum de gentillesse et d'empathie pour que tout aille mieux. L'enfant cessera peut-être même de faire des siennes, le temps de satisfaire la curiosité que vous lui inspirez ; ce qui contribue également à dénouer la situation. Quand j'entre en contact avec un parent, j'adresse un clin d'œil ou un sourire à l'enfant, lui indiquant que j'ai bien remarqué que pour lui aussi, c'est difficile.

Mon approche vous rappelle quelque chose ? Elle devrait ! Elle revient à appliquer les principes du parentage ludique aux parents, en plus des enfants – autrement dit : aux familles entières. Il convient de s'interroger sur ce qui fait défaut pour satisfaire au mieux les uns et les autres. Aucun parent n'a besoin de critiques ou de reproches, même s'il serait préférable qu'il maîtrise mieux son rôle ou la discipline. Il vaut mieux s'impliquer plutôt que de se détourner, même si l'on n'approuve pas la conduite dont on est témoin. Tout se passera dès lors plus facilement. Ce n'est pourtant pas ainsi que la plupart d'entre nous réagissons – moi y compris – face à de « mauvais parents » ou des « enfants mal élevés ». L'envie nous vient de les punir ou de les abandonner à leur triste sort ; ce qui, bien sûr, n'apporte rien de bon à personne.

J'ai une amie plus rentre-dedans que moi vis-à-vis des parents qu'elle voit lever la main sur leur enfant ou leur passer un savon – encore qu'elle ne leur manque jamais de respect. Un jour, elle entendit un père hurler sur sa fille parce que la glace qu'elle savourait venait de salir sa robe. Mon amie intervint : « Vous n'avez pas le droit de lui parler sur ce ton », déclara-t-elle calmement. « Et pourquoi pas ? » « Parce que vous la terrorisez. Regardez-la ! » Le père observa sa fille. Il dut remarquer qu'elle tremblait en effet. Il demanda à mon amie qui elle était. « Quelqu'un qui aime les enfants. Votre fille, par exemple. » Bien entendu, il est délicat d'agir ainsi. Nous ne voudrions pas que, de retour à la maison, l'enfant se prenne une raclée, parce qu'il a publiquement embarrassé ses parents. Et nous n'aimerions pas que d'autres parents se montrent agressifs vis-à-vis de nous. Dès lors que le sort des enfants nous tient à cœur, il me semble malgré tout de notre devoir de prendre position.

J'avais un ami dont le fils était aveugle. Quand il avait deux ou trois ans, c'était l'enfer de l'emmener au supermarché : il tendait la main vers les produits, qu'il renversait en éclatant de rire.

À la caisse, il réclamait des bonbons, comme tous les enfants. Le pire survenait quand mon ami tentait de le raisonner. Il avait beau s'y prendre avec tact, les autres le regardaient de travers, parce qu'il n'était pas gentil envers le pauvre petit aveugle. Personne ne lui a jamais dit : « Votre situation n'a pas l'air simple. Je peux vous aider ? » Certes, nous sommes tous très occupés, mais je ne pense pas que ce soit la raison pour laquelle nous évitons de nous entraider. Il me semble qu'en vertu d'un accord tacite, je ne m'occupe pas de votre isolement, de sorte que vous ne vous mêlez pas du mien. Sortir de la forteresse de notre isolement pour tendre la main aux autres créerait à l'évidence trop de complications.

Il ne faut dès lors pas s'étonner que nous manquions de soutien de la part des autres adultes. Pour compenser, nous commettons l'erreur d'attendre un secours de nos enfants. Voilà pourquoi les réprimander ou leur infliger un sermon ne réussit qu'à augmenter notre frustration. Vu qu'ils ne sont pas les auditeurs les plus attentifs dont on puisse rêver, en particulier quand nous expliquons ce qui nous insupporte dans leur attitude, et qu'évidemment ils se ferment. La moutarde nous monte alors au nez et nous les punissons encore plus durement. Marquer une pause sera utile, le temps de discuter avec un autre parent, avant de revenir vers votre enfant. Vous vous sentirez mieux et l'interaction sera plus fluide. Nous aimerions que nos enfants ne perdent pas un mot de ce que nous leur disons, mais il faut se rendre à l'évidence : les adultes nous prêteront une oreille plus attentive.

Je n'oublierai jamais un incident, qui date de l'époque où ma fille commençait à peine à parler. Elle partageait la frustration de beaucoup d'enfants à ce stade, ne parvenant pas à traduire en mots toutes leurs idées. Je ne me rappelle plus l'objet de notre dispute mais je ne me suis jamais senti aussi près d'exploser pour de bon. Chaque fois que je faisais mine de sortir, le temps de me calmer, elle hurlait que je devais rester. Quand je cédais, cela ne la dissuadait pas pour autant de crier. De guerre lasse, je la prévins que j'allais passer un coup de fil à mon amie Tina et que, pendant ce temps-là, elle pourrait s'époumoner tout son soûl. Tina et moi nous téléphonions souvent en cas de coup dur. Emma se tut, me prit par la main et me conduisit au téléphone en me disant : « Appelle Tina. » Elle savait ce qu'il me fallait : que quelqu'un m'écoute quelques minutes. À la fin de la conversation téléphonique, que je passai à rire du commentaire d'Emma plutôt que de me plaindre de son attitude horripilante, je rétablis le contact avec elle et nos jeux reprirent.

La principale résistance qu'opposent les parents à cet aspect essentiel du parentage ludique est le manque de temps. « Mes journées ne comptent déjà pas assez d'heures et vous me demandez de jouer ? Et vous me dites que, quand j'aurai fini de jouer, il serait bon qu'en plus, j'en parle à d'autres parents ? » Mais oui ! Un soutien vous fera gagner du temps. Un peu comme chez les Amish : il est plus efficace de s'organiser en communauté que de s'occuper de sa ferme, chacun dans son coin. Si je n'étais pas sorti de la chambre d'Emma pour appeler Tina, j'y serais peut-être encore, à me battre avec ma fille. Passer cinq minutes à parler à une amie m'a fait économiser un temps précieux.

Un zeste d'humour au quotidien vous donnera également du temps en plus : si vos enfants sèment le chaos chaque matin, vous n'aurez certainement pas envie de consacrer dix minutes à un jeu tournant autour des préparatifs avant l'école. Vous y gagneriez pourtant bien plus que ces dix minutes, pensez à toutes celles que vous passez en énervement, négociation, rouspétances et retards systématiques. Au début de ma carrière d'enseignant, un professeur m'a donné un précieux conseil : « Si vous voulez qu'un étudiant sorte de votre bureau, ne le mettez pas à la porte : il résisterait et vous perdriez une heure à le presser de s'en aller. Faites plutôt comme si vous aviez tout le temps du monde pour lui, accueillez-le chaleureusement. Il s'en ira dans les cinq minutes. »

Il nous semble trop souvent que jouer non seulement nous prendra notre précieux temps mais videra notre réservoir, dont le niveau nous paraît déjà bien bas. En réalité, un bon jeu joyeux le remplira tout autant que celui de nos enfants. Le jeu lui-même nous requinque mais c'est surtout l'intimité qui naît du jeu qui nous ressource. Au début, nous devons peut-être nous forcer, surtout pour jouer à ce qui plaît à nos enfants. Dans tous les cas, le jeu en vaut la chandelle.

Quand les adultes sont prisonniers des forteresses de l'isolement et de l'impuissance

Avez-vous déjà considéré les expressions qu'emploient les parents quand les enfants leur donnent du fil à retordre ? Ils sont insupportables, excités, agités, difficiles, terribles, infernaux, ou se désorganisent, s'écroulent, ne se contrôlent plus. Tandis que nous nous disons au bout du rouleau, sur le point d'exploser ou de lâcher. Alors nous baissons les bras, nous nous rendons ou nous en lavons les mains. J'ai tenté dans les chapitres précédents de proposer une autre approche, qui aide à garder son sens de l'humour et mieux assumer son rôle de parent. La métaphore des forteresses de l'isolement et de l'impuissance en est un élément important. Les enfants qui passent par une phase compliquée ou nous font passer à nous des moments difficiles sont prisonniers de ces forteresses or notre mission consiste à les délivrer.

Dommage que nous passions nous-mêmes tant de temps à l'intérieur de nos propres forteresses ! Il ne nous est pas facile, dans ces conditions, d'encourager les enfants à sortir des leurs.

Épuisés, irritables à l'issue d'une journée de travail, nous entourons notre forteresse d'une clôture électrifiée, ce qui n'incite pas les enfants à se rapprocher de nous. J'avoue que j'ai honte quand je songe au nombre de fois où j'ai dit : « Je suis trop fatigué pour jouer ; j'ai mal au dos ; pas maintenant, laisse-moi tranquille ; arrête de m'asticoter ; baisse d'un ton, j'ai mal à la tête. » Nous tournons le dos aux enfants par lassitude ou parce que nous ne savons pas comment les soutenir. Nous leur en voulons de faire l'enfant, nous leur reprochons leur curiosité, leur pétulance, leur besoin d'affection, d'attention. Nous leur en voulons en somme de se comporter en enfants.

Heureusement, s'il est inévitable que le courant cesse parfois de passer, il est toujours possible de le rétablir. J'ai malheureusement vu des familles laisser filer une occasion de rapprochement après l'autre. Il me semble que chacune des deux parties voudrait que l'autre prenne l'initiative de présenter des excuses et demander pardon. Si nous attendons que les enfants fassent le premier pas, il se peut bien qu'ils ne s'y décident jamais. Selon moi, c'est à nous, adultes, de prendre les devants, en essayant d'intercepter le regard de l'enfant, en le câlinant, en poussant à la réconciliation après chaque dispute, en lui pardonnant sans qu'il ait à nous le demander, ou encore, en reconnaissant nos torts. Quand ça ne va pas fort entre vous et votre enfant, il est souhaitable de lui consacrer du temps en plus, pas en moins. De même, mieux vaut mettre un terme à un conflit par un câlin que par une punition. Enfin, il n'y a pas de mal à faire part aux différents membres de la famille de ce que vous appréciez en chacun d'eux.

Souvent, les enfants cherchent à rétablir le contact mais les adultes interprètent de travers leur attitude. Si votre fille refuse d'aller se coucher, ce n'est pas forcément parce qu'elle cherche à vous rendre la vie impossible. Peut-être vous reste-t-il des comptes émotionnels à régler. Peut-être désire-t-elle que vous consacriez du temps à cela ce soir. Mettons que votre fils vous importune pendant que vous préparez le repas. Agacé, vous l'envoyez paître. Ces enfants font pourtant de leur mieux pour se rapprocher de vous, tant votre attitude lointaine les plonge dans la souffrance. Autrement dit : ils cherchent à sortir de leur isolement mais, prisonnier du vôtre, vous ne le comprenez pas. La buée sur la fenêtre de notre tour ne nous permet pas de remarquer qu'ils tentent de renouer le contact ; leur attitude nous horripile et nous ne voyons pas plus loin. Oublions la surface. Sous-jacente, nous découvrons une motivation humaine fondamentale, se sentir en relation.

Un enfant se détourne du contact quand il ne s'aime pas. La remarque s'applique à nous aussi. À moins qu'à l'inverse, nous ne collions à nos enfants en espérant que leur amour compensera celui qu'ont manqué de nous témoigner d'autres – comme notre conjoint ou notre patron – qui ont été méchants avec nous. Nous nous détournons aussi de nos enfants lorsque leur attitude, les idées ou les émotions qu'ils expriment nous déplaisent. Nous les punissons ou les ignorons, parce qu'ils s'intéressent avec trop d'enthousiasme à l'anatomie intime de leur poupée, se servent de n'importe quel objet long et fin comme d'un pistolet, passent la journée entière devant leur ordinateur ou s'amusent sans cesse à dévêtir et rhabiller leurs Barbie ou se maquiller. Ils ont pourtant besoin de nous dans ces moments-là, autant que lorsqu'ils se livrent à des activités que nous jugeons amusantes et saines. Si ce n'est plus encore.

La difficulté d'un adulte à rétablir le contact n'a parfois pas d'autre explication que l'ennui ou la fatigue. Les Lego ne retiennent pas longtemps notre intérêt. Nous aimerions essayer autre chose que le même sempiternel jeu. Nous préférerions discuter entre adultes ou prendre le temps de souffler, de marquer une pause dans notre quotidien stressant. Sans vouloir nous retrancher à tout jamais dans la tour de notre isolement, nous apprécierions un répit par rapport aux jeux enfantins. Il est alors nécessaire de remplir notre réservoir par n'importe quel moyen, faute de pouvoir remplir celui de nos enfants. Notre mission de parents nous oblige à mettre de côté nos contrariétés pour jouer quand même. Avec enthousiasme, si possible. Au mieux, jouer nous amuse autant que nos enfants. Et si ce n'est pas le cas, parce que nos batteries sont à plat, il est de notre devoir de trouver l'énergie de nous impliquer auprès d'eux. Après tout, nous y réussissons bien au travail. Pourquoi ne pas faire l'effort en famille ?

À propos de travail : la transition du bureau à la maison (ou des tâches ménagères au jeu) suppose un changement radical de rythme. Le risque qu'adultes ou enfants partent du mauvais pied vient de ce que chacun garde enfouies en lui des émotions surgies pendant le temps passé à l'extérieur. Chacun envisage en outre les retrouvailles à sa manière. Les parents espèrent un peu de tranquillité, alors que les enfants ont patiemment attendu toute la journée l'heure de se défouler. Pour beaucoup d'adultes, jouer n'est pas simple et deviendra mission impossible, s'il leur faut en plus basculer sans transition du travail à l'univers de jeu des enfants.

La réaction des enfants au retour des parents, le soir, ne facilite pas les choses : la plupart se réjouissent de les retrouver à l'issue d'une séparation mais pas tous. Alicia Lieberman le décrit très bien : « Certains enfants fondront en larmes à la vue du père ou de la mère ; une manière pour eux d'évacuer la tension. D'autres chercheront la bagarre en lui tenant tête. D'autres encore, aux sentiments ambivalents, se hisseront sur leurs genoux tout en les repoussant ou en leur donnant des coups [...] Certains jeunes enfants continuent à jouer comme si de rien n'était, en ne tenant aucun compte du "bonjour" de leur parent [...] Convaincu qu'il ne sert à rien et n'est pas apprécié, ce dernier risque de se replier sur lui-même[80] ». Il n'y a rien d'étonnant à ce que certains parents, en particulier des pères, s'estiment

80. Alicia Lieberman, *La Vie émotionnelle du tout-petit* (Paris, O. Jacob, 1997).

inutiles, tout juste bons à ramener de l'argent à la maison, et finissent par s'éloigner de plus en plus de leur famille. D'autres se rabattent sur l'alcool, la télé ou les heures sup pour rendre moins pénible le retour au foyer. Ce n'est pourtant pas ce qu'il faut aux enfants ni ce qu'ils souhaitent. Ils comptent sur nous pour laisser nos soucis professionnels à la porte et faire l'effort de rétablir le contact, même s'ils commencent par nous ignorer ou nous éviter. Il est bon de les serrer contre nous s'ils pleurent, de leur poser au besoin des limites avec douceur et fermeté, et de nous lancer à leur poursuite s'ils se cachent ou font comme si nous n'étions pas là. Notre retour ne doit pas occasionner de tension mais resserrer les liens au sein de la famille.

Si l'on ajoute ce qu'inspirent à nos enfants notre éloignement et nos propres difficultés à nous remettre dans l'ambiance de la vie de famille après une journée éprouvante, on comprendra que les nerfs des uns et des autres soient mis à mal. Jouer est parfois bien le dernier de nos souhaits. Il n'existe pourtant pas de meilleur moyen de négocier le retour à la maison ; surtout si l'on fait le clown, se mesure à la lutte ou se lance dans une bataille de polochons. Jouer à la bagarre avec un gamin de huit ans ou câliner une fille de douze ans impatiente de livrer ce qu'elle a sur le cœur suppose toutefois le partage d'une intimité à laquelle nous ne sommes pas forcément préparés. Une longue journée au bureau, où nous devons rester sur nos gardes, ne nous incite pas à nous ouvrir, au contraire ! Il n'y a rien d'étonnant à ce que beaucoup de parents ne songent à rien de mieux pour amuser leurs enfants qu'à leur offrir de nouveaux jouets.

Une autre raison encore nous détourne du jeu : les émotions de nos enfants nous mettent mal à l'aise. Il est pourtant indispensable à leur développement qu'elles s'expriment pleinement. Notre rôle consiste à les encourager à les évacuer, plus encore qu'à simplement les y autoriser. C'est d'autant moins évident que les adultes, en particulier les hommes, fuient comme la peste les émotions fortes.

Un étudiant prénommé Mel vint me consulter en raison de difficultés en relation à une horrible histoire d'abus sexuel dans son enfance. À l'instar de beaucoup d'hommes, il ne pleurait presque jamais. Chaque fois que je l'interrogeais sur ce qu'il éprouvait, il me disait ressentir un vide intérieur. Un jour, il entra dans mon cabinet, radieux :

– J'ai vécu une semaine incroyable. Il m'est arrivé quelque chose de formidable.

– Quoi donc ?

– J'ai passé une nuit blanche à trembler et pleurer en ayant des sueurs froides et en croyant mourir.

– Et vous trouvez ça formidable ?

– Oui ! Enfin, je ressens quelque chose. Je suis un être humain doué de sentiments ! J'ai enfoui en moi pendant tant d'années ce que j'éprouvais ! C'est sûr que c'était effrayant et terrible, mais pas autant que je le craignais.

À partir de là, Mel se remit de ses traumatismes. Je raconte l'anecdote à beaucoup d'hommes de ma clientèle afin d'apaiser leur crainte du « danger » qu'une cure par la parole ne réveille des émotions qui les submergent. J'aime aussi la relater aux parents qui font des pieds et des mains pour que leurs enfants cessent de pleurer.

Devenir un bon camarade de jeux

Les parents ne sont pas que des camarades de jeu. Il nous revient de veiller à la sécurité, aux limites et à leur donner une direction, et bien sûr à mettre le dîner sur la table. Malgré tout, notre rôle consiste aussi à jouer et nous pouvons progresser. Cela supposera d'apprendre à nous amuser plus et à nous servir du temps de jeu pour aider nos enfants à se développer sainement. Ce n'est pas bien difficile, même si cela suppose quelques efforts. Avant tout – et c'est ce qui nous coûte parfois le plus – il convient de nous décider à jouer plutôt que de l'éviter, y compris aux jeux susceptibles de mettre à mal le confort de notre train-train quotidien.

De nombreux parents commenceront évidemment par consacrer plus de temps à leurs enfants – surtout du temps sans télé. Il n'y aurait rien d'étonnant à ce que vos enfants refusent dans un premier temps votre compagnie. Peu accoutumés à ce qu'un adulte ait envie de jouer, ils s'imagineront que les jeux qui leur plaisent n'intéresseront pas vraiment leurs aînés. Inutile de prévoir une activité spéciale : il suffit de leur consacrer un peu de temps ; au moins un moment de jeu par jour. Si vous ne savez pas par où commencer, inutile de vous compliquer la vie : des grimaces et des chutes à répétition feront l'affaire. À moins que vous ne fassiez l'imbécile. Vous pouvez aussi commenter leur attitude, comme si vous assistiez à un événement sportif, ou leur proposer une bataille de pouces. Ou vous écrier : « Si on dansait ? » avant d'esquisser quelques pas. Vous rechargerez ainsi vos batteries en donnant l'impulsion initiale au jeu. Si vous passez toutes vos journées auprès de vos enfants, il sera préférable de vous accorder le temps de souffler en les confiant plus souvent à des tiers, en vous aérant régulièrement et en fréquentant d'autres adultes pour éviter le surmenage. Ne serait-ce que cinq minutes de conversation téléphonique avec un autre parent le matin peuvent vous recharger pour la journée.

Quand nous faisons l'effort de plus nous amuser avec nos enfants, il se peut qu'ils nous proposent une activité qui nous semble horriblement ennuyeuse. Dans ce cas, la plupart du temps, soit nous refusons, soit nous cédons en pensant à autre chose ou en orientant le jeu à notre façon ; ce qui creuse le fossé entre nous. Leur jeu préféré nous barbe ? À leurs yeux, nous ne sommes que des vieux schnoks qui ne savent pas s'amuser.

Comment résoudre le problème ? En ajoutant d'abord au jeu une dimension supplémentaire de contact : notre lassitude indique que le courant ne passe pas vraiment entre nous et notre enfant. Une solution consiste à le câliner, lui serrer la main, se bagarrer pour rire ou lui dire ce que nous apprécions chez lui, avant de retourner jouer. Il y a fort à parier que nous trouverons alors le temps moins long. Et même si c'est le cas, il est souhaitable de persister à jouer. Nous obligeons bien les enfants à aller à l'école alors que la majorité s'y ennuient. Jouer à un jeu que nous ne trouvons pas palpitant est bien le moins que l'on puisse faire ! Un jour, las d'entendre des enfants se plaindre qu'ils ne savaient pas quoi faire, j'inventai un jeu : faire semblant de bâiller, or comme les bâillements sont contagieux, tout le monde ne put bientôt plus s'en empêcher. Un fou rire s'ensuivit. Les bâillements eux-mêmes nous ont libérés de la tension et de l'ennui.

Certains parents ne s'ennuient pas ou ne se fatiguent pas en jouant mais deviennent irritables ou furieux. Si tel est votre cas, vous gagnerez à souffler un peu avant de rétablir le contact et jouer de plus belle. Si le jeu consiste à « faire semblant », vous en profiterez pour camper un personnage soupe au lait ou désagréable : un bon moyen d'évacuer votre mauvaise humeur, sans que votre enfant en pâtisse. Vous gagneriez en outre à parler de ce que vous ressentez à d'autres adultes. Souvent, le jeu est la goutte d'eau qui fait déborder le vase des émotions enfouies.

J'ai vu de nombreux parents mettre un terme brusque à un jeu, dès qu'il touchait à un thème embarrassant, alors que l'enfant avait besoin de s'y confronter pour faire le tri et comprendre à la fois ses propres émotions et les réactions de son entourage. La remarque vaut en particulier quand l'enfant qui joue à faire semblant met en scène les sentiments qui nous troublent le plus – liés à l'amour, aux relations sexuelles, à la mort, au deuil, au sauvetage, au danger ou à la haine. En arrêtant de jouer pour nous éviter de la gêne, nous lui transmettons le message que ce qu'il ressent n'est pas acceptable, qu'il lui vient d'horribles idées et qu'il ferait aussi bien de rester prisonnier de sa tour d'ivoire. Il est nécessaire pour les enfants que nous persistions à jouer, même si ça ne nous plaît pas d'arracher la tête de personnages en plastique, de balancer une poupée au bas des escaliers ou d'organiser un énième mariage entre la petite sirène et le prince charmant.

En tant qu'adultes, nous sommes censés garder pour nous nos rêves et nos fantasmes. Nous les confions rarement, même à nos meilleurs amis ou nos partenaires. À l'inverse, les enfants peuvent se montrer très ouverts. Cela ne les gêne pas de camper des personnages qui tuent, mentent, volent ou souffrent mille morts. La proposition d'une fillette de cinq ans « je serai Cendrillon et toi, la marâtre, mais tu dois être vraiment méchante » a de quoi dérouter un adulte et le plonger dans la panique. Allons-y pourtant, soyons méchants à souhait, ou terrifiés, jouons le rôle qu'il nous attribue, en nous amusant autant que possible.

Une règle fondamentale pour devenir un bon joueur est de se montrer physiquement proche. Mais cela rend nombre d'adultes nerveux. Avant de travailler avec des familles, j'ai passé l'essentiel de ma carrière à m'occuper d'adultes victimes d'abus sexuels dans leur enfance. Je ne recommande donc qu'avec la plus grande prudence les contacts physiques. Malgré tout, les enfants en ont besoin. Un nourrisson qui en est privé peut en mourir. Plus âgé, il risque de souffrir de graves problèmes psychologiques. Il est impératif de les respecter sans abuser d'eux. Nous sommes loin d'avoir fait le nécessaire pour les protéger des abus sexuels : certains adultes sont encore incapables de les approcher sans agressivité ou pensées malsaines. Nos craintes ont toutefois privé nos enfants de la chaleur humaine à laquelle ils aspirent légitimement.

Des quantités d'enseignants m'avouent qu'ils n'osent plus donner une tape dans le dos à un enfant ou lui presser l'épaule :

c'est dire à quels extrêmes on pousse la crainte des abus. Un soir, au cinéma, une longue file d'attente serpentait devant les toilettes pour hommes. Une mère lança à son jeune fils, qui patientait devant moi : « Si quelqu'un te touche, tu cries ! » Je conçois son inquiétude. D'un autre côté, elle ne l'incitait pas à faire un pas vers l'indépendance ni à développer sa confiance en son pouvoir personnel. Il est hors de question de toucher un enfant d'une manière qui lui soit préjudiciable. Cela dit, nous ne pouvons être des parents joueurs sans proximité émotionnelle et physique.

Ce qui nous met également mal à l'aise, c'est qu'il arrive à nos enfants de nous embarrasser en public, quand ils veulent se déshabiller au parc ou se teindre les cheveux en bleu (selon leur âge !). Parfois, ils nous taquinent en présence de tiers ou nous demandent de chanter des chansons idiotes ou de jouer à « Jacques a dit » en public. Il serait dommage de renoncer à jouer et à s'amuser par simple gêne. Bientôt, vos adolescents se sentiront gênés qu'on les surprenne en votre compagnie ; vous tiendrez là votre revanche !

Le parentage ludique nous oblige à rompre avec nos vieilles habitudes. Certains d'entre nous ne pensent qu'à entrer en compétition, que l'enfant le souhaite ou non. À l'inverse, d'autres, trop timides, n'offrent pas assez de résistance aux enfants qui souhaitent se mesurer à eux en donnant le meilleur d'eux-mêmes. Il m'arrive, quand je joue aux Lego ou à un jeu de construction, de me surprendre à ne plus me soucier de mon compagnon de jeu et à édifier une tour plus haute, un bâtiment plus grand que le sien. Certains parents devront s'entraîner à plus s'impliquer ; d'autres à encourager l'indépendance de leur progéniture.

En résumé : il me paraît essentiel de rester attentif aux besoins des enfants. Les pères sont connus pour les galipettes. Les mères de jeunes enfants s'en plaignent fréquemment. Papa rentre à la maison, content de voir la petite, qu'il lance en l'air. Alors qu'elle jouait jusque-là tranquillement, elle se met à crier ou s'énerve trop pour rester sur sa chaise, le temps qu'on lui donne à manger. Papa est frustré, maman aussi. Quant à la petite, elle a la tête qui tourne. Ce type de jeu physique peut être merveilleux pour les enfants, à condition que ce soit fait avec eux et non pas à eux. Essayons de faire l'avion un peu plus lentement, en maintenant le contact oculaire, et en suivant les indices que le bébé donne sur la vitesse et la hauteur à laquelle elle désire aller. Sinon, nous ne sommes pas en train de jouer à son rythme, mais de la contraindre à entrer dans le nôtre.

Des variations de cette scène se voient avec des enfants plus grands, comme lorsque l'oncle Louie paie une glace à ses neveux juste avant l'heure du coucher. L'inverse arrive aussi. Les enfants prennent plaisir à se défouler de manière un peu sauvage, et maman intervient, furieuse ou anxieuse, pour stopper le tout. Cette fois, c'est elle qui n'est pas sur la bonne longueur d'ondes et cherche à imposer son propre style de jeu aux enfants (et à leur père).

Les enfants diffèrent dans leur sensibilité au toucher, bruit, goût, odeurs, mouvement, distraction, etc. Certains aiment aller vite ; d'autres préfèrent prendre leur temps. Certains forcent tout le temps la voix alors que d'autres ne s'expriment qu'en chuchotant. Certains n'arrêtent pas de passer d'un jeu à l'autre, et peuvent initier dix-sept jeux différents en cinq minutes tandis que d'autres restent concentrés sur le même pendant des jours. Certains réclament toute notre attention, d'autres se contentent de nous savoir auprès d'eux tandis que nous travaillons. Les différences de tempérament des enfants influent considérablement sur leur manière de jouer. Il est nécessaire de les prendre en compte et de nous y adapter. Trop souvent, sans même y penser, nous tendons à suivre nos propres penchants. Pour reprendre la fameuse expression : « Mets ta veste, j'ai froid. »

Un autre exemple teste notre tendance à désirer que nos enfants nous parlent, parce que nous-mêmes communiquons de préférence au moyen du langage. Mais parler n'est pas leur moyen d'expression privilégié. Le jeu, l'est. Donc, en refusant de jouer selon leurs consignes, puis en insistant pour qu'ils nous parlent, nous n'allons guère favoriser leur communication.

À l'inverse, si nous entrons dans leurs jeux en leur en laissant l'initiative, ils nous étonneront en nous dévoilant ce qu'ils ressentent et pensent. Si nous savons attendre patiemment sans les presser, ils finiront peut-être par nous dire ce qu'ils vivent avec des mots.

Ne demandez pas à vos pauvres enfants comme par automatisme : « Tu t'es lavé les mains, mon chéri ? » (La plupart des parents n'ont pas d'autre conversation.) Remarquez l'horrible lassitude qui se peint sur leur visage jusque-là joyeux [...] Quand ma fille avait quatre ans, j'ai appris à ne plus réagir ainsi [...] Dorénavant, moi-même, je lui dirais quelque chose d'intéressant : « J'ai vu le voisin d'à côté courir en poussant les hauts cris, parce qu'un drôle de chat jaune le poursuivait. » À ces mots, une étincelle s'alluma dans ses yeux et nous voilà entraînées dans une conversation des plus animées [...] figurez-vous qu'elle ne tarda pas à me raconter les choses les plus extraordinairement intéressantes, ses propres idées[81].

Dans certaines familles, les jeux sont l'affaire d'un seul parent tandis que l'autre est responsable et sérieux. Il serait pourtant bon d'inverser les rôles de temps à autre ! Tout le monde y gagnerait. Assurons-nous que maman joue à la bagarre et ne s'occupe pas seulement du ménage. Si papa ne joue d'habitude qu'à la balle, qu'il s'occupe donc d'habiller des poupées, pour une fois ! Si vous ne passez pas au moins une heure de votre vie à

81. Brenda Ueland, « Parents Should Be More Fun », in *Strength to Your Sword Arm* (Duluth, Minn., Holy Cross Press, 1993), pp. 92-93.

jouer avec votre enfant, vous manquerez un grand moment de joie et de créativité.

Surtout : il est essentiel de vous amuser et de ne jamais renoncer à établir le contact. Nos enfants n'ont pas besoin que nous soyons parfaits mais ils remarquent et apprécient que nous tentions de l'être.

Organiser une communauté de soutien

Organiser une communauté de soutien peut être aussi simple que de faire une liste de quelques parents auxquels vous pouvez parler au téléphone ou qui pourront passer prendre un café. Les échanges peuvent être informels ou être structurés en sessions où chacun répond à son tour aux questions dont j'ai dressé la liste au début du chapitre ou se contente de parler de son expérience de parent. Vous pouvez aussi proposer aux parents dépassés par les événements de garder leurs enfants, le temps pour eux de souffler. Si quelqu'un de votre connaissance a vraiment du mal à s'en sortir, vous lui rendrez visite avec des amis, telle une force spéciale d'intervention psychologique. L'un de vous s'amusera avec les enfants, un autre prêtera une oreille attentive au parent en difficulté et un autre encore nettoiera la maison. À l'évidence, il nous faudra surmonter notre répugnance à nous mêler des affaires les uns des autres. Ce qui n'est en définitive qu'une justification pour rester isolé.

Même si vous ne savez plus où donner de la tête, passer du temps avec les enfants des autres vous réussira et vous fournira une formidable opportunité de mettre en pratique les principes du parentage ludique : les enjeux émotionnels sont moindres, face aux enfants d'un tiers. Ralph, inscrit à un atelier pour parents que j'anime, me parla d'une sortie « escalade » avec d'autres familles. La fille de celle qui ouvrait la marche, une petite de trois ans qui se remettait à peine d'un rhume, collait sa mère ; elle refusait de partager le harnais dont les autres enfants avaient besoin et ne laissait pas sa mère manier les cordes. Celle-ci ne savait plus à quel saint se vouer. La première réaction de Ralph fut « quelles jérémiades insupportables ». Puis, il se rappela ce que je lui avais enseigné et traduisit ces pleurnicheries en termes de réservoir à remplir. Il s'approcha d'elle et d'un ton plein d'entrain lui dit : « Madeleine ! Tu m'as manqué ! J'espérais qu'on passerait du temps ensemble, aujourd'hui. Tu aimerais que je te raconte une histoire ? Ou qu'on joue au morpion ? Comme tu veux ! » Madeleine, ravie, lâcha sa mère, ôta le harnais, s'installa sur les genoux de Ralph et tous deux s'amusèrent beaucoup. Deux garçons les observèrent un petit moment. Dès que Madeleine partit jouer de son côté, ils grimpèrent sur les genoux de Ralph. Celui-ci me confia par la suite : « C'est tellement plus facile avec les enfants des autres. »

Je suis un fervent partisan des groupes de soutien : en tant que parents, nous tendons à nous isoler, chacun dans notre coin. En particulier les pères, qui bénéficient rarement du coup de pouce que les parents s'apportent en attendant leurs enfants à la sortie de l'école. Peu après la naissance de ma fille, je pris l'habitude, pendant trois ans, de réunir autour de moi d'autres pères. Même si je ne pensais pas pouvoir me permettre de prendre ce temps en tant que jeune père de retrouver le groupe, je sortais tellement requinqué de nos réunions que mon regain d'énergie compensait largement mon absence. Ce n'est peut-être qu'une impression mais il me semble que les hommes, aujourd'hui, parlent plus facilement. L'autre jour, j'ai surpris une conversation très honnête entre deux hommes au vidéo club autour des difficultés d'être père. Bien sûr, je me suis approché pour mieux entendre : ils discutaient de combien il était difficile d'avoir des garçons actifs et pleins d'énergie, et ils s'échangeaient des trucs pour éviter les fessées et autres dures punitions. Ils disaient ne pas vouloir donner à leurs enfants l'éducation qu'eux-mêmes avaient reçue mais n'étaient pas certains d'y arriver. Comme je tournais autour du pilier, et vis ces deux hommes devant la section Action/Aventure, je me suis dit que la société avait tout de même bien évolué en quelques années.

Patty Wipfler et ses collègues ont développé de chouettes activités pour offrir un soutien aux familles, des ateliers et des après-midi de jeu. Lors de ceux-ci, quelques enfants, leurs parents et d'autres adultes se réunissent pour jouer pendant quelques heures. Il y a en général au moins deux adultes par enfant. Ce qui permet à certains de s'abstraire des jeux le temps d'une écoute mutuelle[82]. Les adultes font un effort spécial pour se montrer enthousiastes, joueurs et suivre les directives des enfants dans un joyeux tapage. Les ateliers fonctionnent de la même façon, mais durent un week-end entier. Une partie du temps chaque enfant a droit à un temps spécial individuel avec un de ses parents ou un autre adulte à faire ce qui lui chante, comme il est décrit dans le chapitre 9. Une autre innovation est l'idée des groupes de jeu entre adultes, au sein desquels ces derniers peuvent se réunir pour revendiquer le jeu comme une partie importante de la vie. Il leur faut généralement un certain temps avant de se détendre et de s'amuser vraiment. Il y a aussi des temps de parole autour des joies et des difficultés du parentage et de l'espace pour exprimer les frustrations, peurs et colères que les parents préfèrent ne pas exprimer directement à leurs enfants.

À l'époque où ma fille, à trois ans, ne pensait qu'à jouer avec sa poupée Ariel, la petite sirène, je pris part à un atelier de jeux entre adultes. Le moment était bien choisi : j'en avais marre de l'héroïne sans défense que sauvait le héros beau et fort. Dès que

82. Patty Wipfler et al., *Family Work* (Seattle, Rational Island Publishers, 1999).

j'essayais d'introduire un peu de spontanéité, de créativité ou de féminisme dans le jeu, Emma s'emportait : « Tu joues mal ! Je ne jouerai plus jamais avec toi. » J'arrivais tout juste à me retenir de lui rétorquer : « Tant mieux : j'ai horreur de ce jeu, de toute façon. » Même si je souhaitais m'amuser avec elle, je ne parvenais pas à manifester mon entrain coutumier, vu qu'elle ne voulait jouer à rien d'autre. Le seul compromis que je trouvais étais de jouer bêtement et avec ennui. Sans surprise, elle n'en insistait que plus encore pour que je joue « comme il faut » ; ce qui augmentait ma fatigue, ma mauvaise humeur, et ainsi de suite.

Lors de l'atelier, pour m'aider à sortir de mon problème, deux adultes me demandèrent de jouer à la petite sirène. Je fis à moitié semblant de piquer une crise de rage en hurlant : « Non ! Non ! J'ai horreur de ce jeu. » Ils eurent beau me supplier et m'implorer, j'ai pu taper du pied et tempêter en lâchant tous les commentaires désobligeants et méchants que je n'avais pas voulu exprimer face à ma fille. Je finis par en rire à n'en plus pouvoir. Après une vingtaine de minutes à relâcher ainsi la pression, en m'amusant de bon cœur, je me rendis compte, à mon grand dam, que je n'avais pas cessé de répéter à ma fille que je trouvais ennuyeux, bête et sexiste ce à quoi elle tenait le plus au monde. Il ne s'agissait certainement pas du meilleur moyen de construire la confiance et de nourrir le lien entre nous.

Une fois évacuée toute cette tension, je parvins, de retour chez moi, à témoigner de l'enthousiasme à une Emma stupéfaite. Ce qui lui permit de se montrer plus créative et spontanée. Le jeu de la petite sirène n'en devint que plus amusant pour nous deux. Bientôt, ma fille se mit à jouer à toutes sortes de jeux et plus seulement toujours au même. Au cours des mois suivants, quand elle me demandait de jouer à la petite sirène, je tentais de réveiller mon enthousiasme. Quand j'y parvenais, tout allait à merveille et je partageais avec elle un merveilleux moment d'intimité.

Pendant la rédaction de ce livre, j'ai découvert une citation de Maria Montessori, la célèbre pédagogue : « Il se peut que, dans la vie de l'enfant, le jeu soit une activité de peu d'importance qu'il entreprend faute de mieux[83]. » Elle avait raison sur beaucoup de points mais je ne suis pas d'accord avec elle en ce qui concerne le jeu. Je ne vois rien de plus important, que ce soit pour nous ou nos enfants. À vrai dire, je suis plus enclin à donner raison à Kurt Vonnegut, qui a écrit : « Nous sommes ici sur terre pour glandouiller. Ne laissez personne vous dire le contraire[84] ! »

Je vous souhaite de passer d'excellents moments avec vos enfants grâce au parentage ludique.

---

83. Citée par Patricia Monighan-Nourot, « The Legacy of Play in America in Early Childhood Education », in *Children's Play and Learning*, ed. Edgar Klugman et Sara Smilansky (New York, Teachers College Press, 1990), p. 71..

84. Kurt Vonnegut, *Timequake* (Londres, Jonathan Cape, 1997).

Table des matières

Sommaire **5**

Préface d'Isabelle Filliozat **7**

Avant-propos **9**

1. L'intérêt d'une approche ludique de l'éducation **13**

Pourquoi les enfants jouent 17

Favoriser le rapprochement et non l'isolement 21

Développer l'assurance de l'enfant
plutôt que de le laisser démuni 25

Aider l'enfant à récupérer
plutôt que de le laisser à sa détresse 28

Devenir un parent joueur 33

2. Rencontrer les enfants dans leur monde **37**

Réintégrer un monde oublié 39

Tendre la main 40
Quand un enfant peine à entrer en contact avec ses camarades ou des adultes 42
Quand un enfant paraît incapable de s'amuser librement et spontanément 43
Quand un changement survient dans la vie d'un enfant 44
Quand un enfant court un danger 45
De l'importance de se mettre à quatre pattes 46
Pourquoi les adultes ont du mal à jouer 50
J'appelle ça paterner 54
Quelques mots sur les adultes sans enfants 58
À l'écoute de l'enfant 60

3. Établir le contact 67
Contact, séparation et réattachement 68
Remplir le réservoir : l'attachement et l'incitation au rapprochement 70
Jouer en vue d'un rapprochement 76
La fin de l'idylle 78
Toutes les occasions sont bonnes pour nouer un contact : le pistolet d'amour 80
Trouver la clé qui ouvre la tour d'ivoire 84
« Tu es sur les genoux de qui ? » Passer d'un lien superficiel à un lien solide 88

4. Donner à l'enfant de l'assurance 93
Pouvoir personnel et sentiment d'impuissance 95
Expérimenter son pouvoir : jouer à face de prout 100

Préparer l'enfant à affronter le monde 102
Réduire au silence la voix du dénigrement 109
Retrouver la confiance perdue 112

5. Embrayer sur le rire 117
Rire ensemble 121
Déverrouiller la forteresse de l'impuissance 124
Détendre l'atmosphère 127
Se rabibocher en jouant l'idiot 129
Perdre sa dignité pour trouver son enfant 130
Du rire aux larmes : quand un jeu agréable déclenche des émotions pénibles 134

6. Apprendre à jouer à la bagarre 141
Les règles de la lutte selon Larry 143
Se lancer dans la mêlée 153
Agression 156
Les bienfaits des jeux qui obligent à se dépenser 160

7. La réalité en suspens : inverser les rôles 167
Inverser les rôles 169
De la tragédie à la comédie 170
Raconter des histoires pour guérir des peurs 173
Donner la réplique ou intervenir au besoin dans la mise en scène 177
Faire semblant 182
Imaginer un scénario pertinent 187

8. Développer le pouvoir personnel des filles et renforcer l'attachement pour les garçons 193

Pourquoi je joue à la Barbie (ou aux petits soldats) alors que j'ai horreur de ça 200

Établir le contact avec les garçons autant qu'avec les filles .. 205

Les garçons, les filles et le sentiment d'impuissance 210

Les garçons et les sentiments 212

Inciter garçons et filles à jouer ensemble 215

9. Emboîter le pas à l'enfant 221

Dire « oui » 225

Faire ce dont ils ont envie 230

Assurer la sécurité (inutile de trop se biler !) 233

Ménager des temps de jeu particulier 234

S'accorder un temps de récupération 241

Laisser les enfants diriger le jeu 243

10. Prendre les choses en main (si nécessaire) 247

Donner un coup de pouce 248

Insister sur le contact 250

Lancer un défi 257

Introduire des thèmes portant sur les enjeux importants 258

Introduire humour et plaisir 263

Montrer le chemin 265

11. Apprendre à aimer les jeux que vous détestez 273

Dépendance («Je n'y arriverai pas») et indépendance («Je préfère me débrouiller seul») 274
Agression 284
La sexualité, les émotions qu'elle suscite et son expression.. 290
Encourager une attitude qui vous hérisse 295

12. Accepter les émotions fortes (les leurs comme les vôtres) 299
Contenir les émotions ou les exprimer ? 301
Réserver un temps à part aux émotions 304
Les émotions non exprimées des adultes 306
Gérer les crises de rage et les frustrations 309
Accueillir les différentes expressions de la colère 316
Accueillir la peur et l'anxiété 318
Accueillir les larmes des enfants 321
Mettre un frein aux pleurnicheries 325
La grosse crise de larmes 327
Développer l'intelligence émotionnelle par le jeu 328

13. Repenser la discipline 333
Prendre le temps de souffler 334
Établir un contact 336
Opter pour une «réunion sur le canapé» plutôt que d'envoyer l'enfant se calmer dans sa chambre . 337
Jouer ! 342
Faire appel au discernement de l'enfant 346

Gratter la surface : examiner ce que ressent l'enfant et ce dont il a besoin ... 349

Prévenir au lieu de punir ... 351

Connaître l'enfant ... 353

Poser des limites claires ... 355

Un héros inattendu ... 359

14. Dénouer par le jeu les conflits au sein de la fratrie ... 363

Jouer avec plus d'un enfant à la fois ... 364

La rivalité confraternelle touche même les enfants uniques 371

« Remplir le réservoir » des frères et sœurs ... 373

Le pouvoir secret des cadets et autres mystères de la dynamique familiale ... 386

Le parentage ludique au sein de la fratrie ... 388

15. Recharger vos batteries ... 393

Chacun son tour : le nôtre aussi ... 394

Remplir notre propre réservoir ... 395

Tendre la main aux autres ... 400

Quand les adultes sont prisonniers des forteresses de l'isolement et de l'impuissance ... 405

Devenir un bon camarade de jeux ... 410

Organiser une communauté de soutien ... 417

Imprimé en Allemagne par GGP MEDIA GMBH
pour le compte des Editions Marabout (Hachette Livre)
43, quai de Grenelle 75905 Paris Cedex 15
Achevé d'imprimer en novembre 2014
Dépôt légal : janvier 2015
ISBN : 978-2-501-09256-2
4143905